ゼロから完全攻略！

韓国語能力試験

TOPIK II

한국어능력시험

ミリネ韓国語教室 **著**

新星出版社

はじめに

　TOPIK（韓国語能力試験）は韓国教育財団が実施する試験です。TOPIK には、大きく二つの目的があります。一つは、学習者が自分の実力がどの程度なのかを測ることです。試験を受けることで、自分の韓国語のレベルを確認できます。もう一つは、留学先の学校や就職したい会社などに自分の韓国語能力を客観的に示すことができる物差しになることです。

　TOPIK は、韓国語の勉強をある程度した方が受験することが多いですが、韓国語教室の講師からも生徒さんに試験を受けるようにすすめています。その理由は大きく二つありますが、一つは韓国語の勉強を続けるモチベーション維持のためです。もう一つは、「何を勉強すれば実力がつくのかよくわからない」とスランプに陥っている方への解決策になるからです。「試験に合格する」という目標があれば、他に余計なことを考える暇もなく、試験日まで一生懸命勉強に専念することができます。懸命に試験勉強をしていると、試験が終わったとき、結果にかかわらず、語彙力や文法力、リスニング力が短期間で伸びていることが分かります。もちろん、自分の目標とする級に受かれば、それもまた自分へのこの上ないご褒美になるでしょう。

　試験を受けようと決めて準備をした後、試験当日は何をすればいいのでしょうか。まず前日に十分な睡眠をとり、最高のコンディションで試験に臨めるようにすることが大事です。また、当日の休み時間には、今まで勉強したことをもう一度軽く確認してもよいでしょう。一番よくないのは、これまでやり切れなかった問題や単語を見ることです。見覚えのない問題や単語を見ると、今まで蓄えた知識と混ざって混乱してしまう可能性があるからです。試験の合否を分けるのは、何よりも集中力です。当日は、新しいことを詰め込むよりも、これまで勉強してきたこと

に自信をもって試験に臨むことが何より大切です。

　そのためには、日頃の勉強でなかなか覚えられなかった単語や文法だけを集めたノートを作るといいでしょう。単語は必ず文章の中で覚えることが大切ですが、何度見ても覚えられないこともあると思います。そのようなときは、似ている単語だけをまとめて覚えたり、反対語と一緒に対比して覚えたりすると効果的です。そして、文法は、問題集を解きながら出てきたものを覚えることをおすすめします。文脈の中で覚えてこそ、自然に使えるようになります。

　単語や文法を覚える一番の方法は反復です。脳が何かを正確に覚えるためには、何度も繰り返す必要があります。勉強したのになかなか記憶に残らない単語があっても、すぐに「覚えられない」と諦めず、少なくとも5回以上その単語を見たかどうか自問自答し、見ていない場合はまだ反復が足りないのだと、何度でもチャレンジしましょう。何十回でも繰り返し見ているうちに、自然に覚えるはずです。

　TOPIKも試験である以上、対策をとって勉強しなければ、目標の級に合格することは難しいです。試験を受けると決めたら、合格のための戦略を立てて勉強する必要があります。この本は、そのような方のために書きました。TOPIKに出題される問題のパターンを知り、どのような戦略をとれば効率よく勉強ができるか、参考になれば幸いです。この本が皆さんのTOPIKの試験勉強の役に立ち、合格につながれば、著者としてはこの上ない幸せになるでしょう。

ミリネ韓国語教室代表　　金玄謹
キムヒョングン

CONTENTS もくじ

模擬テスト　　모의고사

原稿執筆　　　　金玄謹
執筆協力　　　　安ミンジョン、池上智子
編集協力　　　　用松美穂
デザイン＆DTP　相原真理子
校正　　　　　　（有）P.WORD
イラスト　　　　ミヤザキコウヘイ
録音スタジオ　　一般財団法人　英語教育協議会（ELEC）
ナレーター　　　李忠均、うにょん

本書の使い方

本書の1章〜3章は、設問のパターン（出題形式）ごとに解説しています。試験では、毎回ほぼ同じパターンの問題が出るので、すべてのパターンを徹底的に攻略することで確実に点数をとることができます。

ここでは、本書がどのような構成になっているかを説明します。1章〜3章は、大きく「パターン分析」と「練習問題」に分かれています。

1. パターン分析
パターンを分析して問題の解き方をチェック！

どういう形式の問題がでるか、過去に出題された問題を使って解説しています。まずはここで出題形式を確認し、解き方を学んでいきましょう。

※大問（冒頭の設問）の文章は、第83回の設問文で統一しています。

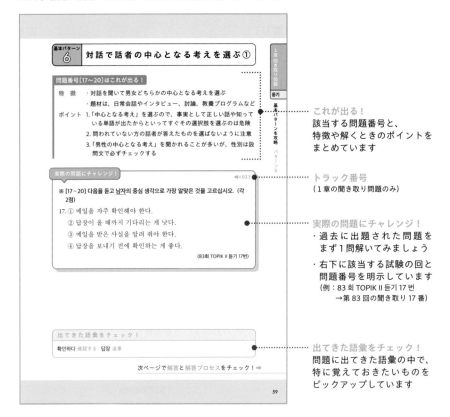

これが出る！
該当する問題番号と、特徴や解くときのポイントをまとめています

トラック番号
（1章の聞き取り問題のみ）

実際の問題にチャレンジ！
・過去に出題された問題をまず1問解いてみましょう
・右下に該当する試験の回と問題番号を明示しています
（例：83回 TOPIK II 듣기 17번 →第83回の聞き取り17番）

出てきた語彙をチェック！
問題に出てきた語彙の中で、特に覚えておきたいものをピックアップしています

···· 実際の問題（再掲）

・大事な箇所は色文字にしています
（日本語訳や解答プロセスの色文字と連動）

・1章の聞き取り問題では、音声のスクリプトをここに掲載しています

・正解の選択肢の前に 正答 が入っています

···· 解答プロセス

・問題を解く際に考える順番を、段階に分けて解説しています

・原文と対比したときにわかりやすいように、直訳に近い表現を使っています

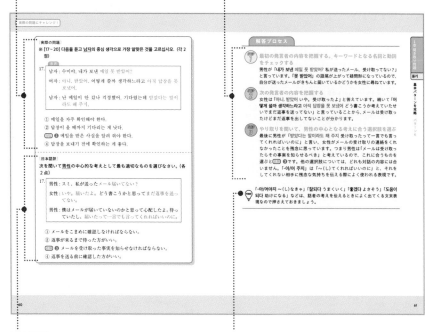

日本語訳
・必要な箇所にかぎり、意訳
（日本語として自然な訳）にしています

・正解の選択肢の前に 正解 が入っています

POINT
さらに役に立つアドバイスを紹介しています

2. 練習問題
さらに問題を解いて練習！

「パターン分析」で勉強した解答プロセスを参考に、過去問を使って練習しましょう。

※大問の文章は第83回の設問文で統一していますが、小問（個別の設問）は、それぞれの回の設問文を入れています。

日本語訳
・必要な箇所にかぎり、意訳（日本語として自然な訳）にしています
・正解の選択肢の前に 正解 が入ります

練習問題
パターン分析と解答プロセスをふまえ、さらに練習してみましょう

音声のトラック番号

音声スクリプト
（1章の聞き取り問題のみ）

解答・解説
・「パターン分析」の解答プロセスに沿って解説しています
・色文字は、音声スクリプトや日本語訳と連動しています

出てきた語彙をチェック！
「練習問題」の中で登場した語彙をまとめて入れています

正誤チェック
繰り返し解いて、正解／不正解をチェックしましょう

3. 語彙を補完！

学習の進み具合から想定される語彙レベルに応じた、対策しておきたい語彙の一覧です。

4. 模擬テストで総復習！

試験前の総復習や実力試しとして、模擬テストをやってみましょう。
正解や不正解の理由まで説明できるようになると、さらに実力がつきます。

解答用紙は以下から
ダウンロードして
お使いください。

TOPIK (Test of Proficiency in Korean) とは

TOPIK (Test of Proficiency in Korean) とは、韓国語では한국어능력시험、日本語では「韓国語能力試験」という名称で知られ、韓国政府が認定・実施している全世界共通の韓国語検定試験です。日本語母語話者を対象として日本国内で行われる「ハングル」能力検定試験とは別の試験です。

TOPIK の目的

❶ 韓国語を母語としない在外韓国人および外国人に対する韓国語学習の方向性の提示、および韓国語の普及拡大

❷ 韓国文化の理解を深め、韓国に留学するため、あるいは韓国で就職するために必要な能力の測定・評価

TOPIK のレベル

TOPIK は、1 級〜6 級までの 6 段階で評価され、級の数字が大きくなるほどレベルが高くなります(6 級が最上級)。初級レベルの受験者を対象にした「TOPIK I(1・2 級)」と、中・上級レベルの受験者を対象にした「TOPIK II(3〜6 級)」の 2 つに分かれています。受験者は、いずれかの試験で取得した点数によって合格級が決まります。

TOPIK の評価基準

TOPIK I の 1・2 級は簡単な日常会話ができるレベル、TOPIK II の 3・4 級は公共施設の利用や社会的関係の形成ができるレベル、5・6 級は専門分野の研究や業務遂行ができるレベルと言われています。

評価等級		評価基準
TOPIK I （初級）	1 級	・自己紹介、買い物、飲食店での注文など生活に必要な基礎的な言語を駆使でき、身近な話題の内容を理解し、表現できる。 ・約 800 語程度の基礎的な語彙と基本文法を理解でき、簡単な文章を作れる。 ・簡単な生活文や実用文を理解し、構成できる。
	2 級	・電話やお願い程度の日常生活に必要な会話や、郵便局や銀行などの公共機関での会話ができる。 ・約 1,500 ～ 2,000 語程度の語彙を用いた文章を理解し、使用できる。 ・公式的な状況か非公式的な状況かによって言語を区分し、使用できる。
TOPIK II （中・上級）	3 級	・日常生活を問題なく過ごせ、様々な公共施設の利用や社会的関係を維持するための言語使用ができる。 ・文語と口語の基本的な特性を理解し、使用できる。
	4 級	・公共施設の利用や社会的関係の維持に必要な言語機能を遂行することができ、一般的な業務に必要な機能を実行できる。 ・ニュースや新聞をある程度理解でき、一般業務に必要な言語が使用できる。 ・よく使われる慣用句や代表的な韓国文化に対する理解をもとに、社会・文化的な内容の文章を理解し、使用できる。
	5 級	・専門分野における研究や業務に必要な言語をある程度理解して使用でき、政治・経済・社会・文化などの全般にわたった身近なテーマについて理解し、使用できる。 ・公式的／非公式的かつ口語／文語的な脈絡に関する言語を適切に区分し、使用できる。
	6 級	・専門分野における研究や業務遂行に必要な言語機能を比較的正確に、流暢に使用でき、政治・経済・社会・文化などの全般的なテーマにおいて身近でないテーマに対しても不便なく使用できる。 ・ネイティブ程度までではないが、問題なく自己表現できる。

申し込みから成績発表まで

　日本では、基本的に年3回実施されています（4月・7月・10月）。受験申込は公益社団法人韓国教育財団のホームページからオンラインでのみ可能で、試験日の約3ヵ月前から開始し、申込期間は約2週間です。受験料は、TOPIK Ⅰが5,000円、TOPIK Ⅱが7,000円です。受験票は、試験日の約10日前にマイページに表示されます。印刷する必要はありませんが、当日の座席案内を確認する際に必要になるので、すぐに見られる状態にしておきましょう。成績は、試験日より約1ヵ月～1ヵ月半後に韓国政府の国立国際教育院のウェブサイトにて照会できます。成績表は郵送されませんが、希望する場合は1枚500円で申請できます。（自身で印刷したものも同じ効力を持ちます。）

● 公益財団法人韓国教育財団　https://www.kref.or.jp/topik/
● 国立国際教育院　https://www.topik.go.kr/TWMYPG/TWMYPG0060-001.do

〈試験の時間割〉

		試験領域	入室完了時間	開始時刻	終了時刻	試験時間
TOPIK Ⅰ	1時間目	聞き取り 読 解	9:30	10:00	11:40	100分
TOPIK Ⅱ	1時間目	聞き取り 筆 記	12:30	13:00	14:50	110分
	2時間目	読 解	15:10	15:20	16:30	70分

TOPIK Ⅰ と TOPIK Ⅱ の違い

　TOPIK Ⅰは、「듣기（聞き取り）」が30問、「읽기（読解）」が40問出題されます。試験時間は休憩なしの100分です。合格の基準点数は、200点満点で80点以上が1級、140点以上が2級となります（80点以下は不合格）。
　TOPIK Ⅱは、「듣기」が50問、「쓰기（筆記）」が4問、「읽기」が50問出題されます。試験時間は1時間目の「듣기」と「쓰기」で110分、2時間目の「읽기」で70分の合計180分です。「듣기」は冒頭に案内音声（◀»001）が流れ、それに続いて約60分が試験時間となるので、「쓰기」は50分以内で解答しなければなりません。合格の基準点数は、300点満点で120点以上が3級、150点以上が4級、190点以上が5級、230点以上が6級となります（120点以下は不合格）。TOPIK Ⅰ、Ⅱともに解答は、4択のマークシート式（Ⅱの筆記問題のみ記述式）です。

〈TOPIK II のパート別試験時間と問題数、配点〉

	듣기	쓰기	읽기
試験時間	約 60 分	約 50 分	70 分
問題数	50 問	4 問	50 問
配点	100 点	100 点	100 点

〈TOPIK の合格基準〉

受験級	TOPIK I (200 点満点)		TOPIK II (300 点満点)			
級	1 級	2 級	3 級	4 級	5 級	6 級
合格点	80 点以上	140 点以上	120 点以上	150 点以上	190 点以上	230 点以上

TOPIK II の合格の目安

　日本での運営元である韓国教育財団が発行している「TOPIK の手引き」によると、TOPIK II の試験におけるレベル分けの目安は、以下のとおりです。

　本書の各章パートのレベル分けは以下の表をベースにし、さらに問題を詳細に分析して 3 段階に分類したものです。

듣기（聞き取り）

3 級	問 1 ～ 20	問 21 ～ 30	問 31 ～ 40	問 41 ～ 50
～ 4 級	問 1 ～ 20	問 21 ～ 30	問 31 ～ 40	問 41 ～ 50
～ 5 級	問 1 ～ 20	問 21 ～ 30	問 31 ～ 40	問 41 ～ 50
～ 6 級	問 1 ～ 20	問 21 ～ 30	問 31 ～ 40	問 41 ～ 50

쓰기（筆記）

3 級	問 51	問 52	問 53	問 54
～ 4 級	問 51	問 52	問 53	問 54
～ 5 級	問 51	問 52	問 53	問 54
～ 6 級	問 51	問 52	問 53	問 54

읽기（読解）

3 級	問 1 ～ 20	問 21 ～ 31	問 32 ～ 41	問 42 ～ 50
～ 4 級	問 1 ～ 20	問 21 ～ 31	問 32 ～ 41	問 42 ～ 50
～ 5 級	問 1 ～ 20	問 21 ～ 31	問 32 ～ 41	問 42 ～ 50
～ 6 級	問 1 ～ 20	問 21 ～ 31	問 32 ～ 41	問 42 ～ 50

学習計画表

6級合格を目標とする場合、本書を50日で1周するつもりで、本番の試験までの計画表を立ててみましょう。学習計画表の立て方の例を、以下に挙げておきます。

※学習計画表は、右ページのQRコードからダウンロードしてご利用いただけます。

日付	D-DAY	学習内容（6級目標の場合）
/	D-50	聞き取り 基本 パターン1
/	D-49	聞き取り 基本 パターン2
/	D-48	聞き取り 基本 パターン3
/	D-47	読解 基本 パターン1
/	D-46	読解 基本 パターン2
/	D-45	読解 基本 パターン3
/	D-44	ここまでに出た単語を覚える
/	D-43	聞き取り 基本 パターン4
/	D-42	聞き取り 基本 パターン5
/	D-41	聞き取り 基本 パターン6
/	D-40	読解 基本 パターン4
/	D-39	読解 基本 パターン5
/	D-38	読解 基本 パターン6
/	D-37	ここまでに出た表現や文法事項を覚える
/	D-36	読解 基本 パターン7
/	D-35	読解 基本 パターン8
/	D-34	読解 基本 パターン9
/	D-33	聞き取り 応用 パターン1
/	D-32	聞き取り 応用 パターン2
/	D-31	聞き取り 応用 パターン3
/	D-30	（お休み）
/	D-29	読解 基本 パターン10
/	D-28	読解 基本 パターン11
/	D-27	聞き取り 応用 パターン4
/	D-26	聞き取り 応用 パターン5
/	D-25	聞き取り 応用 パターン6

パート別の目標や前回の点数との比較など、具体的に考えるのがおすすめです。

計画表DL

日付	D-DAY	学習内容
/	**D-24**	間違った問題の復習
/	**D-23**	読解 応用 パターン1
/	**D-22**	読解 応用 パターン2
/	**D-21**	読解 応用 パターン3
/	**D-20**	読解 応用 パターン4
/	**D-19**	ここまでに出た単語を覚える
/	**D-18**	聞き取り 最上級 パターン1
/	**D-17**	聞き取り 最上級 パターン2
/	**D-16**	聞き取り 最上級 パターン3
/	**D-15**	ここまでに出た表現や文法事項を覚える
/	**D-14**	読解 最上級 パターン1
/	**D-13**	読解 最上級 パターン2
/	**D-12**	読解 最上級 パターン3
/	**D-11**	(お休み)
/	**D-10**	聞き取り 最上級 パターン4
/	**D-9**	聞き取り 最上級 パターン5
/	**D-8**	聞き取り 最上級 パターン6
/	**D-7**	聞き取れなかった単語を覚える
/	**D-6**	筆記 パターン1
/	**D-5**	筆記 パターン2
/	**D-4**	筆記 パターン3
/	**D-3**	筆記 パターン4
/	**D-2**	筆記で書けなかった表現と文法事項を覚える
/	**D-1**	模擬テスト
/	**D-DAY**	試験当日　파이팅！

音声のご利用方法

本書は、音声を聞くことができます。
以下からサイトにアクセスしていただき、ご利用ください。

https://www.shin-sei.co.jp/TOPIK2/

※ 本音声は、PC/iOS/Android 端末でご利用いただけます。
※ 一部機種によっては再生できない場合があります。
※ ご利用の端末がインターネットに接続されている必要があります。
※ スマートフォン・タブレットでご利用いただく場合、Wi-Fi に接続した状態でのご利用を推奨いたします。
※ 上記サービスの内容は予告なく変更・終了する場合がございます。あらかじめご了承ください。

ダウンロードのご案内

本書の学習計画表と解答用紙は、
ダウンロードして繰り返しお使いいただけます。
※アクセスしていただくとすぐにダウンロードが始まります。

学習計画表

解答用紙

1章

聞き取り問題

듣기

※ 目標級に合わせて、重点的に勉強する範囲の参考にしてください。

聞き取り問題を攻略しよう

聞き取り問題を攻略するうえで、頭に入れておいた方がよいことを
確認しておきましょう。

1. 1～20番は音声1回で各1問、21～50番は音声2回で各2問答える

　聞き取り問題は全部で50問あり、1～20番は音声が1度しか流れません。
音声の速度は遅く、難易度も低めですが、どういう状況で誰がどのようなことを
話しているのかを1回で聞き取る必要があります。21番からは音声が2回ずつ
流れますが、前半より音声のスピードが速くなるので、一度に全部は聞き取れな
いかもしれません。2回目は、1回目に聞き取れなかった部分に集中して聞くよ
うにしましょう。

2. 聞こえてきた単語をできるだけ簡潔に問題用紙にメモする

　聞こえてきた単語を、日本語でよいので問題用紙にメモしましょう。聞き取れ
ない部分があっても、メモした内容だけで解ける場合もあります。21番以降は、
問題が2問になり、より難しい語彙が出てきたり話の展開が複雑になったりする
ので集中力勝負でもあります。

3. 事前にできるだけ選択肢を先読みしておく

　音声に続いて、1問あたり約10～15秒ずつ解答のための時間があるので、前
の問題の答えをマークし終わったら次の問題の絵や選択肢などを素早く見ておき
ましょう。どんな内容が出そうかをあらかじめつかんでおくと、聞き取りがずい
ぶん楽になります。

4. 分からなかったら、気持ちを切り替えて次の問題に集中する

　聞き取り問題は、集中力が全てと言っても過言ではありません。聞き取れなかっ
た表現や分からない単語が出て話の流れを聞き逃してしまった場合は、その問題
にそれ以上の時間をかけず、次の問題に集中した方がいいです。聞き取れなかっ
たことに動揺してしまうと、次の問題にも影響が出ます。とりあえずどれかにマー
クして次の問題に取り組むのが賢明です。

基本パターン

1　対話の内容に合う絵を選ぶ

問題番号[1～2]はこれが出る！

特　徴	・会話内容と合う絵を選ぶ問題が 2 問出題される ・日常生活の中の対話のパターンや単語を知っておくと解きやすい
ポイント	1. 選択肢を見て対話が行われている場所を推定し、聞きながら把握する 　→ 屋内（展示会場、病院、スポーツセンターなど）か屋外か 2. 男女の関係を把握する 　→ 観覧客と案内員、職員と客、医師と患者、警察と市民、友達同士など 3. 質問や指示を行う側と答える側の動作（動詞）に注目する

※問題番号［1～3］は出題パターンが 2 つあり、ここでは［1～2］について解説します。

実際の問題にチャレンジ！

🔊》002

※ [1～3] 다음을 듣고 가장 알맞은 그림 또는 그래프를 고르십시오. (각 2점)

1.

(83회 TOPIK II 듣기 1번)

次ページで解答と解答プロセスをチェック！ ➡

전시장 展示場　입장 入場

[実際の問題]

※ [1~3] 다음을 듣고 가장 알맞은 그림 또는 그래프를 고르십시오. (각 2점)

音声

1.
> 여자 : 지금 전시장에 들어갈 수 있어요?
>
> 남자 : 잠시만 기다려 주세요. 곧 입장 시작합니다.
>
> 여자 : 네. 알겠습니다.

①

②

③

④

 정답

[日本語訳]

次を聞いて最も適切な絵または図表を選びなさい。(各 2 点)

1.
> 女性 : 今、展示場に入れますか？
>
> 男性 : 少々お待ちください。まもなく入場が始まります。
>
> 女性 : はい。分かりました。

 正解

解答プロセス

 STEP 1 最初の話者が話す内容から、場所やジェスチャーを関連付ける
女性から話を始めています。「전시장 展示場」という言葉が出た後に、「들어갈 수 있어요? 入れますか?」という質問が出ているので、会場の外にいることが分かります。この時点で、④は除外できます。話の内容に合わないジェスチャーをしている選択肢があれば、それも除外しておきましょう。

 STEP 2 2番目の話者の言うことに注目して2人の関係性を考える
その後に男性が「잠시만 기다려 주세요 少々お待ちください」と言っているので、まだ中に入れない状況だと分かるほか、やり取りの内容から男性は施設で働く案内係のような人物、女性は客だと推測できます。一緒に来ている客同士に見える③を除外できます。

STEP 3 副詞や接続詞に注目しながら話の流れをつかみ、選択肢を選ぶ
その後すぐに男性が続けて「곧 입장 시작합니다 まもなく入場が始まります」と言ったので、男性が会場入口に立っている絵が合います。よって、正解 ❶ です。

 先に絵を見て、「どこでの対話なのか」「男女はどういう関係か」を、パッと見て分かる範囲で頭に入れておくとよいでしょう。音声を聞きながら、想像したとおりなのか、違うのかを明確にしていきましょう。

※ [1~3] 다음을 듣고 가장 알맞은 그림 또는 그래프를 고르십시오. (각 2점)
　　次を聞いて最も適切な絵または図表を選びなさい。(各 2 点)

1.

(52회 TOPIK II 듣기 1번)

解答・解説

STEP 1. ①〜④の全ての絵が病院での様子です。最初に女性が「어디가 아파서 오셨어요？どこが痛くていらっしゃったんですか？」と聞いているので、男性がすでに治療を受けている状態の③や、女性の服がカジュアルで見舞客だと推測できる④ではないことが分かります。

STEP 2. 男性が「배가 아파서 お腹が痛くて」と言っているので、①の診療室にいる医師と患者という可能性も、②の受付と患者という可能性もどちらもあり、まだ絞れません。

STEP 3. 最後に女性が「그럼 それでは」と言って、「이름과 생년월일 名前と生年月日」を書いて待つよう指示したので、医師と患者の関係でも、友人関係でもなく、「病院の受付の女性と患者の男性」であることが分かるので、正解 ❷ です。

1.

여자 :	어디가 아파서 오셨어요?
남자 :	배가 아파서 왔는데요.
여자 :	그럼 여기 이름과 생년월일을 쓰시고 잠깐 기다리세요.

［日本語訳］

1.

女性 :	どうされましたか？
男性 :	お腹が痛くて来たんですが。
女性 :	それではここに名前と生年月日を書いて、ちょっとお待ちください。

正解 ②

CHECK ☐ ☐ ☐

2.

① 　　②

◀))） 004

③ 　　④

(60회 TOPIK II 듣기 2번)

解答・解説

STEP 1. どの絵もグラウンドでの様子です。最初に男性が相手に「괜찮아? 大丈夫?」と尋ねています。「아프겠다 痛そう」には推測の「겠」が入っているので、女性が痛そうにしているのだと分かります。よって、2人とも元気そうな①と④、男性の体調が悪そうな②は外します。③はジェスチャーも合っているので、この段階で③が正解ではないかと見当がつきます。

STEP 2&3. 女性は男性に「**못 일어나겠어** 立ち上がれなさそう」と言っています。よって、女性が座っている絵を選べばいいので、**正解 ❸** です。

音声

2.　남자 : 수미야, 괜찮아? 많이 아프겠다.

　　여자 : 응, 다리가 아파서 못 일어나겠어.

　　남자 : 그래? 내가 도와줄 테니까 천천히 일어나 봐.

［**日本語訳**］

2.　男性 : スミ、大丈夫？　すごく痛そう。

　　女性 : うん、脚が痛くて立ち上がれない。

　　男性 : そう？　僕が手伝うからゆっくり立ってみて。

正解 ❸

CHECK ☐ ☐ ☐

出てきた語彙をチェック！

問1 생년월일 生年月日
問2 -겠다 〜そう(推測)　-(으)ㄹ 테니까 〜(する)から　천천히 ゆっくり

基本パターン **2** | **話者が説明する内容に合う グラフを選ぶ**

特　徴	・グラフや図表が提示され、音声の内容に合うものを選ぶ ・内容が少しずつ異なるグラフや図表が 2 種類ずつ出てくる
ポイント	グラフのタイトルを必ず確認し、順位や比率を聞き漏らさない

※問題番号［1～3］は出題パターンが 2 つあり、ここでは［3］について解説します。

実際の問題にチャレンジ！

🔊) 005

※ [1~3] 다음을 듣고 가장 알맞은 그림 또는 그래프를 고르십시오. (각 2점)

3.　①　②

③

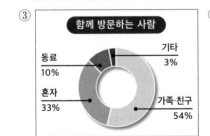

④

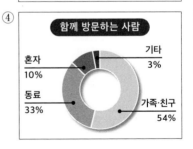

(83회 TOPIK II 듣기 3번)

出てきた語彙をチェック！

방문 訪問　목적 目的　사업 ビジネス　휴가 休暇　친척 親戚　기타 その他　동료 同僚

次ページで解答と解答プロセスをチェック！ ➡

[実際の問題]

※ [1~3] 다음을 듣고 가장 알맞은 그림 또는 그래프를 고르십시오. (각 2점)

3.
> 남자 : 외국인 관광객들이 한국을 방문하는 목적은 '휴가'가 가장 많았습니다. 다음으로 '사업'과 '친척 방문'이 뒤를 이었는데요. 그렇다면 외국인 관광객들은 누구와 함께 한국에 올까요? '가족이나 친구'가 54%로 가장 많았고, '혼자'가 33%, '동료'가 10%로 나타났습니다.

※グラフ省略　　　　　　　　　　　　　　　　　正답 ❸

[日本語訳]

次を聞いて最も適切な絵または図表を選びなさい。(各 2 点)

3.
> 男性 : 外国人観光客が韓国を訪れる目的は「休暇」が最も多かったです。ついで「ビジネス」と「親戚訪問」が後に続きました。では、外国人観光客は誰と一緒に韓国に来るのでしょうか?「家族や友達」が54%で最も多く、「1 人」が33%、「同僚」が10%となっています。

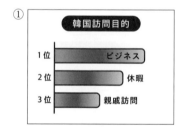

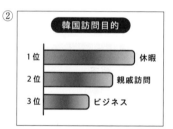

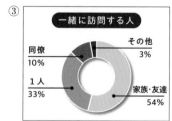

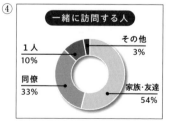

正解 ❸

解答プロセス

各グラフのタイトルを見て、話の内容を推測する

この問題は①と②が「**한국 방문 목적** 韓国訪問目的」について、③と④が「**함께 방문하는 사람** 一緒に訪問する人」についてのグラフです。音声を聞きながら、2種類のうち話されているグラフの方に集中します。

順位を表す表現に集中して聞きながらメモを取る

「**한국을 방문하는 목적** 韓国を訪問する目的」は、「**휴가** 休暇」、「**사업** ビジネス」、「**친척 방문** 親戚訪問」の順だと言っているので、①か②のグラフの項目の横に1～3の順位をメモします。

続いて、「**누구와 함께 한국에 올까요?** 誰と一緒に韓国に来るのでしょうか?」という音声の後、「**가족이나 친구** 家族や友達」、「**혼자** 1人」、「**동료** 同僚」の順だと言っています。これも③か④の近くに順番をメモします。数字とセットで聞き取れれば完璧です。「**-로 나타났습니다** ～となっています」はグラフに表れた順番などを表すときによく登場する表現です。

グラフ問題では数字に基づいて話が進むので、割合の大きさや順序を聞き取るために重要なキーワードを押さえておきましょう。「**가장 많았습니다** 最も多かったです」、「**다음으로** ついで」、「**뒤를 이었는데요** 後に続きました」などがそれにあたります。

メモの内容をもとに正解を選択肢から選ぶ

選択肢①と②の「韓国訪問目的」の棒グラフはどちらも順番が音声と違うので、誤答です。「一緒に訪問する人」の円グラフは、選択肢③が「家族や友達」、「1人」、「同僚」の順なので合っています。よって、正解 ❸です。

音声は、2種類のグラフや図表両方について述べます。一方だけ分かっても正解にはたどり着かないことがあるので、気を抜かずに聞きましょう。

※ [1~3] 다음을 듣고 가장 알맞은 그림 또는 그래프를 고르십시오. (각 2점)
次を聞いて最も適切な絵または図表を選びなさい。(各 2 点)

3.①  ② 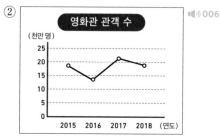 ◀)) 006

③ 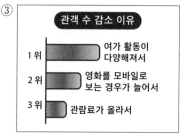 ④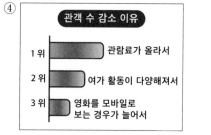

(64회 TOPIK II 듣기 3번)

解答・解説

STEP 1. 図表のタイトルを見ると、①と②が「**영화관 관객 수** 映画館の観客数」、③と④が「**관객 수 감소 이유** 観客数減少の理由」とあります。

STEP 2. 初めに「**2015년 이후** 2015年以降」、「**관객 수가 계속해서 감소**하고 있습니다 観客数が継続して減少しています」という音声が流れます。①と②にあたる内容ですが、どちらもグラフの形と合っていません。その後に「**이유로는** 理由としては」と続くので③と④に注目します。多い順に「**여가 활동이 다양해져서** 余暇活動が多様化して」、「**영화를 모바일로 보는 경우가 늘어서** 映画をモバイルで見る場合が増えて」、「**관람료가 올라서** 観覧料が上がって」と言っているので、順番をメモします。

STEP 3. 選択肢①②はグラフと音声の内容が合わないので、誤答です。「観客数減少の理由」で音声に合っているものは③です。よって、 正解 ❸ です。

音声

3. 남자 : 2015년 이후 영화관을 찾는 관객 수가 계속해서 감소하고 있습니다. 관객 수가 줄고 있는 이유로는 '여가 활동이 다양해져서'가 가장 많았고, '영화를 모바일로 보는 경우가 늘어서', '관람료가 올라서'가 그 뒤를 이었습니다.

[日本語訳]

3. 男性 : 2015年以降、映画館を訪れる観客数は減少し続けています。観客数が減っている理由としては「余暇活動が多様化して」が最も多く、「映画をモバイルで見る場合が増えて」、「観覧料が上がって」がその後に続きました。

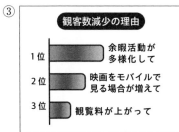

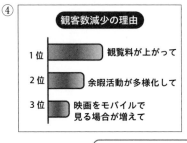

正解 ❸

CHECK ☐ ☐ ☐

 グラフに年号が出てきたら、聞き漏らさないようにしましょう。その年の前後でどのように変化しているのかが問われる問題も出ます。

出てきた語彙をチェック！

問3 영화관 映画館　여가 활동 余暇活動　관람료 観覧料　뒤를 잇다 後に続く

□□	비용 費用	창업 비용은 어떻게 마련할 거야? 創業費用はどうやって準備するの？
□□	예매 前売り、予約買い	콘서트 티켓은 예매를 하는 게 좋아. コンサートのチケットは前もって買った方がいい。
□□	안약 目薬	눈이 침침하면 안약을 넣어. 目がかすんでいたら目薬を差して。
□□	보험 保険	여행가기 전에 보험에 드는 게 좋아. 旅行に行く前に保険に入った方がいい。
□□	체온계 体温計	열이 있는 거 같은데 체온계가 어디 있지? 熱がある気がするんだけど、体温計はどこにあるんだろう？
□□	소화제 消化剤(胃薬)	소화제를 먹었더니 속이 편해졌어. 胃薬を飲んだら、胃が楽になった。
□□	출장 出張	이번 달에는 해외 출장 일정이 많네. 今月は海外出張の予定が多いね。
□□	배탈 腹痛	아이스 커피를 많이 마셨더니 배탈이 났다. アイスコーヒーをたくさん飲んだらお腹を壊した。
□□	동료 同僚	잘 모르는 업무는 동료에게 물어보세요. よくわからない業務は、同僚に聞いてください。
□□	화분 植木鉢	개업한 친구 사무실에 관엽식물 화분을 사들고 갔다. 開業した友達のオフィスに、観葉植物の鉢を買って行った。
□□	지사 支社	이번에 해외 지사에서 근무하게 되었다. 今度、海外支社で勤務することになった。
□□	문구점 文房具店	문구점에서 볼펜 등을 사 와서 구비해 놓으세요. 文房具店でボールペンなどを買ってきて、準備しておいてください。
□□	수리점 修理店	자동차 전문 수리점에 차를 맡겼다. 自動車専門の修理店に車を預けた。
□□	종업원 従業員	사업이 잘돼서 종업원이 갈수록 늘고 있다. 事業がうまくいって、従業員が日に日に増えている。
□□	근교 近郊	근교에 자연을 즐길 수 있는 공원이 있다. 近郊に自然を楽しめる公園がある。
□□	초대장 招待状	초대장을 받은 사람만이 들어올 수 있다. 招待状を受け取った人だけが入ることができる。
□□	행사 行事、イベント	이번 달은 주말마다 행사가 많아서 피곤하다. 今月は週末ごとにイベントが多くて疲れる。
□□	정수기 浄水器	물은 끓여 마시지 않고 정수기에서 따라 마십니다. 水は沸かして飲まずに、浄水器から注いで飲みます。

対話の後に続く言葉や場所を選ぶ

問題番号[4～8]はこれが出る！

特　　徴	会話を聞いて次に続く言葉を選ぶ問題が計5問出題される
ポイント	1. 男性から会話が始まる場合は男性の返答を、女性から始まる場合は女性の返答を答える
	2. 話の流れについて行けないと、的外れな答えを選ぶ可能性があるので注意

実際の問題にチャレンジ！

🔊 007

※ [4～8] 다음을 듣고 이어질 수 있는 말로 가장 알맞은 것을 고르십시오. (각 2점)

4. ① 어제 다 읽었어.

　② 천천히 읽고 돌려줘.

　③ 책 읽을 시간이 없었어.

　④ 재미있는 책 좀 추천해 줘.

(83회 TOPIK II 듣기 4번)

出てきた語彙をチェック！

빌려주다 貸す　돌려주다 返す　추천하다 推薦(おすすめ)する

次ページで解答と解答プロセスをチェック！ ➡

[実際の問題]

※ [4~8] 다음을 듣고 이어질 수 있는 말로 가장 알맞은 것을 고르십시오. (각 2점)

音声

4.

> 여자 : 민수야, 내가 빌려준 책 읽고 있어? 재미있지?
>
> 남자 : 응. 재미있어. 근데 언제까지 돌려주면 돼?
>
> 여자 : _____

① 어제 다 읽었어.

[정답] ❷ 천천히 읽고 돌려줘.

③ 책 읽을 시간이 없었어.

④ 재미있는 책 좀 추천해 줘.

[日本語訳]

次を聞いて続く言葉として最も適切なものを選びなさい。(各2点)

4.

> 女性 : ミンス、私が貸した本読んでる？ 面白いでしょ？
>
> 男性 : うん。 面白い。でも、いつまでに返せばいいの？
>
> 女性 : _____

① 昨日全部読んだよ。

[正解] ❷ ゆっくり読んでから返して。

③ 本を読む時間がなかった。

④ 面白い本をおすすめして。

解答プロセス

会話の順番から、「答える人」が女性か男性かを把握する

パターン3の問題は、女性→男性→女性、または男性→女性→男性という会話のやり取りの最後の部分を答えるので、話し始めた方の言葉としてふさわしいものを選ぶことになります。ここでは女性が先に話し、男性が話した後なので、「最後は女性が話す」ということを念頭に置きます。

会話の流れをつかむキーワードを探す

女性が「내가 빌려준 책 私が貸した本」「읽고 있어? 読んでる？」「재미있지? 面白いでしょ？」と言っているので、「女性が貸した本が面白いかどうか男性に聞く話」であることが分かります。男性はそれに対し、「언제까지 돌려주면 돼? いつまで返せばいいのか」と聞いています。「빌려주다 貸す」と「돌려주다 返す」という表現が身についていれば、答えを見つけるのは難しくありません。

会話の流れに合った答えを予想しながら選択肢から選ぶ

女性は、本を返す期限について話すのが自然な流れなので、②「천천히 읽고 돌려줘 ゆっくり読んでから返して」が適切です。よって、正解❷です。

パターン3 | **問題番号[4〜8]を練習しましょう**

※ [4~8] 다음을 듣고 이어질 수 있는 말로 가장 알맞은 것을 고르십시오. (각 2점)
次を聞いて続く言葉として最も適切なものを選びなさい。(各2点)

4. ① 모임 장소로 오세요.

   ② 내일은 갈 수 있어요.

   ③ 고향에서 친구가 와서요.

   ④ 못 만날까 봐 걱정했어요.

◀))008

(64회 TOPIK II 듣기 4번)

解答・解説

STEP 1&2. 女性が先に話すので、男性の反応に続いて、最後は女性の言葉としてふさわしいものを選びます。

女性が「내일 모임에 못 갈 것 같아요 明日の集まりには行けなさそうです」と言っているので、「集まりへの参加状況」についての話であることが推測できます。それに対して、男性が「왜요? なぜですか？」と聞いているので、女性の答えは「参加できない理由」になると自然です。

STEP 3. 選択肢を見ると③「고향에서 친구가 와서요 故郷から友達が来たからです」があるので、正解 **③** です。

音声

4. 여자 : 저는 내일 모임에 못 갈 것 같아요.

  남자 : 왜요? 무슨 일이 있어요?

  여자 : _____

[日本語訳]

4. 女性 : 私は明日の集まりには行けなさそうです。

  男性 : なぜですか？ 何かあったんですか？

  女性 : _____

34

① 集まりの場所に来てください。

② 明日は行けます。

正解 ❸ 故郷から友達が来たからです。

④ 会えないんじゃないかと心配しました。

CHECK ☐ ☐ ☐

---

5. ① 아침 일찍 기차를 탔어.

🔊 009

② 표가 없어서 아직 못 갔어.

③ 표가 있는지 한번 알아볼게.

④ 금요일 오후 표는 취소하자.

(60회 TOPIK II 듣기 5번)

解答・解説

STEP 1&2. 男性が先に話すので、女性の言葉に続く男性の返答としてふさわしいものを選びます。

男性が「**기차표 알아봤는데** 금요일 오후 표는 없는 것 같아 電車の切符を調べたけど、金曜日の午後の切符はないみたい」と言っています。続いて女性が「**그럼 토요일 아침은 어때?** じゃあ土曜日の朝はどう?」と聞いているので、男性の答えは「土曜の切符」について返すのが自然な流れです。

STEP 3. 選択肢を見ると③「**표가 있는지 한번 알아볼게** 切符があるのか一度調べてみる」と言っているので、正解 ❸ です。

音声

5. 남자 : 기차표 알아봤는데 금요일 오후 표는 없는 것 같아.

여자 : 그럼 토요일 아침은 어때?

남자 : _____

[日本語訳]

5. 男性：電車の切符を調べたけど、金曜日の午後の切符はないみたい。

女性：じゃあ土曜日の朝はどう?

男性：_____

① 朝早く電車に乗った。

② 切符がなくてまだ行けなかった。

正解 ❸ 切符があるかどうか調べてみる。

④ 金曜日の午後の切符はキャンセルしよう。

CHECK ☐ ☐ ☐

---

6. ① 다행히 잘 본 것 같아요.

　② 생각보다 시험이 쉬웠어요.

　③ 떨지 말고 면접시험 잘 보세요.

　④ 열심히 준비했으니까 잘 될 거예요.

🔊 010

(52회 TOPIK II 듣기 6번)

解答・解説

STEP 1&2. 男性が先に話すので、女性の言葉に続く男性の返答を選びます。

男性は「**면접시험은 어땠어요?** 面接試験はどうでしたか？」「**잘 본 것 같아요?** うまくいったと思いますか？」と、面接の結果について女性に聞いています。女性は男性の質問に対して「**떨려서** 잘 못 본 것 같아요 緊張してうまくいかなかったと思います」と言っているので、それに対する男性の答えとしては、「心配しないように励ます言葉」が続くと自然です。

STEP 3. 選択肢を見ると④が「**열심히 준비했으니까 잘 될 거예요** 一生懸命準備したので、いい結果になると思います」と、女性を安心させる言葉を言っているので、正解 ❹ です。

ここでのキーワードは「試験を受ける」という表現です。「受ける」は「**보다** 見る」を使うので、うまくできたときは「**(시험을) 잘 보다** (試験の)結果がいい」で、その反対は「**(시험을) 잘 못 보다** (試験の)結果がよくない」です。

音声

6. 남자 : 수미 씨, 면접시험은 어땠어요? 잘 본 것 같아요?

　여자 : 잘할 수 있었는데 떨려서 잘 못 본 것 같아요.

　남자 : ＿＿＿＿＿＿＿＿＿＿＿＿＿＿＿＿＿＿

［日本語訳］

6.

> 男性：スミさん、面接試験はどうでしたか？　うまくいったと思いますか？
>
> 女性：うまくやれると思っていたのに、緊張してうまくいかなかったと思います。
>
> 男性：＿＿＿＿＿＿＿＿＿＿＿＿＿＿＿＿＿＿＿＿＿＿＿＿＿＿

① 幸い上手くいってよかったです。

② 思ったより試験が簡単でした。

③ 緊張せずに、面接試験頑張ってください。

［正解］ ❹ 一生懸命準備したので、いい結果になりますよ。

CHECK ☐ ☐ ☐

---

7. ① 비가 곧 그칠 거래요.

② 일기 예보를 볼 걸 그랬어요.

③ 장마가 끝나니까 진짜 더워요.

④ 작년하고 거의 비슷할 거래요.

🔊 011

(83회 TOPIK II 듣기 7번)

解答・解説

STEP 1&2. 女性が先に話すので、男性の言葉に続く女性の返答を選びます。

女性が「**주말부터** 장마가 시작된대요 週末から梅雨が始まるそうです」と、ニュースで見た「梅雨入り」の話をしています。男性は「**작년만큼 비가 많이 올까요?** 去年くらい雨がたくさん降るでしょうか？」と、これから降る雨の量について心配しているので、「今後の雨量に関する話」が続くと自然です。ここでは「-만큼 ～くらい」がキーワードです。

STEP 3. 選択肢を見ると④が「**작년하고 거의 비슷할 거래요** 去年とほぼ同じだそうです」と、ニュースで見た内容を伝えているので、［正解］❹です。

音声

7. 여자 : 뉴스에서 봤는데 주말부터 장마가 시작된대요.

　　남자 : 그래요? 올해도 작년만큼 비가 많이 올까요?

　　여자 : ＿＿＿＿＿＿＿＿＿＿＿＿＿＿＿＿＿＿＿＿＿＿＿

［日本語訳］

7. 女性：ニュースで見たんですが、週末から梅雨が始まるそうです。

　　男性：そうなんですか？ 今年も去年くらい雨がたくさん降るでしょうか？

　　女性：＿＿＿＿＿＿＿＿＿＿＿＿＿＿＿＿＿＿＿＿＿＿＿＿

① 雨がもうすぐ止むそうです。

② 天気予報を見ればよかったです。

③ 梅雨が明けたら本当に暑いです。

正解 ❹ 去年とほぼ同じだそうです。

CHECK ☐ ☐ ☐

8. ① 첫 방송이 정말 기대되네요.

② 시청자 의견을 못 들었어요.

③ 장면들이 아름다웠다고 해요.

④ 음악에 더 신경을 써야겠네요.

(64회 TOPIK II 듣기 8번)

🔊 012

解答・解説

STEP 1&2. 女性が先に話すので、男性の言葉に続く女性の返答を選びます。

女性が「첫 방송 最初の放送」について「시청자 의견은 어때요? 視聴者の意見はどうですか？」と尋ねたところ、男性は「재미있다는 의견이 많았습니다 面白いという意見が多かったです」と言いつつ、「그런데 음악이 장면에 안 어울린다는 의견도 있었습니다 しかし、音楽がシーンに合わないという意見もありました」と、否定的な反応もあったと言っています。それに対する女性の答えは、「その意見についての考え」が続くと自然です。

STEP 3. 選択肢に④「음악에 더 신경을 써야겠네요 音楽にもっと気を使わなければ
なりませんね」とあるので、[正解] ❹です。

音声

8.
여자 : 첫 방송에 대한 시청자 의견은 어때요?

남자 : 재미있다는 의견이 많았습니다. 그런데 음악이 장면에 안 어
울린다는 의견도 있었습니다.

여자 : _____

[**日本語訳**]

8.
女性 : 初回放送についての視聴者の意見はどうですか？

男性 : 面白いという意見が多かったです。しかし、音楽がシーンに
合わないという意見もありました。

女性 : _____

① 初回放送が本当に楽しみですね。

② 視聴者の意見を聞けませんでした。

③ シーンが美しかったそうです。

[正解] ❹ 音楽にもっと気を使わなければなりませんね。　CHECK ☐ ☐ ☐

出てきた語彙をチェック！

問4 모임 集まり
問5 기차표 汽車票(切符)　알아보다 調べる　취소하다 キャンセルする
問6 면접시험 面接試験　(시험을) 잘 보다 (試験の)結果がいい
問7 장마 梅雨　일기 예보 天気予報
問8 방송 放送　장면 場面　어울리다 似合う　신경을 쓰다 気を使う

□□	반지 指輪	결혼 반지를 끼워 주며 장래에 대해 약속을 했다. 結婚指輪をはめてあげて、将来に対して約束をした。
□□	향수 香水	그녀는 향수를 진하게 뿌리고 모임에 나타났다. 彼女は香水を濃くつけて、集まりに現れた。
□□	옷장 たんす、 クローゼット	옷장에서 입지 않는 옷은 과감하게 정리했다. クローゼットの着ない服は思い切って処分した。
□□	후회 後悔	나중에 후회를 하지 않기 위해 지금 최선을 다해. 後で後悔をしないために、今、最善を尽くしなさい。
□□	마중 迎え	해외에서 오는 친구를 공항에 마중 나갔다. 海外から来る友達を空港に迎えに行った。
□□	구경 見物	싸움이 나자 사람들이 구경을 하러 몰려들었다. けんかになり、人々が見物しに集まってきた。
□□	장갑 手袋	겨울철에는 장갑을 끼고 자전거를 탄다. 冬場には手袋をはめて自転車に乗る。
□□	접시 お皿	초밥을 배불리 먹고 나니 계산할 접시가 많았다. 寿司をお腹いっぱい食べたら、会計する皿が多かった。
□□	베개 枕	베게를 잘 베고 자야만 일어날 때 목이 안 아프다. ちゃんと枕を使って寝てこそ、起きたときに首が痛くない。
□□	세제 洗剤	기름이 묻은 그릇은 세제를 쓰면 잘 닦인다. 油のついた食器は、洗剤を使うとちゃんと落ちる。
□□	바닥 床	바닥에 물을 흘리지 않도록 조심하세요. 床に水をこぼさないように気をつけてください。
□□	점검 点検	외출시 가스나 전기 점검은 꼭 하세요. 外出時、ガスや電気の点検は必ずしてください。
□□	변명 言い訳	지각할 때마다 변명을 하는 것은 안 좋아. 遅刻するたびに言い訳をするのはよくないよ。
□□	문의 問い合わせ	상품을 구매한 뒤 기능에 대해 문의를 했다. 商品を購入した後、機能について問い合わせをした。
□□	양보 譲歩	지하철에서 노인에게 자리 양보를 했다. 地下鉄で高齢者に席を譲った。
□□	예절 礼儀、マナー	식사 예절은 어느 나라에 가더라도 잘 지켜라. 食事のマナーはどの国に行ってもちゃんと守れ。
□□	모집 募集	신규 학생 모집을 위해 홍보 전략을 짜야 된다. 新規学生募集のために、広報戦略を立てなければならない。
□□	환불 払い戻し	물건을 구입하신 영수증이 있으면 환불 가능합니다. 品物を購入なさったレシートがあれば払い戻しできます。

基本パターン 4　対話の後に続く行動を選ぶ

問題番号[9〜12]はこれが出る！

特　徴　・女性→男性→女性→男性、またはその反対の順に対話が続いた
後、どちらかが次にする行動を選ぶ

・パターン３とは違い、会話の順序に関わらず男女どちらか片方
の行動としてふさわしいものを選ぶ

ポイント　1. 過去の出題では「女性が続いてする行動」を聞かれる問題が
多いが、念のため設問文で必ずチェックする

2. 相手への依頼や提案の内容を把握し、それをもとにどのよう
な行動が必要なのか推測するのがカギ！

実際の問題にチャレンジ！

🔊 013

※ [9~12] 다음을 듣고 여자가 이어서 할 행동으로 가장 알맞은 것을 고르십시오.
(각 2점)

9. ① 사과를 씻는다.　　② 과일을 자른다.

　 ③ 설탕을 가져온다.　④ 냄비를 찾아온다.

(83회 TOPIK Ⅱ 듣기 9번)

出てきた語彙をチェック！

씻다 洗う　자르다 切る　냄비 鍋

次ページで解答と解答プロセスをチェック！ ➡

[実際の問題]

※ [9~12] 다음을 듣고 여자가 이어서 할 행동으로 가장 알맞은 것을 고르십시오.
(각 2점)

音声

9.
> 여자 : 사과는 다 씻었고. 이제 자르면 되겠다.
>
> 남자 : 자르는 건 내가 할 테니까 거기 있는 냄비 좀 줄래?
>
> 여자 : 여기 있어. 근데 잼 만들려면 설탕이 더 필요하겠네. 내가 찾아올까?
>
> 남자 : 응. 좀 갖다줘.

① 사과를 씻는다.　　　② 과일을 자른다.

정답 ❸ 설탕을 가져온다.　　　④ 냄비를 찾아온다.

- -

[日本語訳]

次を聞いて女性が続いてする行動として最も適切なものを選びなさい。
(各 2 点)

9.
> 女性：リンゴは洗い終わったし。あとは切ればいいね。
>
> 男性：切るのは僕がやるから、そこにある鍋をくれる？
>
> 女性：はい、どうぞ。でもジャムを作るには砂糖がもっと必要だね。私が探してこようか？
>
> 男性：うん。ちょっと持ってきて。

① りんごを洗う。　　　② 果物を切る。

正解 ❸ 砂糖を持ってくる。　　　④ 鍋を探してくる。

解答プロセス

 会話の中で、これからする行動についてのヒントを聞き取る

女性の「**사과는 다 씻었고. 이제 자르면 되겠다** リンゴは洗い終わったし。あとは切ればいいね」という一言から始まります。「**이제**」というキーワードがあるのでリンゴを切る話が続くと思いきや、その次に男性が「**자르는 건 내가 할 테니까 냄비 좀 줄래?** 切るのは僕がやるから、鍋をくれる？」と言い、「鍋」に話が移っています。

別の行動を始めるタイミングで使われやすい表現は押さえておきましょう。例えば、「**무엇보다** 何よりも」、「**이제** これから」、「**지금부터** 今から」などです。

 会話の流れを変える接続詞や依頼・提案の表現に注目する

女性が「**근데** ところで、でも」と言ってさらに話の流れを変え、ジャムを作るために「**설탕이 더 필요하겠네** 砂糖がもっと必要だね」「**내가 찾아올까?** 私が探してこようか？」と続けているので、今度は「砂糖が必要」だという話に移っています。

「**-(으)ㄹ래?** ～する？」「**-아/어 줄래?** ～（し）てくれる？」「**-(으)ㄹ까?** ～（し）ようか？」のような表現は依頼や提案をするときに使われます。それに対する反応次第でどんな行動をするか考えるヒントになりやすいので、覚えておきましょう。

 問題で聞かれている方の行動としてふさわしいものを選択肢から選ぶ

砂糖を持ってくるかどうかという提案に対して最後に男性が「**좀 갖다 줘** ちょっと持ってきて」とお願いしたので、女性の次の行動は「砂糖を持ってくること」です。よって 正解 ❸ です。

 2往復の会話の中で、依頼や提案が行ったり来たりしたり、正解が途中にあって最後の言葉は関係なかったりするパターンもあります。

※ [9〜12] 다음을 듣고 여자가 이어서 할 행동으로 가장 알맞은 것을 고르십시오. (각 2점)
次を聞いて**女性**が続いてする行動として最も適切なものを選びなさい。(各 2点)

9. ① 꽃을 가져온다.　　② 선물을 고른다.　　🔊014
　　③ 생일 카드를 쓴다.　　④ 민수한테 전화한다.

(64회 TOPIK II 듣기 9번)

解答・解説

STEP 1. 女性がプレゼントや花の準備を終えたことに続けて「케이크는 어떻게 됐지? ケーキはどうなった?」と聞き、それに対して男性が「민수가 사 온다고 했어 ミンスが買ってくると言った」と伝えています。「誕生日パーティー」の話のようです。

STEP 2. 女性が「그럼 난 생일 카드 좀 쓰고 있어야겠다 じゃあ、私は誕生日カードを書かなくちゃ」と、次にすることとして、誕生日カードを書く話に移っています。「-아/어야겠다 〜(し)なくちゃ」も、次の行動に移るきっかけの表現としてよく使われます。

STEP 3. 最後に男性は「난 민수 어디쯤 왔는지 전화해 볼게 私はミンスがどの辺りまで来たのか電話してみる」と言っていますが、ここで答えるべきなのは「女性がこれからする行動」です。男性の行動とは関係なく、女性はカードを書きます。よって、正解 **❸**です。

音声

9. 여자 : 선물도 샀고 꽃도 준비했고, 케이크는 어떻게 됐지?

　　남자 : 케이크는 민수가 사 온다고 했어.

　　여자 : 그럼 난 생일 카드 좀 쓰고 있어야겠다.

　　남자 : 그래, 난 민수 어디쯤 왔는지 전화해 볼게.

［日本語訳］

9.

女性：プレゼントも買ったし、花も用意したし、ケーキはどうなった？

男性：ケーキはミンスが買ってくるって。

女性：じゃあ、私は誕生日カードを書かなくちゃ。

男性：そうだね、僕はミンスがどの辺りまで来たのか電話してみる。

① 花を持ってくる。　　　② プレゼントを選ぶ。

正解 ❸ 誕生日カードを書く。　④ ミンスに電話する。

CHECK ☐ ☐ ☐

10. ① 서류를 찾는다.　　　② 신분증을 꺼낸다.

　　③ 카드를 보여 준다.　　④ 신청서를 작성한다.

🔊 015

(60회 TOPIK II 듣기 10번)

解答・解説

STEP 1. 男性が「고객님 お客様」「**그럼 이 카드로 하실 거지요?** それではこのカードになさいますよね？」と言っているので、女性は客で、「何らかのカード」に関係する話であることが分かります。

STEP 2. 女性は「はい」と答えた後、「그런데 ところで」と話を変えて、「**카드는 바로 나오나요?** カードはすぐに出ますか（発行できますか）？」と聞き、男性は「もちろんです」と言っているので、カード契約の場面であることが分かります。その後、男性は「**신분증 주시겠어요?** 身分証明書をいただけますか？」と言って、契約に伴って必要な身分証明書の提示を求めています。

STEP 3. 女性は「**잠깐만요** ちょっと待ってください」と言っています。身分証明書を取り出して男性に渡す行動が続くのが自然なので、正解 ❷ です。

音声

10.
> 남자 : 고객님, 그럼 이 카드로 하실 거지요?
>
> 여자 : 네. 그런데 카드는 바로 나오나요?
>
> 남자 : 그럼요. 서류 작성은 제가 도와드릴게요. 신분증 주시겠어요?
>
> 여자 : 네, 잠깐만요.

[日本語訳]

10.
> 男性：お客様、それではこのカードになさいますよね？
>
> 女性：はい。ところでカードはすぐに発行できますか？
>
> 男性：もちろんです。書類の作成は私がお手伝いします。身分証明書をいただけますか？
>
> 女性：はい、ちょっと待ってください。

① 書類を探す。　　　　　　　正解 ❷ 身分証明書を取り出す。

③ カードを見せる。　　　　　④ 申請書を作成する。

CHECK ☐ ☐ ☐

---

11. ① 전등을 산다.　　　② 전등을 찾는다.　　　🔊 016

　　③ 전등을 바꾼다.　　④ 전등을 가져온다.

(52회 TOPIK II 듣기 11번)

解答・解説

STEP 1. 女性が「욕실 전등을 좀 바꿔야겠어요 浴室の電球をちょっと変えないといけません」と言い、電球が切れている状態を知らせています。「여보 (夫婦がお互いを呼ぶときの表現)」と呼びかけているので、夫婦の会話です。男性が「집에 전등 사다 놓은 거 있으면 가져와 봐요 家に電球を買っておいたものがあれば持ってきてください」と、女性にお願いしています。

STEP 2&3. 女性は「어디 있는지 찾아볼게요 どこにあるのか探してみます」と言っているので、これから電球を探す行動が続くと推測できます。最後に男性が、家になければ「내가 사러 갈게요 私が買いに行きます」と言っていますが、女性はまずは電球を探さないといけないので、正解 ❷ です。

11.

| 여자 : 여보, 욕실 전등을 좀 바꿔야겠어요. |
| 남자 : 그래요? 집에 전등 사다 놓은 거 있으면 가져와 봐요. |
| 여자 : 잠깐만요. 어디 있는지 찾아볼게요. |
| 남자 : 없으면 말해요. 내가 사러 갈게요. |

[日本語訳]

11.

| 女性：あなた、浴室の電球をちょっと変えないといけません。 |
| 男性：そうなんですか？ 家に電球を買っておいたものがあれば持ってきてください。 |
| 女性：ちょっと待ってください。どこにあるのか探してみます。 |
| 男性：なければ言ってください。私が買いに行きます。 |

① 電球を買う。　　　　　　　正解 ❷ 電球を探す。

③ 電球を変える。　　　　　　④ 電球を持ってくる。

CHECK ☐ ☐ ☐

---

12. ① 거울을 치운다.　　② 카메라를 설치한다.　　🔊017

③ 카메라 화면을 본다.　　④ 촬영할 물건을 가져온다.

(83회 TOPIK II 듣기 12번)

解答・解説

STEP 1. 女性が「감독님, 촬영 준비 끝났습니다 監督、撮影の準備が終わりました」と言っているので、映画などの「撮影現場」での会話だと推測できます。

STEP 2&3. 男性が「그럼…어떻게 보이는지 확인해 봅시다 では…どのように見えるかを確認してみましょう」と言っています。撮影準備ができたことを受けて、確認作業の話です。男性が「거울이 꼭 필요할까요? 鏡は必ず必要でしょうか？」と疑問に思っているところに、女性が「치울까요? 片付けましょうか？」と男性の意向を尋ねています。男性は「그렇게 해 주세요 そうしてください」と、女性に依頼しているので、正解 ❶です。

12.

여자 : 감독님, 촬영 준비 끝났습니다. 물건들도 제자리에 놓았고요.
남자 : 그럼 카메라 화면에서 어떻게 보이는지 확인해 봅시다. 음, 저 거울이 꼭 필요할까요?
여자 : 거울이 커서 그런지 사무실처럼 보이지가 않네요. 치울까요?
남자 : 네. 그렇게 해 주세요.

[日本語訳]

12.

女性 : 監督、撮影の準備が終わりました。物も元の場所に置きました。
男性 : では、カメラ画面でどのように見えるかを確認してみましょう。うーん、あの鏡は必ず必要でしょうか？
女性 : 鏡が大きいからかオフィスのように見えませんね。片付けましょうか？
男性 : はい。そうしてください。

正解 ❶ 鏡を片付ける。　　② カメラを設置する。

③ カメラの画面を見る。　　④ 撮影する物を持ってくる。

CHECK ☐ ☐ ☐

出てきた語彙をチェック！

問9 어디쯤 どの辺り
問10 서류 書類　작성 作成　신분증 身分証（身分証明書）
問11 욕실 浴室　전등 電灯（電球）
問12 촬영 撮影　물건 物　제자리 元の場所　거울 鏡　사무실 オフィス　치우다 片付ける

基本パターン 5 話される内容と一致するものを選ぶ

問題番号[13〜16]はこれが出る！

特　徴　・13番は日常的な内容の対話（話者2人）、14番はアナウンス（1人）、15番はニュース（1人）、16番はインタビュー（2人）が出題されることが多い

・1人が長く話すタイプの音声は3〜5文程度の長さ

ポイント　1. 似たような内容ではなく、完全に正しい答えを選ぶ必要がある

2. 正解と似た誤答を選ばないように注意

3. 選択肢に〇×△をつけながら、消去法で解くのもよい

実際の問題にチャレンジ！

🔊 018

※ [13~16] 다음을 듣고 들은 내용과 같은 것을 고르십시오. (각 2점)

13. ① 두 사람은 모형 배를 만드는 중이다.

② 이 모형 배는 가죽으로 만들어졌다.

③ 여자는 남자가 준 사진을 보고 있다.

④ 남자는 이 모형 배를 직접 본 적이 있다.

(83회 TOPIK II 듣기 13번)

出てきた語彙をチェック！

모형 模型　배 船　가죽 革、レザー

次ページで解答と解答プロセスをチェック！➡

[実際の問題]

※ [13~16] 다음을 듣고 들은 내용과 같은 것을 고르십시오. (각 2점)

音声

13.
> 여자 : 이 사진 좀 볼래? 이게 모형이래. 실제 배하고 똑같지?
>
> 남자 : 와, 정말 잘 만들었다. 근데 뭐로 만든 거야? 나무인가?
>
> 여자 : 아니. 가죽으로 만든 거래.
>
> 남자 : 신기하다. 가죽을 이용해서 배 모형을 만들다니. 직접 한 번 보고 싶다.

① 두 사람은 모형 배를 만드는 중이다.

[정답] ❷ 이 모형 배는 가죽으로 만들어졌다.

③ 여자는 남자가 준 사진을 보고 있다.

④ 남자는 이 모형 배를 직접 본 적이 있다.

- -

[日本語訳]

次を聞いて聞いた内容と同じものを選びなさい。(各2点)

13.
> 女性 : この写真ちょっと見る？　これ模型だって。実際の船みたいでしょ？
>
> 男性 : わあ、本当によくできてる。ところで何でできているの？木かな？
>
> 女性 : いや。革で作ったらしい。
>
> 男性 : 不思議だね。革を利用して船の模型を作るなんて。実際に一度見てみたい。

① 2人は模型の船を作っているところだ。

[正解] ❷ この模型の船は革でできている。

③ 女性は男性がくれた写真を見ている。

④ 男性はこの模型の船を実際に見たことがある。

解答プロセス

STEP 1　音声を聞きながら主な内容をメモする

女性が「**이 사진 좀 볼래? 이게 모형이래** この写真ちょっと見る？ これ模型だって」と言っています。「模型の写真」について話していることが分かるので、「模型、写真」とメモを取ります。続いて、男性が「**근데 그런데**」「**뭐로 만든 거야?** 何でできているの？」と聞き、ここから「材質」の話に移ります。女性が「**가죽으로 만든 거래** 革で作ったらしい」と言うので、「革」とメモします。女性の言葉に出てくる「**-래**」という語尾は「**-라고 해**」の変化したもので、「〜ということだ」と、人から聞いた内容を伝えるときに使います。

STEP 2　最後の言葉は解答のヒントになりやすいので、特に注意する

最後に男性が「**직접 한번 보고 싶다** 直接一度見てみたい」と言っているので、「見てみたい」とメモします。男性は、今は写真を見ているだけで本物を見たことはないことが分かります。会話タイプの音声の場合は、やり取りは2往復のことが多いです。

STEP 3　選択肢のキーワードをチェックしながら消去法で選択肢を選ぶ

①「**두 사람은 모형 배를 만드는 중이다** 2人は模型の船を作っているところだ」は、女性の1言目で分かる通り2人は写真を見ているだけなので、誤答です。

②「**이 모형 배는 가죽으로 만들어졌다** この模型の船は革でできている」は、女性がやり取りの中で話している内容と一致しています。よって、[正解] **❷** です。

③「**여자는 남자가 준 사진을 보고 있다** 女性は男性がくれた写真を見ている」は、写真は女性が持ってきて男性に見せているので、誤答です。

④「**남자는 이 모형 배를 직접 본 적이 있다** 男性はこの模型の船を直接見たことがある」は、男性が最後に「一度見てみたい」と言っているので、誤答です。

 この問題は会話のテーマではなく、内容が一致する選択肢を選ぶことに注意しましょう。先に選択肢に軽く目を通しておけると、音声との対比で合わない選択肢を除外しやすくなりますが、音声が始まったら無理に選択肢を読み進めずに、情報の聞き漏らしがないようにしましょう。

※ [13~16] 다음을 듣고 들은 내용과 같은 것을 고르십시오. (각 2점)
　次を聞いて聞いた内容と同じものを選びなさい。(各 2 点)

13. ① 여자는 심리학과 학생이다.　　　　　　　　　　　🔊 019
　　② 여자는 수강 신청을 하지 못했다.
　　③ 남자는 심리학 개론 수업에 만족했다.
　　④ 남자는 여자와 심리학 개론 수업을 들었다.

(64회 TOPIK II 듣기 13번)

解答・解説

STEP 1. 女性が「**작년에 심리학 개론 수업 들었지?** 去年心理学概論の授業受けたよね？」と尋ねると、男性は「**응. 진짜 좋았어** うん。本当によかった」と言った後、女性にその授業を受けるのか尋ねています。2人は学生で、男性は既に「心理学概論」の授業を受講済みということが分かります。女性は「**수강 신청은 했는데** 受講の申請はしたんだけど」「**다른 학과 수업이라 걱정이 돼서** 他の学科の授業だから心配になって」と言っていることから、未受講かつ心理学科以外の所属です。

STEP 2. 心配している女性に対して、男性は最後のセリフで「**내용도 재밌고 어렵지 않아서 괜찮을 거야** 内容も面白いし、難しくないから大丈夫だよ」と安心させています。

STEP 3. ①「**여자는 심리학과 학생** 女性は心理学科の学生」は、女性が「他の学科の授業だから」と言っているので、誤答です。②「**여자는 수강 신청을 하지 못했다** 女性は受講の申請ができなかった」は、「受講の申請はしたけど」と言っているので、誤答です。③「**남자는 심리학 개론 수업에 만족했다** 男性は心理学概論授業に満足した」は男性の「本当によかった」という発言と一致するので、 正解 **❸** です。④「**남자는 여자와 심리학 개론 수업을 들었다** 男性は女性と心理学概論の授業を受けた」は、女性はまだ授業を受けていないので、誤答です。

音声

13.
여자 : 민수야, 너 작년에 심리학 개론 수업 들었지?
남자 : 응. 진짜 좋았어. 너도 그 수업 들으려고?
여자 : 수강 신청은 했는데 다른 학과 수업이라 걱정이 돼서.
남자 : 그 수업, 내용도 재밌고 어렵지 않아서 괜찮을 거야.

[日本語訳]

13.
女性：ミンス、あなた去年心理学概論の授業受けたよね？
男性：うん。本当によかった。君もその授業を受けるつもり？
女性：受講の申請はしたけど、他の学科の授業だから心配になって。
男性：その授業、内容も面白いし、難しくないから大丈夫だよ。

① 女性は心理学科の学生だ。

② 女性は受講申請ができなかった。

正解 ❸ 男性は心理学概論の授業に満足した。

④ 男性は女性と心理学概論の授業を受けた。

CHECK ☐ ☐ ☐

---

14. ① 점검은 내일 할 예정이다.　　　　　🔊020

② 오전에 점검이 모두 끝난다.

③ 비상벨이 여러 번 울릴 것이다.

④ 점검이 시작되면 밖으로 나가야 한다.

(60회 TOPIK II 듣기 14번)

解答・解説

STEP 1. この問題の「**주민 여러분** 住民の皆様」のような「〇〇 **여러분**」という表現や、「**안내 드립니다** ご案内いたします」のような一言が冒頭に入っている音声は、最後まで１人が話すアナウンスの音声であることが多いです。アナウンスの場合は、場所や時間に気をつけながらメモを取ります。この問題のキーワードは以下です。

오늘→今日／아파트 소방 시설 점검→マンションの消防点検／1동~5동：오전 아홉 시부터 열두 시까지→１～５棟は午前９～12時まで／**6동~10동：오후 한 시부터 네 시까지**→6～10棟は午後１～４時まで

STEP 2. 最後に注意事項が伝えられます。「**비상벨이 여러 번 울릴 예정** 非常ベルが何度も鳴る予定」「**놀라지 마시고 하던 일을 계속하시기 바랍니다** 驚かず、やっていたことを続けてください」と言っています。「**-시기(를) 바랍니다** ～することをお願いいたします」は、公的な場で話し手が何かしらお願いをするときに出てくる丁寧な表現です。

STEP 3. ①「**점검은 내일 할 예정이다** 点検は明日する予定だ」は、冒頭で「今日は点検があります」と言っているので、誤答です。②「**오전에 점검이 모두 끝난다** 午前中に点検が全て終わる」は「６号棟から10号棟までは午後４時まで」と言っているので、誤答です。③「**비상벨이 여러 번 울릴 것이다** 非常ベルが何度も鳴るだろう」は、アナウンスにあった通りなので、 正解 ❸ です。④「**점검이 시작되면 밖으로 나가야 한다** 点検が始まったら外に出なければならない」とは言っておらず、「驚かず、やっていたことを続けて」と言っているので、誤答です。

音声

14.
> 여자 : 주민 여러분, 오늘은 아파트 소방 시설 점검이 있습니다. 1동부터 5동은 오전 아홉 시부터 열두 시까지, 6동부터 10동은 오후 한 시부터 네 시까지 점검합니다. 오늘 점검 중에는 비상벨이 여러 번 울릴 예정이니 놀라지 마시고 하던 일을 계속하시기 바랍니다.

［**日本語訳**］

14.
> 女性 : 住民の皆さん、今日はマンションの消防施設の点検があります。１棟から５棟は午前９時から12時まで、６棟から10棟は午後１時から４時まで点検します。本日の点検中は非常ベルが何度も鳴る予定ですので、驚かず、やっていたことを続けてください。

① 点検は明日する予定だ。

② 午前中に点検が全て終わる。

正解 ❸ 非常ベルが何度も鳴るだろう。

④ 点検が始まったら外に出なければならない。

CHECK ☐ ☐ ☐

15. ① 비는 오늘 밤에 그칠 것이다.

   ② 제주 지역에는 눈이 내릴 것이다.

   ③ 모레는 기온이 떨어져 추워질 것이다.

   ④ 내일 낮부터 전국적으로 비가 올 것이다.

🔊 021

(52회 TOPIK II 듣기 15번)

解答・解説

STEP 1. この問題の「날씨 소식입니다 天気のニュース（天気予報）です」のように、「○○ 소식입니다」や「○○ 정보입니다 ○○情報です」という表現が冒頭に入っている音声は、話者が1人で情報を伝えるニュースであることが多いです。ここでは男性キャスターが天気予報をしているので、雨、雪、晴れのような天気を表す言葉と場所に気をつけながら、以下のようなキーワードをメモします。

前半：**전국에 비**→全国、雨／**제주도에는 폭우**→済州島、大雨／**내일 아침에 대부분 그치겠고**→明日の朝、止む／**낮부터는 점차 맑아지겠습니다**→昼から晴れそう

後半：**모레 아침 꽃샘추위**→明後日の朝、花冷え／**전국이 일시적으로 영하** → 全国、一時的に零下（氷点下）

「**꽃샘추위** 花冷え」のような慣用句（꽃샘추위は花・嫉妬・寒さをつなげた単語で、花が咲く暖かさに冬が嫉妬して寒さが戻ってくるという意味）も天気予報にはよく出てきます。

STEP 2. 最後には「**외출하실 때 따뜻하게 입으시는 것이 좋겠습니다** 外出するときは暖かくした方がよいでしょう」と、今日の服装についてのアドバイスで終わっています。これも天気予報でよくあるパターンです。

STEP 3. ①「비는 오늘 밤에 그칠 것이다 雨は今夜止むだろう」は、雨が止むのは明日の朝なので、誤答です。②「제주 지역에는 눈 済州地域には雪」は、済州島は大雨なので、誤答です。③「모레는…추워질 것이다 明後日は…寒くなるだろう」は、「花冷え」と一致するので、**正解 ❸** です。④「내일 낮부터 전국적으로 비 明日の昼から全国的に雨」は、「次第に晴れる」と合わないので、誤答です。

15.

> 남자 : 날씨 소식입니다. 현재 전국에 비가 내리고 제주도에는 폭우
> 가 쏟아지고 있는데요. 이 비는 내일 아침에 대부분 그치겠고,
> 낮부터는 점차 맑아지겠습니다. 모레 아침에는 꽃샘추위가 찾
> 아와 전국이 일시적으로 영하의 날씨를 보이겠는데요. 외출하
> 실 때 따뜻하게 입으시는 것이 좋겠습니다.

[日本語訳]

15.

> 男性：天気予報です。現在、全国的に雨が降り、済州島には大雨が降っ
> ています。この雨は明日の朝にほとんど止み、日中からは次第
> に晴れるでしょう。明後日の朝には花冷えが訪れ、全国が一時
> 的に氷点下の天気になるでしょう。外出するときは暖かくした
> 方がよいでしょう。

① 雨は今夜止むだろう。

② 済州地域には雪が降るだろう。

正解 ❸ 明後日は気温が下がって寒くなるだろう。

④ 明日の昼から全国的に雨が降るだろう。

CHECK ☐ ☐ ☐

---

16. ① 여자는 전문적으로 그림을 배웠다.

　② 여자의 그림은 화려한 느낌을 준다.

　③ 여자는 화가가 된 지 70년이 넘었다.

　④ 여자는 평범한 것을 그림의 소재로 삼는다.

🔊 022

(83회 TOPIK II 듣기 16번)

解答・解説

STEP 1. 男性が職業名や業績と、それに関連した質問を相手に投げかけ、女性が答
えています。男性は「작가님의 그림 作家さんの絵」について、「인기를 얻
고 있는 이유 人気を集めている理由」を尋ねています。インタビュアーと
女性画家の対談です。画家である女性の返答からキーワードを拾っていき、
メモします。

　혼하고 평범한 소재→よくあるありふれた素材／따뜻하게 그리기 때문→温か
く描いているから／70세가 넘어서야 그림을 그리기 시작→70歳を過ぎてか

ら絵を描き始め／배운 적도 없고→習ったこともない

STEP 2. 女性は最後に、「꾸미지 않은 그런 느낌을 사람들이 좋아해 주는 **것 같아요** 飾らないような感じを、人々が気に入ってくれている気がします」と、最初に述べたことと同様の人気の理由を語って終わっています。

STEP 3. ①「**여자는 전문적으로 그림을 배웠다** 女性は専門的に絵を学んだ」は、「習ったこともない」と言っているので、誤答です。②「**여자의 그림은 화려한 느낌을 준다** 女性の絵は派手な感じを与える」は、人気の理由の「飾らないような感じ」とは逆なので、誤答です。③「**여자는 화가가 된 지 70년이 넘었다** 女性は画家になって70年が過ぎた」は、「70歳」という年齢は女性が絵を書き始めた年齢なので、誤答です。④「**여자는 평범한 것을 그림의 소재로 삼는다** 女性はありふれたものを絵の素材にする」は、女性の1言目の内容と合うので、<u>正解</u> ❹ です。

［音声］

16. 남자 : 작가님의 그림이 인기를 얻고 있는 이유는 뭐라고 생각하십니까?

　　여자 : 우리 주변의 흔하고 평범한 소재를 따뜻하게 그리기 때문이 아닐까요? 저는 행복했던 어린 시절을 기억하고 싶어서 70세가 넘어서야 그림을 그리기 시작했어요. 물론 배운 적도 없고요. 꾸미지 않은 그런 느낌을 사람들이 좋아해 주는 것 같아요.

［日本語訳］

16. 男性 : 作家さんの絵が人気を集めている理由はなぜだと思いますか？

　　女性 : 私たちの周りのよくあるありふれた素材を温かく描いているからではないでしょうか？　私は幸せだった幼い頃を思い出したくて、70歳を過ぎてから絵を描き始めました。もちろん習ったこともありません。飾らないような感じを、みんなが気に入ってくれている気がします。

① 女性は専門的に絵を学んだ。

② 女性の絵は派手な感じを与える。

③ 女性は画家になって70年が過ぎた。

<u>正解</u> ❹ 女性は平凡なものを絵の素材にする。

CHECK □ □ □

出てきた語彙をチェック！

問13 심리학 心理学　개론 概論　수강 신청 受講申請
問14 소방 시설 消防施設　비상벨 非常ベル　놀라다 驚く
問15 소식 お知らせ　전국 全国　점차 次第に　꽃샘추위 花冷え　일시적 一時的
영하 零下(氷点下)
問16 흔하다 ありふれている　평범하다 平凡だ　소재 素材　꾸미다 飾る　화려하다 派手だ

基本パターン 6 　対話で話者の中心となる考えを選ぶ①

問題番号[17〜20]はこれが出る！

特　徴　・対話を聞いて男女どちらかの中心となる考えを選ぶ

　　　　・題材は、日常会話やインタビュー、討論、教養プログラムなど

ポイント　1.「中心となる考え」を選ぶので、事実として正しい話や知っている単語が出たからといってすぐその選択肢を選ぶのは危険

　　　　　2. 問われていない方の話者が答えたものを選ばないように注意

　　　　　3.「男性の中心となる考え」を聞かれることが多いが、性別は設問文で必ずチェックする

実際の問題にチャレンジ！

◀) 023

※ [17~20] 다음을 듣고 남자의 중심 생각으로 가장 알맞은 것을 고르십시오. (각 2점)

17. ① 메일을 자주 확인해야 한다.

　② 답장이 올 때까지 기다리는 게 낫다.

　③ 메일을 받은 사실을 알려 줘야 한다.

　④ 답장을 보내기 전에 확인하는 게 좋다.

(83회 TOPIK II 듣기 17번)

出てきた語彙をチェック！

확인하다 確認する　답장 返事

次ページで解答と解答プロセスをチェック！ ➡

[実際の問題]

※ [17~20] 다음을 듣고 <u>남자</u>의 중심 생각으로 가장 알맞은 것을 고르십시오. (각 2 점)

音声

17.

> 남자 : 수미야, 내가 보낸 메일 못 받았어?
>
> 여자 : 아니. 받았어. 어떻게 쓸까 생각하느라고 아직 답장을 못 보냈어.
>
> 남자 : 난 메일이 안 갔나 걱정했어. 기다렸는데 받았다는 말이 라도 해 주지.

① 메일을 자주 확인해야 한다.

② 답장이 올 때까지 기다리는 게 낫다.

정답 ❸ 메일을 받은 사실을 알려 줘야 한다.

④ 답장을 보내기 전에 확인하는 게 좋다.

- -

[日本語訳]

次を聞いて<u>男性</u>の中心的な考えとして最も適切なものを選びなさい。(各 2 点)

17.

> 男性 : スミ、私が送ったメール届いてない？
>
> 女性 : いや。届いたよ。どう書こうかと思ってまだ返事を送っ てない。
>
> 男性 : 僕はメールが届いていないのかと思って心配したよ。待っ ていたし、届いたって一言でも言ってくれればいいのに。

① メールをこまめに確認しなければならない。

② 返事が来るまで待った方がいい。

正解 ❸ メールを受け取った事実を知らせなければならない。

④ 返事を送る前に確認した方がいい。

解答プロセス

 STEP 1 最初の発言者の内容を把握する。キーワードとなる名詞と動詞をチェックする

男性が「**내가 보낸** 메일 **못 받았어?** 私が送ったメール、受け取ってない？」と言っています。「**못 받았어**」の語尾が上がって疑問形になっているので、自分が送ったメールがきちんと届いているかどうかを女性に尋ねています。

 STEP 2 次の発言者の内容を把握する

女性は「**아니. 받았어** いや。受け取ったよ」と答えています。続いて「**어떻게 쓸까 생각하느라고 아직 답장을 못 보냈어** どう書こうか考えていたせいでまだ返事を送ってない」と言っていることから、メールは受け取ったけどまだ返事を出してないことが分かります。

 STEP 3 やり取りを聞いて、男性の中心となる考えに合う選択肢を選ぶ

最後に男性が「**받았다는 말이라도 해 주지** 受け取ったって一言でも言ってくれればいいのに」と言い、女性がメールの受け取りの連絡をくれなかったことを残念に思っています。つまり男性は「メールは受け取ったらその事実を知らせるべき」と考えているので、これに合うものを選ぶと 正解 ❸ です。他の選択肢については、どれも対話の内容には合いません。「**-아/어 주지**」は「～(し)てくれればいいのに」と、それをしてくれない相手に残念な気持ちを伝える際によく使われる表現です。

 POINT 「**-아/어야지** ～(し)なきゃ」「**잘되다** うまくいく」「**좋겠다** よさそう」「**도움이 되다** 助けになる」などは、話者の考えを伝えるときによく出てくる文末表現なので押さえておきましょう。

※ [17~20] 다음을 듣고 <u>남자의 중심 생각</u>으로 가장 알맞은 것을 고르십시오. (각 2점)
次を聞いて<u>男性の中心</u>となる考えとして最も適切なものを選びなさい。(各 2点)

17. ① 운동을 제대로 배워서 하고 싶다.　　　　　　　🔊 024

　② 인터넷의 운동 정보는 도움이 된다.

　③ 건강을 위해 꾸준히 운동을 해야 한다.

　④ 따라 하기 쉬운 요가 영상을 선택해야 한다.

(64회 TOPIK II 듣기 17번)

解答 ・ 解説

STEP 1. 男性が「아무래도 요가 학원에 다녀야겠어 どうしてもヨガ教室に通わなければならないんだ」と言っていますが、この「아무래도 どうしても」に注目します。「아무래도 -아/어야겠어 どうしても〜(し)なくちゃ」と言っているので、「ヨガ教室に通う」という男性の意志はかたいようです。また、直後の「혼자서…맞는지 모르겠고 1人で…合ってるのか分からないし」という発言は、教室に通いたい理由として覚えておきます。

STEP 2. 次に女性は「인터넷 요가 영상도 많이 있던데, 그걸 보는 건 어때? インターネットのヨガの映像もたくさんあるけど、それを見るのはどう?」と提案しています。一方がこのように提案をし、それにもう一方がどう返答するかによって「中心となる考え」が分かるケースもあります。

STEP 3. 女性の提案に対して、男性が「영상만으로는 안 될 것 같아 動画だけではだめなようだ」と言っているので、これに合わない選択肢の②と④を外します。残ったのは①と③ですが、①は「운동을 제대로 배워서 運動をきちんと習って」とあり、「ヨガを直接習いに行かないといけない」と思っている男性の考えに合います。よって、正解 ❶です。③の「건강을 위해 꾸준히 健康のためにこつこつと」のような習慣については触れられていません。

音声

17.

男子 : 아무래도 요가 학원에 다녀야겠어. 혼자서 운동을 하니까 동작이 맞는지 모르겠고 효과도 없는 것 같아.

여자 : 요즘은 인터넷 요가 영상도 많이 있던데, 그걸 보는 건 어때?

남자 : 영상만으로는 안 될 것 같아. 내 동작이 틀려도 알 수 없잖아.

［日本語訳］

17.

男性 : どうしてもヨガ教室に通わなければならないんだ。一人で運動をするから動作が合っているのか分からないし、効果もないみたい。

女性 : 最近はインターネットのヨガの映像もたくさんあるけど、それを見るのはどう？

男性 : 映像だけではだめだと思う。私の動作が間違っても分からないじゃん。

【正解】❶ 運動をきちんと習ってやりたい。

② インターネットの運動情報は役に立つ。

③ 健康のために地道に運動をしなければならない。

④ 真似しやすいヨガ映像を選択しなければならない。

CHECK □ □ □

18. ① 공부는 매일 하는 것이 중요하다.

🔊025

② 공부하는 장소를 바꿀 필요가 있다.

③ 새벽에 일어나서 공부하는 게 좋다.

④ 피곤할 때는 적당한 휴식도 필요하다.

(83회 TOPIK II 듣기 18번)

解答・解説

STEP 1. 男性は「요즘 最近」「새벽 早朝」に勉強したら、「집중이 잘되더라 よく集中できるんだ」と感想を言っています。「**-더라 ～なんだ**」は感想を述べるときに使う表現です。

STEP 2. これに対して女性は、早朝に起きるのは「피곤할 것 같은데 疲れそうだけど」と言って、男性とは反対の考え方をしています。これに対する男性の反応がカギになります。

STEP 3. 男性は、「처음엔…피곤했는데 最初は…疲れていたけど」、「이제는 공부가 잘돼서 좋아 今では勉強がよく出来るのでいい」と述べています。男性の発言を総合すると「早朝に勉強するのは、慣れは必要だがはかどるので気に入っている」です。これに合うのは 正解 ❸ です。その他の選択肢にある、勉強習慣や勉強場所などの内容は対話では触れられていないので、誤答です。

音声

18.
남자 : 요즘 새벽에 일어나서 공부하는데 집중이 잘되더라.

여자 : 그래? 난 새벽에 일어나면 많이 피곤할 것 같은데.

남자 : 처음엔 나도 좀 피곤했는데 이제는 공부가 잘돼서 좋아.

[日本語訳]

18.
男性 : 最近早朝に起きて勉強しているけど、よく集中できるよ。

女性 : そう？　私は早朝に起きたらとても疲れそうだけど。

男性 : 最初は僕もちょっと疲れていたけど、今は勉強がうまくいっていいよ。

① 勉強は毎日することが大切だ。
② 勉強する場所を変える必要がある。
正解 ❸ 早朝に起きて勉強した方がいい。
④ 疲れたときは適度な休憩も必要だ。

CHECK ☐ ☐ ☐

19. ① 물건은 마트에서 사는 것이 싸다.
② 물건은 조금씩 사면 돈이 더 든다.
③ 물건은 가격이 쌀 때 사 두어야 한다.
④ 물건은 필요할 때 조금씩 사는 게 좋다.

◀》 026

(52회 TOPIK II 듣기 19번)

解答・解説

STEP 1. 女性が、「**빵 지금 할인** パン今割引」「**7개 묶어서 만 원** 7つまとめて1万ウォン」とまとめ売りしているのを見て、「**우리도 사자** 私たちも買おう」と言っています。男性がこれに賛成するか反対するかに注目します。

STEP 2. 男性は「**글쎄** さあどうだろうか」と言い、「**마트에서 이렇게 파는 게 정말 싼 건지 잘 모르겠어** スーパーでこうやって売るのが本当に安いのかよく分からない」と、まとめ買いに否定的な立場であることが分かります。「**글쎄**」は返答をためらったり答えを濁したりするときによく使われる言葉です。ここまでで2人の立場は対立していることが分かります。

STEP 3. それに対して、女性は「**왜? なんで?**」と、疑問を投げかけます。1つずつ買うのは高いが、まとめ買いすれば安く買えるという主張です。男性は以前も女性がまとめ買いして消費しきれなかったことを挙げ、「**먹고 싶을 때 조금씩 사서 먹는 게 오히려 돈을 아끼는 거라고** 食べたいときに少しずつ買って食べるのが、むしろお金を節約するってば」と、あくまで女性とは反対の立場をとっています。「**-라고** 〜だってば」は強調するときに使う語尾なので、重要になることが多いです。選択肢①は対話とは関係なく、②と③は女性が考えていることなので、誤答です。よって、**正解 ④** です。

音声

19. 여자 : 어, 이 빵 지금 할인하네. 7개 묶어서 만 원밖에 안 하잖아. 우리도 사자.

남자 : 글쎄, 나는 마트에서 이렇게 파는 게 정말 싼 건지 잘 모르겠어.

여자 : 왜? 한 개씩 사면 비싼데 이럴 때 사면 싸게 살 수 있잖아.

남자 : 지난번에도 묶음으로 샀다가 다 못 먹고 반이나 버렸잖아. 그냥 먹고 싶을 때 조금씩 사서 먹는 게 오히려 돈을 아끼는 거라고.

[日本語訳]

19. 女性：あ、このパン今割引してるね。7個まとめて1万ウォンしかしないじゃん。私たちも買おう。

男性：どうかなあ、私はスーパーでこうやって売るのが本当に安いのかよく分からない。

女性：何で？　1つずつ買うと高いけど、こういう時に買えば安く買えるじゃん。

男性：この前もまとめ買いして全部食べきれずに半分も捨てたじゃ

> ん。とにかく食べたいときに少しずつ買って食べるのが、むしろお金を節約するってば。

① 品物はスーパーで買った方が安い。
② 品物は少しずつ買えばお金がもっとかかる。
③ 品物は値段が安いときに買っておかなければならない。
[正解] ❹ 品物は必要なときに少しずつ買った方がいい。

CHECK ☐ ☐ ☐

20. ① 시사 프로그램은 일반인에게 인기를 얻기 어렵다.　🔊 027
　　② 일반인의 눈높이에서 시사 문제를 전달해야 한다.
　　③ 청취자가 참여하는 시사 프로그램을 만들고 싶다.
　　④ 시사 프로그램 진행자는 청취자의 질문에 답해야 한다.

(60회 TOPIK II 듣기 20번)

解答・解説

STEP 1. パターン6の4問のうち、最後の1問はインタビュー形式で出されることが多いです。パターン5で出たインタビュー形式の問題（16番）のように、最初の言葉には職業や業績とそれを踏まえた質問が入ります。ここでは女性の言葉から、男性が「기자님 記者さん」で、女性は、「시사 프로그램이 인기를 끄는 이유 時事プログラム(番組)が人気を集める理由」を知りたがっていると分かります。

STEP 2. 男性は「청취자는 누구인가를 먼저 聴取者(リスナー)は誰かをまず」考えると強調し、それは「보통 사람들 普通の人たち」だと言っています。その次に「일반인의 수준에서 一般人の水準で」専門家に質問し、「어려운 표현이 나오면 다시 설명해 달라고 부탁하기도 하고요 難しい表現が出たらもう一度説明してほしいとお願いしたりもしますし」と言っています。

STEP 3. 人気の理由に対する男性の放送内容についての考えは「リスナーが一般人であることを踏まえて難しい内容も分かるように伝えるべき」ということです。選択肢②の「일반인의 눈높이에서 시사 문제를 전달해야 한다 一般の人の目線で時事問題を伝えなければならない」という内容が男性の考えと合致しているので、[正解] ❷です。選択肢①、③、④については対話で触れられていないので、誤答です。

音声

20.
여자 :	기자님이 진행하시는 시사 프로그램이 인기를 끄는 이유는 뭘까요?
남자 :	저는 청취자가 누구인가를 먼저 생각합니다. 우리 방송을 듣는 분들은 보통 사람들이거든요. 그래서 저는 일반인의 수준에서 전문가들에게 끊임없이 질문합니다. 어려운 표현이 나오면 다시 설명해 달라고 부탁하기도 하고요.

［日本語訳］

20.
女性 :	記者さんが進行する時事番組が人気を集める理由は何でしょうか？
男性 :	私はリスナーが誰かを第一に考えます。私たちの放送を聞く方々は、普通の人たちなんです。なので、私は一般人のレベルで専門家に絶えず質問します。難しい表現が出たら、もう一度説明してほしいとお願いしたりもします。

① 時事番組は一般の人に人気を得るのは難しい。

正解 ❷ 一般の人の目線で時事問題を伝えなければならない。

③ リスナーが参加する時事番組を作りたい。

④ 時事番組の司会者はリスナーの質問に答えなければならない。

CHECK ☐ ☐ ☐

出てきた語彙をチェック！

問17 아무래도 どうしても　요가 ヨガ　영상 映像　동작 動作　틀리다 間違う
제대로 きちんと　꾸준히 こつこつと、地道に　따라 하다 真似する
問18 요즘 最近　새벽 夜明け　집중 集中　휴식 休憩
問19 묶다 束ねる　묶음 束、まとめ　버리다 捨てる　돈을 아끼다 お金を惜しむ、節約する
問20 청취자 リスナー　일반인 一般人　수준 水準(レベル)

	깜빡하다 うっかり忘れる	출근할 때 지갑을 깜빡해서 집으로 돌아갔다. 出勤するとき、財布をうっかり忘れて家に帰った。
□□	챙기다 ちゃんと用意する	여행갈 때는 여권을 잘 챙겨야 한다. 旅行に行くときは、パスポートをちゃんと持たなければならない。
□□	넘어지다 転ぶ	빙판길에서는 넘어지지 않도록 조심해야 한다. 凍結した道では転ばないように気をつけなければならない。
□□	끊다 やめる、断つ	그 일로 그 사람과는 인연을 끊었다. そのことで、その人とは縁を切った。
□□	시들다 枯れる	날씨가 추워지면서 꽃이 시들었다. (天気が)寒くなって花が枯れた。
□□	부딪히다 ぶつかる	인파가 많아서 사람들이 어깨를 부딪히며 지나갔다. 人出が多くて、人々が肩をぶつけながら通り過ぎた。
□□	마치다 終える	학업을 마치고 나면 귀국할 생각입니다. 学業を終えたら帰国するつもりです。
□□	몰려들다 群がる	밤에 불빛 주위로 나방이 몰려든다. 夜、明かりの周りに蛾が群がる。
□□	표시하다 印をつける	이미 공부한 부분은 표시해 두고 있다. すでに勉強した部分は、印をつけておいている。
□□	떠들다 騒ぐ、しゃべる	수업 시간에 떠들다가 선생님께 혼났다. 授業中におしゃべりをしていて、先生に怒られた。
□□	끼다 かかる	안개가 잔뜩 낀 강가에서 산책을 했다. 霧が濃くかかった川沿いで散歩をした。
□□	조절하다 調節する	우리 몸은 체온을 조절할 수 있도록 되어 있다. 私たちの体は、体温を調節できるようになっている。
□□	가리다 遮る	고층 빌딩이 들어서면서 집 앞 전망을 가려 버렸다. 高層ビルが建ち、家の前の展望を遮ってしまった。
□□	체하다 胃もたれする	하루 종일 굶어서 급하게 먹었더니 체했다. 一日中何も食べていなくて、急いで食べたら胃もたれした。
□□	재다 測る	병원에 오기 전에 열을 먼저 재고 오세요. 病院に来る前に、熱をまず測ってきてください。
□□	맡기다 任せる	그런 임무를 맡기기에는 그 사람이 적격이죠. そのような任務を任せるには、その人が適格ですよ。
□□	복사하다 複写(コピー)する	회의 자료를 사람 수만큼 미리 복사해 놓으세요. 会議の資料を人数分、あらかじめコピーしておいてください。
□□	가입하다 加入する	새롭게 등산 모임에 가입한 후로 자주 산에 간다. 新しく登山の集まりに加入して以降、よく山に行く。

応用パターン 1 対話で話者の中心となる考えを選ぶ②

問題番号[21〜22]はこれが出る！

特　徴　社内会議や学校などの公的な場での対話がメイン

21番：男性と女性の会話を聞いて片方の中心となる考えを選ぶ

22番：聞いた内容と一致するものを選ぶ

ポイント　1. 男女どちらの考えを答えるのかを必ず確認する

2. 助言を求めているのか、指示をしているのかを把握する

3. 音声が2回ずつ流れるので、キーワードをうまくメモする

4. 会話の最後に正解のヒントがあることが多い

実際の問題にチャレンジ！

◀))028

※ [21~22] 다음을 듣고 물음에 답하십시오. (각 2점)

21. 남자의 중심 생각으로 알맞은 것을 고르십시오.

① 여행객들의 성향을 조사해야 한다.

② 고객 만족도를 높이는 것이 우선이다.

③ 이용 후기를 늘릴 수 있도록 해야 한다.

④ 후기 분석을 적극적으로 할 필요가 있다.

22. 들은 내용으로 맞는 것을 고르십시오.

① 이 호텔에서는 후기 작성 이벤트를 하고 있다.

② 남자는 호텔과 관련된 자료를 조사할 예정이다.

③ 이 호텔을 이용한 고객들은 후기를 많이 남겼다.

④ 여자가 일하는 호텔은 고객 만족도가 높은 편이다.

(64회 TOPIK II 듣기 21-22번)

次ページで解答と解答プロセスをチェック！➡

出てきた語彙をチェック！

참고하다 参考にする　(이용) 후기 (利用) 後記、レビュー　작성 作成

[実際の問題]

※ [21~22] 다음을 듣고 물음에 답하십시오. (각 2점)

音声

> 남자 : 최근 조사 자료를 보면 여행객들이 호텔을 선택할 때 가
> 장 많이 참고하는 게 이용 후기라고 해요.
>
> 여자 : 맞아요. 우리도 후기 관리에 더 신경을 써야 할 것 같아요.
> 우리 호텔은 고객 만족도는 높은 데 비해 이용 후기는 적
> 은 편이잖아요.
>
> 남자 : 그래서 고객들에게 후기 작성에 대해 적극적으로 알려야
> 할 것 같아요. 후기를 많이 남길 수 있도록 하는 이벤트도
> 해 보고요.
>
> 여자 : 좋네요. 그럼 어떤 이벤트가 좋을지 한번 생각해 봐요.

21. 남자의 중심 생각으로 알맞은 것을 고르십시오.

① 여행객들의 성향을 조사해야 한다.

② 고객 만족도를 높이는 것이 우선이다.

정답 ❸ 이용 후기를 늘릴 수 있도록 해야 한다.

④ 후기 분석을 적극적으로 할 필요가 있다.

22. 들은 내용으로 맞는 것을 고르십시오.

① 이 호텔에서는 후기 작성 이벤트를 하고 있다.

② 남자는 호텔과 관련된 자료를 조사할 예정이다.

③ 이 호텔을 이용한 고객들은 후기를 많이 남겼다.

정답 ❹ 여자가 일하는 호텔은 고객 만족도가 높은 편이다.

[日本語訳]

次を聞いて問いに答えなさい。(各 2 点)

> 男性：最近の調査資料を見ると、旅行客がホテルを選択すると
> きに最も多く参考にするのが、レビューだそうです。
>
> 女性：そうです。私たちもレビュー管理にもっと気を使わなけ
> ればならないようです。私たちのホテルは顧客満足度は
> 高いのに比べてレビューは少ない方じゃないですか。
>
> 男性：そのため、顧客にレビューの作成について積極的に伝え
> なければならないようです。レビューをたくさん書いて
> もらえるようなイベントもやってみます。
>
> 女性：いいですね。では、どんなイベントがいいか一度考えて
> みましょう。

21. 男性の中心となる考えとして適切なものを選びなさい。

① 旅行客の傾向を調べなければならない。

② 顧客満足度を高めることが優先だ。

正解 ❸ レビューを増やせるようにしなければならない。

④ レビューの分析を積極的に行う必要がある。

22. 聞いた内容として正しいものを選びなさい。

① このホテルではレビュー作成イベントを行っている。

② 男性はホテルに関する資料を調べる予定だ。

③ このホテルを利用した顧客たちはレビューをたくさん残した。

正解 ❹ 女性が働くホテルは顧客満足度が高い方だ。

解答プロセス

STEP 1 音声が流れる前に問題文を見て、男性／女性のどちらの考えを答えるのかを確認する

今回は男性の考えを問われているので、2回流れる音声のうち1回目の音声では男性の発言に集中します。男性は「旅行客がホテルを選択するときに最も多く参考にするのがレビュー」だと言っていることから、ホテルの従業員同士による「**(이용) 후기** レビュー」についての会話だと推測できます。男性の2回目の発言で「**그래서 고객들에게 후기 작성에 대해 적극적으로 알려야 할 것 같아요** そのため、顧客にレビューの作成について積極的にお伝えしなければならなさそうです」と、自分の考えを述べています。

STEP 2 男性に対する女性の反応で大事なポイントも聞き取っておく

2回目の音声では、女性の反応にも気をつけながら全体の流れを整理します。女性は男性の話に対して、まず「**맞아요** そうです」と肯定し、「顧客満足度は高いのに対してレビューは少ない方だ」と続けます。2回目の発言では「**우리도 후기 관리에 더 신경을 써야 할 것 같아요** 私たちもレビュー管理にもっと気を使わなければならないようです」と述べていることから、2人は「レビュー増加に力を入れるべき」という点で同じ意見だと分かります。

STEP 3 選択肢から消去法で答えを探す

選択肢の中で、STEP 1で見た「男性の考え」に一致するのは、③「**이용 후기를 늘릴 수 있도록 해야 한다** レビューを増やせるようにしなければならない」です。よって、21番は[正解]③です。22番は、STEP 1と2で確認した内容と一致するものを選びます。[正解]④「**여자가 일하는 호텔은 고객 만족도가 높은 편이다** 女性が働くホテルは顧客満足度が高い方だ」です。

21番以降は、1つの音声から2問に答える必要があります。音声は2回流れますが気を付ける点も増えるので、1回目は問題で問われている方の人物、2回目は相手の発言と全体の流れをつかむ意識で聞くようにしましょう。

パターン1 問題番号 [21〜22] を練習しましょう

※ [21〜22] 다음을 듣고 물음에 답하십시오. (각 2점)
次を聞いて問いに答えなさい。(各2点)

21. 남자의 중심 생각으로 가장 알맞은 것을 고르십시오. 🔊 029

　① 설문 조사의 주제를 바꿔야 한다.

　② 설문 조사는 결과 분석이 중요하다.

　③ 설문 조사의 계획을 잘 세워야 한다.

　④ 설문 조사는 응답자 수가 많을수록 좋다.

22. 들은 내용과 같은 것을 고르십시오.

　① 남자는 연구 계획서를 작성하고 있다.

　② 남자는 성격에 대한 연구를 하려고 한다.

　③ 남자는 연구 방법을 아직 결정하지 못했다.

　④ 남자는 여자의 연구 주제가 새롭다고 생각한다.

(83회 TOPIK II 듣기 21-22번)

解答・解説

STEP 1&2. 21番は男性の中心的な考えを答える問題なので、男性の発言を聞き漏らさないようにしましょう。女性が「교수님 教授」と呼び掛けていることから、男性の職業と会話の場所が推測できます。女性の「연구 계획서 研究計画書」を見た男性教授が「성격과 여행지 性格と旅行先」という研究について「주제가 아주 새롭고 좋아요 テーマがとても新しくていいですね」と評価していますが、「설문 조사를 선택했는데 계획이 거의 없네요 アンケート調査を選択していますが、計画がほとんどないですね」、「잘 계획할 필요가 있어요 よく計画する必要があります」と、計画不足も指摘しています。これに対し女性が男性教授に助言を求めると、教授は「그럼 성격과 여행지의 유형을 나누는 것부터 시작해 보세요 では、性格と旅行先のタイプを分けることから始めてみてください」と、女性にアドバイスしています。

STEP 3. 男性の中心となる考えは、STEP 1 から「調査対象と内容をしっかり計画することが必要だ」ということだと分かっているので、これに一致する21番の答えは、③「설문 조사의 계획을 잘 세워야 한다 アンケート調査の計

画をしっかり立てなければならない」で、（正解） ❸ です。22番は、男性の
1回目の発言から、（正解） ❹ です。

音声

여자 : 교수님, 제 연구 계획서인데요. 한번 봐 주시겠어요?

남자 : '성격과 여행지'라, 성격이 여행지 결정에 미치는 영향을 알아
보겠다는 거군요? 주제가 아주 새롭고 좋아요. 연구 방법으로
는 설문 조사를 선택했는데 계획이 거의 없네요. 설문 조사는
조사하려는 내용이 분명해야 하니까 조사 대상과 내용을 잘
계획할 필요가 있어요.

여자 : 네. 그런데 무엇부터 시작을 하면 좋을지 모르겠어요.

남자 : 그럼 성격과 여행지의 유형을 나누는 것부터 시작해 보세요.

［日本語訳］

女性：教授、私の研究計画書です。一度見ていただけますか？

男性：「性格と旅行先」だから、性格が旅行先の決定に及ぼす影響を
調べるということですね？　テーマがとても新しくていいで
すね。研究方法としてはアンケート調査を選択していますが、
計画がほとんどないですね。アンケート調査は調査しようと
する内容が明確でなければならないので、調査対象と内容を
よく計画する必要があります。

女性：はい。でも、何から始めればいいのか分かりません。

男性：では、性格と旅行先のタイプを分けることから始めてみてく
ださい。

21. 男性の中心となる考えとして最も適切なものを選びなさい。

① アンケート調査のテーマを変えなければならない。

② アンケート調査は結果の分析が重要だ。

（正解） ❸ アンケート調査の計画をしっかり立てなければならない。

④ アンケート調査は回答者数が多いほどよい。

22. 聞いた内容と同じものを選びなさい。

① 男性は研究計画書を作成している。

② 男性は性格についての研究をしようとしている。

③ 男性は研究方法をまだ決められていない。

正解 ❹ 男性は女性の研究テーマが新しいと思っている。

CHECK □ □ □

POINT 対話においては、相手の呼び方に関係性が表れることがあります。関係性をつかむと内容を理解しやすくなるので、冒頭の発言は特に集中して聞きましょう。

---

21. 남자의 중심 생각으로 알맞은 것을 고르십시오.　◀)) 030

① 교실의 불편한 점을 고쳐야 한다.

② 빈 교실을 토론방으로 활용하는 게 좋다.

③ 학생들의 팀별 과제를 늘릴 필요가 있다.

④ 토론 수업을 위해 교실을 넓게 지어야 한다.

22. 들은 내용으로 맞는 것을 고르십시오.

① 지하에 창고를 새로 만들었다.

② 남자는 빈 교실의 환기 문제를 해결했다.

③ 여자는 지난주에 선생님들과 회의를 했다.

④ 지하에 있는 교실에 에어컨을 모두 설치했다.

(60회 TOPIK II 듣기 21-22번)

解答・解説

STEP 1&2. 21 番は、男性の発言に特に集中して聞きましょう。女性は、「교장 선생님 校長先生」に対して、「**지난주에 선생님들과 회의가 있었는데요** 先週先生たちと会議があったんですが」と話を始め、「**빈 교실을 창고나 토론방으로 이용** 空き教室を倉庫や討論部屋として利用」する意見が出たことを報告しています。女性の先生と男性の校長先生の会話です。

男性が「**창고보다는 토론방이 더 낫지 않을까요?** 倉庫よりは討論部屋の方がい

いのではないですか？」と言うと、女性は「그런데… 그래도…」と懸念点を伝えますが、男性は「그건 해결이 가능하지 않을까요? それは解決が可能なのではないでしょうか？」と、討論部屋にするべきという意見を曲げません。

STEP 3. 空き教室は討論部屋にすべきという男性の発言は一貫しているので、21番は **正解 ②** です。聞いた内容として正しいものを選ぶ 22番は、③「여자는 지난주에 선생님들과 회의를 했다 女性は先週、先生たちと会議をした」が女性の1言目と合うので、**正解 ③** です。②の「男性は空き教室の換気問題を解決した」は、男性はただ「解決できるのでは？」と言っているにすぎません。

音声

> 여자 : 교장 선생님, 지난주에 선생님들과 회의가 있었는데요. 지하에 있는 빈 교실을 창고나 토론방으로 이용하자는 의견이 있었습니다.
>
> 남자 : 음, 창고보다는 토론방이 더 낫지 않을까요? 학생들이 팀 과제를 준비하면서 편하게 얘기 나눌 공간이 부족하다는 말이 많았잖아요.
>
> 여자 : 그런데 그 교실은 어둡고 환기가 잘 안 되는데 토론방으로 괜찮을까요? 에어컨도 설치가 안 돼 있고요.
>
> 남자 : 그건 해결이 가능하지 않을까요? 거기를 창고로 쓰긴 좀 아까워요.

[**日本語訳**]

> 女性 : 校長先生、先週先生たちと会議があったんですが。地下にある空き教室を倉庫や討論部屋として利用しようという意見がありました。
>
> 男性 : うーん、倉庫よりは討論部屋の方がいいんじゃないですか？ 学生たちがチームの課題を準備しながら楽に話せる空間が足りないという話が多かったじゃないですか。
>
> 女性 : でも、その教室は暗くて換気があまりできないので、討論部屋として大丈夫でしょうか？ エアコンも設置されていません。
>
> 男性 : それは解決できるのではないでしょうか？ そこを倉庫として使うのはちょっともったいないです。

21. 男性の中心となる考えとして適切なものを選びなさい。

① 教室の不便な点を直さなければいけない。

[正解] ❷ 空き教室を討論部屋に活用するのがよい。

③ 学生たちのチーム別課題を増やす必要がある。

④ 討論の授業のために教室を広く作らなければいけない。

22. 聞いた内容として正しいものを選びなさい。

① 地下に倉庫を新しく作った。

② 男性は空き教室の換気問題を解決した。

[正解] ❸ 女性は先週、先生たちと会議をした。

④ 地下にある教室にエアコンを全て設置した。

CHECK ☐ ☐ ☐

出てきた語彙をチェック！

83回 연구 계획서 研究計画書　설문 조사 アンケート調査　유형 類型(タイプ)
60回 지하 地下　빈 교실 空き教室　창고 倉庫　토론방 討論部屋　환기 換気　설치 設置
아깝다 もったいない

	교양 教養	틈날 때마다 책을 읽어서 교양을 쌓고 있다. 暇があるごとに本を読んで教養を積んでいる。
☐☐	상식 常識	상식이 있다면 그런 식으로 답하지 않을 것이다. 常識があるなら、そんなふうに答えないだろう。
☐☐	예측 予測	이번 일기예보는 예측이 많이 빗나갔다. 今回の天気予報は予測がかなり外れた。
☐☐	응답 応答、回答	앙케이트 조사에 대한 응답이 많지 않았다. アンケート調査に対する回答が多くなかった。
☐☐	현상 現象	지구 온난화로 이상 기온 현상이 자주 관측되고 있다. 地球温暖化で異常気温現象がよく観測されている。
☐☐	사례 事例	다양한 사례를 분석해서 좋은 제안을 만들겠습니다. 様々な事例を分析して、よい提案を作ります。
☐☐	제출 提出	내일까지 필요한 서류를 갖춰서 제출을 하세요. 明日までに必要な書類を揃えて提出をしなさい。
☐☐	마무리 仕上げ	일은 힘들었지만 마무리를 잘해서 보람이 있다. 仕事は大変だったが、うまく仕上げてやりがいを感じている。
☐☐	참고 参考	여러분들의 요구사항을 참고로 해서 행정에 반영하겠습니다. 皆さんの要求事項を参考にして、行政に反映します。
☐☐	탐구 探求	다양한 탐구를 통해 학습 능력을 향상시키고자 합니다. 多様な探求を通じて、学習能力を向上させようと思います。
☐☐	성적 成績	성적이 좋으면 좋은 학교에 진학할 수 있다. 成績がよければよい学校に進学することができる。
☐☐	경쟁 競争	시험 점수만을 중시하는 경쟁의 폐해도 따져 봐야 한다. 試験の点数だけを重視する競争の弊害も考えて見なければならない。
☐☐	거래 取引	거래를 하기 전에 반드시 계약을 끝내기 바랍니다. 取引をする前に、必ず契約を終えるようお願いします。
☐☐	유통 流通	중고 물건을 쉽게 유통을 할 수 있는 플랫폼이 생겼다. 中古品を簡単に流通できるプラットフォームができた。
☐☐	창구 窓口	서류 신청을 위한 창구에는 사람들로 붐볐다. 書類申請のための窓口は人で混み合っていた。
☐☐	실업자 失業者	실업자 구제를 위한 재정 정책을 펴야 한다. 失業者救済のための財政政策を広げなければならない。
☐☐	발급 発給、発行	인터넷으로 가족 관계 서류를 발급을 받을 수 있다. インターネットで家族関係の書類を発行してもらうことができる。
☐☐	보안 保安、セキュリティ	보안이 철저한 곳은 신분이 명확하지 않으면 출입할 수 없다. セキュリティが徹底している場所は、身分が明確でないと出入りできない。

対話で話者が何をしているかを選ぶ

問題番号[23〜24]はこれが出る！

特　徴　・男性(女性)が何をしているかを選ぶ

　　　　・韓国の日常生活で行う手続きなどが出てくる

ポイント　1. 就職先や官公庁へ書類を提出したり、何かの手続きをしたり
　　　　　する場面が多い

　　　　　2. どのような施設にいるか、何の用事があるかを把握すること
　　　　　が大事

実際の問題にチャレンジ！

🔊 031

※ [23〜24] 다음을 듣고 물음에 답하십시오. (각 2점)

23. 남자가 무엇을 하고 있는지 고르십시오.

① 취업에 성공한 방법을 소개하고 있다.

② 신입 사원 연수 일정을 변경하고 있다.

③ 신입 사원 채용 절차를 설명하고 있다.

④ 입사 전에 해야 할 일을 안내하고 있다.

24. 들은 내용과 같은 것을 고르십시오.

① 이 회사의 신입 사원 연수가 끝났다.

② 신입 사원 연수 일정을 문자로 공지했다.

③ 건강 검진은 정해진 병원에서 받아야 한다.

④ 건강 검진 결과는 출근 후에 제출하면 된다.

(83회 TOPIK II 듣기 23-24번)

次ページで解答と解答プロセスをチェック！ ➡

出てきた語彙をチェック！

건강 검진 健康診断　신입 사원 新入社員　연수 研修　보건소 保健所　증명서 証明書
제출 提出

[実際の問題]

※ [23～24] 다음을 듣고 물음에 답하십시오. (각 2점)

音声

> 남자 : 안녕하십니까? 인주 상사입니다. 합격자 분들에게 건강
> 검진과 신입 사원 연수 일정을 문자로 보내 드렸는데 확
> 인하셨나요?
>
> 여자 : 네. 확인했습니다. 그런데 건강 검진은 정해진 병원에서만
> 해야 하나요?
>
> 남자 : 아닙니다. 집 근처 보건소나 병원에 가서 받으셔도 됩니
> 다. 검진 결과는 연수 끝나고 출근 전까지 내시면 되고요.
> 신입 사원 연수 때는 문자로 안내 드린 증명서만 제출하
> 시면 됩니다.
>
> 여자 : 감사합니다. 그럼 연수 때 뵙겠습니다.

23. 남자가 무엇을 하고 있는지 고르십시오.

① 취업에 성공한 방법을 소개하고 있다.

② 신입 사원 연수 일정을 변경하고 있다.

③ 신입 사원 채용 절차를 설명하고 있다.

정답 ❹ 입사 전에 해야 할 일을 안내하고 있다.

24. 들은 내용과 같은 것을 고르십시오.

① 이 회사의 신입 사원 연수가 끝났다.

정답 ❷ 신입 사원 연수 일정을 문자로 공지했다.

③ 건강 검진은 정해진 병원에서 받아야 한다.

④ 건강 검진 결과는 출근 후에 제출하면 된다.

[日本語訳]

次を聞いて問いに答えなさい。（各2点）

> 男性：こんにちは。インジュ商事です。合格者の方々に健康診断と新入社員の研修日程をショートメールでお送りしましたが、確認されましたか？
>
> 女性：はい。確認しました。ところで健康診断は決められた病院でだけなのですか？
>
> 男性：いいえ。家の近くの保健所や病院に行って受けられてもいいです。検診結果は研修が終わって出勤前までに出していただければいいです。新入社員研修の際は、ショートメールでご案内した証明書だけ提出していただければいいです。
>
> 女性：ありがとうございます。それでは研修のときにお目にかかります。

23. 男性が何をしているのか選びなさい。

① 就職に成功した方法を紹介している。

② 新入社員の研修日程を変更している。

③ 新入社員の採用手続きを説明している。

[正解] ❹ 入社前にやるべきことを案内している。

24. 聞いた内容と同じものを選びなさい。

① この会社の新入社員研修が終わった。

[正解] ❷ 新入社員の研修日程をショートメールで告知した。

③ 健康診断は決められた病院で受けなければならない。

④ 健康診断の結果は出勤後に提出すればよい。

解答プロセス

STEP 1 音声が流れる前に問題文を見て、男性／女性のどちらについて答えるかを確認する

23番では男性が何をしているかを、24番では内容が一致するものを答えるので、まずは男性の発言に集中しつつ場面を想像しながら聞いていきます。

男性は「인주 상사입니다 インジュ商事です」と名乗った後に、「합격자 분들에게 …문자로 보내 드렸는데 合格者の方々に…ショートメールで送ったのですが」と言っているので、電話の相手は入社予定の女性だと分かります。女性の質問に対して「검진 결과는…출근 전까지 내시면 検診結果は…出勤前までに出していただければ」、「연수 때는…증명서만 제출하시면 研修のときは…証明書だけ提出していただければ」と言っています。

STEP 2 相手の反応も踏まえた全体の流れを整理する

2回目の音声では、女性の反応にも気をつけながら全体の流れを整理します。男性から合格者（内定者）に対する入社前案内の連絡で、女性は「확인했습니다 確認しました」と返しています。男性への質問とそれに対する回答の後、「연수 때 뵙겠습니다 研修のときにお目にかかります」という発言で終わっています。

STEP 3 選択肢から消去法で答えを探す

男性社員から女性内定者への入社前案内の電話なので、23番の「男性は何をしているか」に一致する選択肢は④の「입사 전에 해야 할 일을 안내하고 있다 入社前にやるべきことを案内している」なので、23番は 正解 ④ です。24番の内容一致問題は、男性の1言目から、正解 ❷ 「신입 사원 연수 일정을 문자로 공지했다 新入社員の研修日程をショートメールで告知した」です。

POINT 前の問題が早めに解き終わったら、次の問題と選択肢を先読みしてキーワードをチェックしてみましょう。内容を予測したうえで音声を聞きながら正解を絞れるのでテンポよく解けるようになります。

パターン 2　問題番号 [23〜24] を練習しましょう

※ [23～24] 다음을 듣고 물음에 답하십시오 . (각 2점)
　　次を聞いて問いに答えなさい。(各 2 点)

23. 여자가 무엇을 하고 있는지 고르십시오 .　　　　🔊 032

　　① 면허증 재발급 방법을 문의하고 있다 .

　　② 면허증 재발급 기간을 확인하고 있다 .

　　③ 면허 시험장의 위치를 알아보고 있다 .

　　④ 면허증 발급을 위한 서류를 요청하고 있다 .

24. 들은 내용으로 맞는 것을 고르십시오 .

　　① 경찰서에서도 면허증을 받을 수 있다 .

　　② 여자는 인터넷으로 신청서를 제출했다 .

　　③ 여자는 면허 시험장에서 가까운 곳에 있다 .

　　④ 인터넷을 이용하면 당일에 면허증 발급이 가능하다 .

(64회 TOPIK II 듣기 23-24번)

解答・解説

STEP 1&2. 23 番では女性が何をしているかを答えるので、まずは女性の発言に特に注
意して聞いていきます。「운전면허증**을 잃어버려서** 다시 발급을 받고 싶은데요
運転免許証をなくしてしまい、もう一度発行してほしいのですが」と言い、
「**어떻게 하면 되나요?** どうすればいいですか？」と尋ねています。男性は、「운
전면허 시험장으로 오시면 運転免許試験場にいらっしゃれば」当日受け取れる
と言い、それに対して女性は「**인터넷으로는 신청이 안 되나요?** インターネッ
トでは申し込みができませんか？」と尋ねています。それに対して男性は「**인
터넷으로도 가능** インターネットでも可能」と答えています。

STEP 3. 女性は「免許の再発行について問い合わせ」しているので、23 番は①「면
허증 재발급 방법을 문의하고 있다 免許証の再発行方法を問い合わせている」
が一致しており、正解 ❶です。24 番は男性の 1 言目から、①「警察署で
も免許証を受け取ることができる」が合うので、正解 ❶です。

音声

> 여자 : 여보세요. 제가 운전면허증을 잃어버려서 다시 발급을 받고 싶은데요. 어떻게 하면 되나요?
>
> 남자 : 운전면허 시험장으로 오시면 당일에 받을 수 있습니다. 오실 때 신분증을 꼭 챙겨 오셔야 하고요.
>
> 여자 : 인터넷으로는 신청이 안 되나요? 면허 시험장이 너무 멀어서요.
>
> 남자 : 인터넷으로도 가능합니다. 신청하실 때 가까운 경찰서를 지정해 서 면허증을 받으시면 돼요. 그런데 시간은 두 주 정도 걸립니다.

[**日本語訳**]

> 女性：もしもし。運転免許証をなくしてしまったので、再発行して もらいたいのですが。どうすればいいですか？
>
> 男性：運転免許試験場にいらっしゃれば当日に受け取ることができ ます。お越しの際、身分証明書を必ずお持ちください。
>
> 女性：インターネットでは申し込みできませんか？　免許試験場が 遠すぎるので。
>
> 男性：インターネットでも可能です。お申し込みの際は、最寄りの 警察署を指定して免許証を受け取っていただければいいです。 ですが、時間は２週間ほどかかります。

23. 女性が何をしているのか選びなさい。

　[正解] ❶ 免許証の再発行の方法を問い合わせている。

　② 免許証の再発行期間を確認している。

　③ 免許試験場の位置を調べている。

　④ 免許証発行のための書類をお願いしている。

24. 聞いた内容として正しいものを選びなさい。

　[正解] ❶ 警察署でも免許証を受け取ることができる。

　② 女性はインターネットで申込書を提出した。

　③ 女性は免許試験場に近いところにいる。

　④ インターネットを利用すると、当日の免許証発行が可能だ。

CHECK ☐ ☐ ☐

23. 남자가 무엇을 하고 있는지 고르십시오. ◀)) 033

　① 정장 대여 방법을 알아보고 있다.

　② 정장 대여 날짜를 문의하고 있다.

　③ 정장 대여 가격을 확인하고 있다.

　④ 정장 대여 예약을 변경하고 있다.

24. 들은 내용으로 맞는 것을 고르십시오.

　① 센터에서 신청자가 입을 옷을 골라 준다.

　② 센터에 가서 정장 대여 신청서를 내야 한다.

　③ 이 서비스로 신청한 옷을 택배로 받기는 어렵다.

　④ 이 서비스는 인주시에 살고 있어야 이용할 수 있다.

(60회 TOPIK II 듣기 23-24번)

解答・解説

STEP 1&2. 23 番では男性が何をしているのかを答えるので、まずは男性の発言に特に注意して聞いていきます。男性は青年希望センターに電話をして、「**면접 때 입는 정장을 무료로 빌릴 수 있다** 面接のときに着るスーツを無料で借りることができる」と聞いたが、「**어떻게 하면 되나요?** どうすればいいですか？」と、スーツのレンタルについて電話で問い合わせをしていることが分かります。電話を受けた女性は「**인주 시민이라면 누구나 이용할 수 있습니다** インジュ市民なら誰でも利用できます」と言い、申し込みは「**회사 면접 보기 일주일 전부터** 会社の面接を受ける 1 週間前から」可能だと伝えます。「レンタルの申し込みはホームページで」、「希望の服を選んで」、「予約した日に身分証明書をお持ちくだされればいいです」と説明しています。男性は 2 回目の発言で「**택배로도 받을 수 있을까요?** 宅配便でも受け取ることができますか？」と尋ね、女性は「**이메일로 신분증 사본을 보내고 택배비를 내시면 됩니다** メールで身分証明書のコピーを送り、送料をお支払いいただければ結構です」と、宅配も可能だと言っています。

STEP 3. 男性が何をしているかは、①の「スーツレンタルの方法を調べている」が合うので、(正解) **①** です。②の「スーツレンタルの日付を問い合わせている」は、女性の説明の中に「面接を受ける 1 週間前から」と出てきているだけなので誤答です。24 番は女性の 1 言目に「インジュ市民なら誰でも利用できます」とあり、逆に言えばインジュ市民でなければ利用できないので、(正解) **④**「이 서비스는 인주시에 살고 있어야 이용할 수 있

다 このサービスはインジュ市に住んでいなければ利用できない」です。

(POINT) このような手続き関連の対話の場合、期日や条件の細かい部分が問題で問われます。聞き取った内容をメモしていくことが大切です。

音声

> 남자 : 거기 청년희망센터죠? 면접 때 입는 정장을 무료로 빌릴 수 있다고 해서 전화 드렸는데요. 어떻게 하면 되나요?
>
> 여자 : 이 서비스는 인주시에 살고 있는 인주 시민이라면 누구나 이용할 수 있습니다. 신청은 회사 면접 보기 일주일 전부터 가능하고요. 대여 신청은 홈페이지에서 하시면 되는데요. 홈페이지에서 원하는 옷을 선택하고 예약한 날 신분증을 가지고 오시면 됩니다.
>
> 남자 : 혹시 정장을 택배로도 받을 수 있을까요?
>
> 여자 : 네, 이메일로 신분증 사본을 보내고 택배비를 내시면 됩니다.

[日本語訳]

> 男性：そちらは青年希望センターですよね？ 面接のときに着るスーツを無料で借りることができると聞いて電話しました。どうすればいいですか？
>
> 女性：このサービスは、インジュ市に住んでいるインジュ市民なら誰でも利用できます。申し込みは会社の面接を受ける1週間前から可能です。レンタルの申し込みはホームページでお願いします。ホームページでご希望の服を選んで、予約した日に身分証明書をお持ちください。
>
> 男性：もしかして、スーツを宅配便でも受け取ることができますか？
>
> 女性：はい、メールで身分証明書のコピーを送り、送料をお支払いいただければ結構です。

23. 男性が何をしているのか選びなさい。

　[正解] ❶ スーツレンタルの方法を調べている。

　② スーツレンタルの日付を問い合わせている。

　③ スーツレンタルの価格を確認している。

　④ スーツレンタルの予約を変更している。

24. 聞いた内容として正しいものを選びなさい。

　① センターで申込者が着る服を選んでくれる。

　② センターに行ってスーツレンタルの申込書を出さなければならない。

　③ このサービスで申し込んだ服を宅配便で受け取るのは難しい。

　[正解] ❹ このサービスはインジュ市に住んでいなければ利用できない。

CHECK ☐ ☐ ☐

出てきた語彙をチェック！

64回 운전면허증 運転免許証　잃어버리다 なくしてしまう　발급 発行　시험장 試験場
60回 면접 面接　정장 スーツ　신청 申し込み　대여 貸与（レンタル）　택배 宅配便
사본 コピー

	차지하다 占める	그 회사가 한 나라의 경제에 차지하는 비율이 커지고 있다. その会社が一国の経済に占める割合が大きくなっている。
□□	달라지다 変わる	머리 모양이 달라져서 미영 씨인 줄 몰랐다. 髪型が変わって、ミョンさんだと分からなかった。
□□	아끼다 惜しむ、節約する	전기세가 많이 나왔으니까 전기를 아껴서 사용해야겠다. 電気代がたくさん上がったから、電気を節約して使わなければならない。
□□	빠지다 はまる	우리 아이는 요즘 컴퓨터 게임에 빠져서 공부를 하지 않아요. うちの子は最近コンピューターゲームにはまって勉強をしません。
□□	취하다 取る	수술은 잘 끝났으니까 가족에게 어서 연락을 취하세요. 手術は無事に終わりましたので、家族に早く連絡をとってください。
□□	밝히다 明らかにする	경찰은 이번 사고의 원인을 밝히기 위해 조사를 하고 있다. 警察は今回の事故の原因を明らかにしようと調査をしている。
□□	이루다 成す、叶える	나는 나의 꿈을 이루기 위해 열심히 노력하고 있다. 私は自分の夢を叶えるために一生懸命努力している。
□□	펴다 開く	책 198쪽을 펴세요. 本の198ページを開いてください。
□□	돌보다 世話をする、 面倒を見る	부모님께서 여행을 가셔서 내가 남동생을 돌봐야 한다. 両親が旅行に行かれたので、私が弟の面倒を見なければならない。
□□	풀리다 ほどける、解決する	친구가 여러 번 사과했지만 화가 풀리지 않았다. 友人が何度も謝ったが、怒りが収まらなかった。
□□	도망가다 逃げる	어떤 사람이 내 차에 있는 가방을 훔쳐서 도망갔다. 誰かが私の車にあるバッグを盗んで逃げた。
□□	상하다 傷む、傷つく	친구의 심한 농담 때문에 기분이 많이 상했다. 友達のひどい冗談のせいで、心がひどく傷ついた。
□□	찢어지다 破れる	버스를 타려고 뛰다가 넘어져서 바지가 찢어졌다. バスに乗ろうと走っていて、転んでズボンが破れた。
□□	치우다 片づける	시험을 보기 전에 책상 위는 깨끗이 치우세요. 試験を受ける前に、机の上はきれいに片付けてください。
□□	붓다 腫れる、むくむ	오랫동안 서서 일을 했더니 발이 많이 부었다. 長い間立って仕事をしたら、足がかなりむくんだ。
□□	규제하다 規制する	환경에 악영향을 끼치는 산업을 규제해야 한다. 環境に悪影響を及ぼす産業を規制すべきである。
□□	바로잡다 正す	잘못된 관습을 이 참에 바로잡아야 한다. 間違った慣習をこの機会に正さなければならない。
□□	모색하다 模索する	사장은 새로운 사업을 모색하기 위한 회의를 열었다. 社長は新しい事業を模索するための会議を開いた。

インタビューで
話者の中心となる考えを選ぶ

問題番号[25~26]はこれが出る！

特　徴　　ある話題についてのインタビュー

　　　　　　25番：インタビューを受ける方の中心となる考えを選ぶ

　　　　　　26番：聞いた内容と一致するものを選ぶ

ポイント　1．インタビューのテーマと質問を正確に把握する

　　　　　　2．男性の発言と女性の発言を区別してメモを取る

　　　　　　3．対話の最後に中心となる考えが込められている場合が多いの
　　　　　　　　で、注意して聞く

実際の問題にチャレンジ！

🔊)) 034

※ [25~26] 다음을 듣고 물음에 답하십시오. (각 2점)

25. 남자의 중심 생각으로 가장 알맞은 것을 고르십시오.

　① 타이어를 설계할 때는 환경을 생각해야 한다.

　② 생산된 타이어의 저장 공간을 마련해야 한다.

　③ 운전자의 의견을 타이어 디자인에 반영해야 한다.

　④ 타이어의 재료로 쓸 새로운 소재를 연구해야 한다.

26. 들은 내용과 같은 것을 고르십시오.

　① 이 타이어는 많은 판매량을 기록했다.

　② 이 타이어의 안쪽에는 특수한 장치가 있다.

　③ 이 타이어는 성능 향상에 중점을 두고 개발되었다.

　④ 이 타이어는 대기 오염의 정도를 색깔로 알려 준다.

(83회 TOPIK II 듣기 25-26번)

次ページで解答と解答プロセスをチェック！ ➡

出てきた語彙をチェック！

설계하다 設計する **타이어** タイヤ **기존** 従来 **성능** 性能 **플라스틱** プラスチック
대기 오염 大気汚染 **미세** 微細 **캡슐** カプセル **장치** 装置 **가득 차다** いっぱいになる

[実際の問題]

※ [25~26] 다음을 듣고 물음에 답하십시오. (각 2점)

音声

여자 : 이번에 설계하신 타이어의 판매를 곧 시작한다고 들었는
데요. 기존의 타이어와는 어떤 점에서 다른 건가요?

남자 : 저는 환경 보호를 위해서는 성능만 강조하는 기존의 타이
어 설계에 변화가 필요하다고 생각했습니다. 타이어에서
생기는 작은 플라스틱들이 대기 오염의 가장 큰 원인이
되고 있거든요. 이걸 해결하기 위해 미세 플라스틱 조각
이 공기 중으로 날아가지 않고 타이어 안쪽의 캡슐 장치
에 모여 저장되도록 설계했습니다. 캡슐이 가득 차면 타
이어 옆면의 색이 바뀌어서 운전자가 알 수 있게 했고요.

25. 남자의 중심 생각으로 가장 알맞은 것을 고르십시오.

정답 ❶ 타이어를 설계할 때는 환경을 생각해야 한다.

② 생산된 타이어의 저장 공간을 마련해야 한다.

③ 운전자의 의견을 타이어 디자인에 반영해야 한다.

④ 타이어의 재료로 쓸 새로운 소재를 연구해야 한다.

26. 들은 내용과 같은 것을 고르십시오.

① 이 타이어는 많은 판매량을 기록했다.

정답 ❷ 이 타이어의 안쪽에는 특수한 장치가 있다.

③ 이 타이어는 성능 향상에 중점을 두고 개발되었다.

④ 이 타이어는 대기 오염의 정도를 색깔로 알려 준다.

［日本語訳］

次を聞いて問いに答えなさい。（各2点）

> 女性：今回設計されたタイヤの販売をまもなく開始すると聞きましたが。従来のタイヤとはどのような点で違うのですか？
>
> 男性：私は、環境保護のためには、性能だけを強調する従来のタイヤ設計に変化が必要だと考えていました。タイヤから生じる小さなプラスチックが大気汚染の最大の原因になっているんですよ。これを解決するために、マイクロプラスチックの破片が空気中に飛ばずにタイヤ内部のカプセル装置に集まって保存されるように設計しました。カプセルがいっぱいになるとタイヤ側面の色が変わって運転者が分かるようにしました。

25. 男性の中心となる考えとして最も適切なものを選びなさい。

[正解] ❶ タイヤを設計するときは、環境を考えなければならない。

② 生産されたタイヤの貯蔵スペースを設けなければならない。

③ ドライバーの意見をタイヤデザインに反映しなければならない。

④ タイヤの材料として使う新しい素材を研究しなければならない。

26. 聞いた内容と同じものを選びなさい。

① このタイヤは多くの販売数を記録した。

[正解] ❷ このタイヤの内側には特殊な装置がある。

③ このタイヤは性能向上に重点を置いて開発された。

④ このタイヤは大気汚染の程度を色で教えてくれる。

解答プロセス

インタビューの内容と回答者が誰なのかを把握する

インタビュー形式の25番・26番では質問に対する回答者の中心となる考えを答える問題と、内容が一致するものを答える問題が出題されます。今回の質問者は女性で、「今回設計されたタイヤの販売をまもなく開始すると聞きましたが」と始め、「기존의 타이어와는 어떤 점에서 다른 건가요? 従来のタイヤとはどのような点で違うのですか？」と、タイヤの設計者である男性に新製品の特長を聞いています。

回答者の中心となる考えを把握する

インタビューに応じる回答者は男性で、この男性の発言の中から2問分の答えを聞き取ります。最初に、「저는 환경 보호를 위해서는…기존의 타이어 설계에 변화가 필요하다고 생각했습니다 私は環境保護のためには…従来のタイヤ設計に変化が必要だと考えました」と伝えています。具体的な方法として「작은 플라스틱들이 대기 오염의 가장 큰 원인 小さなプラスチックが大気汚染の最も大きな原因」なので、「이걸 해결하기 위해 これを解決するために」、「미세 플라스틱 조각이 공기 중으로 날아가지 않고 타이어 안쪽의 캡슐 장치에 모여 저장되도록 설계 マイクロプラスチックの破片が空気中に飛ばずにタイヤ内部のカプセル装置に集まって保存されるように設計」したと説明しています。

話者の中心となる考えを選択肢から選ぶ

今回25番で問われている「男性」の中心となる考えは、①「타이어를 설계할 때는 환경을 생각해야 한다 タイヤを設計するときは、環境を考えなければならない」です。他の選択肢については、話されていません。よって、**正解❶**です。内容一致問題の26番は、「マイクロプラスチック片がタイヤ内部に集められる仕組み」が②の「이 타이어의 안쪽에는 특수한 장치가 있다 このタイヤの内側には特殊な装置がある」と一致するので、**正解❷**です。

パターン
3 問題番号 [25～26] を練習しましょう

※ [25～26] 次を聞いて問いに答えなさい。（各 2 点）

25. 남자의 중심 생각으로 알맞은 것을 고르십시오. 🔊035

　① 아이들이 노는 놀이터는 공간이 넓을수록 좋다.

　② 놀이터에 다양한 놀이 기구를 더 설치해야 한다.

　③ 놀이 기구가 없는 놀이터는 상상력을 기르기에 좋다.

　④ 놀이터에 있는 놀이 기구의 관리를 철저히 해야 한다.

26. 들은 내용으로 맞는 것을 고르십시오.

　① 이 놀이터는 기존 놀이터보다 작아졌다.

　② 안전을 위해 놀이터의 통나무들을 치웠다.

　③ 이 놀이터에서 아이들이 물놀이를 할 수 있다.

　④ 놀이터 안에 모래밭을 없애고 언덕을 만들었다.

(60회 TOPIK II 듣기 25-26번)

解答・解説

STEP 1. 25 番では男性の中心となる考えを答えるので、インタビューを受けるのは男性です。最初に女性（質問者）が、「선생님께서 만든 놀이터는 기존의 놀이터와 어떻게 다른가요? 先生が作った遊び場は従来の遊び場とどう違うんですか？」と、新しく作られた遊び場の特徴を尋ねています。

STEP 2. 男性の発言から従来の遊び場と違うところについて拾っていくと、「크고 넓지만 大きくて広いですが」、「놀이 기구는 하나도 없습니다 遊具は1つもありません」と言い、ほかにも砂場や小川、小さな丘、丸太などが置かれていることも話しています。さらに、「아이들은 언덕을 오르거나 통나무를 타 보기도 하고 개울에서 물놀이를 하기도 해요 子どもたちは丘を登ったり丸太に乗ってみたり小川で水遊びをしたりもします」と各自の遊び方ができ、「놀이 기구가 없기 때문에 아이들은 무한한 상상력을 발휘하게 되는 거죠 遊具がないので子どもたちは無限の想像力を発揮するようになるのです」と言っています。

STEP 3. 男性の中心となる考えを選択肢から選ぶと、③「놀이 기구가 없는 놀이터는 상상력을 기르기에 좋다 遊具のない遊び場は想像力を育てるのによい」が

最も適切です。よって、**正解** ❸ です。①「子どもが遊ぶ遊び場は空間が広いほどよい」は、男性の作った遊び場が大きくて広いのは事実ですが、男性にとっては「遊具がない」ことの方が重要なので、誤答です。26 番の内容として正しいものを選ぶ問題は、子どもたちの遊び方として「**物놀이** 水遊び」に触れているので、**正解** ❸ です。

音声

女子 : 선생님께서 만든 놀이터는 기존의 놀이터와 어떻게 다른가요?

남자 : 이곳은 기존의 놀이터보다 크고 넓지만 그네나 미끄럼틀 같은 놀이 기구는 하나도 없습니다. 대신 모래밭과 물이 흐르는 개울이 있고, 작은 언덕도 있어요. 언덕 옆에 오래된 통나무들도 놓여 있고요. 이곳에 오면 아이들은 언덕을 오르거나 통나무를 타 보기도 하고 개울에서 물놀이를 하기도 해요. 놀이 기구가 없기 때문에 아이들은 무한한 상상력을 발휘하게 되는 거죠. 이곳에서 아이들은 각자 다른 방법으로 새로운 것들을 해 보면서 자유롭게 놉니다.

[**日本語訳**]

女性 : 先生が作った遊び場は、従来の遊び場とどう違うんですか？

男性 : ここは従来の遊び場より大きくて広いですが、ブランコや滑り台のような遊具は１つもありません。代わりに砂場と水が流れる小川があり、小さな丘もあります。丘の横に古い丸太も置かれています。ここに来ると子どもたちは丘を登ったり丸太に乗ってみたり小川で水遊びをしたりします。遊具がないので、子どもたちは無限の想像力を発揮するようになるのです。ここで子どもたちはそれぞれ違う方法で新しいことをしてみながら自由に遊びます。

25. 男性の中心となる考えとして適切なものを選びなさい。

① 子どもたちが遊ぶ遊び場は空間が広いほどよい。

② 遊び場に多様な遊具をさらに設置しなければならない。

正解 ❸ 遊具のない遊び場は想像力を育てるのによい。

④ 遊び場にある遊具の管理を徹底しなければならない。

26. 聞いた内容として正しいものを選びなさい。

① この遊び場は従来の遊び場より小さくなった。

② 安全のために遊び場の丸太を撤去した。

正解 ❸ この遊び場で子どもたちは水遊びができる。

④ 遊び場内の砂場をなくし、丘を作った。

CHECK ☐ ☐ ☐

25. 남자의 중심 생각으로 알맞은 것을 고르십시오.　🔊 036

① 소방관의 근무 환경을 개선해야 한다.

② 사람들이 소방관에 대해 관심을 가지면 좋겠다.

③ 사람들은 소방관의 희생정신을 본받아야 한다.

④ 소방관의 안전을 보장하기 위한 대책이 필요하다.

26. 들은 내용으로 맞는 것을 고르십시오.

① 남자는 소방관으로 일하고 있다.

② 이 가방은 사람들에게 판매되지 않는다.

③ 이 가방은 소방복을 재활용해 만든 것이다.

④ 남자가 만든 가방은 아직 알려지지 않았다.

(64회 TOPIK II 듣기 25-26번)

解答・解説

STEP 1&2. 質問者は女性で、「소방복을 재활용한 가방 消防服をリサイクルしたカバン」を作って話題になった「대학생들을 만나러 **왔습니다** 大学生たちに会いに来ました」と言っているので、インタビューの相手はその大学生たちだと分かります。女性は「어떻게 이런 일을 하게 되셨습니까? どうしてこのようなことをするようになりましたか？」と質問しています。

大学生の男性は、その理由について「**소방관들이 시민을 위해** 얼마나 힘든 환경에서 일하고 있는지 알리고 싶었어요 消防士が市民のためにどれほど厳しい環境で働いているかを伝えたかったのです」と答えています。その方法として消防服を再利用したカバンを作ったところ、「**소재가 특이하다 보니 자연스럽게** 사람들의 관심을 모을 수 있었고 素材が特殊なので自然と人々の関心を集めることができて」、「수익금을 소방관의 활동을 알리는 데에

95

사용 収益金を消防士の活動を知らせるために使用」していると言っています。

STEP 3. 消防士の活動について人々に知ってもらうことを目的にしてカバンを制作したので、中心となる考えを答える 25 番は <u>正解</u> **②** です。聞いた内容として正しいものを選ぶ 26 番は、③「**이 가방은 소방복을 재활용해 만든 것이다** このカバンは消防服をリサイクルして作ったものだ」とあるので、<u>正解</u> **③** です。

音声

여자 : 오늘은 소방복을 재활용한 가방을 만들어 화제가 된 대학생들을 만나러 **왔습니다**. 어떻게 이런 일을 하게 되셨습니까?

남자 : 소방관들이 시민을 위해 얼마나 힘든 환경에서 일하고 있는지를 알리고 싶었어요. 그래서 작년부터 저희의 전공을 살려 버려진 소방복을 재활용해 가방을 만들게 되었습니다. 가방의 소재가 특이하다 보니 자연스럽게 사람들의 관심을 모을 수 있었고 판매까지 하게 되었습니다. 현재는 가방을 판매한 수익금을 소방관의 활동을 알리는 데에 사용하고 있습니다. 저희의 작은 노력이 소방관의 어려움을 한 번 더 떠올리는 계기가 되었으면 좋겠습니다.

［日本語訳］

女性 : 今日は消防服をリサイクルしたカバンを作って話題になった大学生たちに会いに来ました。どうしてこのようなことをするようになったのですか?

男性 : 消防士が市民のためにどれほど厳しい環境で働いているかを伝えたかったのです。それで去年から私たちの専攻を活かして、捨てられた消防服をリサイクルしてカバンを作るようになりました。カバンの素材が変わっているため、自然に人々の関心を集めることができたし、販売までするようになりました。現在はカバンを販売した収益金を消防士の活動を伝えるのに使用しています。私たちの小さな努力が、消防士の困難をもう一度思い出すきっかけになればいいなと思います。

25. 男性の中心となる考えとして適切なものを選びなさい。

① 消防士の勤務環境を改善しなければならない。

正解 ❷ 人々が消防士に対して関心を持ってほしい。

③ 人々は消防士の犠牲精神を見習わなければならない。

④ 消防士の安全を保障するための政策が必要だ。

26. 聞いた内容として正しいものを選びなさい。

① 男性は消防士として働いている。

② このカバンは人々に販売されていない。

正解 ❸ このカバンは消防服をリサイクルして作ったものだ。

④ 男性が作ったカバンはまだ知られていない。

CHECK ☐ ☐ ☐

出てきた語彙をチェック！

60回 기존 既存（従来）　놀이터 遊び場　그네 ブランコ　미끄럼틀 滑り台
모래밭 砂場　놀이 기구 遊具　언덕 丘　통나무 丸太　개울 小川　상상력 想像力
64回 소방복 消防服　재활용 リサイクル　전공을 살리다 専攻を活かす
판매하다 販売する　수익금 収益金　어려움 困難　떠올리다 思い出す

☐☐	거창하다 巨大だ、壮大だ	계획이 거창한 것도 좋지만 내실을 다지는 것도 필요하다. 計画が壮大なのもいいが、内容を固めることも必要だ。	
☐☐	급급하다 気を取られる、 追われる	성적에 급급해서 인성 교육은 뒷전인 학교가 많다. 成績に追われ、人格教育は後回しになっている学校が多い。	
☐☐	캄캄하다 真っ暗だ	해외여행을 갔는데 여권을 잃어버려서 눈앞이 캄캄했다. 海外旅行に行ったが、パスポートをなくしてしまって目の前が 真っ暗だった。	
☐☐	너그럽다 寛大だ	이번에는 너그럽게 봐 줄 테니 다음부터 조심하도록 해라. 今回は大目に見てあげるから、次からは気をつけてね。	
☐☐	담담하다 淡々としている	그는 실패에 대해서 담담한 표정으로 말했다. 彼は失敗について淡々とした表情で話した。	
☐☐	부지런하다 勤勉だ、まめだ	나는 매일 아침 부지런하게 집 앞을 쓸고 청소를 한다. 私は毎朝、まめに家の前を掃いて掃除をする。	
☐☐	사소하다 些細だ	좋아하는 연예인에 대해 사소한 것도 놓치지 않으려고 한다. 好きな芸能人について些細なことも見逃さないようにしている。	
☐☐	슬기롭다 賢い	살다 보면 어려운 일이 있겠지만 슬기롭게 헤쳐나가기 바 란다. 生きていると難しいことがあるが、賢く乗り越えてほしい。	
☐☐	아담하다 こぢんまりしている	집에 아담한 정원을 꾸며 놓고 늘 풍경을 감상한다. 家にこぢんまりとした庭を作っていて、いつも景色を眺めている。	
☐☐	애처롭다 哀れだ	소녀의 눈빛이 애처로워서 도와주지 않을 수 없었다. 少女の眼差しが哀れで、助けてあげずにいられなかった。	
☐☐	울창하다 茂っている	이 도시에서 조금만 벗어나면 울창한 삼림이 있다. この街から少し離れると、生い茂った森林がある。	
☐☐	진하다 濃い	매일 진한 커피를 마시면서 졸음을 내쫓는다. 毎日濃いコーヒーを飲みながら眠気を追い払う。	
☐☐	참신하다 斬新だ	신입사원이 참신한 아이디어로 발표를 했다. 新入社員が斬新なアイデアで発表をした。	
☐☐	타당하다 妥当だ	그는 여러가지 타당한 근거를 모아서 반론을 폈다. 彼はもろもろの妥当な根拠を集めて、反論を展開した。	
☐☐	특이하다 珍しい、特異だ	그 사람에게서 특이하거나 수상한 점은 없었다. その人に特異な点や怪しい点はなかった。	
☐☐	험하다 険しい	인생의 험한 길을 걸어오면서 얻은 지혜도 많다. 人生の険しい道を歩んできながら得た知恵も多い。	
☐☐	희미하다 かすかだ	해가 저물고 산 속 멀리 희미한 불빛이 보였다. 日が暮れて山奥に遠くかすかな明かりが見えた。	
☐☐	힘겹다 つらい、大変だ	힘겨운 하루 하루를 살아내느라 지쳤다. 大変な毎日を生き抜くのに疲れた。	

応用パターン
4

応用パターン 4　対話で話者の意図を選ぶ

問題番号[27～28]はこれが出る！

特　徴　学校や職場でのプライベートな対話がメインとなる

　　　　　27番：登場人物（男性／女性）が話す意図を選ぶ

　　　　　28番：聞いた内容と一致するものを選ぶ

ポイント　1. 誰が誰にお願いや提案をしているのかを把握する

　　　　　2. 社会で流行していることに関する、各自の考えを語ることが多い

　　　　　3. 物語を誘導する人物（男性／女性）が何をしたいのかについて
　　　　　　 集中して聞く

実際の問題にチャレンジ！

🔊 037

※ [27～28] 다음을 듣고 물음에 답하십시오. (각 2점)

27. 남자가 말하는 의도로 알맞은 것을 고르십시오.

　① 공간 대여 사업의 결과를 알려 주려고

　② 공간 대여에 필요한 서류를 문의하려고

　③ 공간 대여를 위한 신청서의 작성을 부탁하려고

　④ 공간 대여 사업에 함께 신청할 것을 제안하려고

28. 들은 내용과 같은 것을 고르십시오.

　① 이 사업은 다음 주까지 신청할 수 있다.

　② 이 사업에서는 비어 있는 공간을 활용한다.

　③ 이 사업을 통해 적은 비용으로 공간을 빌릴 수 있다.

　④ 이 사업에 지원하려면 사무실에 서류를 제출해야 한다.

(83회 TOPIK II 듣기 27-28번)

次ページで解答と解答プロセスをチェック！ ➡

창업 동아리 創業サークル　　지원하다 志願する、応募する　　서류 書類

[実際の問題]

※ [27~28] 다음을 듣고 물음에 답하십시오. (각 2점)

音声

남자 : 수미야, 너 그거 들었어? 학교에서 남는 공간을 창업 동아
리에 무료로 대여해 준대. 우리도 한번 지원해 보자.

여자 : 아, 그거 학교 안의 빈 공간을 빌려 주는 사업 맞지? 나도
들었어. 근데 지금 신청할 수 있대?

남자 : 금요일까지 학교 홈페이지에 몇 가지 정보만 입력하면 신
청할 수 있나 봐. 다른 서류는 다음 주까지 홈페이지에 올
리면 되고.

여자 : 그렇구나. 그런데 서류는 뭐가 필요한 거야?

남자 : 글쎄. 나도 그건 정확히 모르겠어. 사무실에 가서 한번 물
어보자.

27. 남자가 말하는 의도로 알맞은 것을 고르십시오.

① 공간 대여 사업의 결과를 알려 주려고

② 공간 대여에 필요한 서류를 문의하려고

③ 공간 대여를 위한 신청서의 작성을 부탁하려고

정답 ❹ 공간 대여 사업에 함께 신청할 것을 제안하려고

28. 들은 내용과 같은 것을 고르십시오.

① 이 사업은 다음 주까지 신청할 수 있다.

정답 ❷ 이 사업에서는 비어 있는 공간을 활용한다.

③ 이 사업을 통해 적은 비용으로 공간을 빌릴 수 있다.

④ 이 사업에 지원하려면 사무실에 서류를 제출해야 한다.

［日本語訳］

次を聞いて問いに答えなさい。（各２点）

> 男性：スミ、聞いた？　学校で余ったスペースを、創業サークルに無料で貸し出してくれるんだって。僕たちも一度応募してみよう。
>
> 女性：ああ、それって学校の中の空きスペースを貸してくれる事業だよね？　私も聞いたよ。ところで、今、申請できるって？
>
> 男性：金曜日までに学校のホームページにいくつかの情報を入力すれば申請できるみたい。他の書類は来週までにホームページに載せればいいし。
>
> 女性：そうなんだ。ところで書類は何が必要なの？
>
> 男性：さあ。僕もそれは正確に分からない。事務所に行って一度聞いてみよう。

27. 男性が話す意図として適切なものを選びなさい。

① スペースレンタル事業の結果を知らせようと

② スペースレンタルに必要な書類について問い合わせしようと

③ スペースレンタルのための申請書の作成をお願いしようと

[正解] ❹ スペースレンタル事業に一緒に申請することを提案しようと

28. 聞いた内容と同じものを選びなさい。

① この事業は来週までに申し込むことができる。

[正解] ❷ この事業では空きスペースを活用する。

③ この事業を通じて少ない費用でスペースを借りることができる。

④ この事業に応募するには事務所に書類を提出しなければならない。

解答プロセス

冒頭のセリフで、何についての話なのか把握する

27番・28番の問題では男女の会話が流れ、どちらかの発言意図を答える問題と内容が一致するものを選ぶ問題が出題されます。音声が流れる前に、27番でどちらについて答えればよいか、最低限目を通しておきましょう。ここでは男性について聞かれているので、まずは男性の発言に集中します。「학교에서 남는 공간을 창업 동아리에 무료로 대여해 준대 学校で余ったスペースを、創業サークルに無料で貸し出してくれるんだって」「한번 지원해보자 一度志願(応募)してみよう」と言っているので、学生同士が「サークルの活動用の場所」について話しているところだと分かります。

誰が誰にどんな話をしているのか把握するためにメモをとる

日付や場所、借りるために必要な書類などに注意しながらメモをとります。

女性→男性 「지금 신청할 수 있대? 今、申請できるって？」と確認

男性→女性 申請は「금요일까지 학교 홈페이지에…정보만 입력 金曜日までに学校のホームページに…情報だけ入力」、「다른 서류는 다음주 까지 他の書類は来週まで」と答える

女性→男性 「서류는 뭐가 필요한 거야? 書類は何が必要なの？」と尋ねる

男性→女性 「정확히 모르겠어 正確に分からない」「사무실에 가서 한번 물어보자 事務所に行って一度聞いてみよう」と提案

スペース貸し出しについての男性の提案に対して、女性は「근데」「그런데」と次々に情報を聞き出そうとしています。

話者の意図について選択肢から選ぶ

27番は男性の意図を答えるので、STEP 2で得た情報と選択肢を照らし合わせて一致するものを選ぶと、**正解 ④**「공간 대여 사업에 함께 신청할 것을 제안하려고 スペースレンタル事業に一緒に申請することを提案しようと」です。②「공간 대여에 필요한 서류를 문의하려고 スペースレンタルに必要な書類について問い合わせしようと」は、この会話の後に起こる行動と想像できますが「発言の意図」とは異なります。内容が一致する答えを選ぶ28番は、男性の1言目から**正解 ❷**「이 사업에서는 비어 있는 공간을 활용한다 この事業では空きスペースを活用する」です。

パターン 4 **問題番号 [2 7 ～ 2 8] を練習しましょう**

※ [27~28] 다음을 듣고 물음에 답하십시오. (각 2점)
　次を聞いて問いに答えなさい。(各 2 点)

27. 남자가 여자에게 말하는 의도를 고르십시오.　🔊 038
　　① 남성 육아의 필요성을 일깨우기 위해
　　② 남성 육아를 위한 제도를 설명하기 위해
　　③ 남성 육아의 문제점에 대해 지적하기 위해
　　④ 남성 육아에 대한 인식 변화를 말하기 위해

28. 들은 내용으로 맞는 것을 고르십시오.
　　① 남자의 회사에는 육아 휴직 신청자가 없다.
　　② 육아 휴직을 해도 경력을 인정받을 수 있다.
　　③ 육아 휴직 기간에는 월급이 지급되지 않는다.
　　④ 정부에서는 육아 휴직 제도의 시행을 준비하고 있다.

(64회 TOPIK II 듣기 27-28번)

解答・解説

STEP 1. 27 番は男性の意図を答える問題なので、男性の発言に特に集中して聞きます。「今回、キム課長も育児休暇を申請した」と話を始め、「**요즘 우리 회사** 남자 직원들 중에 육아 휴직을 신청하는 사람들이 점점 많아지고 있어요 **このごろわが社の男性社員の中で育児休暇を申請する人が徐々に増えています**」と言っていることから、話の焦点が「育児休業」にあると分かります。

STEP 2. 女性は「그러게요 そうですね」と男性の意見に同意し、「**월급도 주고 경력 인정도 되니까** 月給もくれて経歴認定もできるので」、申請に対する負担が少なくなったと言っています。男性は「제 생각엔 私が思うには」「남성 육아를 긍정적으로 보는 시각이 많아진 게 큰 이유**인 것 같아요 男性の育児を肯定的に見る見方が増えたのが大きな理由のようです**」と、自分の見解を示しています。

STEP 3. 27 番の男性の発言の意図は、④「남성 육아에 대한 인식 변화를 말하기 위해 男性育児に対する認識の変化を言うために」が発言内容と合っているので 正解 ❹ です。これまで男性の育児に対して否定的な見方があったが、肯定的な見方が増えたと伝えたかったのです。内容として正しいものを選ぶ

28 番は、女性が男性に同意した後に話した「申請に対する負担が減った理由」の内容と合うので 正解 ❷ です。

 POINT 27 番目の答えは男性側、28 番の答えは女性側の発言に含まれていることもあります。2 回流れる音声を落ち着いて聞き、情報を集めましょう。

音声

> 남자 : 이번에 김 과장님도 육아 휴직을 신청했대요. 요즘 우리 회사 남자 직원들 중에 육아 휴직을 신청하는 사람들이 점점 많아지고 있어요.
>
> 여자 : 그러게요. 제도가 바뀌면서 휴직 기간 동안 월급도 주고 경력 인정도 되니까 예전보다 신청에 대한 부담이 적어진 거겠죠.
>
> 남자 : 제 생각엔 남성 육아를 긍정적으로 보는 시각이 많아진 게 큰 이유인 것 같아요. 정부나 회사에서 남성 육아를 권장하기도 하고요.
>
> 여자 : 하긴 요즘 분위기가 많이 달라진 것 같긴 해요.

［日本語訳］

> 男性：今回、キム課長も育児休暇を申請したそうです。この頃わが社の男性社員の中で育児休暇を申請する人が徐々に増えています。
>
> 女性：そうですね。制度が変わり、休職期間中に給料も支給され、経歴認定もできるということで、以前より申請に対する負担が少なくなったんでしょうね。
>
> 男性：私が思うには、男性の育児を肯定的に見る見方が増えたのが大きな理由であるようです。政府や会社で男性の育児をすすめていますし。
>
> 女性：確かに最近、雰囲気がずいぶん変わった気がします。

27. 男性が女性に話す意図を選びなさい。

① 男性育児の必要性を悟らせるために

② 男性育児のための制度を説明するために

③ 男性育児の問題点について指摘するため

正解 ❹ 男性育児に対する認識の変化を話すために

28. 聞いた内容として正しいものを選びなさい。

① 男性の会社には育児休暇申請者がいない。

正解 ❷ 育児休暇をしても経歴が認められる。

③ 育児休業期間には月給が支給されない。

④ 政府では育児休暇制度の施行を準備している。

CHECK ☐ ☐ ☐

1章 聞き取り問題 듣기 応用パターンを対策 パターン4

27. 남자가 여자에게 말하는 의도를 고르십시오.

🔊 039

① 임시 공휴일을 지정하게 된 이유를 알려 주기 위해

② 임시 공휴일에 못 쉬는 것에 대한 불만을 제기하기 위해

③ 임시 공휴일이 회사 운영에 미치는 영향을 파악하기 위해

④ 임시 공휴일 지정으로 얻을 수 있는 효과를 강조하기 위해

28. 들은 내용으로 맞는 것을 고르십시오.

① 유치원은 임시 공휴일에 쉬지 않는다.

② 남자는 임시 공휴일에 여행을 가려고 한다.

③ 여자는 아이를 맡길 곳이 없어서 걱정하고 있다.

④ 정부는 이번에 처음으로 임시 공휴일을 지정했다.

(52회 TOPIK II 듣기 27-28번)

解答・解説

STEP 1&2. 27番で答えるのは、男性の発言の意図です。男性が「**정부에서 다음 달 6일을 임시 공휴일로 지정했다던데** 政府が来月6日を臨時の祝日に指定したそうだけど」と、「臨時の祝日」についての話を始めます。男性は「**우리 회사도 쉬면 좋을 텐데** うちの会社も休んだらいいのに」と言い、女性は「**그 날 회사에 나와야 하는데 아이 유치원이 쉬니까** 당장 아이 맡길 데를 알아봐야 해 その日会社に出てこなければならないのに、子どもの幼稚園が休みだから、すぐに子どもを預けるところを調べなければならないよ」と言っています。男性は、さらに「**임시 공휴일이 별 소용이 없는 것 같아** 臨時の祝日があまり役に立たないようだね」と、否定的な見方をしています。

STEP 3. 男性の意見は、「臨時の祝日に会社は休みにならないことで不都合が起こる」というもので、27番の選択肢の中でこれに合うのは、**正解** ❷ です。

105

28番は、選択肢の中で内容として正しいものを探すと、③「여자는 아이를 맡길 곳이 없어서 걱정하고 있다 女性は子どもを預ける所がなくて心配している」があります。よって、正解 ❸ です。

音声

> 남자 : 뉴스를 보니까 정부에서 다음 달 6일을 임시 공휴일로 지정했다던데.
>
> 여자 : 그래? 5일하고 7일이 쉬는 날이라서 그런 모양이구나. 그날 쉬는 사람들은 좋겠다. 지난번 임시 공휴일에도 놀러 가는 사람이 많았대.
>
> 남자 : 우리 회사도 쉬면 좋을 텐데. 임시 공휴일에는 우리도 쉬어야 하는 거 아냐?
>
> 여자 : 맞아. 그날 회사에 나와야 하는데 아이 유치원이 쉬니까 당장 아이 맡길 데를 알아봐야 해.
>
> 남자 : 우리처럼 못 쉬는 사람한테는 임시 공휴일이 별 소용이 없는 것 같아.

[日本語訳]

> 男性 : ニュースを見たら、政府が来月6日を臨時の祝日に指定したそうだけど。
>
> 女性 : そう？　5日と7日が休みだからみたいだね。その日休む人たちはいいな。この前の臨時の祝日にも遊びに行く人が多かったんだって。
>
> 男性 : うちの会社も休んだらいいのに。臨時の祝日には僕たちも休まなければならないんじゃないの？
>
> 女性 : そうだよね。その日会社に出てこなければならないのに、子どもの幼稚園が休みだから、すぐに子どもを預けるところを調べなければならないよ。
>
> 男性 : 僕たちのように休めない人には、臨時の祝日はあまり役に立たないようだね。

27. 男性が女性に話す意図を選びなさい。

　　① 臨時の祝日を指定するようになった理由を知らせるため

　　正解 ❷ 臨時の祝日に休めないことに対する不満を提起するため

　　③ 臨時の祝日が会社運用に及ぼす影響を把握するため

　　④ 臨時の祝日指定で得られる効果を強調するため

28. 聞いた内容として正しいものを選びなさい。

　　① 幼稚園は臨時の祝日に休まない。

　　② 男性は臨時の祝日に旅行に行こうとしている。

　　正解 ❸ 女性は子どもを預ける所がなくて心配している。

　　④ 政府は今回初めて臨時の祝日を指定した。

CHECK ☐ ☐ ☐

出てきた語彙をチェック！

64回 육아 휴직 育児休暇　신청하다 申請する　월급 月給　경력 経歴　부담 負担
권장하다 推奨する（すすめる）
52回 임시 공휴일 臨時の祝日　지정하다 指定する　맡기다 預ける

	개정 改正	국회는 이번에 노동법 개정을 나설 것으로 보인다. 国会は今回、労働法改正に乗り出すものと見られる。
☐☐	공약 公約	공약을 지키는 정치인들이 많아져야 된다. 公約を守る政治家が多くならなければならない。
☐☐	권리 権利	유권자들도 자기 권리를 행사하기 위해 투표해야 한다. 有権者も自分の権利を行使するために投票しなければならない。
☐☐	질서 秩序	공공장소에서 질서를 잘 지키는 나라가 선진국이다. 公共の場で秩序をよく守る国が先進国だ。
☐☐	후보 候補	후보가 많을 수록 선거 운동이 치열해진다. 候補が多いほど選挙運動が熾烈になる。
☐☐	위반 違反	법 위반을 하셨으므로 벌금을 내야 합니다. 法に違反なさったので、罰金を払わなければなりません。
☐☐	혜택 恩恵、特典、給付	정부가 정책을 고쳐 암에 대한 보험 혜택을 늘렸다. 政府は政策を見直し、がんに対する保険給付を増やした。
☐☐	보증 保証	이 제품의 수리 보증은 언제까지입니까? この製品の修理保証はいつまでですか？
☐☐	세금 税金	정부는 국민으로부터 세금을 거둬서 복지에 쓰고 있다. 政府は国民から税金を徴収して、福祉に使っている。
☐☐	집행 執行	예산 집행을 하는 것은 정부지만, 국민들의 지지가 필요하다. 予算の執行をするのは政府だが、国民の支持が必要だ。
☐☐	차별 差別	차별을 조장하는 발언은 정치인으로서 하면 안 된다. 差別を助長する発言は政治家としてしてはならない。
☐☐	평가 評価	이번 발표에 대한 평가는 내일 알 수 있다. 今回の発表に対する評価は明日分かる。
☐☐	실시 実施	올해 건강 검진 실시 일정은 어떻게 됩니까? 今年の健康診断の実施スケジュールはどうなっていますか？
☐☐	참여 参加	오늘 방송에 참여를 해 주신 분들께 감사 말씀을 드립니다. 今日の放送に参加をしてくださった方々に感謝申し上げます。
☐☐	제공 提供	출장 갈 때는 회사로부터 교통비 및 숙박비 제공이 가능합니다. 出張に行くときは、会社から交通費および宿泊費の提供が可能です。
☐☐	국적 国籍	우리 반은 다양한 국적의 사람들이 모여서 공부하고 있다. うちのクラスは様々な国籍の人たちが集まって勉強している。
☐☐	맞벌이 共働き	남편뿐만 아니라 아내도 일을 하는 맞벌이 부부가 많다. 夫だけでなく、妻も仕事をする共働き夫婦が多い。
☐☐	찬성 賛成	회의 결과 모두 찬성을 해서 계획대로 일을 하기로 했다. 会議の結果、皆、賛成をして計画通りに仕事をすることにした。

■》040

応用パターン 5 専門家へのインタビューで話者が誰なのかを選ぶ

問題番号[29〜30]はこれが出る！

特　徴　専門家へのインタビュー

29番：インタビューされている人が何の専門家なのか（職業や役割など）を選ぶ

30番：聞いた内容と一致するものを選ぶ

ポイント　1. 最初の発言から何についてのインタビューなのかを把握する

2. 質問者が専門家の特徴を説明することが多い

3. 回答者の発言からキーワードをメモしておく

実際の問題にチャレンジ！

※ [29~30] 다음을 듣고 물음에 답하십시오. (각 2점)

29. 남자가 누구인지 고르십시오.

① 게임의 오류를 찾아내는 사람

② 새로운 게임을 기획하는 사람

③ 게임에 음향 효과를 넣는 사람

④ 새로 개발한 게임을 홍보하는 사람

30. 들은 내용과 같은 것을 고르십시오.

① 이 일은 개발팀에서 담당하고 있다.

② 이 일은 게임의 판매에 영향을 미친다.

③ 남자는 게임 출시 후에 일을 시작한다.

④ 남자는 게임 캐릭터도 직접 디자인한다.

(83회 TOPIK II 듣기 29-30번)

次ページで解答と解答プロセスをチェック！ ⇨

出てきた語彙をチェック！

출시하다 発売する **기술적** 技術的 **오류** エラー **음향** 音響 **효과** 効果 **완성도** 完成度
부정적 否定的 **영향** 影響

［実際の問題］

※ [29~30] 다음을 듣고 물음에 답하십시오. (각 2점)

音声

여자 : 팀장님께서는 게임을 출시하기 전에, 게임에서 발생하는 여러 문제점들을 찾아내는 일을 맡고 계시다고 들었습니다.

남자 : 네. 개발팀이 완성한 게임을 일정 기간 동안 직접 해 보면서 기술적인 오류를 찾아내고 있습니다. 또 캐릭터의 디자인이나 음향 효과 등 사용자의 흥미와 관련된 것들의 문제점도 찾아내고요.

여자 : 게임의 완성도를 높이기 위해서는 이 일이 굉장히 중요하겠네요.

남자 : 네. 출시 후에 이런 문제가 발생하면 게임 판매에 부정적인 영향을 주게 되거든요. 그래서 저희는 출시 전까지 책임감을 갖고 일합니다.

29. 남자가 누구인지 고르십시오.

정답 ❶ 게임의 오류를 찾아내는 사람
② 새로운 게임을 기획하는 사람
③ 게임에 음향 효과를 넣는 사람
④ 새로 개발한 게임을 홍보하는 사람

30. 들은 내용과 같은 것을 고르십시오.

① 이 일은 개발팀에서 담당하고 있다.
정답 ❷ 이 일은 게임의 판매에 영향을 미친다.
③ 남자는 게임 출시 후에 일을 시작한다.
④ 남자는 게임 캐릭터도 직접 디자인한다.

［日本語訳］

次を聞いて問いに答えなさい。(各2点)

> 女性：チーム長はゲームを発売する前に、ゲームで発生する様々な問題点を見つける仕事を担当していると聞きました。
>
> 男性：はい。開発チームが完成したゲームを一定期間直接やってみながら技術的なエラーを見つけています。また、キャラクターのデザインや音響効果など、ユーザーの興味と関連したものの問題点も見つけます。
>
> 女性：ゲームの完成度を高めるためには、この仕事がとても重要ですね。
>
> 男性：はい。発売後にこのような問題が発生すると、ゲーム販売に否定的な影響を与えることになります。なので私たちは発売前まで責任を持って働きます。

29. 男性が誰なのか選びなさい。

[正解] ❶ ゲームのエラーを見つけ出す人

② 新しいゲームを企画する人

③ ゲームに音響効果を入れる人

④ 新しく開発したゲームを宣伝する人

30. 聞いた内容と同じものを選びなさい。

① この仕事は開発チームで担当している。

[正解] ❷ この仕事はゲームの販売に影響を与える。

③ 男性はゲーム発売後に仕事を始める。

④ 男性はゲームキャラクターも自分でデザインする。

解答プロセス

質問者の発言から、回答者が何の専門家なのかを把握する

パターン3と同じくインタビュー形式ですが、質問者は初めと途中に2度発言します。29番では「回答者である専門家が具体的に何をしている人なのか」を答える必要があります。女性の質問者が、「팀장님께서는 チーム長は」と話し始め、「게임을 출시하기 전에…여러 문제점들을 찾아내는 일을 맡고 계시다고 들었습니다 ゲームを発売する前に…様々な問題点を見つける仕事を担当していると聞きました」と言っていることから、インタビューの相手の男性は「ゲーム業界の専門家」だと分かります。

回答者が具体的に行っていることが分かるキーワードを探す

女性の質問に対し、回答者の男性は「네 はい」と肯定した後、「개발팀이 완성한 게임 開発チームが完成したゲーム」の「기술적인 오류를 찾아내고 技術的なエラーを見つけ」、「캐릭터의 디자인이나 음향 효과 キャラクターのデザインや音響効果」の「문제점도 찾아내고요 問題点も見つけています」と言っています。さらに、男性の仕事内容は発売後に問題が発生すると「게임 판매에 부정적인 영향을 주게 되거든요 ゲーム販売に否定的な影響を与えることになります」と言い、それを防ぐために重要な仕事だと話しています。

チェックしたキーワードから正解を選ぶ

男性が何をする人なのか、29番の選択肢の中から合うものを選ぶと、①「게임의 오류를 찾아내는 사람 ゲームのエラーを見つけ出す人」があります。よって、29番は 正解 ❶ です。30番は、選択肢を見るとどれも会話に出てきた単語が入っていますが、正解 ❷ 「이 일은 게임의 판매에 영향을 미친다 この仕事はゲームの販売に影響を与える」が男性の2回目の発言内容と一致しています。

| パターン 5 | 問題番号 [29 〜 30] を練習しましょう |

※ [29〜30] 다음을 듣고 물음에 답하십시오. (각 2점)

次を聞いて問いに答えなさい。(各 2 点)

29. 여자는 누구인지 맞는 것을 고르십시오. 🔊 041

① 전자책을 조사하는 사람

② 전자책을 골라 주는 사람

③ 전자책 구독 서비스에 가입한 사람

④ 전자책 구독 서비스를 개발한 사람

30. 들은 내용으로 맞는 것을 고르십시오.

① 이 서비스는 무료로 이용이 가능하다.

② 이 서비스는 아직 이용자가 많지 않다.

③ 이 서비스는 책에 대한 해설도 제공한다.

④ 이 서비스는 동영상 기능을 추가할 예정이다.

(64회 TOPIK II 듣기 29-30번)

解答・解説

STEP 1&2. 29 番は女性が誰なのかを答える問題で、質問者は男性です。「**사장님께서 만든 전자책 구독 서비스의 인기 비결이 뭐라고 생각하세요?** 社長が作った電子書籍の購読サービス(サブスク)の人気の秘訣は何だと思いますか？」と質問していることから、インタビュー相手の女性は「電子書籍のサブスクを提供している会社の社長」だと分かります。人気の秘訣についての質問に対し、女性社長は「**독서를 위한 다양한 서비스를 제공한다는 점** 読書のための様々なサービスを提供するという点」が人気の秘訣であると答えています。「**매달 이용료를 내면…얼마든지 읽을 수 있고요** 毎月利用料を払えば…いくらでも読むことができます」と言った後、具体的なサービス内容として、「**해설을 들으면서 읽거나** 解説を聞きながら読んだり」できるほか、「要約本として見たりすることもできる」、「音声サポートもある」と言っています。男性が「**내용을 만화나 동영상 등으로 소개하는 기능** 内容を漫画や動画などで紹介する機能」も追加されたと話しています。

STEP 3. 29 番は女性が誰なのかが問われているので、聞き取った内容と選択肢

を照らし合わせると、④「전자책 구독 서비스를 개발한 사람 電子書籍の サブスクを開発した人」が合っています。よって、29 番は 正解 ④ です。 内容として正しいものを選ぶ 30 番は、「解説を聞きながら読んだりで きる」という女性の発言と一致するので 正解 ❸ です。

音声

남자 : 사장님께서 만든 전자책 구독 서비스의 인기 비결이 뭐라고 생각하세요?

여자 : 독서를 위한 다양한 서비스를 제공한다는 점이겠죠. 우선 매 달 이용료를 내면 수만 권의 책을 얼마든지 읽을 수 있고요. 어려운 책은 전문가의 해설을 들으면서 읽거나 요약본으로 볼 수도 있어요. 모든 책에 음성 지원이 가능해서 이동 중에도 내 용을 들을 수 있습니다.

남자 : 최근에는 책의 내용을 만화나 동영상 등으로 소개하는 기능도 추가하셨다고요.

여자 : 네. 더 즐겁게 독서할 수 있는 여러 방법을 계속 고민 중이에요.

[日本語訳]

男性 : 社長が作った電子書籍のサブスクの人気の秘訣は何だと思い ますか？

女性 : 読書のための様々なサービスを提供するという点でしょう。 まず毎月利用料を払えば、数万冊の本をいくらでも読むこと ができます。難しい本は専門家の解説を聞きながら読んだり、 要約本として見たりすることもできます。全ての本に音声サ ポートが可能なので、移動中も内容を聞くことができます。

男性 : 最近は本の内容を漫画や動画などで紹介する機能も追加され たんですね。

女性 : はい。もっと楽しく読書できる様々な方法を、悩み続けてい ます。

29. 女性は誰なのか正しいものを選びなさい。

　① 電子書籍を調べる人

　② 電子書籍を選んでくれる人

　③ 電子書籍のサブスクに加入した人

　正解 ❹ 電子書籍のサブスクを開発した人

30. 聞いた内容として正しいものを選びなさい。

　① このサービスは無料での利用が可能だ。

　② このサービスはまだ利用者が多くない。

　正解 ❸ このサービスは本についての解説も提供している。

　④ このサービスは動画機能を追加する予定だ。

CHECK ☐ ☐ ☐

---

29. 남자는 누구인지 맞는 것을 고르십시오. 🔊 042

　① 공연 장소를 섭외하는 사람

　② 공연장 좌석을 안내하는 사람

　③ 공연장에서 안전을 관리하는 사람

　④ 공연장의 무대 시설을 고치는 사람

30. 들은 내용으로 맞는 것을 고르십시오.

　① 오늘 공연은 실내에서 진행되었다.

　② 비가 왔음에도 공연장에 사람들이 많았다.

　③ 오늘 공연 중 열성 팬으로 인한 사고가 있었다.

　④ 남자는 실내보다 야외에서 일할 때 마음이 편하다.

(60회 TOPIK II 듣기 29-30번)

解答・解説

STEP 1&2. 質問者の女性が「오늘처럼 팬들로 가득 찬 야외 공연장 관리는 쉽지 않으시겠어요 今日のようにファンでいっぱいの野外公演会場の管理は容易ではないですよね」と聞いていることから、回答者の男性は「野外公演会場の管理にあたる人」だと分かります。男性は、「**아무래도** 실내 공연

장보다 힘들긴 합니다 どうしても室内の公演会場より大変ではあります」
と受けて、その大変さについて話を続けます。「熱烈なファンの突発的
な行動にも備えなければならない」し、「野外の公演会場は観衆が多く
て管理がさらに大変」で、「오늘처럼 비가 오면 사람들 움직임도 잘 안 보이
거든요 今日みたいに雨が降ると人の動きもよく見えないんですよ」と、
雨の日に野外で公演会場の管理にあたる大変さについて語っています。

STEP 3. 男性が誰かを選ぶ 29 番の問題に対しては、女性の最初の問いかけと全
体の流れから 正解 ❸「公演会場で安全を管理する人」だと分かります。
内容として正しいものを選ぶ 30 番は、選択肢の中で内容に合っている
のは、②「비가 왔음에도 공연장에 사람들이 많았다 雨が降ったにもかかわ
らず、会場には人が多かった」です。よって、正解 ❷ です。「-(으)ㅁ에도」
は「-(으)ㅁ에도 불구하고 ～にもかかわらず」の後半が省略された形です。

여자 : 오늘처럼 팬들로 가득 찬 야외 공연장 관리는 쉽지 않으시겠
어요.

남자 : 아무래도 실내 공연장보다 힘들긴 합니다. 저희는 공연을 하
는 동안 무대 아래에서 사람들이 안전선을 넘어가지 못하게
하고, 열성 팬들의 돌발 행동에도 대비해야 하는데요. 야외 공
연장은 관중이 많아서 관리가 더 힘들죠. 또 오늘처럼 비가 오
면 사람들 움직임도 잘 안 보이거든요. 그래서 실내 공연장에
있을 때보다 훨씬 긴장됩니다.

여자 : 다행히 오늘은 사고가 없었지만 사고가 발생하면 어떻게 하시
나요?

남자 : 무대의 가수들을 먼저 이동시키고 상황별 행동 수칙에 따라
대처를 합니다.

[日本語訳]

> 女性：今日のようにファンでいっぱいの野外の公演会場の管理は容易ではないですよね。
>
> 男性：どうしても室内の公演会場より大変ではあります。私たちは公演をしている間、舞台の下で人々が安全ラインを越えることができないようにし、熱烈なファンの突発的な行動にも備えなければなりません。野外の公演会場は観衆が多くて管理がさらに大変です。また、今日みたいに雨が降ると人の動きもよく見えないんですよ。そのため、室内の公演会場にいるときよりずっと緊張します。
>
> 女性：幸い、今日は事故がありませんでしたが、事故が発生したらどうしますか？
>
> 男性：舞台の歌手を先に移動させ、状況別の行動指針に従って対処します。

29. 男性は誰なのか正しいものを選びなさい。

① 公演会場を手配する人

② 公演会場の座席を案内する人

[正解] ❸ 公演会場で安全を管理する人

④ 公演会場の舞台施設を直す人

30. 聞いた内容として正しいものを選びなさい。

① 今日の公演は室内で行われた。

[正解] ❷ 雨が降ったにもかかわらず、公演会場には人が多かった。

③ 今日の公演中、熱烈なファンによる事故があった。

④ 男性は室内より野外で働くとき、気が楽だ。

CHECK ☐ ☐ ☐

出てきた語彙をチェック！

64回 전자책 電子書籍　구독 서비스 サブスク　인기 비결 人気の秘訣　요약본 要約本
60回 가득 찬 いっぱいの　야외 野外　공연장 公演会場　실내 室内　안전선 安全ライン
돌발 행동 突発的な行動　움직임 動き　무대 舞台　행동 수칙 行動指針

	저절로 おのずと、自然に	이 문은 자동문이어서 사람이 가까이 가면 저절로 열린다. このドアは自動ドアなので、人が近づくと自然に開く。
☐☐	설마 まさか	4월인데 설마 눈이 올까요? 4月なのにまさか雪が降るでしょうか？
☐☐	내내 終始一貫して、 ずっと	어제 잠을 자지 못해서 수업 시간 내내 졸았다. 昨日眠れなくて、授業中ずっと居眠りした。
☐☐	몹시 ひどく、すごく	오랜만에 친구에게 연락했지만 몹시 바쁜 것 같았다. 久しぶりに友達に連絡したけど、すごく忙しそうだった。
☐☐	거꾸로 逆さ	옷을 거꾸로 입은 줄도 모르고 학교에 갔다. 服を逆に着たことも知らずに学校に行った。
☐☐	한편으로 一方で	친구에게 선물을 받아서 기분이 좋았지만 한편으로 부담이 되었다. 友達からプレゼントをもらって嬉しかったが、一方で負担になった。
☐☐	각각 それぞれ	같은 책을 읽고도 두 사람은 각각 다른 감상평을 내놓았다. 同じ本を読んでも、二人はそれぞれ異なる感想を言った。
☐☐	혹은 あるいは	외국인들은 이 식당에서 비빔밥 혹은 불고기를 먹곤 한다. 外国人はこの食堂でビビンバ、あるいはプルコギを食べたりする。
☐☐	제대로 まともに、きちんと	일을 빨리 끝내는 것보다 제대로 하는 것이 중요하다. 仕事を早く終わらせるより、きちんとすることが重要だ。
☐☐	일부러 わざと、わざわざ	친구를 만나기 위해 일부러 친구의 학교까지 찾아갔다. 友達に会うために、わざわざ友達の学校まで訪ねて行った。
☐☐	함부로 むやみに	깊이 생각하지 않고 함부로 다른 사람을 평가하는 것은 좋지 않다. 深く考えずに、むやみに他人を評価するのはよくない。
☐☐	몰래 こっそり、内緒で	엄마 몰래 멀리 여행을 떠났다. ママに内緒で遠くへ旅行に出た。
☐☐	공공연히 公然と、おおっぴらに	그런 사적인 이야기를 공공연히 하면 안 됩니다. そのような私的な話をおおっぴらにしてはいけません。
☐☐	기필코 必ず	이번 도전이야말로 기필코 성공하고 말겠어. 今度の挑戦こそ必ず成功してやる。
☐☐	수시로 随時、しょっちゅう	그는 수시로 진열된 상품을 닦고 정리했다. 彼はしょっちゅう陳列された商品を拭いて整理した。
☐☐	점차 徐々に	날이 점차 짧아지면서 찬바람이 불기 시작했다. 日が徐々に短くなり、冷たい風が吹き始めた。
☐☐	섣불리 下手に	상대편을 얕보고 섣불리 공격했다가는 큰코다칠 수도 있다. 相手を見下して下手に攻撃したのでは、ひどい目に遭う恐れがある。
☐☐	무심코 うっかり	무심코 버린 담배꽁초가 산불로 번질 수도 있다. うっかり捨てたたばこの吸殻が山火事に広がることもある。

応用パターン 6 　討論で発言者の考え・態度を選ぶ

問題番号[31〜32]はこれが出る！

特　徴　社会問題など、ある話題についての討論

31番：討論で発言者(男性／女性)の考え・態度を選ぶ

32番：話し手の中心となる考え方を選ぶ

ポイント　1．まず、男女どちらの考え・態度について答えるのかを確認する

2．賛成意見と反対意見を正確に区分する

3．話を導く人(主に男性)の態度をメモした後、選択肢と対比する

実際の問題にチャレンジ！

🔊 043

※ [31〜32] 다음을 듣고 물음에 답하십시오. (각 2점)

31. 남자의 중심 생각으로 가장 알맞은 것을 고르십시오.

① 업무 관리 프로그램의 도입이 필요하다.

② 업무 방식의 개선을 신중히 결정해야 한다.

③ 직원 교육을 통해 업무의 효율을 높여야 한다.

④ 일의 속도를 강조하는 분위기를 바꿀 필요가 있다.

32. 남자의 태도로 가장 알맞은 것을 고르십시오.

① 예상되는 문제점을 우려하고 있다.

② 문제의 해결 방안을 요구하고 있다.

③ 자신의 의견을 일관되게 주장하고 있다.

④ 상대방의 의견에 적극적으로 동의하고 있다.

(83회 TOPIK II 듣기 31-32번)

次ページで解答と解答プロセスをチェック！➡

出てきた語彙をチェック！

검토 検討　업무 業務　진행 상황 進行状況　자료 資料　실시간으로 リアルタイムで
공유하다 共有する　효율성 効率性　향상 向上　초기에 初期に　장기적으로 長期的に
잘 활용하다 うまく活用する

[実際の問題]

※ [31~32] 다음을 듣고 물음에 답하십시오. (각 2점)

音声

> 남자 : 현재 검토 중인 업무 관리 프로그램요. 업무의 진행 상황
> 과 자료를 실시간으로 공유할 수 있어서 일의 속도와 효
> 율성을 향상시킬 것으로 보입니다.
>
> 여자 : 새로운 프로그램에 직원들이 적응하는 게 쉽지는 않을 것
> 같은데요.
>
> 남자 : 초기에는 어려움이 있겠지만 장기적으로는 업무를 관리
> 하는 데 큰 도움이 될 겁니다. 지속적으로 교육하면 직원
> 들도 프로그램을 잘 활용할 수 있게 될 거고요.
>
> 여자 : 직원 교육 문제는 여전히 부담스럽긴 해요. 더 신중히 생
> 각해 보죠.

31. 남자의 중심 생각으로 가장 알맞은 것을 고르십시오.

정답 ❶ 업무 관리 프로그램의 도입이 필요하다.

② 업무 방식의 개선을 신중히 결정해야 한다.

③ 직원 교육을 통해 업무의 효율을 높여야 한다.

④ 일의 속도를 강조하는 분위기를 바꿀 필요가 있다.

32. 남자의 태도로 가장 알맞은 것을 고르십시오.

① 예상되는 문제점을 우려하고 있다.

② 문제의 해결 방안을 요구하고 있다.

정답 ❸ 자신의 의견을 일관되게 주장하고 있다.

④ 상대방의 의견에 적극적으로 동의하고 있다.

［日本語訳］

次を聞いて問いに答えなさい。（各2点）

> 男性：現在検討中の業務管理プログラムなんですが。業務の進行状況と資料をリアルタイムで共有することができ、仕事の速度と効率性を向上させるものと見られます。
>
> 女性：新しいプログラムに従業員が慣れるのは簡単ではないと思います。
>
> 男性：初期には困難があるでしょうが、長期的には業務を管理するのに大いに役立つでしょう。持続的に教育すれば、従業員もプログラムをうまく活用できるようになるはずです。
>
> 女性：従業員の教育問題は依然として負担になっています。もっと慎重に考えてみましょう。

31. 男性の中心となる考えとして最も適切なものを選びなさい。

   正解 ❶ 業務管理プログラムの導入が必要である。

   ② 業務方式の改善を慎重に決定しなければならない。

   ③ 従業員の教育を通じて業務の効率を高めなければならない。

   ④ 仕事のスピードを強調する雰囲気を変える必要がある。

32. 男性の態度として最も適切なものを選びなさい。

   ① 予想される問題点を懸念している。

   ② 問題の解決策を求めている。

   正解 ❸ 自分の意見を一貫して主張している。

   ④ 相手の意見に積極的に同意している。

解答プロセス

STEP 1 討論のテーマが何かを把握する

31番・32番は、男女の討論を聞いて、どちらかの考えと態度を答える問題が出題されます。32番で聞かれる「態度」とは、賛成・反対・要求・懸念など、テーマに対するスタンスのことです。これまでと同じく、どちらについて聞かれているかは音声が流れる前に確認しておきましょう。ここでは男性の発言はなるべく聞き漏らさないようにします。「**현재 검토 중인 업무 관리 프로그램** 現在検討中の業務管理プログラム」について、「**업무의** 진행 상황과 자료를 실시간으로 공유 業務の進行状況と資料をリアルタイムで共有」することができ、「**일의** 속도와 효율성을 향상시킬 것 仕事の速度と効率性を向上させるもの」だと言っているので、男性は職場で「業務管理プログラムが仕事に役に立つ」という立場で話をしていると分かります。

STEP 2 賛成と反対の立場、それぞれの意見をまとめる

これに対して女性は「**직원들이 적응하는 게 쉽지는 않을 것** 같은데요 従業員が適応する（慣れる）のは簡単ではないと思います」と男性の意見に反対の立場です。男性は女性の意見を一部認めつつ、「**장기적으로는…큰 도움이 될 겁니다** 長期的には…大いに役立つでしょう」と、引き続き「プログラムは役に立つ」というスタンスです。続けて、女性は「**직원교육 문제** 従業員の教育問題」は依然として負担であり、「**더 신중히 생각해 보죠** もっと慎重に考えてみましょう」とお互いの立場を崩しません。

STEP 3 「男性」の態度を中心に、選択肢を照らし合わせる

今回は男性の中心的な考えと態度を問われています。この会話は「業務管理プログラムを導入したい」という男性の発言から始まるので、中心的な考えを答える31番は 正解 ❶「업무 관리 프로그램의 도입이 필요하다 業務プログラムの導入が必要である」です。

男性の態度を答える32番は、STEP 2で整理した男性の主張と選択肢を見比べると、③「**자신의 의견을 일관되게 주장하고 있다** 自分の意見を一貫して主張している」が合っています。よって、正解 ❸です。討論タイプの会話では、男女お互いが自分の意見を主張しながら話しますが、それは別問題として、問題で聞かれている方だけに絞って考えましょう。

パターン 6 問題番号 [31 ～ 3 2] を練習しましょう

※ [31~32] 다음을 듣고 물음에 답하십시오. (각 2점)
　　次を聞いて問いに答えなさい。(各 2 点)

31. 남자의 생각으로 알맞은 것을 고르십시오.　🔊 044
　　① 생계형 범죄 예방을 위한 대책이 효과가 없다.
　　② 생계형 범죄로 인한 피해를 보상해 주어야 한다.
　　③ 생계형 범죄에 대한 사회적 인식 개선이 필요하다.
　　④ 생계형 범죄도 다른 범죄와 동일하게 처벌해야 한다.

32. 남자의 태도로 알맞은 것을 고르십시오.
　　① 상대방 의견에 반대하고 있다.
　　② 제도의 문제점을 지적하고 있다.
　　③ 문제 해결 방안에 공감하고 있다.
　　④ 상대가 제시한 근거를 의심하고 있다.

(60회 TOPIK II 듣기 31-32번)

解答・解説

STEP 1. 2問とも男性について答える問題です。女性は「이번 사건 今回の事件」
について、「배가 고파서 식료품을 훔치다가 잡힌 경우 お腹がすいて食料品を
盗んで捕まったケース」であり、これを「일반 범죄들과 동일하게 볼 수는 없
죠 一般犯罪と同じように見ることはできません」と言っています。女性
は食料品の万引き事件と一般犯罪を区別して考えるべきだと問題提起して
おり、これに対して男性は「생계형 범죄도 분명히 범죄 生計型犯罪も明らか
に犯罪」だと言っています。「生計型犯罪の処罰」についての討論です。

STEP 2. 討論を追っていきます。男性は「다른 범죄와 처벌을 달리할 필요가 없습니다
他の犯罪と処罰を異にする必要はありません」と、女性とは反対の立場で
す。一方で女性は「처벌을 엄격하게 하는 것보다는…**열심히 살 수 있도록** 기회
를 **더 필요** 処罰を厳しくするよりは…**一生懸命に生きられるよう**
機会を与えることがもっと必要」と自分の主張を補足しています。男性は
「内容にかかわらず犯罪は犯罪」というスタンスで、「처벌이 약해지면 분명
이를 악용하는 사람들이 나타날 것 処罰が弱くなると必ず悪用する人々が現

れるだろう」と、自分の主張を補足しています。

STEP 3. 「生計型犯罪だからといって処罰を緩めるべきではない」というのが一貫
した男性の主張です。31 番の選択肢からこれに合う選択肢を探すと、④
「생계형 범죄도 다른 범죄와 동일하게 처벌해야 한다 生計型犯罪も他の犯罪と
同様に処罰しなければならない」があるので、 **正解** **④** です。③「생계型
犯罪에 대한 사회적 인식의 개선이 필요하다 生計型犯罪に対する社会的認識の改善が必要だ」は女性の態度なので、誤答です。
32 番で聞かれている男性の態度は、 2 人の主張が正反対であることから
正解 **①** です。

> 여자 : 이번 사건은 배가 고파서 식료품을 훔치다가 잡힌 경우입니
> 다. 이 경우를 일반 범죄들과 동일하게 볼 수는 없죠.
>
> 남자 : 안타까운 일이기는 하지만 생계형 범죄도 분명히 범죄입니다.
> 피해자도 존재하고요. 다른 범죄와 처벌을 달리할 필요가 없
> 습니다.
>
> 여자 : 처벌을 엄격하게 하는 것보다는 경제적 어려움을 해소하고 열
> 심히 살 수 있도록 기회를 주는 것이 더 필요하지 않을까요?
>
> 남자 : 처벌이 약해지면 분명 이를 악용하는 사람들이 나타날 것이고
> 그러면 비슷한 범죄가 계속 늘어나게 될 것입니다.

[日本語訳]

> 女性：今回の事件は、お腹がすいて食料品を盗んで捕まったケースで
> す。このケースを一般犯罪と同じように見ることはできません。
>
> 男性：残念なことではありますが、生計型犯罪も明らかに犯罪です。
> 被害者も存在しますし。他の犯罪と処罰を異にする必要はあり
> ません。
>
> 女性：処罰を厳しくするよりは、経済的困難を解消し、一生懸命に生
> きられるように機会を与えることがもっと必要ではないでしょ
> うか？
>
> 男性：処罰が弱くなると必ずこれを悪用する人々が現れるでしょう
> し、そうすれば似たような犯罪が増え続けるでしょう。

31. 男性の考えとして適切なものを選びなさい。

① 生計型犯罪予防のための対策は効果がない。

② 生計型犯罪による被害を補償してあげなければならない。

③ 生計型犯罪に対する社会的認識の改善が必要だ。

正解 ④ 生計型犯罪も他の犯罪と同様に処罰しなければならない。

32. 男性の態度として適切なものを選びなさい。

正解 ① 相手の意見に反対している。

② 制度の問題点を指摘している。

③ 問題解決案に共感している。

④ 相手が提示した根拠を疑っている。

CHECK ☐ ☐ ☐

---

31. 남자의 생각으로 맞는 것을 고르십시오. 🔊045

① '좌석별 가격 차등제'로 영화 관람의 불편이 줄어들었다.

② '좌석별 가격 차등제'로 관객들은 선택의 기회가 늘었다.

③ '좌석별 가격 차등제'는 관객 입장에서 합리적인 제도이다.

④ '좌석별 가격 차등제'는 극장의 수익을 높이기 위한 제도이다.

32. 남자의 태도로 맞는 것을 고르십시오.

① 새로운 제도의 확대를 염려하고 있다.

② 새로운 제도의 시행을 촉구하고 있다.

③ 새로운 제도의 문제점을 비판하고 있다.

④ 새로운 제도의 필요성에 공감하고 있다.

(47회 TOPIK II 듣기 31-32번)

解答・解説

STEP 1. 男性の考えを答える問題です。「좌석별 가격 차등제 座席別価格差等（差別）制」について、「이 제도가 문제가 있다고 생각합니다 この制度は問題があると思います」と問題提起をしています。「座席別価格差別制」とは、「映画を見づらい席は安く、見やすい席は高くチケットを売る制度」のことです。

STEP 2. 女性は「제 생각에 私の考えでは」「**이건** 매우 합리적인 제도 これは非常に合理的な制度」だと言っており、男性とは反対の意見です。男性は「그런데 しかし」、「**저라면 아무리 싸도 앞자리에는 앉지 않을 것 같습니다** 私ならいくら安くても前の席には座らないと思います」と言い、「극장이 돈을 더 벌기 위해 만든 제도 劇場がお金をもっと稼ぐために作った制度」で、映画を安く見る選択を与えているのではなく劇場の利益のために作られた制度だと批判しています。

STEP 3. 男性は「劇場の収益アップのための制度なので反対」という主張を貫いているので、男性の考えを答える 31 番は 正解 ❹ です。男性の態度を答える 32 番は、選択肢の中では③「새로운 제도의 문제점을 비판하고 있다 新しい制度の問題点を批判している」が一致します。よって、正解 ❸ です。①「新しい制度の拡大を懸念している」は、男性は現在の座席別価格差別制のあり方そのものについて懸念しているので、誤答です。

> 남자 : 요즘 몇몇 영화관에서는 '좌석별 가격 차등제'가 시행되고 있습니다. 앞자리처럼 영화를 보기 불편한 자리는 싸게, 편안한 자리는 더 비싸게 파는 제도라고 하는데요. 전 이 제도가 문제가 있다고 생각합니다.
>
> 여자 : 제 생각에 이건 매우 합리적인 제도인 것 같습니다. 불편한 앞자리인데도 편안한 자리와 똑같은 돈을 내고 영화를 보는 건 불합리한 것 아닌가요? 관객에게 선택의 기회도 줄 수 있고요.
>
> 남자 : 그런데 저라면 아무리 싸도 앞자리에는 앉지 않을 것 같습니다. 저 같은 사람들은 돈을 더 내더라도 편안한 자리에 앉을 것 같은데 이건 결국 극장이 돈을 더 벌기 위해 만든 제도 아닌가요?

[日本語訳]

男性：最近、いくつかの映画館では「座席別価格差別制」が実施されています。前方の席のように、映画を見るのに不便な（見づらい）席は安く、楽な（見やすい）席はもっと高く売る制度だそうです。私はこの制度は問題があると思います。

女性：私の考えでは、これは非常に合理的な制度だと思います。見づらい前方の席なのに、見やすい席と同じお金を払って映画を見るのは理不尽ではないですか？　観客に選択の機会も与えることができますし。

男性：でも、私ならいくら安くても前の席には座らないと思います。私のような人たちはお金をもっと払っても見やすい席に座ると思いますが、これは結局劇場がお金をもっと稼ぐために作った制度ではないですか？

31. 男性の考えとして正しいものを選びなさい。

①「座席別価格差別制」で映画観覧の不便が減った。

②「座席別価格差別制」で観客たちは選択の機会が増えた。

③「座席別価格差別制」は観客の立場で合理的な制度だ。

（正解）❹「座席別価格差別制」は劇場の収益を高めるための制度だ。

32. 男性の態度として正しいものを選びなさい。

① 新しい制度の拡大を懸念している。

② 新しい制度の施行を促している。

（正解）❸ 新しい制度の問題点を批判している。

④ 新しい制度の必要性に共感している。

CHECK ☐ ☐ ☐

出てきた語彙をチェック！

60回 훔치다 盗む　안타깝다 残念だ　생계형 범죄 生計型犯罪　처벌 処罰
엄격하게 厳格に　악용하다 悪用する
47回 가격 차등제 価格差等（差別）制　합리적인 제도 合理的な制度　불합리 不合理
벌다 稼ぐ

☐☐	가지런하다 整然としている	집 안의 신발과 우산은 늘 가지런하게 놓여 있었다. 家の中の靴と傘はいつも整然と置かれていた。
☐☐	풍부하다 豊富だ	이 나라는 풍부한 자원으로 경제 발전을 이룩했다. この国は豊かな資源で経済発展を遂げた。
☐☐	탁월하다 卓越している	그는 탁월한 안목으로 회사를 크게 성장시켰다. 彼は卓越した見識で会社を大きく成長させた。
☐☐	위급하다 緊急だ	위급한 상황인지 구급차와 소방차가 급하게 지나갔다. 緊急の状況なのか、救急車と消防車が急いで通り過ぎた。
☐☐	거북하다 気まずい、厄介だ	상사는 듣기 거북한 이야기는 되도록 피하고 있다. 上司は厄介な話はなるべく避けている。
☐☐	용이하다 容易だ	갑자기 그런 거금을 마련하기는 용이하지 않습니다. 急にそのような大金を用意するのは容易ではありません。
☐☐	시급하다 切迫している	일을 할 때는 시급한 일과 그렇지 않은 일을 구분해라. 仕事をするときは、切迫した仕事とそうでない仕事を分けなさい。
☐☐	신중하다 慎重だ	새로운 일을 하기 전에 먼저 신중하게 여러 요소를 고려한다. 新たなことをする前に、まず慎重に色々な要素を考慮する。
☐☐	가파르다 傾斜が急だ	할머니 집은 가파른 길을 지난 언덕 꼭대기에 있다. おばあさんの家は急な坂道を通った丘のてっぺんにある。
☐☐	뚜렷하다 著しい、 はっきりしている	올해 들어 경제가 회복되는 조짐이 뚜렷하다. 今年に入って経済が回復する兆しがはっきりしている。
☐☐	원활하다 円滑だ	원활한 수출과 수입을 위해서 여러 규제를 완화했다. 円滑な輸出と輸入のために様々な規制を緩和した。
☐☐	불가결하다 不可欠だ	이번 조치는 자국의 산업을 보호하기 위해 불가결하다. 今回の措置は自国の産業を保護するために不可欠だ。
☐☐	못마땅하다 気に入らない	부장은 못마땅한 표정으로 부하 직원의 보고서를 읽고 있다. 部長は気に入らないといった表情で、部下の報告書を読んでいる。
☐☐	꼼꼼하다 几帳面だ	꼼꼼하게 일 처리하는 네가 이번에 그런 실수를 저지르다니. 几帳面に仕事を処理する君が、今回そんなミスを犯すなんて。
☐☐	냉정하다 冷静だ	이미 끝난 일은 냉정한 평가를 할 필요가 있다. 既に終わったことは冷静な評価をする必要がある。
☐☐	공평하다 公平だ	공정한 조직이라면 모두에게 공평한 잣대를 들이대야 한다. 公正な組織ならば、皆に公平な物差しを向けるべきだ。
☐☐	간절하다 切実だ	그의 간절한 바람이 결국 소원을 현실로 만들었다. 彼の切実な希望が結局、願いを現実にした。
☐☐	침착하다 落ち着いている	사고가 나도 당황하지 말고 우선 침착하게 행동해라. 事故が起きても慌てずに、まず落ち着いて行動しなさい。

■)) 046

<table>
<tr><td>最上級パターン</td></tr>
<tr><td>1</td></tr>
</table>

講演 ①

問題番号[33〜34][41〜42]はこれが出る！

特　徴　特定のテーマについての講演で、男女どちらか1人が話す

　　　　33番：何についての内容か最も適切なものを選ぶ

　　　　34番：聞いた内容と一致するものを選ぶ

ポイント　1. 話の最初と最後に注意して聞く

　　　　2. 話の流れが変わる接続詞に注目する

　　　　3. 先に選択肢に目を通して内容を予測してから聞くようにする

※問題番号[33〜34]と[41〜42]は解き方が類似しているため、まとめて解説しています。

実際の問題にチャレンジ！

※ [33~34] 다음을 듣고 물음에 답하십시오. (각 2점)

33. 무엇에 대한 내용인지 알맞은 것을 고르십시오.

　① 기능에 따른 지퍼의 형태

　② 지퍼를 활용한 상품의 종류

　③ 초기의 지퍼가 가진 문제점

　④ 지퍼가 널리 쓰이게 된 과정

34. 들은 내용과 같은 것을 고르십시오.

　① 지퍼는 20세기 초반에 발명되었다.

　② 지퍼는 선원들을 통해 알려지기 시작했다.

　③ 지퍼는 신발 제작에 가장 먼저 활용되었다.

　④ 지퍼는 초기부터 깔끔한 모양으로 주목을 받았다.

(83회 TOPIK II 듣기 33-34번)

次ページで解答と解答プロセスをチェック！➡

出てきた語彙をチェック！

지퍼 ファスナー　고장 故障　잦다 多い　발명되다 発明される　주목 注目　형태 形態
기능 機能　개선되다 改善される　선원 船員　알려지다 知られる　흔들리다 揺れる
보관하다 保管する　장화 長靴　깔끔하다 小綺麗だ、すっきりしている
성공을 거두다 成功を収める　퍼지다 ひろがる

[実際の問題]

※ [33～34] 다음을 듣고 물음에 답하십시오. (각 2점)

音声

> 여자 : 이것은 옷이나 가방에서 볼 수 있는 지퍼가 처음 만들어졌을 때의 모습입니다. 지금과 달리 모양이 복잡했고 고장도 잦았죠. 그래서 처음 발명된 19세기 후반에는 시장의 주목을 받지 못했습니다. 그러다가 20세기 초에 오늘날과 같이 형태가 바뀌고 기능도 개선됐는데요. 지퍼를 단 지갑이 선원들에게 인기를 끌면서 지퍼가 알려지기 시작했습니다. 흔들리는 배에서도 동전을 잘 보관할 수 있었기 때문이죠. 이후 지퍼 달린 장화가 깔끔한 디자인과 편리함을 앞세워 큰 성공을 거두면서 전 세계로 지퍼가 퍼지게 되었습니다.

33. 무엇에 대한 내용인지 알맞은 것을 고르십시오.

   ① 기능에 따른 지퍼의 형태

   ② 지퍼를 활용한 상품의 종류

   ③ 초기의 지퍼가 가진 문제점

   정답 ❹ 지퍼가 널리 쓰이게 된 과정

34. 들은 내용과 같은 것을 고르십시오.

   ① 지퍼는 20세기 초반에 발명되었다.

   정답 ❷ 지퍼는 선원들을 통해 알려지기 시작했다.

   ③ 지퍼는 신발 제작에 가장 먼저 활용되었다.

   ④ 지퍼는 초기부터 깔끔한 모양으로 주목을 받았다.

［日本語訳］

次を聞いて問いに答えなさい。（各２点）

> 女性：これは、服やバッグに見られるファスナーが最初に作ら
> れたときの姿です。今とは違って形が複雑で故障も多かっ
> たです。そのため、最初に発明された 19 世紀後半には、
> 市場の注目を浴びることはできませんでした。そうする
> うちに、20 世紀初頭に今日のような形に変わり、機能も
> 改善されました。ファスナー付き財布が船員に人気を集
> め、ファスナーが知られはじめました。揺れる船でも小
> 銭をしっかり保管できたからです。その後、ファスナー
> 付きの長靴がすっきりとしたデザインと便利さを前面に
> 出して大成功を収め、世界中にファスナーが広がるよう
> になりました。

33. 何についての内容なのか適切なものを選びなさい。

　① 機能に応じたファスナーの形

　② ファスナーを活用した商品の種類

　③ 初期のファスナーの持っていた問題点

　正解 ④ ファスナーが広く使われるようになった過程

34. 聞いた内容と同じものを選びなさい。

　① ファスナーは 20 世紀初頭に発明された。

　正解 ② ファスナーは船員を通じて知られはじめた。

　③ ファスナーは靴の製作にまず初めに活用された。

　④ ファスナーは初期からすっきりした姿で注目を集めた。

解答プロセス

選択肢を先に見て、繰り返し出てくる単語から内容を推測する
全ての選択肢に「지퍼 ジッパー（ファスナー）」が出てきているので、これに関する講演だと推測できます。各選択肢は①「지퍼의 형태 ファスナーの形」、②「상품의 종류 商品の種類」、③「지퍼가 가진 문제점 ファスナーが持っていた問題点」、④「널리 쓰이게 된 과정 広く使われるようになった過程」となっており、このことを頭に入れて聞き始めます。

話の流れが変わる接続詞や、変化・理由を話す語尾に注目する
冒頭で「最初に作られたファスナー」について、「今とは違って形が複雑で故障も多かったので注目度も低かった」と言っていますが、話の流れを変える接続詞の「그러다가 そうするうちに」があり「20世紀初頭に改良され、機能も改善された」と続きます。「지퍼를 단 지갑이 선원들에게 인기를 끌면서 지퍼가 알려지기 시작 ファスナー付き財布が船員に人気を集め、ファスナーが知られはじめ」、その理由を「흔들리는 배에서도 동전을 잘 보관할 수 있었기 때문이죠 揺れる船でも小銭をしっかり保管できたからです」と説明しています。最後に「전 세계로 지퍼가 퍼지게 되었습니다 世界中にファスナーが広がるようになりました」とまとめて、ファスナーの誕生から現在にいたるまでの変遷についての講演を終えています。

何を問われているかを確認し、選択肢と照らし合わせる
33番は何についての内容なのかが問われているので、選択肢の中から合うものを見ていくと、正解④です。34番は、STEP 1と2のプロセスで見た中から内容が同じものを探すと、正解②です。

変化を表す「-면서 ～（し）て」「-기 시작하다 ～（し）はじめる」「-게 되다 ～ようになる」や、理由を表す「-기 때문이다 ～だからだ」は、前後に答えがある可能性が高い表現です。音声が2回流れる中で焦らず聞き取れる情報を集めましょう。

問題番号[33〜34][41〜42]を練習しましょう

※ [33〜34] 다음을 듣고 물음에 답하십시오. (각 2점)
次を聞いて問いに答えなさい。(各 2 点)

33. 무엇에 대한 내용인지 맞는 것을 고르십시오.　　　　　🔊 047

　① 질소의 활용 방법

　② 질소의 생성 원리

　③ 비행기 타이어의 특징

　④ 비행기 타이어의 종류

※問題番号 34 掲載省略

(64회 TOPIK II 듣기 33번)

解答・解説

STEP 1. 選択肢を見ると、①「질소의 활용 방법 窒素の活用方法」、②「질소의 생성 원리 窒素の生成原理」、③「비행기 타이어의 특징 飛行機のタイヤの特徴」、④「비행기 타이어의 종류 飛行機のタイヤの種類」とあり、繰り返し出てくる単語から「飛行機のタイヤと窒素」の関わりについての講演だと推測できます。

STEP 2. 「비행기가 착륙할 때…엄청난 열이 발생 飛行機が着陸するとき…ものすごい熱が発生」し、タイヤ内部の酸素が爆発を誘導する危険性があるという前置きから始まっています。それを受けて、結果を表す接続詞「그래서 それで」に続いて「비행기 타이어에는…질소만을 주입합니다 飛行機のタイヤには…窒素だけを注入します」と、飛行機のタイヤの内容物について説明されます。さらに、タイヤ表面の模様も摩擦熱と関係があるという点で、「단순한 세로 줄무늬를 사용하여…착륙 시 발생하는 열을 최소화해 줍니다 単純な縦縞を使用して…着陸時に発生する熱を最小限に抑えます」とあり、「着陸時の発熱を防止するための飛行機のタイヤの特徴」が説明されています。

STEP 3. 何についての内容なのかを答える問題なので、選択肢の中で合っているのは 正解 ❸ です。

音声

여자 : 비행기가 착륙할 때 바퀴와 지면의 마찰로 인해 엄청난 열이 발생합니다. 그 온도가 워낙 높아 공기를 주입한 타이어에서는 공기에 포함된 산소가 자칫 폭발을 유도할 위험이 있습니다. 그래서 자동차 타이어와 달리 비행기 타이어에는 산소가 혼합되지 않은 질소만을 주입합니다. 타이어 표면의 무늬도 마찰열과 관계가 있는데요. 자동차 타이어에는 복잡한 무늬를 넣어 미끄러짐을 방지하지만 비행기 타이어에는 단순한 세로 줄무늬를 사용하여 지면과의 마찰을 줄이고 착륙 시 발생하는 열을 최소화해 줍니다.

[日本語訳]

女性 : 飛行機が着陸するとき、車輪と地面の摩擦により、ものすごい熱が発生します。その温度があまりにも高く、空気を注入したタイヤでは、空気に含まれる酸素がともすると爆発を誘導する危険があります。なので、自動車のタイヤとは異なり、飛行機のタイヤには酸素が混合されていない窒素だけを注入します。タイヤ表面の模様も摩擦熱と関係があります。自動車のタイヤには複雑な模様を入れて滑るのを防ぎますが、飛行機のタイヤには単純な縦縞を使用して地面との摩擦を減らし、着陸時に発生する熱を最小限に抑えます。

33. 何についての内容なのか正しいものを選びなさい。

① 窒素の活用方法

② 窒素のできる原理

[正解] ❸ 飛行機のタイヤの特徴

④ 飛行機のタイヤの種類

CHECK ☐ ☐ ☐

34. 들은 내용으로 맞는 것을 고르십시오. 🔊)048

  ① 우주 식품은 자극적이지 않게 만든다.

  ② 우주 식품에는 특정 미생물이 들어 있다.

  ③ 우주 식품은 대부분 액체 형태로 만들어진다.

  ④ 우주 식품에는 뼈와 근육에 좋은 성분이 포함된다.

(60회 TOPIK II 듣기 34번)

解答・解説

STEP 1&2. 最初に「우주 식품은 어떻게 만들까요? 宇宙食はどうやって作るのでしょうか?」という問いかけで始まり、長期保管のために「**식품 내 미생물을 완전히 없애고** 食品内の微生物を完全に取り除き」、凍らせた後に乾燥させて作ると説明しています。「그리고 そして」から始まる具体的な説明で「**음식의 국물이나 가루가…고장을 일으킬 수 있어 이런 종류는 되도록 피합니다** 食べ物の汁や粉が…故障を起こす可能性があるため、このような種類はなるべく避けます」と述べています。さらに「**뼈와 근육이 약해지니까 칼슘과 칼륨이 들어 있는 식품** 骨と筋肉や弱くなるのでカルシウムとカリウムが入っている食品」を摂り、「**맛을 잘 느끼지 못하기 때문에 음식을 더 자극적으로** 味を感じにくいため食べ物をより刺激的に」すると言っています。「그리고 そして」以降の説明は全て、「○○は○○なので○○する」という同じ形で説明が並んでいます。よって、全て同じようにキーワードをメモしておく必要があります。

STEP 3. これらの内容と一致するのは、④「**우주 식품에는 뼈와 근육에 좋은 성분이 포함된다** 宇宙食には骨と筋肉によい成分が含まれる」なので、(正解) **④**です。

音声

> 여자 : 우주 식품은 어떻게 만들까요? 우주 식품은 장기 보관을 위해 식품 내 미생물을 완전히 없애고, 얼린 후 건조시켜 만듭니다. 그리고 무중력 공간인 우주선에서는 음식의 국물이나 가루가 떠다니다 기계에 고장을 일으킬 수 있어 이런 종류는 되도록 피합니다. 우주에서 오래 활동하면 뼈와 근육이 약해지니까 칼슘과 칼륨이 들어 있는 식품을 꼭 포함하고요. 우주에서는 미각과 후각이 둔해져 맛을 잘 느끼지 못하기 때문에 음식을 더 자극적으로 만듭니다.

［日本語訳］

> 女性：宇宙食はどうやって作るのでしょうか？　宇宙食は、長期保
> 管のために食品内の微生物を完全に取り除き、凍らせた後に
> 乾燥させて作ります。そして無重力空間である宇宙船では食
> べ物の汁や粉が漂うと機械に故障を起こす可能性があるため、
> このような種類はなるべく避けます。宇宙では長く活動する
> と骨と筋肉が弱くなるので、カルシウムとカリウムが入って
> いる食品を必ず含みます。宇宙では味覚や嗅覚が鈍くなり、
> 味を感じにくいため、食べ物をより刺激的に作ります。

34. 聞いた内容として正しいものを選びなさい。

① 宇宙食は刺激的でないように作る。

② 宇宙食には特定の微生物が含まれている。

③ 宇宙食はほとんど液体の形で作られる。

正解 ❹ 宇宙食には骨と筋肉によい成分が含まれる。

CHECK ☐ ☐ ☐

※ [41~42] 다음을 듣고 물음에 답하십시오. (각 2점)
　　次を聞いて問いに答えなさい。（各 2 点）

41. 이 강연의 중심 내용으로 맞는 것을 고르십시오.　🔊)) 049

① 감칠맛에 대한 연구가 새로이 시작되었다.

② 새로운 미각으로 깊은맛이 주목을 받고 있다.

③ 한식의 조리 과정에서는 발효가 가장 중요하다.

④ 음식의 풍미를 높이는 다양한 방법이 개발되었다.

※問題番号 42 掲載省略

(64회 TOPIK II 듣기 41번)

解答・解説

STEP 1. 41番は33番と同じく、まず選択肢を確認します。同じ単語ではなく同ジャ
ンルの類似単語が出てくることが多いので、関連語彙をどれだけ覚えて
いるかがカギになります。

ここでは、以下のように料理や味覚に関する単語が並んでいます。これ
らのキーワードを頭に入れて、音声を聞くようにします。

①「감칠맛에 대한 연구 旨みに関する研究」、②「새로운 미각으로 깊은맛 新しい味覚として深い味わい」、③「한식…발효가 가장 중요 韓国料理…発酵が最も重要」、④「음식의 풍미를 높이는 다양한 방법 食べ物の風味を高める様々な方法」

STEP 2. 最初は「과학자들은 오랜 논의를 거쳐 '감칠맛'을 다섯 번째 미각으로 인정했습니다 科学者たちは長い議論を経て、감칠맛 (旨み) を 5 番目の味覚として認めました」とあり、この「旨みの研究」に関しての講演だと推測できます。ところが、「이제 今」、「과학자들은 여섯 번째 미각에 관심을 쏟고 있는데요 科学者たちは 6 番目の味覚に関心を注いでいます」と、話題が移っています。「6 番目の味覚」は「'깊은맛' 深い味」が有力な候補で、それは「식재료를 오래 끓이거나 숙성, 발효시키는 과정에서 우러나는 맛 食材を長く煮たり熟成させたり発酵させたりする過程で染み出る味」だと言っています。そして最後に「한식에는 '깊은맛'을 맛볼 수 있는 음식이 많습니다 韓国料理には「深い味」を味わえる料理が多いです」と述べています。

STEP 3. STEP 1 と 2 で見たように、この講演の中心的な内容は、6 番目の味覚である「深い味」についてです。これと一致するのは、②「새로운 미각으로 깊은맛이 주목을 받고 있다 新しい味覚として深い味が注目されている」で、正解 ❷ です。

 POINT 明確な接続詞を使わずに、最初に提示されたキーワードから次のキーワードに話題が移ることもあるので注意が必要です。

音声

> 여자 : 과학자들은 오랜 논의를 거쳐 '감칠맛'을 다섯 번째 미각으로 인정했습니다. '감칠맛'은 음식을 더 맛있게 느끼게 해 식욕을 당기게 합니다. 이제 과학자들은 여섯 번째 미각에 관심을 쏟고 있는데요. 여러 맛들이 언급되고 있지만 '깊은맛'이 유력한 후보로 거론되고 있습니다. '깊은맛'은 식재료를 오래 끓이거나 숙성, 발효시키는 과정에서 우러나는 맛인데요. 그 자체로 맛을 가지고 있지는 않지만 다른 맛들과 결합해 음식의 풍미를 높여 줍니다. 콩을 발효해 만든 된장이나 간장을 기본양념으로 하는 한식에는 '깊은맛'을 맛볼 수 있는 음식이 많습니다.

［日本語訳］

> 女性：科学者たちは長い議論を経て、「旨み」を5番目の味覚として認めました。「旨み」は食べ物をよりおいしく感じさせ、食欲をそそります。今、科学者たちは6番目の味覚に関心を注いでいます。様々な味が言及されていますが、「深い味」が有力な候補として取り上げられています。「深い味」は食材を長く煮たり熟成、発酵させたりする過程で染み出る味です。それ自体が味を持っているわけではありませんが、他の味と組み合わって食べ物の風味を高めてくれます。大豆を発酵させて作った味噌や醤油を基本的な味付けとする韓国料理には「深い味」を味わえる料理が多いです。

41. この講演の中心となる内容として正しいものを選びなさい。

① 旨みに関する研究が新たに始まった。

正解 ❷ 新しい味覚として深い味が注目されている。

③ 韓国料理の調理過程では発酵が最も重要だ。

④ 食べ物の風味を高める様々な方法が開発された。

CHECK □ □ □

※問題番号 41 掲載省略

42. 들은 내용과 일치하는 것을 고르십시오. 🔊050

① 방백은 관객들의 반응을 유도하기 위해 사용된다.

② 현대극에서는 배우가 방백을 하는 것이 허용된다.

③ 19세기 말에는 연극에서 방백이 활발히 활용되었다.

④ 방백은 부자연스러워서 로마 시대에는 사용되지 않았다.

(52회 TOPIK II 듣기 42번)

解答・解説

STEP 1&2. 最初に女性が「자, 그럼 이 화면을 보시죠. 배우가 무대에서 관객들을 향해 혼잣말을 하고 있죠? さぁ、ではこの画面を見てみましょう。俳優が舞台で観客に向かって独り言を言っていますよね？」と言っています。実際の場面の画像を見せながら、演劇の解説をしていると推測できます。「무대 위의 다른 인물에게는 들리지 않고 관객만 들을 수 있도록 약속된 대사가 방백입니다 舞台上の他の人物には聞こえず観客だけが聞けるように約束

された台詞が傍白です」と、「傍白」という台詞の一種について定義しています。その後、演劇における傍白の役割や、「ローマ時代から存在していたが19世紀末には不自然さから使用を避けられていた」こと、「**그러나 しかし**」「**현대극에서는 필요에 따라 사용되며 現代劇では必要に応じて使われ**」ていると説明しています。

STEP 3. 42 番で問われているのは「聞いた内容と同じもの」です。最も合うのは②「**현대극에서는 배우가 방백을 하는 것이 허용된다 現代劇では俳優が傍白をすることが許される**」なので、正解 **②** です。

音声

> 여자 : 자, 그럼 이 화면을 보시죠. 배우가 무대에서 관객들을 향해 혼잣말을 하고 있죠? 다른 배우들은 마치 이 배우의 말이 들리지 않는 것처럼 무대에서 자신의 연기를 계속하고요. 이렇게 무대 위의 다른 인물에게는 들리지 않고 관객만 들을 수 있도록 약속된 대사가 방백입니다. 방백은 연극 공연 중에 배우가 관객에게 극의 흐름이나 등장인물의 의도를 알려 주기 위해 사용되는데요. 방백만큼 등장인물의 숨겨진 심리를 분명하게 보여 주는 것은 없습니다. 그래서 관객은 방백을 통해 등장인물을 더 깊이 이해하게 되죠. 로마 시대부터 발달한 방백은 19세기 말에는 사용되지 않았습니다. 자연스럽지 못하다는 이유로요. 그러나 현대극에서는 필요에 따라 사용되며 등장인물에 대한 공감을 이끌어 내고 있습니다.

[日本語訳]

> 女性 : では、この画面を見てみましょう。俳優が舞台で観客に向かって独り言を言っていますよね？　他の俳優たちはまるでこの俳優の言葉が聞こえないかのように、舞台で自分の演技を続けています。このように舞台上の他の人物には聞こえず、観客だけが聞けるように約束された台詞が傍白です。傍白は演劇の公演中に俳優が観客に劇の流れや登場人物の意図を知らせるために使われます。傍白ほど登場人物の隠された心理をはっきりと示すものはありません。それで観客は傍白を通じて登場人物をより深く理解するようになります。ローマ時代から発達した傍白は、19世紀末には使用されませんでした。自然ではないという理由からですね。しかし、現代劇では必要に応じて使われ、登場人物への共感を引き出しています。

42. 聞いた内容と一致するものを選びなさい。

① 傍白は観客の反応を誘導するために使われる。

正解 ❷ 現代劇では俳優が傍白をすることが許される。

③ 19世紀末には演劇で傍白が活発に活用された。

④ 傍白は不自然でローマ時代には使われなかった。

CHECK ☐ ☐ ☐

出てきた語彙をチェック！

問33 착륙하다 着陸する　바퀴 車輪　마찰 摩擦　주입하다 注入する　폭발 爆発
무늬 模様　줄무늬 縞模様(ストライプ)
問34 우주 식품 宇宙食　장기 보관 長期保管　미생물 微生物　건조시키다 乾燥させる
무중력 無重力　둔해지다 鈍くなる
問41 식욕 食欲　당기다 引く、そそる　유력하다 有力だ　언급 言及　숙성 熟成
발효시키다 発酵させる　풍미 風味
問42 방백 傍白(演劇において登場人物同士ではなく観客のみに向けて話されるセリフ
のこと)　등장인물 登場人物　허용되다 許容される

現場での演説

問題番号[35〜36]はこれが出る！

特　徴　演説や発表、記者会見などで、最初から最後まで１人が話す

　　　　　35番：話者が何をしているか答える
　　　　　36番：聞いた内容と一致するものを選ぶ

ポイント　1．１人の人物が話し続けるので、内容を正確に把握していく

　　　　　2．正解のように見える誤答を避けることが重要

　　　　　3．主な数字をメモしておく（日時、年齢、期間など）

実際の問題にチャレンジ！

🔊))051

※ [35~36] 다음을 듣고 물음에 답하십시오. (각 2점)

35. 남자는 무엇을 하고 있는지 고르십시오.

① 제품의 완성 시기를 발표하고 있다.

② 최근에 출시된 제품을 홍보하고 있다.

③ 제품 결함에 대해 사과의 말을 전하고 있다.

④ 신제품 출시 지연에 대해 양해를 구하고 있다.

36. 들은 내용으로 맞는 것을 고르십시오.

① 소비자 과실로 제품에 문제가 발생하였다.

② 현재 제품에 대한 기능 점검이 진행 중이다.

③ 이 회사는 처음으로 카메라를 출시할 예정이다.

④ 지난해에 나온 제품은 무료로 교환해 줄 것이다.

(60회 TOPIK II 듣기 35-36번)

次ページで解答と解答プロセスをチェック！

出てきた語彙をチェック！

오작동 誤作動　수거하다 回収する　면밀히 綿密に　점검 点検　하자 瑕疵（欠陥）
출고되다 出庫（出荷）される　무상 교환 無償交換　사죄 謝罪

[実際の問題]

※ [35～36] 다음을 듣고 물음에 답하십시오. (각 2점)

音声

남자 : 저희 회사의 카메라를 사랑해 주시는 고객 여러분께 감사드립니다. 최근 발생한 카메라 오작동 문제에 대해 말씀드리고자 합니다. 먼저 사용에 불편을 드려 진심으로 죄송합니다. 문제가 발생한 제품들을 수거하여 면밀히 점검하였습니다. 점검 결과 카메라 내 특정 부품에서 하자가 발견되었습니다. 이는 모두 작년에 생산된 것인데 생산 과정에서 문제가 있었던 것으로 확인되었습니다. 작년에 출고된 제품은 원하시는 경우 언제든 새 제품으로 무상 교환해 드리겠습니다. 다시금 고객 여러분께 사죄의 말씀을 드립니다.

35. 남자는 무엇을 하고 있는지 고르십시오.
　① 제품의 완성 시기를 발표하고 있다.
　② 최근에 출시된 제품을 홍보하고 있다.
　정답 ❸ 제품 결함에 대해 사과의 말을 전하고 있다.
　④ 신제품 출시 지연에 대해 양해를 구하고 있다.

36. 들은 내용으로 맞는 것을 고르십시오.
　① 소비자 과실로 제품에 문제가 발생하였다.
　② 현재 제품에 대한 기능 점검이 진행 중이다.
　③ 이 회사는 처음으로 카메라를 출시할 예정이다.
　정답 ❹ 지난해에 나온 제품은 무료로 교환해 줄 것이다.

［日本語訳］

次を聞いて問いに答えなさい。（各2点）

> 男性：当社のカメラを愛してくださるお客様に感謝いたします。最近発生したカメラの誤作動の問題についてお話ししたいと思います。まず、ご使用にご不便をおかけして誠に申し訳ございません。問題が発生した製品を回収し、綿密に点検しました。点検の結果、カメラ内の特定の部品に欠陥が発見されました。これは全て昨年生産されたものですが、生産過程で問題があったことが確認されました。昨年出荷された製品は、ご希望の場合はいつでも新製品に無償交換させていただきます。改めてお客様にお詫び申し上げます。

35. 男性は何をしているのか選びなさい。

① 製品の完成時期を発表している。

② 最近発売された製品を宣伝している。

正解 ❸ 製品の欠陥について謝罪の言葉を伝えている。

④ 新製品の発売遅延について了解を求めている。

36. 聞いた内容として正しいものを選びなさい。

① 消費者の過失で製品に問題が発生した。

② 現在、製品に対する機能点検が進行中だ。

③ この会社は初めてカメラを発売する予定だ。

正解 ❹ 昨年発売された製品は無料で交換してくれるだろう。

解答プロセス

 STEP 1 選択肢を先に見て、内容を推測する

35番は話者が何をしているかを答える問題、36番はこれまで同様、内容として正しいものを選ぶ問題です。音声が始まる前に、35番の選択肢を可能な範囲で先読みしましょう。①「**제품의 완성 시기를 발표하고 있다** 製品の完成時期を発表している」、②「**최근에 출시된 제품을 홍보하고 있다** 最近発売された製品を宣伝している」、③「**제품 결함에 대해 사과의 말을 전하고 있다** 製品の欠陥について謝罪の言葉を伝えている」、④「**신제품 출시 지연에 대해 양해를 구하고 있다** 新製品の発売遅延について了解を求めている」とあります。何かの製品についてというところまでは予想できるので、話者が何をしているのか（どんな場面にいるのか）考えながら音声を聞いていきます。

 STEP 2 話者の主なメッセージをチェックする

男性は、「**저희 회사의 카메라** 当社のカメラ」の「**오작동 문제** 誤作動問題」について話を始め、「**진심으로 죄송합니다** 誠に申し訳ございません」と謝罪しています。「**카메라 내 특정 부품에서 하자가 발견되었습니다** カメラ内の特定の部品に欠陥が発見されました」と言っています。対象は「**작년에 생산된 것** 昨年生産されたもの」であり、「**원하시는 경우 언제든 새 제품으로 무상 교환** ご希望の場合はいつでも新製品に無償交換」するとし、「**다시금 고객 여러분께 사죄의 말씀을 드립니다** 改めてお客様にお詫び申し上げます」とお詫びの言葉で締めくくっています。

 STEP 3 選択肢と照らし合わせる

男性が何をしているのかを答える35番は、男性は「カメラの欠陥について謝罪している」ので、正解 ❸ です。36番は、誤作動が出るのは昨年発売された製品で、希望すれば無償交換が可能という点が一致するので正解 ❹ です。

 POINT 35～36番の問題は、冒頭で誰に向けたどんな内容の話か分かることが多いので、特に注意して聞きましょう。

パターン2 問題番号[35～36]を練習しましょう

※[35～36] 다음을 듣고 물음에 답하십시오. (각 2점)
次を聞いて問いに答えなさい。(各2点)

35. 남자가 무엇을 하고 있는지 고르십시오.　◀))052

① 연극인들을 위한 극장 건축을 다짐하고 있다.

② 재개관한 극장의 모습과 시설을 소개하고 있다.

③ 연극인들에 대한 관심과 지원을 부탁하고 있다.

④ 극장 재개관에 따른 소감과 기대를 밝히고 있다.

※問題番号36 掲載省略

(83회 TOPIK II 듣기 35번)

解答・解説

STEP 1. 選択肢を見ると、①「**연극인들을 위한** 극장 건축을 **다짐하고 있다** 演劇人のための劇場建築を誓っている」、②「**재개관한** 극장의 모습과 시설을 **소개하고 있다** 再オープンした劇場の様子や施設を紹介している」、③「**연극인들에 대한** 관심과 지원을 **부탁하고 있다** 演劇人たちへの関心と支援をお願いしている」、④「**극장 재개관에 따른** 소감과 기대를 **밝히고 있다** 劇場の再オープンに伴う感想と期待を明らかにしている」とあり、「演劇人」か「劇場」についての話と推測できます。

STEP 2. 男性の発言を追っていきます。「**오늘은** 인주 극장이 시민과 연극인 곁으로 다시 돌아오게 된 뜻깊은 **날입니다** 今日はインジュ劇場が市民と演劇人のそばに再び戻ってくることになった意味深い日です」と言った後、オーナーの交代を経ながら400本余りの演目を上演した劇場の廃館の知らせに心を痛めたことなど、劇場をめぐるこれまでの変遷を話しています。「**이번 재개관이 더욱 기쁜 것은**…연극인들이 마음을 모아 이뤄 낸 결과이기 때문입니다 今回の再オープンがさらに嬉しいのは…演劇人たちが心を集めて成し遂げた結果だからです」と、劇場が再オープンしたことの喜びがひとしおである理由を強調しています。最後は、劇場について「시민과 연극인의 소중한 보금자리가 되어 **주리라 생각합니다** 市民と演劇人の大切な場になってくれると思います」と結んでいます。「**보금자리**」は直訳すると「巣」という意味で、居心地のよい場所を表しています。

STEP 3. 男性は劇場の再オープンを喜び、「大切な場所になると思う」と言っているので、「男性が何をしているのか」に合うのは、正解④です。

남자 : 오늘은 인주 극장이 시민과 연극인 곁으로 다시 돌아오게 된 뜻깊은 날입니다. 몇 년 전 인주 극장의 폐관 소식을 듣고 우리 연극인들이 이곳을 지켜내지 못했구나 싶어 마음이 아팠습니다. 인주 극장은 주인이 수차례 바뀌는 와중에도 400여 편의 연극을 올리고 수많은 연극인을 배출하는 등 한국 연극사의 발전을 이끌어 왔습니다. 이번 재개관이 더욱 기쁜 것은 이런 역사를 이어 가자는 데에 공감한 연극인들이 마음을 모아 이뤄 낸 결과이기 때문입니다. 다시 문을 연 이곳이 시민과 연극인의 소중한 보금자리가 되어 주리라 생각합니다.

[日本語訳]

男性 : 今日はインジュ劇場が市民と演劇人のそばに帰ってくることになった意味深い日です。数年前、インジュ劇場の閉館のニュースを聞いて、私たち演劇人たちがここを守れなかったと思い、心が痛かったです。インジュ劇場はオーナーが何度も変わる中でも400本余りの演劇を上演し、数多くの演劇人を輩出するなど、韓国演劇史の発展を導いてきました。今回の再オープンがさらに嬉しいのは、このような歴史を受け継いでいこうということに共感した演劇人たちが心を集めて成し遂げた結果だからです。再びオープンしたここが市民と演劇人の大切な場になってくれると思います。

35. 男性が何をしているのか選びなさい。

① 演劇人のための劇場建築を誓っている。

② 再オープンした劇場の様子や施設を紹介している。

③ 演劇人への関心と支援をお願いしている。

正解 ❹ 劇場の再オープンに伴う感想と期待を明らかにしている。

CHECK ☐ ☐ ☐

36. 들은 내용으로 맞는 것을 고르십시오. 🔊 053

① 김민수는 배우이자 감독으로 활약했다.

② 김민수는 늦은 나이에 배우로 데뷔했다.

③ 김민수는 백여 편이 넘는 영화를 연출했다.

④ 김민수는 국제 영화제에서 상을 받지 못했다.

(64회 TOPIK II 듣기 36번)

解答・解説

STEP 1&2. 選択肢には、「**선배 先輩**」「**김민수 キム・ミンス**」「**배우 俳優**」などが並んでいます。男性は「아역 배우로 영화 인생을 시작해서 78세의 나이로 눈을 감기까지 子役として映画人生を始め、78歳で目を閉じるまで」、「김민수 선배님의 삶은 오직 영화만을 위한 것**이었습니다 キム・ミンス**先輩の人生はひたすら映画だけのためのものでした」と、先輩俳優であるキム・ミンスさんの死に際しての言葉を話し始めます。「**배우로서 백여 편의 영화에 출연하며**…우리를 울고 웃게 했습니다 **俳優として 100 編(本)余りの映画に出演し**…私たちを泣かせたり笑わせたりしました」と、キム・ミンスさんの経歴が引き続き紹介されます。「53세에는 감독으로서 첫 작품을 발표 53歳のときには監督として初作品を発表」、「마지막으로 연출한 작품으로 국제 영화제에서 감독상을 수상 最後に演出した作品で、国際映画祭で監督賞を受賞」と、彼の功績を話しています。

STEP 3. 内容として正しいものを選ぶ問題で、選択肢を見ると、①「김민수는 배우이자 감독으로 활약했다 キム・ミンスは俳優であり監督として活躍した」があるので、正解**①**です。

今回のように数字がいくつも出てくる音声は、選択肢を取捨選択するときに数字がカギになることがあるので、2 回の音声の中でしっかりメモを取れるようにしましょう。

音声

> 남자 : 아역 배우로 영화 인생을 시작해서 78세의 나이로 눈을 감기까지, 김민수 선배님의 삶은 오직 영화만을 위한 것이었습니다. 선배님은 배우로서 백여 편의 영화에 출연하며 특유의 개성 넘치는 연기로 우리를 울고 웃게 했습니다. 53세에는 감독으로서 첫 작품을 발표하고 이후 3편의 영화를 더 남겼습니다. 마지막으로 연출한 작품으로 국제 영화제에서 감독상을 수상하기도 했지요. 뿐만 아니라 영화 박물관의 대표로서 한국 영화의 역사를 기록하는 일에도 힘을 써 온, 누구보다 영화를 사랑하는 분이셨습니다.

［日本語訳］

> 男性：子役として映画人生を始め、78歳で目を閉じるまで、キム・ミンス先輩の人生はひたすら映画だけのためのものでした。**先輩は俳優として100本余りの映画に出演し、特有の個性あふれる演技で私たちを泣かせたり笑わせたりしました。**53歳のときには監督として初作品を発表して以降、さらに3本の映画を残しました。最後に演出した作品で、国際映画祭で監督賞を受賞したりもしました。それだけでなく映画博物館の代表として韓国映画の歴史を記録することにも力を注いできた、誰よりも映画を愛する方でした。

36. 聞いた内容として正しいものを選びなさい。

[正解] ❶ キム・ミンスは俳優であり監督として活躍した。

② キム・ミンスは遅い年齢で俳優デビューした。

③ キム・ミンスは100本余りの映画を演出した。

④ キム・ミンスは国際映画祭で賞をもらえなかった。

CHECK ☐ ☐ ☐

出てきた語彙をチェック！

問35 극장 劇場　연극인 演劇人　폐관 閉館　보금자리 巣、居心地のよい場所
問36 아역 배우 子役　백여 편 100本余り　출연하다 出演する　특유 特有
연출하다 演出する　기록하다 記録する

3　教養プログラム

問題番号[37〜38]はこれが出る！

特　徴　教養プログラムにおける男女の会話で、片方（主に女性）がメインの話者となる

　　　　37番：メインの話者の中心となる考えを選ぶ

　　　　38番：聞いた内容と一致するものを選ぶ

ポイント　1. 冒頭の部分で、テーマをしっかり把握する

　　　　　2. メインの話者が話す内容に集中する

実際の問題にチャレンジ！

🔊 054

※ [37〜38] 다음을 듣고 물음에 답하십시오. (각 2점)

37. 여자의 중심 생각으로 가장 알맞은 것을 고르십시오.

　① 사진을 찍을 때는 정성을 들이는 게 중요하다.

　② 필름 사진을 잘 찍으려면 많이 찍어 봐야 한다.

　③ 사진을 여러 장 인화하면 원본의 가치가 떨어진다.

　④ 필름 사진에는 감성을 자극하는 특별한 매력이 있다.

38. 들은 내용과 같은 것을 고르십시오.

　① 필름 사진은 인화하기 전에 미리 볼 수 있다.

　② 필름 사진을 얻을 때까지의 과정이 수월해졌다.

　③ 필름 사진의 색감은 약품 처리를 할 때 생긴다.

　④ 필름 카메라가 부모 세대들에게 재유행하고 있다.

(83회 TOPIK II 듣기 37-38번)

次ページで解答と解答プロセスをチェック！➡

出てきた語彙をチェック！

마음을 사로잡다 心をつかむ、心をとらえる　감성 感性　묘하다 絶妙だ　색감 色合い
제한적 制限的　인화 焼き付け（プリント）　번거로움 煩わしさ

[実際の問題]

※ [37～38] 다음을 듣고 물음에 답하십시오. (각 2점)

음성

> 남자 : 부모 세대가 사용했던 필름 카메라가 디지털에 익숙한 젊
> 은 세대들의 마음을 사로잡고 있습니다.
>
> 여자 : 네. 필름 사진만이 갖는 독특한 감성 때문입니다. 필름을
> 현상하기 위해 약품 처리를 하는 과정에서 묘한 색감과
> 분위기가 나는데 그것이 아주 매력적이죠. 또 필름 카메
> 라는 필름을 구하기도 어렵고 필름마다 찍을 수 있는 사
> 진 수가 제한적이에요. 인화 과정을 거쳐야만 사진을 받
> 아볼 수 있고요. 이런 번거로움이 오히려 젊은 세대들이
> 사진 한 장 한 장을 소중하고 특별하게 느끼는 이유가 됩
> 니다.

37. 여자의 중심 생각으로 가장 알맞은 것을 고르십시오.

① 사진을 찍을 때는 정성을 들이는 게 중요하다.

② 필름 사진을 잘 찍으려면 많이 찍어 봐야 한다.

③ 사진을 여러 장 인화하면 원본의 가치가 떨어진다.

[정답] ❹ 필름 사진에는 감성을 자극하는 특별한 매력이 있다.

38. 들은 내용과 같은 것을 고르십시오.

① 필름 사진은 인화하기 전에 미리 볼 수 있다.

② 필름 사진을 얻을 때까지의 과정이 수월해졌다.

[정답] ❸ 필름 사진의 색감은 약품 처리를 할 때 생긴다.

④ 필름 카메라가 부모 세대들에게 재유행하고 있다.

［日本語訳］

次を聞いて問いに答えなさい。（各2点）

> 男性：親世代が使用していたフィルムカメラが、デジタルに慣れている若い世代の心をとらえています。
>
> 女性：はい。フィルム写真だけが持つ独特な感性のためです。フィルムを現像するために薬品処理をする過程で絶妙な色味と雰囲気が出ますが、それがとても魅力的です。また、フィルムカメラはフィルムを手に入れることも難しく、フィルムごとに撮れる写真の数が制限されます。プリント過程を経てこそ写真を受け取ることができます。このような煩わしさがむしろ、若い世代が写真1枚1枚を大切で特別に感じる理由になります。

37. 女性の中心となる考えとして最も適切なものを選びなさい。

① 写真を撮るときは真心を込めることが重要だ。

② フィルム写真を上手に撮るためには、たくさん撮ってみなければならない。

③ 写真を何枚かプリントすると原本の価値が下がる。

正解 ④ フィルム写真には感性を刺激する特別な魅力がある。

38. 聞いた内容と同じものを選びなさい。

① フィルム写真はプリントする前にプレビューすることができる。

② フィルム写真を手に入れるまでの過程が容易になった。

正解 ③ フィルム写真の色味は薬品処理をするときに生じる。

④ フィルムカメラが親世代に再流行している。

解答プロセス

STEP 1　選択肢を先に見て、内容を推測する

選択肢には、「사진 写真」「찍을 때 撮るとき」「필름 フィルム」など、写真に関する単語が並んでいます。①「정성을 들이는 게 중요하다 真心を込めることが重要だ」、②「많이 찍어 봐야 한다 たくさん撮ってみなければならない」、③「인화하면 원본의 가치가 떨어진다 プリントすると原本の価値が下がる」、④「감성을 자극하는 특별한 매력이 있다 感性を刺激する特別な魅力がある」などが、各選択肢のキーワードになります。

STEP 2　質問の意図を把握し、メイン話者の答えにあたるものを見つける

まず男性が「부모 세대가 사용했던 필름 카메라가 디지털에 익숙한 젊은 세대들의 마음을 사로잡고 있습니다 親世代が使用していたフィルムカメラが、デジタルに慣れている若い世代の心をとらえています」と、フィルムカメラの人気について発言しています。話を始める人物の１言目には、情報が詰まっているので要チェックです。それに対して女性は「네. 필름 사진만이 갖는 독특한 감성 때문입니다 はい。フィルム写真だけが持つ独特な感性のためです」「묘한 색감과 분위기가…아주 매력적이죠 絶妙な色味と雰囲気が…とても魅力的です」と、フィルム写真が人気であることを肯定して、その理由を分析しています。

「또 また」以降は、「入手することの難しさ」「撮れる数の制限」「プリント過程を経てようやく写真を受け取れること」などのマイナス要素が続きますが、最後に「이런 번거로움이 오히려 젊은 세대들이 **사진 한 장 한 장을 소중하고** 특별하게 느끼는 이유가 됩니다 このような煩わしさがむしろ、若い世代が写真１枚１枚を大切で特別に感じる理由になります」と、マイナス要素があってこそ特別感が出ると話をまとめています。

STEP 3　何を問われているかを確認し、選択肢と照らし合わせる

メインの話者の中心となる考えを答える 37 番は、マイナス要素を語りながらも終始フィルム写真の魅力について語っている点が一致するので、正解 ❹ です。内容と一致するものを選ぶ 38 番は、人気の理由を挙げる中で出た情報と一致するので、正解 ❸ です。

パターン3　問題番号 [3 7 ～ 3 8] を 練習 し ま し ょ う

※ [37〜38] 다음을 듣고 물음에 답하십시오. (각 2점)
　次を聞いて問いに答えなさい。（各 2 点）

37. 여자의 중심 생각으로 알맞은 것을 고르십시오.　🔊 055
　① 잇몸병의 원인을 명확하게 밝혀야 한다.
　② 젊을 때부터 잇몸 관리에 신경을 써야 한다.
　③ 치매 예방을 위해서 잇몸 관리가 중요하다.
　④ 잇몸병에 대한 잘못된 정보를 바로잡아야 한다.

※問題番号 38 掲載省略

(64회 TOPIK II 듣기 37번)

解答・解説

STEP 1. まず、選択肢を確認します。①「**잇몸병의 원인을 명확하게 밝혀야 한다** 歯周病の原因を明確にしなければならない」、②「**젊을 때부터 잇몸 관리에 신경을 써야 한다** 若い頃から歯茎の管理に気を使わなければならない」、③「**치매 예방을 위해서 잇몸 관리가 중요**하다 認知症予防のために歯茎の管理が重要である」、④「**잇몸병에 대한 잘못된 정보를 바로잡아야 한다** 歯周病に関する誤った情報を正さなければならない」とあり、「歯周病」「歯茎の管理」がキーワードとなっています。

STEP 2. 冒頭で男性は「**잇몸병으로 고생하는 젊은 분들이 상당히 많네요** 歯周病で苦しんでいる若い方がかなり多いですね」と、若い人の歯周病について女性に話題を振っています。これに対して女性は「**네 네** はい」と肯定し、若い人は「**잇몸병을 대수롭지 않게 여기는 경향** 歯周病を大したことないと思う傾向」があるが、「**손상된 잇몸은 원래대로 회복되지 않습니다** 損傷した歯茎は元に戻りません」と言い、「**게다가** さらに」「細菌が全身をめぐり、他の身体器官に悪影響を及ぼしうる」、「深刻な場合には、心臓病や認知症を誘発する」など、歯周病の危険性を次々に挙げています。最後に「**건강할 때부터 잇몸을 잘 관리하는 것이 좋습니다** 健康なときから歯茎をしっかり管理するのがいいです」と、自分の考えを述べています。

STEP 3. 「女性の中心となる考え」を問われており、②が「若くて健康なときから予防を始めるべき」という女性の主張に合っているので、**正解 ②** です。

音声

> 남자 : 충치뿐 아니라 잇몸병으로 고생하는 젊은 분들이 상당히 많네요.
>
> 여자 : 네. 그 수가 전체 잇몸병 환자의 3분의 1을 차지할 정도니까요. 2, 30대 환자는 최근 5년 사이에 약 60%나 증가했습니다. 젊은 분들은 잇몸병을 대수롭지 않게 여기는 경향이 있는데요. 손상된 잇몸은 원래대로 회복되지 않습니다. 게다가 잇몸병의 원인이 되는 세균이 온몸을 돌아다니며 다른 신체 기관에 악영향을 끼치기도 하고요. 심각한 경우에 이 세균이 심장병이나 치매를 유발할 수도 있어요. 건강할 때부터 잇몸을 잘 관리하는 것이 좋습니다.

[日本語訳]

> 男性：虫歯だけでなく、歯周病で苦しんでいる若い方がかなり多いですね。
>
> 女性：はい。その数が全体の歯周病患者の3分の1を占めるほどですから。2、30代の患者はこの5年間で約60%も増加しました。若い方は歯周病を大したことないと思う傾向があるのですが。損傷した歯茎は元に戻りません。さらに、歯周病の原因となる細菌が全身をめぐり、他の身体器官に悪影響を及ぼすこともあります。深刻な場合には、この細菌が心臓病や認知症を誘発することもあります。健康なときから歯茎をしっかり管理するのがよいでしょう。

37. 女性の中心となる考えとして適切なものを選びなさい。

① 歯周病の原因を明確にしなければならない。

正解 ❷ 若い頃から歯茎の管理に気を使わなければならない。

③ 認知症予防のために歯茎の管理が重要である。

④ 歯周病に関する誤った情報を正さなければならない。

CHECK ☐ ☐ ☐

※問題番号 37 掲載省略

38. 들은 내용과 일치하는 것을 고르십시오. ◀)) 056

① 18층짜리 목조 건물이 현재 건설 중이다.
② 특수 목재에는 휘어짐과 뒤틀림이 존재한다.
③ 특수 목재로 건물을 지으면 공사 기간이 늘어난다.
④ 특수 목재로 지은 건물은 지진의 영향을 덜 받는다.

(60회 TOPIK II 듣기 38번)

解答・解説

STEP 1&2. 選択肢には、「18층 18階」「특수 목재 特殊木材」「건물 建物」など、建築関連の単語が並んでいます。まず男性が「목재가 건축 재료로 다시 주목받게 된 이유는 무엇인가요? 木材が建築材料として再び注目されるようになった理由は何ですか？」と質問をしており、これに関する話が始まると予測できます。女性は、「새롭게 개발된 목재 가공 기술 덕분 新しく開発された木材加工技術のおかげ」と答え、「이 기술을 사용해 단단하게 압축된 특수 목재를 만듭니다 この技術を使用して、しっかりと圧縮された特殊木材を作ります」と、「特殊木材」へ話が移ります。この木材は、強度も以前よりもはるかに強くなり、「지진에도 강하고요 地震にも強いです」と説明しています。最後に「세계적으로 목조 건물에 대한 관심이 높아지고 있는 겁니다 世界的に木造の建物への関心が高まっているのです」と、特殊木材が注目された結果、木造の建物への関心も高まっていると結んでいます。

STEP 3. この内容と一致するのは、④「특수 목재로 지은 건물은 지진의 영향을 덜 받는다 特殊木材で建てられた建物は地震の影響を受けにくい」です。よって、**正解 ④** です。「덜 より少なく」は、文中に否定の表現がなくても「덜」に続く形容詞や動詞を否定する役割を果たします。日本語ではこれに該当する単語がなく、聞き落とすと逆の意味になるので注意しましょう。

155

남자 : 목재가 건축 재료로 다시 주목받게 된 이유는 무엇인가요?

여자 : 새롭게 개발된 목재 가공 기술 덕분인데요. 이 기술을 사용해 단단하게 압축된 특수 목재를 만듭니다. 이 목재는 휘거나 틀어지지 않고, 강도도 전보다 훨씬 세졌습니다. 또 철근, 콘크리트보다 가볍고 유연해서 지진에도 강하고요. 공사 기간 단축 효과도 있는데요. 최근 18층짜리 목조 기숙사 건물이 70일 만에 지어져 화제가 됐었죠. 이런 점들로 인해 세계적으로 목조 건물에 대한 관심이 높아지고 있는 겁니다.

[日本語訳]

男性：木材が建築材料として再び注目されるようになったのはなぜですか？

女性：新しく開発された木材加工技術のおかげです。この技術を使用して、しっかりと圧縮された特殊木材を製造します。この木材は曲がったり歪んだりせず、強度も以前よりもはるかに強くなりました。また鉄筋、コンクリートより軽くて柔軟で地震にも強いですし。工事期間の短縮効果もあります。最近18階建ての木造寮の建物が70日間で建てられ話題になりましたよね。このような点から、世界的に木造の建物への関心が高まっているのです。

38. 聞いた内容と一致するものを選びなさい。

① 18階建ての木造の建物が現在建設中だ。

② 特殊木材には反りとねじれが存在する。

③ 特殊木材で建物を建てると工事期間が延びる。

正解 ❹ 特殊木材で建てられた建物は地震の影響を受けにくい。

CHECK ☐ ☐ ☐

出てきた語彙をチェック！

問37 잇몸병 歯周病　차지하다 占める　대수롭지 않다 大したことない　세균 細菌
심장병 心臓病　치매 認知症　유발하다 誘発する
問38 특수 목재 特殊木材　휘다 曲がる、反る　틀어지다 歪む　유연하다 柔軟だ
공사 工事　단축 短縮

対 談

問題番号[39〜40][47〜48]はこれが出る！

| 特 徴 | 片方（主に女性）が特定のテーマについて尋ね、もう一方（主に男性）が専門的な視点で答える |

39番：音声の前の内容として適切なものを選ぶ

40番：聞いた内容と一致するものを選ぶ

ポイント 1. 音声の前の内容を答える問題は、最初の発言に解答のヒントがあるので注意して聞く

2. これまで以上に細かい部分まで集中して聞く

※問題番号 [39 〜 40] と [47 〜 48] は会話の形式と解き方が類似しているため、まとめて解説しています。

実際の問題にチャレンジ！

🔊 057

※ [39〜40] 다음을 듣고 물음에 답하십시오. (각 2점)

39. 이 대화 전의 내용으로 가장 알맞은 것을 고르십시오.

① 바다 생태계 환경을 평가하는 지표가 개발됐다.

② 정부는 해양 생태계 개선 사업을 긍정적으로 평가했다.

③ 어업인의 소득을 늘리기 위한 새로운 정책안이 발표됐다.

④ 사업의 실효성에 대해 의문을 제기하는 언론 보도가 있었다.

40. 들은 내용과 같은 것을 고르십시오.

① 어업인들은 이 사업의 확대 시행을 주장하고 있다.

② 정부가 경제적인 이유로 사업 중단을 검토 중이다.

③ 이 사업은 이번에 시작해 향후 10년 동안 진행된다.

④ 어업인들은 이 사업을 통해 소득이 늘 것으로 기대했다.

(83회 TOPIK II 듣기 39-40번)

次ページで解答と解答プロセスをチェック！➡

해양 海洋　확대 拡大　어업인 漁業者　서식 生息　증대하다 増大する　어획량 漁獲量
장기적인 관점 長期的な観点

[実際の問題]

※ [39~40] 다음을 듣고 물음에 답하십시오. (각 2점)

音声

여자 : 그렇다면 정부는 지난 10년간 해양 생태계 개선 사업이 성공적이었다고 판단한 거군요.

남자 : 네. 최근에 해양 생태계의 환경이 개선되고 있다는 지표가 나오자 사업의 확대 시행까지 검토하고 있습니다. 이 사업에 대해 일부 어업인의 반대가 있는 것도 사실입니다. 바다 생물의 서식 환경이 개선되면 소득이 증대할 것이라 기대했으나 어획량은 기대만큼 늘지 않았기 때문입니다. 그러나 해양 생태계를 건강하게 만드는 것은 장기적인 관점에서 어업인들의 소득 증대로 이어질 수 있습니다. 사업의 필요성에 대한 공감대를 넓혀 나가는 노력을 해야 할 것입니다.

39. 이 대화 전의 내용으로 가장 알맞은 것을 고르십시오.

① 바다 생태계 환경을 평가하는 지표가 개발됐다.

정답 ❷ 정부는 해양 생태계 개선 사업을 긍정적으로 평가했다.

③ 어업인의 소득을 늘리기 위한 새로운 정책안이 발표됐다.

④ 사업의 실효성에 대해 의문을 제기하는 언론 보도가 있었다.

40. 들은 내용과 같은 것을 고르십시오.

① 어업인들은 이 사업의 확대 시행을 주장하고 있다.

② 정부가 경제적인 이유로 사업 중단을 검토 중이다.

③ 이 사업은 이번에 시작해 향후 10년 동안 진행된다.

정답 ❹ 어업인들은 이 사업을 통해 소득이 늘 것으로 기대했다.

［日本語訳］

次を聞いて問いに答えなさい。(各2点)

> 女性：では、政府はこの10年間、海洋生態系改善事業が成功したと判断したのですね。
>
> 男性：はい。最近、海洋生態系の環境が改善されているという指標が出るや、事業の拡大、施行まで検討しています。この事業に対して一部の漁業関係者の反対があるのも事実です。海の生物の生息環境が改善されれば所得が増大すると期待しましたが、漁獲量は期待ほど増えなかったためです。しかし、海洋生態系を健全にすることは、長期的な観点から漁業関係者の所得増大につながる可能性があります。事業の必要性に対する共感の輪を広げていく努力をしなければなりません。

39. この対話の前の内容として最も適切なものを選びなさい。

① 海の生態系環境を評価する指標が開発された。

[正解] ❷ 政府は海洋生態系改善事業を肯定的に評価した。

③ 漁業関係者の所得を増やすための新しい政策案が発表された。

④ 事業の実効性について疑問を投げかけるメディア報道があった。

40. 聞いた内容と同じものを選びなさい。

① 漁業関係者はこの事業の拡大、施行を主張している。

② 政府は経済的な理由から事業を中止することを検討している。

③ この事業は今回スタートし、今後10年間進められる。

[正解] ❹ 漁業関係者は、この事業を通じて所得が増えることを期待した。

解答プロセス

 冒頭の発言から、対談前の内容のヒントをさぐる

39 番は「対談の前の内容」を答える問題、40 番は内容と一致するものを選ぶ問題です。最初の女性は、「그렇다면 では」「정부는…해양 생태계 개선 사업이 성공적이었다고 판단한 거군요 政府は…海洋生態系改善事業が成功したと判断したのですね」と言っているので、この話題についての話がこの前にあったはずです。39 番の答えは、音声の前半から探すことができます。

 相手の返答の中からキーワードを探して 39 番に答える

男性は、「네 はい」と女性の発言に同意し、「최근에…사업의 확대 시행까지 검토하고 있습니다 最近…事業の拡大、施行まで検討しています」と、政府の動行について説明しています。ここまでで「政府が海洋生態系改善事業を肯定的に評価している」という内容が対談の前にあったと確定できるので、39 番は 正解 ❷「정부는 해양 생태계 개선 사업을 긍정적으로 평가했다 政府は海洋生態系改善事業を肯定的に評価した」です。女性の言葉の「成功したと判断」が「肯定的に評価」と言い換えられています。

 全体的な情報を 40 番の選択肢と照らし合わせる

政府による事業拡大に対して一部反対の声がある理由は、「환경이 개선되면 소득이 증대할 것이라 기대했으나 어획량은 기대만큼 늘지 않았기 때문 環境が改善されたら所得が増加するだろうと期待したが漁獲量は期待ほど増えなかったため」だと言い、「그러나 しかし」、環境改善は長期的に見れば所得増加につながりうるので必要性を知らせるための努力をしなければならないと話しています。40 番の選択肢のうち、内容が一致するものは 正解 ❹「어업인들은…소득이 늘 것으로 기대했다 漁業関係者たちは…所得が増えることを期待した」です。

問題番号 [39～40] [47～48] を練習しましょう

※ [39～40] 다음을 듣고 물음에 답하십시오. (각 2점)
　次を聞いて問いに答えなさい。(各 2 点)

39. 이 담화 앞의 내용으로 알맞은 것을 고르십시오. 　　🔊058
　　① 원작자들이 야구단을 상대로 소송을 걸었다.
　　② 응원가에 대한 관중들의 선호도를 조사했다.
　　③ 야구단에서 작곡가들에게 응원가 제작을 요청했다.
　　④ 원작자들이 더 이상 곡을 바꾸지 않기로 결정했다.

※問題番号 40 掲載省略

(60회 TOPIK Ⅱ 듣기 39번)

解答・解説

STEP 1. 女性は「왜 작사가와 작곡가들이 야구단에 소송을 제기한 건가요? なぜ作詞家と作曲家が野球団(球団)に訴訟を起こしたのですか？」と質問をしているので、この話の前には「球団の訴訟」の話があったはずです。女性は続けて「**그동안 야구단에서** 곡에 대한 사용료를 지불해 온 것으로 알고 있는데요 これまで球団では曲の使用料を払ってきたと聞いていますが」と言っており、「曲の使用料を払っているのに訴訟が起こるのはおかしいのではないか？」というのが具体的な問題提起です。

STEP 2&3. これに対して男性は、使用料は払っていたが、「**원작자 허락 없이 가사를 바꾸고 곡을 편집한 것에 대해서도** 금액을 지불하라는 것이죠 原作者の許可なしに歌詞を変え、曲を編集したことに対しても金額を支払うようにということです」と女性の質問を肯定し、訴訟の内容についてさらに詳しく説明しています。「対談の前の内容」として自然なのは①「**원작자들이 야구단을 상대로 소송을 걸었다** 原作者たちが球団を相手に訴訟を起こした」です。よって、 正解 ❶です。

音声

> 여자 : 왜 작사가와 작곡가들이 야구단에 소송을 제기한 건가요? 그동안 야구단에서 곡에 대한 사용료를 지불해 온 것으로 알고 있는데요.
>
> 남자 : 사용료를 지불하긴 했지만 원작자 허락 없이 가사를 바꾸고 곡을 편집한 것에 대해서도 금액을 지불하라는 것이죠. 야구단에서 원곡을 그대로 사용했다면 이런 문제는 없었을 겁니다. 하지만 저작권법에 따르면 저작물의 내용이나 형식을 바꿀 경우 미리 원작자의 허락을 받아야 하고 이에 대한 비용도 지불하는 것이 맞습니다. 현재 이 문제로 당분간 야구장에서 응원가를 틀지 않기로 한 상황입니다.

[日本語訳]

> 女性 : なぜ作詞家と作曲家が球団に訴訟を起こしたのですか？　これまで球団では曲の使用料を払ってきたと聞いていますが。
>
> 男性 : 使用料を払ったものの、原作者の許可なしに歌詞を変え、曲を編集したことに対しても金額を支払うようにということです。球団で原曲をそのまま使っていたら、こんな問題はなかったはずです。しかし、著作権法によると、著作物の内容や形式を変える場合、あらかじめ原作者の許可を得なければならず、これに対する費用も支払うのが正しいです。現在、この問題でしばらく球場で応援歌を流さないことにした状況です。

39. この談話の前の内容として適切なものを選びなさい。

正解 ❶ 原作者たちが球団を相手に訴訟を起こした。

② 応援歌に対する観衆の好感度を調査した。

③ 球団が作曲家たちに応援歌の製作を要請した。

④ 原作者たちはもう曲を変えないことに決めた。

CHECK ☐ ☐ ☐

40. 들은 내용과 일치하는 것을 고르십시오. 　　　　🔊 059

　① 각국의 법이 달라 문화재의 영구적 환수가 어렵다.

　② 1970년대부터 문화재 환수가 활발해지기 시작했다.

　③ 문화재 환수는 주로 기증하는 방식으로 이루어진다.

　④ 문화재 환수와 관련된 국제 협약은 존재하지 않는다.

(64회 TOPIK II 듣기 40번)

解答・解説

STEP 1. 女性は「国外로 유출된 문화재 国外に流出した文化財」がこんなにも多いと前置きしたうえで、「어떤 방법으로 이런 문화재들을 다시 본국으로 가져올 수 있을까요? どういう方法でこのような文化財を再び本国に持ち帰ってくることができますか？」と男性に聞いています。海外に流出した「文化財の持ち帰り方法」についての話だと推測できます。

STEP 2. 男性は、「**관련된** 국제 협약이 1970년에 마련되었고 関連する国際協約が 1970 年に設けられ」、「1990년대 후반부터…국가 간 논의와 공조가 활발해졌습니다 1990 年代後半から…国家間の議論と協力が活発になりました」と歴史を説明し、具体的な還収（返還）方法については「정부 간 대여나 기증 등의 방식 政府間貸与や寄贈などの方法」があると教えています。そして、寄贈による「영구적 환수 永久的な返還」が望ましいが、国によって文化財保護に関する法律が異なるため「이것이 쉽지는 않습니다 これが容易ではありません」と、返還の困難さを伝えています。最後に「현재는…일시적 환수가 이루어지는 경우 現在は…一時的な返還が行われるケース」が多いと言っています。

STEP 3. 聞いた内容と一致するのは、①「각국의 법이 달라 문화재의 영구적 환수가 어렵다 各国の法が異なり、文化財の永久的な返還が難しい」なので、正解 ❶です。

여자 : 국외로 유출된 문화재가 이렇게 많은데, 어떤 방법으로 이런 문화재들을 다시 본국으로 가져올 수 있을까요?

남자 : 관련된 국제 협약이 1970년에 마련되었고, 1990년대 후반부터 문화재 환수에 대한 관심이 높아지면서 국가 간 논의와 공조가 활발해졌습니다. 문화재 환수에는 정부 간 대여나 기증 등의 방식이 있는데요. 기증을 통한 영구적 환수가 바람직하겠지만 나라마다 문화재 보호에 관한 법이 서로 달라서 이것이 쉽지는 않습니다. 현재는 대여하는 방식으로 일시적 환수가 이루어지는 경우가 많습니다.

[日本語訳]

女性 : 国外に流出した文化財がこんなに多いのに、どういう方法でこのような文化財を本国に持ち帰ることができるのでしょうか？

男性 : 関連する国際協約が1970年に設けられ、1990年代後半から文化財の返還に対する関心が高まり、国家間の議論と協力が活発になりました。文化財の返還には政府間貸与や寄贈などの方法があります。寄贈による永久的な返還が望ましいでしょうが、国によって文化財保護に関する法律が異なるため、これが容易ではありません。現在は貸与する方式で一時的な返還が行われるケースが多いです。

40. 聞いた内容と一致するものを選びなさい。

正解 ❶ 各国の法が異なり、文化財の永久的な返還が難しい。

② 1970年代から文化財の返還が活発になり始めた。

③ 文化財の返還は主に寄贈する方式で行われる。

④ 文化財の返還と関連した国際協約は存在しない。

CHECK ☐ ☐ ☐

※ [47～48] 다음을 듣고 물음에 답십시오. (각 2점)

次を聞いて問いに答えなさい。(各 2 点)

47. 들은 내용과 일치하는 것을 고르십시오.　　　　　　■)) 060

　　① 적정 인구 판정에 삶의 질을 반영하기 어렵다.

　　② 적정 인구를 정한 후에 인구 대책 마련이 가능하다.

　　③ 적정 인구 계산에 사회적 규모는 고려되지 않는다.

　　④ 적정 인구 기준은 모든 나라에 동일하게 적용된다.

※問題番号 48 掲載省略

(60 회 TOPIK II 듣기 47번)

解答・解説

STEP 1. 47 ～ 48 番も 39 ～ 40 番と同じ形式の男女のやり取りなので、 1 回目の音声の冒頭でテーマとおおよその内容をつかみ、 2 回目の音声でより細かい情報を聞き取れるようにしましょう。女性は、「인구 문제 해결을 위해 적정 인구부터 논의해야 한다는 것이군요 人口問題解決のために適正人口から議論しなければならないということですね」と言い、「適正人口」について話が進むことが分かります。

STEP 2. 男性は「네 하이」と肯定し、「적정 인구란 사회의 규모와 경제적인 면에서 가장 바람직한 인구 수준 適正人口とは、社会の規模と経済的な面で最も望ましい人口水準」のことだと定義から話し始めています。適正人口規模が決まってこそ、「그에 따른 인구 대책을 세울 수 있게 됩니다 それに伴う人口対策を立てることができるようになります」と、適正人口と人口対策の関係を説明し、続けて、適正人口は「나라마다…판정 기준에 차이 国ごとに…判定基準に違い」があり、「따라서 したがって」「국민들의 삶의 질도 함께 고려해야 합니다 国民の生活の質も一緒に考慮しなければなりません」と、正しく議論を進めるために注意すべき点を述べながら結んでいます。

STEP 3. 選択肢を見ると、②「적정 인구를 정한 후에 인구 대책 마련이 가능하다 適正人口を定めた後に人口対策を講じることができる」が内容に最も合うので、正解 ❷ です。内容が一致するものを答える問題は 2 問目に出ることが多いですが、このように 1 問目に出題されることもあります。

音声

> 여자 : 인구 문제 해결을 위해 적정 인구부터 논의해야 한다는 것이
> 군요.
>
> 남자 : 네. 적정 인구란 사회의 규모와 경제적인 면에서 가장 바람직
> 한 인구 수준을 말하는데요. 적정 인구 규모가 정해져야 그에
> 따른 인구 대책을 세울 수 있게 됩니다. 적정 인구는 일반적으
> 로 사람들이 소비하는 자원의 요구량 또는 자원 생산에 필요
> 한 땅 면적을 고려해 계산하는데요. 어떤 삶의 질과 방식으로
> 사느냐에 따라 요구되는 자원이 다르기 때문에 나라마다 적정
> 인구의 판정 기준에 차이가 있습니다. 따라서 적정 인구를 계
> 산할 때는 국민들의 삶의 질도 함께 고려해야 합니다.

[日本語訳]

> 女性 : 人口問題解決のために適正人口から議論しなければならない
> ということですね。
>
> 男性 : はい。適正人口とは、社会の規模と経済的な面で最も望まし
> い人口水準のことです。適正人口規模が決まってこそ、それ
> に伴う人口対策を立てることができるようになります。適正
> 人口は、一般的に人々が消費する資源の要求量、または資源
> 生産に必要な土地面積を考慮して計算します。どのような生
> 活の質と方法で暮らすかによって求められる資源が異なるた
> め、国ごとに適正人口の判定基準に違いがあります。したがっ
> て、適正人口を計算する際には、国民の生活の質も一緒に考
> 慮しなければなりません。

47. 聞いた内容と一致するものを選びなさい。

① 適正人口判定に生活の質を反映するのは難しい。

正解 ❷ 適正人口を定めた後に人口対策を講じることができる。

③ 適正人口の計算に社会的規模は考慮されない。

④ 適正人口基準は全ての国に同じように適用される。

CHECK ☐ ☐ ☐

※問題番号 47 掲載省略

48. 남자의 태도로 가장 알맞은 것을 고르십시오. 🔊 061

① 기본 소득의 효과에 대한 결론을 유보하고 있다.

② 기본 소득이 노동에 미칠 영향을 우려하고 있다.

③ 기본 소득이 인간의 본성에 어긋남을 지적하고 있다.

④ 기본 소득의 필요성에 대해 적극적으로 동의하고 있다.

(52회 TOPIK II 듣기 48번)

解答・解説

STEP 1. 女性は、「기본 소득 基本所得、ベーシックインカム」について「국가가 조건 없이 모든 국민에게 매달 일정한 생활비를 준다 国が条件なしに全ての国民に毎月一定の生活費を与える」と説明し、「**이게 효과가 있을까요？** これは効果があるんでしょうか？」と、問題提起をしています。

STEP 2. 男性は、「사람들의 노동 의욕이 감소할 거라는 우려 人々の労働意欲が減少するという懸念」があると答え、「**하지만 しかし**」「**오히려 노동 의욕을 촉진할 거라고 보는 입장도 있습니다 むしろ労働意欲を促進すると見る立場もあります**」と、短所と長所に触れています。実験を通して人間の「게으른 본성 怠惰な本性」が見えてくるのか「새로운 복지 모델 新しい福祉モデル」を見つけるきっかけになるのか、「결과를 지켜봐야 할 것 같습니다 結果を見守らなければならないようです」と、男性は終始中立の立場です。

STEP 3. 男性の態度を選ぶ問題で、①「기본 소득의 효과에 대한 결론을 유보하고 있다 基本所得の効果についての結論を保留している」が合っており、**正解** ❶ です。最後の「結果を見守る」を「結論を保留」と言い換えています。

音声

> 여자 : 요즘 양극화를 해소하고 국가 경제에 활력을 불어넣기 위한 방안으로 기본 소득이 언급되고 있습니다. 국가가 조건 없이 모든 국민에게 매달 일정한 생활비를 준다는 건데요. 이게 효과가 있을까요?
>
> 남자 : 노동 없이 돈을 주면 사람들의 노동 의욕이 감소할 거라는 우려가 있는데요. 하지만 오히려 노동 의욕을 촉진할 거라고 보는 입장도 있습니다. 최소한의 소득이 보장되면 생계에 대한 부담을 덜 수 있으니까 자기가 하고 싶은 일을 열심히 할 거라는 거죠. 그리고 소비가 촉진되면서 경제를 활성화시키는 데 도움이 될 수도 있습니다. 최근 국가 단위로는 최초로 기본 소

득 실험을 진행하고 있는 나라가 있는데요. 이 실험이 인간의 게으른 본성을 확인하는 계기가 될지 새로운 복지 모델을 찾는 계기가 될지 결과를 지켜봐야 할 것 같습니다.

［日本語訳］

> 女性：最近、両極化を解消し、国家経済に活力を吹き込むための方案として基本所得が言及されています。国が条件なしに全ての国民に毎月一定の生活費を与えるということです。これは効果があるんでしょうか？
>
> 男性：労働なしでお金を与えれば、人々の労働意欲が減少するという懸念があります。しかし、むしろ労働意欲を促進すると見る立場もあります。最小限の所得が保障されれば生計に対する負担を減らすことができるので、自分がしたいことを一生懸命するということです。そうして消費が促進され、経済を活性化させるのに役立つかもしれません。最近、国家単位では初めて、基本所得の実験を行っている国があります。この実験が人間の怠惰な本性を確認するきっかけになるのか、新しい福祉モデルを見つけるきっかけになるのか、結果を見守らなければならないようです。

48. 男性の態度として最も適切なものを選びなさい。

[正解] ❶ 基本所得の効果についての結論を保留している。

② 基本所得が労働に与える影響を懸念している。

③ 基本所得が人間の本性に反することを指摘している。

④ 基本所得の必要性について積極的に同意している。

CHECK ☐ ☐ ☐

出てきた語彙をチェック！

問39 소송 訴訟　제기하다 提起する　사용료 使用料　지불하다 支払う　당분간 当分の間
問40 문화재 文化財　국제 협약 国際協約　환수 還収(返還)　대여 貸出　기증 寄贈
영구적 永久的　바람직하다 望ましい
問47 자원 資源　면적 面積　판정 判定
問48 양극화 両極化　활력 活力　불어넣다 吹き込む　소득 所得　노동 労働　의욕 意欲
감소하다 減少する　촉진하다 促進する　게으른 본성 怠惰な本性

ドキュメンタリー

問題番号[43〜44]はこれが出る！

特　徴　・1人のナレーターによるドキュメンタリーを聞いて問題に答える

　　　　・生物、科学、自然などのジャンルが多く、専門用語も多い

　　　　　　43番：何についての内容か答える

　　　　　　44番：内容の具体的な一部分について正しいものを選ぶ

ポイント　1．対象物の具体的な行動やその理由に焦点を合わせる

　　　　　2．**한다体**(だ・である調)で話される

実際の問題にチャレンジ！

🔊))062

※ [43~44] 다음을 듣고 물음에 답하십시오. (각 2점)

43. 무엇에 대한 내용인지 알맞은 것을 고르십시오.

　① 뇌에 의한 착각 현상

　② 시간을 인식하는 뇌의 부위

　③ 생존을 위한 뇌의 작동 방식

　④ 손상된 뇌로 인한 특이 반응

44. 참가자들이 얼굴 사진을 기억한 이유로 맞는 것을 고르십시오.

　① 익숙함을 느꼈기 때문에

　② 반복적으로 노출되었기 때문에

　③ 위험한 요소로 받아들였기 때문에

　④ 다른 사진과 공통점을 발견했기 때문에

(83회 TOPIK II 듣기 43-44번)

次ページで解答と解答プロセスをチェック！➡

出てきた語彙をチェック！

사슴 鹿　인상을 쓰다 しかめっ面をする　스쳐 가다 すれ違う　편도체 扁桃体
활성화 活性化　또렷이 くっきり　생존 生存　위협하다 脅かす　요소 要素
인식하다 認識する　재빨리 いち早く　공포 恐怖　도망치다 逃げ出す　노출되다 露出される

［実際の問題］

※ [43~44] 다음을 듣고 물음에 답하십시오. (각 2점)

音声

> 남자 : 지금 흥미로운 실험이 진행 중이다. 참가자들은 1분 동안
> 수백 장의 사진을 본다. 꽃, 책상, 사슴 등의 사진이 빠르
> 게 지나간다. 그 사이로 인상을 쓴 얼굴 사진 하나가 스쳐
> 간다. 순간, 참가자들의 뇌에서 편도체가 활성화된다. 실
> 험이 끝난 뒤, 참가자들은 수많은 사진 중 인상 쓴 얼굴을
> 또렷이 기억했다. 편도체가 그것을 생존을 위협하는 요소
> 로 인식해 재빨리 기억하도록 했기 때문이다. 특정 장면
> 에 대한 공포는 생존을 위한 뇌의 학습 결과인 것이다. 동
> 물도 마찬가지다. 쥐는 고양이를 만나면 공포를 느끼고
> 도망친다. 하지만 편도체가 손상된 쥐는 천적에 대한 기
> 억이 없어 위험에 그대로 노출된다.

43. 무엇에 대한 내용인지 알맞은 것을 고르십시오.

① 뇌에 의한 착각 현상

② 시간을 인식하는 뇌의 부위

정답 ❸ 생존을 위한 뇌의 작동 방식

④ 손상된 뇌로 인한 특이 반응

44. 참가자들이 얼굴 사진을 기억한 이유로 맞는 것을 고르십시오.

① 익숙함을 느꼈기 때문에

② 반복적으로 노출되었기 때문에

정답 ❸ 위험한 요소로 받아들였기 때문에

④ 다른 사진과 공통점을 발견했기 때문에

[日本語訳]

次を聞いて問いに答えなさい。（各2点）

> 男性：今、興味深い実験が行われている。参加者は1分間に数
> 百枚の写真を見る。花、机、鹿などの写真が速く流れて
> いく。その間にしかめっ面した顔写真1枚が流れる。瞬
> 間、参加者たちの脳で扁桃体が活性化する。実験が終わっ
> た後、参加者たちは数多くの写真の中でしかめっ面した
> 顔をはっきりと覚えていた。扁桃体はそれが、生存を脅
> かす要素と認識し、いち早く記憶するようにしたためだ。
> 特定場面に対する恐怖は、生存のための脳の学習結果な
> のだ。動物も同じだ。ネズミは猫に会うと恐怖を感じて
> 逃げる。しかし、扁桃体が損傷したネズミは天敵に対す
> る記憶がなく、危険にそのままさらされる。

43. 何についての内容なのか適切なものを選びなさい。

① 脳による錯覚現象

② 時間を認識する脳の部位

正解 ❸ 生存のための脳の働き方

④ 損傷した脳による変わった反応

44. 参加者が顔写真を覚えている理由として正しいものを選びなさい。

① 慣れを感じたので

② 繰り返し露出されたため

正解 ❸ 危険な要素として受け取ったため

④ 他の写真と共通点を発見したため

解答プロセス

1〜2言目から、どんな内容なのかを推測する

「지금 흥미로운 실험이 진행 중이다 今、興味深い実験が行われている」、「참가자들은 1분 동안 수백 장의 사진을 본다 参加者は1分間に数百枚の写真を見る」と言っているので、「写真を使った実験」についての話だと推測できます。

内容や理由を説明している箇所から、因果関係を把握する

さまざまな写真の中に「인상을 쓴 얼굴 사진 하나가 스쳐 간다 しかめっ面した顔写真1枚が流れる」と、「순간, 참가자들의 뇌에서 편도체가 활성화된다 瞬間、参加者の脳で扁桃体が活性化する」と言っています。実験が終わった後も「인상 쓴 얼굴을 또렷이 기억했다 しかめっ面した顔をはっきりと記憶していた」と言い、その理由は、「생존을 위협하는 요소로 인식해 재빨리 기억하도록 했기 때문 生存を脅かす要素と認識し、いち早く記憶するようにしたため」であり、「특정 장면에 대한 공포는 생존을 위한 뇌의 학습 결과인 것이다 特定場面に対する恐怖は、生存のための脳の学習結果なのだ」と言っています。最後に、この特徴は「동물도 마찬가지다 動物も同じ」で、偏桃体が損傷している個体にはその特徴が表れないことにも触れています。

選択肢と照らし合わせる

視覚と生存本能についての話なので、内容について問われる43番は、正解 ❸「생존을 위한 뇌의 작동 방식 生存のための脳の働き方」、ドキュメンタリーの内容を具体的に問われる44番は、この問題では「参加者が顔写真を覚えている理由」を選ぶので、正解 ❸「위험한 요소로 받아들였기 때문에 危険な要素として受け取ったため」が合っています。

パターン 5　問題番号［43～44］を練習しましょう

※ [43~44] 다음을 듣고 물음에 답하십시오. (각 2점)

　次を聞いて問いに答えなさい。(各 2 点)

43. 이 이야기의 중심 내용으로 맞는 것을 고르십시오.　🔊))063

　① 황갈색수염상어가 해양 생태계를 변화시키고 있다.

　② 황갈색수염상어의 서식 공간이 점점 좁아지고 있다.

　③ 황갈색수염상어의 자궁은 인간의 자궁과 형태가 유사하다.

　④ 황갈색수염상어의 새끼는 자궁 속에서 세상에 나올 준비를 한다.

※問題番号 44 掲載省略

(64 회 TOPIK II 듣기 43번)

解答・解説

STEP 1. 最初に「새끼 상어가 꼬물꼬물 헤엄을 치는 이 작은 공간은 어미 황갈색수염상어의 자궁 속이다 子ザメがもぞもぞ泳ぐこの小さな空間は、母親のキカッショクヒゲザメの子宮の中だ」とあり、「サメの親子」についてのドキュメンタリーだと推測できます。

STEP 2. 子どものキカッショクヒゲザメは「인간과 마찬가지로 이곳에서 약 10개월을 보낸다 人間と同様にここで約 10ヵ月を過ごす」と言っています。「그런데 ところが」「영양분을 공급받아야 할 탯줄이 보이지 않는다 栄養分の供給を受けなければならないへその緒が見えない」ことから、「어떻게 영양분을 섭취하는 걸까 どうやって栄養分を摂取するのだろうか」という疑問が出てきました。これに対する答えは、子宮の中には「수정이 되지 않은 수십 개의 무정란 受精していない数十個の無精卵」があり、それを自由に泳ぐ子ザメが「찾아다니며 먹는다 探し回りながら食べる」ということです。最後に「세상을 살아갈 만반의 준비를 모두 마친 후 마침내 새끼 상어는 자궁 밖으로 나온다 世の中を生きていく万全の準備を全て終えた後ようやく子ザメは子宮の外に出る」と言っています。

STEP 3. この話の中心となる内容として正しいものは、④「황갈색수염상어의 새끼는 자궁 속에서 세상에 나올 준비를 한다 キカッショクヒゲザメの子どもは子宮の中で世の中に出る準備をする」なので、正解 ④ です。

173

音声

> 남자 : 새끼 상어가 꼬물꼬물 헤엄을 치는 이 작은 공간은 어미 황갈색수염상어의 자궁 속이다. 새끼 황갈색수염상어는 인간과 마찬가지로 이곳에서 약 10개월을 보낸다. 그런데 **영양분을 공급받아야 할 탯줄이 보이지 않는다.** 어떻게 영양분을 섭취하는 걸까. 어미 상어는 수정이 되지 않은 수십 개의 무정란을 자궁 속에 가지고 있다. 탯줄이 없어 움직임이 자유로운 새끼 상어는 이 알들을 찾아다니며 먹는다. 어미 상어 배 속에서부터 헤엄치는 법과 먹이 찾는 법을 함께 익히고 있는 셈이다. 세상을 살아갈 만반의 준비를 모두 마친 후 마침내 새끼 상어는 자궁 밖으로 나온다.

[日本語訳]

> **男性**：子ザメがもぞもぞ泳ぐこの小さな空間は、母親のキカッショクヒゲザメの子宮の中だ。子どものキカッショクヒゲザメは人間と同様にここで約10ヵ月を過ごす。ところが、栄養分の供給を受けなければならないへその緒が見えない。どうやって栄養分を摂取するのだろうか。**母ザメは受精していない数十個の無精卵を子宮の中に持っている。**へその緒がなくて動きが自由な子ザメは、これらの卵を探し回りながら食べる。母ザメのお腹の中で、泳ぎ方と餌の探し方を一緒に学んでいるわけだ。世の中を生きていく万全の準備を全て終えた後ようやく子ザメは子宮の外に出る。

43. この話の中心となる内容として正しいものを選びなさい。

① キカッショクヒゲザメが海洋生態系を変化させている。

② キカッショクヒゲザメの生息空間がますます狭くなっている。

③ キカッショクヒゲザメの子宮は、人間の子宮と形が似ている。

正解 ❹ キカッショクヒゲザメの子は子宮の中で世の中に出る準備をする。

CHECK ☐ ☐ ☐

※問題番号 43 掲載省略

44. 이 나뭇잎을 일반 동물들이 꺼리는 이유로 맞는 것을
고르십시오.

🔊064

① 뜯기 힘들어서

② 건강에 좋지 않아서

③ 사포닌의 맛을 싫어해서

④ 새끼에게 먹이기 어려워서

(60 회 TOPIK II 듣기 44번)

解答・解説

STEP 1. 「**암컷 오랑우탄이 새끼를 안고 나뭇잎을 뜯고 있다** メスのオランウータンが赤ちゃんを抱いて木の葉をかじっている」、「**사포닌 성분이 가득 들어 있는 이 나뭇잎** サポニン成分がいっぱい入っているこの木の葉」は、地域住民に強力な鎮痛剤として使われており、人間にとっては薬として使われる木の葉を食べる「オランウータン」についての話です。

STEP 2. 「**일반적으로 동물들은 사포닌의 쓴맛을 꺼리는데, 오랑우탄은 왜 이 나뭇잎을 뜯고 있을까?** 一般的に動物はサポニンの苦味を嫌うが、オランウータンはなぜこの木の葉をかじっているのだろうか？」と疑問が提示されます。この地域ではオランウータンが木の葉を「**씹어서 만든 즙을 팔에 바르는 모습** 噛んで作った汁を腕に塗る姿」が目撃され、その理由は、「**새끼를 안고 다니느라 생긴 통증을 줄이려는 것** 赤ちゃんを抱いて移動するために生じた痛みを減らそうとするもの」であるらしいと言っています。最後に木の葉を「**즙을 내어 바르는 모습이 목격된 것은 이번이 처음이다** 汁を出して塗る姿が目撃されたのは今回が初めてだ」と結んでいます。

STEP 3. 今回の 44 番は、「この木の葉を一般の動物が嫌う理由」を選ぶ問題です。オランウータンが葉を食べる理由についての疑問提起の際に「一般的に動物はサポニンの苦味を嫌う」とあるので、③「**사포닌의 맛을 싫어해서** サポニンの味が嫌いで」が合っています。**正解** ❸ です。

남자 : 암컷 오랑우탄이 새끼를 안고 나뭇잎을 뜯고 있다. 사포닌 성분이 가득 들어 있는 이 나뭇잎은 지역 주민들에게 강력한 진통제로 쓰인다. 일반적으로 동물들은 사포닌의 쓴맛을 꺼리는데, 오랑우탄은 왜 이 나뭇잎을 뜯고 있을까? 최근 이 지역에서는 오랑우탄들이 나뭇잎을 씹어서 만든 즙을 팔에 바르는 모습이 자주 목격되었다. 주로 암컷 오랑우탄이 이런 행동을 하는데 새끼를 안고 다니느라 생긴 통증을 줄이려는 것으로 보인다. 몸이 좋지 않을 때 인간처럼 약초를 먹는 오랑우탄은 발견된 적이 있으나, 나뭇잎을 즙을 내어 바르는 모습이 목격된 것은 이번이 처음이다.

[日本語訳]

男性：メスのオランウータンが赤ちゃんを抱いて木の葉をかじっている。サポニン成分がたくさん入っているこの木の葉は、地域住民に強力な鎮痛剤として使われる。一般的に動物はサポニンの苦味を嫌うが、オランウータンはなぜこの木の葉をかじっているのだろうか？ 最近、この地域ではオランウータンが木の葉を噛んで作った汁を腕に塗る姿がよく目撃された。主にメスのオランウータンがこのような行動をするが、赤ちゃんを抱いて移動するために生じた痛みを減らそうとするものと見られる。体調がよくないとき、人間のように薬草を食べるオランウータンは発見されたことがあるが、木の葉を、汁を出して塗る姿が目撃されたのは今回が初めてだ。

44. この木の葉を一般の動物が嫌う理由として正しいものを選びなさい。

① かじるのが大変で

② 健康によくないので

正解 ❸ サポニンの味が嫌いで

④ 子に食べさせるのが難しいので

CHECK ☐ ☐ ☐

出てきた語彙をチェック！

問43 자궁 子宮　탯줄 へその緒　수정 受精　무정란 無精卵　-는 셈이다 ～(し)ているわけだ
問44 뜯고 있다 かじっている　진통제 鎮痛剤　쓴맛 苦味　꺼리다 嫌う　즙 汁
목격되다 目撃される　통증 痛み

講 演 ②

問題番号[45〜46][49〜50]はこれが出る！

特　徴　　科学、技術、歴史について１人が最初から最後まで話す

　　　　　　45番：聞いた内容と一致するものを選ぶ
　　　　　　46番：話者（男性／女性）の態度や話し方を選ぶ

ポイント　1. 接続詞等に気をつけながら、聞いた内容をメモしていく

　　　　　　2. 因果関係を正確に把握する

　　　　　　3. キーワードとなる単語が別の言葉で言い換えられる場合もある

※問題番号 [45 〜 46] と [49 〜 50] は解き方が類似しているため、まとめて解説しています。

実際の問題にチャレンジ！

🔊 065

※ [45~46] 다음을 듣고 물음에 답하십시오. (각 2점)

45. 들은 내용과 일치하는 것을 고르십시오.

　① 호박은 광물로 만들어져 물에 뜰 수 없다.

　② 호박은 다른 보석들처럼 흠집이 없는 게 좋다.

　③ 호박 내부의 불순물이 잘 보이면 가격이 비싸진다.

　④ 호박은 다이아몬드와 비슷한 물질로 구성되어 있다.

46. 여자의 말하는 방식으로 가장 알맞은 것을 고르십시오.

　① 호박의 가공 과정을 살피고 있다.

　② 호박의 개념을 다시 정의하고 있다.

　③ 호박의 유형을 파악해 비교하고 있다.

　④ 호박의 특징과 가치를 설명하고 있다.

(60회 TOPIK II 듣기 45-46번)

次ページで解答と解答プロセスをチェック！➡

出てきた語彙をチェック！

호박 琥珀　**수액** 樹液　**광물** 鉱物　**흠집** キズ　**불순물** 不純物　**투명** 透明　**생태계** 生態系
고대 곤충 古代昆虫

［実際の問題］

※ [45~46] 다음을 듣고 물음에 답하십시오. (각 2점)

音声

> 여자 : 오늘은 채소가 아닌 보석 '호박'에 대해 얘기해 보죠. 호박은 나무에서 흘러나온 수액이 굳어져서 생긴 것인데요. 일반적인 보석처럼 광물로 만들어진 게 아니라서 바닷물에 뜰 정도로 가볍습니다. 또 다른 보석들은 보통 흠집이나 불순물이 없어야 가치를 인정받지만 호박은 다릅니다. 워낙 투명하기 때문에 내부의 불순물이 그대로 보이는데, 불순물이 잘 보일수록 가치가 높습니다. 그래서 수천만 년 전의 생태계를 보여 주는 고대 곤충이나 식물의 잎 등이 들어가 있으면 다이아몬드만큼이나 비싼 가격에 팔리기도 합니다.

45. 들은 내용과 일치하는 것을 고르십시오.

　① 호박은 광물로 만들어져 물에 뜰 수 없다.

　② 호박은 다른 보석들처럼 흠집이 없는 게 좋다.

　정답 ❸ 호박 내부의 불순물이 잘 보이면 가격이 비싸진다.

　④ 호박은 다이아몬드와 비슷한 물질로 구성되어 있다.

46. 여자의 말하는 방식으로 가장 알맞은 것을 고르십시오.

　① 호박의 가공 과정을 살피고 있다.

　② 호박의 개념을 다시 정의하고 있다.

　③ 호박의 유형을 파악해 비교하고 있다.

　정답 ❹ 호박의 특징과 가치를 설명하고 있다.

［日本語訳］
次を聞いて問いに答えなさい。(各2点)

> 女性：今日は、野菜ではない宝石の「琥珀」について話してみ
> ましょう。琥珀は、木から流れ出た樹液が固まってでき
> たものです。普通の宝石のように鉱物で作られていない
> ので、海水に浮かぶほど軽いです。また、他の宝石は通常、
> 傷や不純物がないことで価値が認められますが、琥珀は
> 異なります。あまりにも透明なので内部の不純物がその
> まま見えますが、不純物がよく見えるほど価値が高いで
> す。それで、数千万年前の生態系を示す古代昆虫や植物
> の葉などが入っていると、ダイヤモンドと同じくらい高
> い値段で売られたりもします。

45. 聞いた内容と一致するものを選びなさい。

　① 琥珀は鉱物でできていて、水に浮くことができない。

　② 琥珀は他の宝石のように傷がない方がいい。

　正解 ❸ 琥珀内部の不純物がよく見えると値段が高くなる。

　④ 琥珀はダイヤモンドに似た物質で構成されている。

46. 女性の話し方として最も適切なものを選びなさい。

　① 琥珀の加工過程を見ている。

　② 琥珀の概念を再定義している。

　③ 琥珀のパターンを把握して比較している。

　正解 ❹ 琥珀の特徴と価値を説明している。

解答プロセス

選択肢を先に見て、内容を推測する

45番は内容が一致するものを選ぶ問題、46番は「**말하는 방식** 話す方式（話し方）」を選ぶ問題です。この「話し方」とは、詳細描写・比較・批判・分析などの「説明の手法」のことです。46番の選択肢の方が短時間で先読みしやすいので見てみると、「**호박**」が繰り返し登場します。日常生活では「カボチャ」の意味で出てくることが多いですが、ここでは全て「琥珀」に関することです（女性の最初の言葉にヒントがあります）。①「**가공 과정** 加工過程」、②「**개념을 다시 정의** 概念を再定義」、③「**유형을 파악해 비교** パターンを把握して比較」、④「**특징과 가치를 설명** 特徴と価値を説明」とあり、このどれかの話法で説明されることが分かります。

話者の主なメッセージをチェックする

女性の言っていることを順に追っていきます。「**호박은 나무에서 흘러나온 수액이 굳어져서 생긴 것** 琥珀は木から流れ出た樹液が固まってできたもの」と、まずは琥珀がどのようなものかを説明しています。「**또 다른 보석들은 보통 흠집이나 불순물이 없어야 가치를 인정받지만 호박은 다릅니다** また、他の宝石は通常、傷や不純物がないことで価値が認められますが、琥珀は異なります」と、琥珀の価値の算定基準は他の宝石と違うと述べ、「**불순물이 잘 보일수록 가치가 높습니다** 不純物がよく見えるほど価値が高いです」と言っています。最後に「**그래서** それで」という結論の前によく使われる接続詞に続けて、「**다이아몬드만큼이나 비싼 가격에 팔리기도 합니다** ダイヤモンドと同じくらい高い値段で売られたりします」と付け加えています。

選択肢と照らし合わせる

内容一致問題の45番は③「**호박 내부의 불순물이 잘 보이면 가격이 비싸진다** 琥珀内部の不純物がよく見えると値段が高くなる」がSTEP 1と2で見た内容と同じなので、**正解** ❸です。話法を選ぶ46番は、琥珀ができる過程の説明→他の宝石とは評価基準が異なる点が特徴→その特徴が値段にも表れるという順で説明されています。これは④「特徴と価値を説明」に合うので、**正解** ❹です。

パターン6 問題番号[45〜46][49〜50]を練習しましょう

※ [45~46] 다음을 듣고 물음에 답하십시오. (각 2점)
次を聞いて問いに答えなさい。(各2点)

45. 들은 내용과 일치하는 것을 고르십시오. 🔊 066

　① 우유 단백질 포장재는 산소 차단율이 높다.

　② 탄수화물 포장재는 환경 오염의 주된 원인이다.

　③ 탄수화물 포장재의 미세 구멍을 줄이는 데 성공했다.

　④ 우유 단백질 포장재는 음식으로 만든 최초의 포장재이다.

※問題番号46 掲載省略

(52회 TOPIK II 듣기 45번)

解答・解説

STEP 1&2. 選択肢を見ると、「**우유 단백질** 牛乳タンパク質」「**포장재** 包装材」「**탄수화물** 炭水化物」などの単語が繰り返し出てきています。女性は「**비닐 포장재도 환경 오염의 원인 중 하나입니다** ビニール包装材も環境汚染の原因の1つです」と話し始めているので、これがこの講演のテーマだと分かります。その解決策として、「**친환경적인 소재 개발** 環境にやさしい素材開発」「**음식 성분을 이용한 포장재** 食べ物の成分を利用した包装材」というキーワードが出てきました。最初に作った炭水化物で作った包装材は「酸素をまともに防ぐことが難しかったと言っています。最近、「**우유에 들어 있는 단백질로 포장재를 만드는 데 성공** 牛乳に入っているタンパク質で包装材を作ることに成功」し、これは「**먹어도 해롭지 않고, 버려도 잘 썩을 뿐만 아니라 산소도 더 잘 차단합니다** 食べても害にならないし、捨てても腐りやすい(分解されやすい)だけでなく、酸素もよりしっかり遮断します」と言っています。最後に「**과학 기술은…환경 문제를 해결하는 데도 적극 활용되고 있습니다** 科学技術は…環境問題を解決するのにも積極的に活用されています」とまとめています。

STEP 3. 選択肢の中で聞いた内容と一致するものは、①「**우유 단백질 포장재는 산소 차단율이 높다** 牛乳タンパク質の包装材は酸素遮断率が高い」で、**正解 ❶** です。「**우유에 들어 있는 단백질로 포장재**」というキーワードが「**우유 단백질 포장재**」と短くなっていることにも注意しましょう。

音声

여자 : 비닐 포장재도 환경 오염의 원인 중 하나입니다. 그래서 과학 기술 분야에서는 친환경적인 소재 개발에 몰두해 왔는데요. 그중 하나가 음식 성분을 이용한 포장재입니다. 먼저 시도됐던 것은 탄수화물로 만든 포장재인데요. 미세 구멍이 많은 이 포장재는 산소를 제대로 막아 내기 어려워 기존 포장재를 대체하기에는 역부족이었죠. 최근에는 우유에 들어 있는 단백질로 포장재를 만드는 데 성공했습니다. 이건 먹어도 해롭지 않고, 버려도 잘 썩을 뿐만 아니라 산소도 더 잘 차단합니다. 앞으로 대량으로 생산할 수 있는 기술력이 확보된다면 비닐 포장재로 인한 심각한 환경 오염 문제가 크게 개선될 겁니다. 이렇게 과학 기술은 생활의 편리함을 가져올 뿐만 아니라 환경 문제를 해결하는 데도 적극 활용되고 있습니다.

[日本語訳]

女性：ビニール包装材も、環境汚染の原因の1つです。それで科学技術分野では、環境にやさしい素材開発に没頭してきました。そのうちの1つが、食べ物の成分を利用した包装材です。まず試されたのは、炭水化物で作った包装材です。微細穴が多いこの包装材は酸素をまともに防ぐことが難しく、既存の包装材を代替するには力不足でした。最近では、牛乳に入っているタンパク質で包装材を作ることに成功しました。これは食べても害にならないし、捨てても腐りやすい（分解されやすい）だけでなく、酸素もよく遮断します。今後、大量に生産できる技術力が確保されれば、ビニール包装材による深刻な環境汚染問題が大きく改善されるでしょう。このように、科学技術は生活の利便性をもたらすだけでなく、環境問題の解決にも積極的に活用されています。

45. 聞いた内容と一致するものを選びなさい。

正解 ❶ 牛乳タンパク質の包装材は酸素遮断率が高い。

② 炭水化物の包装材は環境汚染の主な原因だ。

③ 炭水化物の包装材の微細穴を減らすことに成功した。

④ 牛乳タンパク質の包装材は食べ物で作った最初の包装材だ。

CHECK ☐ ☐ ☐

46. 여자가 말하는 방식으로 알맞은 것을 고르십시오. ◀»067

　① 장악원의 연주 장면을 묘사하고 있다.

　② 장악원을 다른 기관과 비교하고 있다.

　③ 장악원의 변천 과정을 요약하고 있다.

　④ 장악원이 담당한 역할을 설명하고 있다.

(83회 TOPIK II 듣기 46번)

解答・解説

STEP 1. 選択肢は全て「**장악원** 掌楽院」から始まり、これが何かは音声の中で具体的に説明されます。話法としては①「**연주 장면을 묘사** 演奏場面を描写」、②「**다른 기관과 비교** 他の機関と比較」、③「**변천 과정을 요약** 変遷過程を要約」、④「**담당한 역할을 설명** 担当した役割を説明」とあります。女性がどのように掌楽院について説明しているかに注意しながら聞いていきます。

STEP 2. 「**조선 시대, 왕실의 행사에는** 늘 장악원의 음악인들이 있었습니다 朝鮮時代、王室の行事には常に掌楽院の音楽家がいました」と話を始めています。掌楽院は、「**국가 음악 기관으로서** 궁중 음악에 관한 모든 일을 관장 国家の音楽機関として宮中音楽に関する全てのことを管理」、「**연습 일정까지 법으로 정해 놓을 만큼 철저하게 운영** 練習日程まで法で定めておくほど徹底的に運営」、「**전문 음악인을 양성** 専門の音楽家を養成」、「**악기를 직접 제작** 楽器を直接製作」と、掌楽院が宮中音楽の一切を管理する役割を担っていたことを説明をしています。最後に「**그들의 음악은** 궁중 의례에 경건함을 더하고 왕실에 권위를 부여해 주는 핵심 요소 彼らの音楽は宮廷儀礼に敬虔さを加え、王室に権威を与える重要な要素」だったと締めくくっています。

STEP 3. 女性は掌楽院の役割を詳細に説明しているので、話し方として一致するものは **正解 ④** です。

音声

여자 : 조선 시대, 왕실의 행사에는 늘 장악원의 음악인들이 있었습니다. 장악원은 조선의 국가 음악 기관으로서 궁중 음악에 관한 모든 일을 관장했는데요. 각종 행사에 맞는 다양한 연주 방법과 횟수는 물론, 천여 명에 달하는 소속 음악인들의 연습 일정까지 법으로 정해 놓을 만큼 철저하게 운영되었습니다. 또 내부 교육 기관을 두어 전문 음악인을 양성하고, 연주에 필요한 악기를 직접 제작하는 것도 장악원에서 담당했습니다. 당시 장악원의 음악적 완성도는 상당한 수준이었는데요. 그들의 음악은 궁중 의례에 경건함을 더하고 왕실에 권위를 부여해 주는 핵심 요소였습니다.

[日本語訳]

女性：朝鮮時代、王室の行事には常に掌楽院の音楽家がいました。掌楽院は、朝鮮の国家の音楽機関として宮中音楽に関する全てのことを管理しました。各種行事に合う様々な演奏方法と回数はもちろん、千人余りに達する所属音楽家たちの練習日程まで法で定めておくほど、徹底的に運営されました。また、内部教育機関を設けて専門の音楽家を養成し、演奏に必要な楽器を直接製作することも掌楽院で担当しました。当時、掌楽院の音楽的完成度は相当な水準でした。彼らの音楽は宮廷儀礼に敬虔さを加え、王室に権威を与える重要な要素でした。

46. 女性の話し方として適切なものを選びなさい。

① 掌楽院の演奏場面を描写している。

② 掌楽院を他の機関と比較している。

③ 掌楽院の変遷過程を要約している。

正解 ❹ 掌楽院が担当した役割を説明している。

CHECK ☐ ☐ ☐

※ [49～50] 다음을 듣고 물음에 답하십시오. (각 2점)
　次を聞いて問いに答えなさい。(各 2 点)

49. 들은 내용과 같은 것을 고르십시오.　🔊068

　　① 이 제도는 재판의 신속성을 목적으로 한다.

　　② 이 제도는 많은 국가에서 시행을 앞두고 있다.

　　③ 이 제도는 특정 사건에 한해 제한적으로 적용된다.

　　④ 이 제도는 상급 법원에 재판을 청구할 권리를 보장한다.

※問題番号 50 掲載省略

(83회 TOPIK II 듣기 49번)

解答・解説

STEP 1&2. 49 ～ 50 番の問題では、同じジャンルの類似単語が選択肢に並ぶことが多いので、関連語彙の理解がカギになります。男性は最初に「**사법 재판에서 가장 중요한 건 무엇이라고 생각하시나요?** 司法裁判で最も重要なことは何だと思いますか？」と問いかけ、自ら「**아마도 공정함을 꼽을 것입니다** おそらく公正さを挙げるでしょう」と答えを出しているので、「司法裁判の公正さ」について語るものと推測できます。「**많은 국가들이…심급 제도를 시행하고 있는데요** 多くの国が…審級制度を施行しています」と「審級制度」について話を進めようとしています。この制度は「**한 사건에 대해 서로 다른 급의 법원에서 재판을 받을 수 있도록 보장하는 제도** 1つの事件に対して互いに異なる級の裁判所で裁判を受けられるように保障する制度」で、「**누구나…상급 법원에 다시 재판을 청구할 수 있지요** 誰もが…上級裁判所に再び裁判を請求することができます」と制度自体について説明しています。これ以降、接続詞に注目しながら要旨を押さえていきます。「**하지만** しかし」「多くの時間と人的資源が必要なのは事実」と、審級制度の問題点を指摘し、「**그래서** そのため」「制度を簡素化しようという声」もあるが、「**그럼에도 불구하고** それにもかかわらず」「審級制度は必要な制度だと言えます」と結んでいます。

STEP 3. ここまで見てきた審級制度の説明に一致するのは、④「**이 제도는 상급 법원에 재판을 청구할 권리를 보장한다** この制度は上級裁判所に裁判を請求する権利を保障する」なので、正解 ❹ です。

> 남자 : 여러분은 사법 재판에서 가장 중요한 건 무엇이라고 생각하시나요? 아마도 공정함을 꼽을 것입니다. 많은 국가들이 이 공정함이라는 원칙을 수호하기 위해 심급 제도를 시행하고 있는데요. 이는 한 사건에 대해 서로 다른 급의 법원에서 재판을 받을 수 있도록 보장하는 제도입니다. 만약 하급심의 법관이 법을 잘못 해석했거나, 판결이 부당하다고 판단하면 누구나 이 제도를 통해 상급 법원에 다시 재판을 청구할 수 있지요. 하지만 이 과정에는 많은 시간과 인적 자원이 소요되는 것이 사실입니다. 그래서 일부에서는 재판의 신속성을 위해 제도를 간소화하자는 목소리도 있습니다. 그럼에도 불구하고 심급 제도는 법 앞의 공정함을 실현하도록 한다는 점에서 반드시 필요한 제도라 할 수 있습니다.

［日本語訳］

> 男性 : 皆さんは、司法裁判で最も重要なことは何だと思いますか？ おそらく公正さを挙げるでしょう。多くの国がこの公正さという原則を守るために、審級制度を施行しています。これは、1つの事件に対して互いに異なる級の裁判所で裁判を受けられるように保障する制度です。もし下級審の裁判官が法を誤って解釈したり、判決が不当だと判断すれば、誰もがこの制度を通じて上級裁判所に再び裁判を請求することができます。しかし、このプロセスには多くの時間と人的資源が必要なのは事実です。そのため、一部では裁判の迅速性のために、制度を簡素化しようという声もあります。それにもかかわらず、審給制度は法の前の公正さを実現させるという点で、必ず必要な制度だと言えます。

49. 聞いた内容と同じものを選びなさい。

① この制度は裁判の迅速性を目的とする。

② この制度は多くの国で施行を控えている。

③ この制度は特定の事件に限って制限的に適用される。

正解 ❹ この制度は上級裁判所に裁判を請求する権利を保障する。

CHECK ☐ ☐ ☐

※問題番号 49 掲載省略

50. 여자의 태도로 가장 알맞은 것을 고르십시오.　　　　🔊069

　① 장기 기증에 동참하기를 촉구하고 있다.

　② 장기 이식 기술의 미래를 낙관하고 있다.

　③ 장기 기증으로 생길 문제를 예측하고 있다.

　④ 장기 이식 기술의 실패 원인을 진단하고 있다.

(60회 TOPIK II 듣기 50번)

解答・解説

STEP 1. 選択肢には、「**장기 기증** 臓器寄贈（提供）」「**장기 이식** 臓器移植」などの単語が並んでいます。①「**동참하기를 촉구** 参加を促し」、②「**기술의 미래를 낙관** 技術の将来を楽観」、③「**생길 문제를 예측** 生じる問題を予測」、④「**실패 원인을 진단** 失敗の原因を診断」とあります。50番は「態度（テーマに対する話者のスタンス）」を答えるので、臓器移植の現状についてなのか将来についてなのか、女性がどちらについて話しているか聞き取りましょう。

STEP 2. 「**장기 이식 기술의 가장 큰 어려움은 바로 거부 반응이었습니다** 臓器移植技術の最大の困難は、まさに拒否反応でした」と、移植技術の難しさを話しています。その難しさを解消するための技術発展についての説明が続きますが、「**그런데** ところが」「**여전히 필요한 만큼의 장기 기증은 이루어지지 않고 있습니다** 依然として必要なだけの臓器提供は行われていません」と、臓器提供の少なさを嘆いています。最後に人工臓器の研究について触れつつ、「**장기 이식의 새로운 가능성이 열릴 것으로 기대됩니다** 臓器移植の新しい可能性が開かれるものと期待します」と言っています。

STEP 3. 女性は臓器移植の問題点を指摘しつつも、新しい可能性に期待しているので、これに合うものを選ぶと、**正解 ❷**「臓器移植技術の将来を楽観している」です。

音声

女자 : 우리 몸의 장기를 다른 사람에게 이식하는 장기 이식 기술의 가장 큰 어려움은 바로 거부 반응이었습니다. 이식한 부위의 서로 다른 면역 체계 때문에 사망에 이르기도 했는데요. 1970년대에 이 면역력 문제를 해결하는 의료 기술이 개발되면서, 이식 성공률이 획기적으로 높아졌고 지금은 심장이나 뼈, 피부까지도 이식이 가능하게 됐지요. 그런데 이러한 의료 기술의 발전에도 불구하고 여전히 필요한 만큼의 장기 기증은

187

이루어지지 않고 있습니다. 이를 해결하기 위해 현재 인공 장기를 이식하는 연구가 한창이라고 하니 장기 이식의 새로운 가능성이 열릴 것으로 기대됩니다.

[日本語訳]

女性：私たちの体の臓器を他人に移植する臓器移植技術の最大の困難は、まさに拒否反応でした。移植した部位の異なる免疫システムのせいで、死亡に至ることもありました。1970年代にこの免疫力問題を解決する医療技術が開発され、移植成功率が画期的に高くなって、今は心臓や骨、皮膚までも移植が可能になりました。ところが、このような医療技術の発展にもかかわらず、依然として必要なだけの臓器提供は行われていません。これを解決するために現在、人工臓器を移植する研究が盛んだということで、臓器移植の新しい可能性が開かれるものと期待します。

50. 女性の態度として最も適切なものを選びなさい。

① 臓器提供への参加を促している。

[正解] ❷ 臓器移植技術の将来を楽観している。

③ 臓器提供によって生じる問題を予測している。

④ 臓器移植技術失敗の原因を診断している。

CHECK ☐ ☐ ☐

出てきた語彙をチェック！

問45 몰두하다 没頭する　시도되다 試される　-기 어렵다 ～(する)のは難しい
대체하다 代替する　역부족 力不足　차단하다 遮断する
問46 장악원 掌楽院(朝鮮王朝時代に宮廷で音楽の演奏を担当した組織)
관장하다 司る、管理する　양성하다 養成する　의례 儀礼　경건함 敬虔さ　권위 権威
問49 공정함 公正さ　꼽다 挙げる　수호하다 守る　하급 下級　법관 裁判官
부당하다 不当だ　소요되다 必要とされる　간소화 簡素化　-에도 불구하고 ～にもかかわらず
問50 장기 臓器　이식하다 移植する　거부 拒否　사망 死亡　이르다 至る
획기적 画期的　한창이다 真っ最中だ、盛んだ

2章

読解問題

읽기

※ 目標級に合わせて、重点的に勉強する範囲の参考にしてください。

読解問題を攻略しよう

読解問題を攻略するうえで、頭に入れておいた方がよいことを
確認しておきましょう。

1. 1 〜 18 番は 1 問につき設問 1 つ、19 〜 49 番は 1 問につき設問 2 つ、50 番のみ 1 問につき設問 3 つが出題される

読解問題は、全部で 50 問です。全体の文字量がかなり多いので、試験の際に最後の問題までたどり着かなかったという人も多いようです。そのため普段から時間を決めて問題を解く練習をしましょう。6 級を目指す場合、1 〜 18 番は 1 分、19 〜 49 番は 1 分 30 秒くらいを目標に練習していくと、試験本番で役に立ちます。

2. 問題文を全て読む必要はなく、解答が分かったら次の問題に進む

時間短縮のために「斜め読み」するためには、キーワードをうまくキャッチして全体の内容を把握する必要があります。また、全文を読まなくても解ける問題もあるので、解答を見つけられたら次の問題に進みましょう。最後に時間が余ったら見直すと確実性が増します。

3. 長文になるほど、選択肢を先に読んでから問題を解く方が効率がよい

長文問題は全文を読むとそれだけで時間がかかるうえ、問題を解くときに再度文章を読み直すと時間のロスが生じます。それを回避するためには、先に選択肢を読んで何が問われているのかを把握してから本文に取り掛かりましょう。最初の文と最後の文に言いたいことが集約されている場合が多いので、時間が足りない場合は最初と最後の文だけ読んで解くのが奥の手です。

4. 語彙力勝負なので語彙を増やすようにしておく

語彙力を伸ばすためには、単語をむやみに覚えるのではなく、同じタイプの語彙を集めて覚えた方が定着しやすく、例文と一緒に覚えることが重要です。例えば、小説には感情表現が多く出てくるので感情に関する形容詞を覚えておくなど、語彙や慣用句を覚える目的を明確にして勉強するといいでしょう。

基本パターン
1

空欄に入る適切な語彙を選ぶ

問題番号[1〜2]はこれが出る！

特　徴　・空欄のある短い文が提示される

・自然な文になるよう、正しい文法知識と語彙で空欄を埋める

ポイント　1.主語と述語や空欄の前後関係をしっかり把握することが大切

2.副詞はヒントになりやすく、その副詞に合う動詞表現を選ぶのがカギ

実際の問題にチャレンジ！

※ [1~2] (　　　　)에 들어갈 말로 가장 알맞은 것을 고르십시오. (각 2점)

1. 책을 많이 (　　　　) 지식을 쌓을 수 있다.

① 읽으면　　② 읽든지　　③ 읽지만　　④ 읽거나

(83회 TOPIK II 읽기 1번)

出てきた語彙をチェック！

책 本　지식 知識　쌓다 積む　읽다 読む　-(으)면 〜(する)と、〜(し)たら
-든지 〜(する)なり、〜(し)たり　-지만 〜(する)けど　-거나 〜(し)たり、〜(する)か

次ページで解答と解答プロセスをチェック！➡

［実際の問題］

※ [1～2] (　　　　　) 에 들어갈 말로 가장 알맞은 것을 고르십시오. (각 2점)

1. 책을 많이 (　　　　　) 지식을 쌓을 수 있다.

　 정답 ❶ 읽으면　　② 읽든지　　③ 읽지만　　④ 읽거나

［日本語訳］

(　　　　　) に入る言葉で最も適切なものを選びなさい。(各 2 点)

1. 本をたくさん (　　　　　) 知識を積むことができる。

　 正解 ❶ 読むと　　② 読むなり　　③ 読むけど　　④ 読んだり

解答プロセス

STEP 1　空欄を除いた文の全体的な流れを把握する
前半に「**책을 많이** 本をたくさん」、後半に「**지식을 쌓을 수 있다** 知識を積むことができる」とあるので、前後をつなげるためには、前半の内容が「条件」となる表現が入るのではないかと推測できます。

STEP 2　選択肢をチェックする
選択肢は全て「**읽다** 読む」を活用した形になっています。①「**읽으면** 読むと」は「条件」、②「**읽든지** 読むなり」は「選択」、③「**읽지만** 読むけど」は「逆接」、④「**읽거나** 読んだり」は「選択、習慣」を表します。

STEP 3　選択肢の中で文の流れに合うものを選ぶ
STEP 2 で見た中で「条件」となっているのは①「**읽으면** 読むと」です。よって、正解 ❶**읽으면**です。

| パターン 1 | 問題番号 [1～2] を練習しましょう |

※ [1～2] (　　　　) 에 들어갈 말로 가장 알맞은 것을 고르십시오. (각 2점)
　　(　　　　) に入る言葉で最も適切なものを選びなさい。(各 2 点)

1. 해가 뜨는 것을 (　　　　) 아침 일찍 일어났다.
　 ① 보아야　　② 보려고　　③ 보거나　　④ 보는데

(52회 TOPIK II 읽기 1번)

解答・解説

STEP 1. 前半は「해가 뜨는 것을 日が昇るのを」、後半は「아침 일찍 일어났다 朝早く起きた」とあるので、朝早く起きた「目的」の表現が前半にあると自然です。

STEP 2. 選択肢は全て「보다 見る」を活用した形になっています。①「보아야 見てはじめて」は「条件」、②「보려고 見ようと」は「目的」、③「보거나 見たり」は「選択」、④「보는데 見るけど」は「前提、逆接」を表します。

STEP 3. STEP 2 で見た中で「目的」になっているのは②「보려고 見ようと」です。よって、正解 ❷보려고です。

[日本語訳]
1. 日が昇るのを (　　　　) 朝早く起きた。
　 ① 見てはじめて　正解 ❷ 見ようと　　③ 見たり　　④ 見るけど

CHECK ☐ ☐ ☐

2. 동생이 점점 아버지를 (　　　　).
　 ① 닮아 간다　　　　② 닮기도 한다
　 ③ 닮았나 보다　　　④ 닮은 적이 없다

(64회 TOPIK II 읽기 2번)

解答・解説

STEP 1. 「동생 弟 / 妹」「아버지 父」という名詞と一緒に、「점점 だんだん」という副詞が使われているので、ここが大きなヒントになります。「弟 / 妹が父にだんだん何なのか」と考えて選択肢を見ていきます。

STEP 2&3. 選択肢は全て「닮다 似る」を活用した表現なので、「弟 / 妹が父に似ている」という文だと分かります。①「닮아 간다 似ていく」、②「닮기도 한다 似たりもする」、③「닮았나 보다 似たようだ」、④「닮은 적이 없다 似たことがない」の中で「점점 だんだん」を伴って意味が通るのは①の「닮아 간다 似ていく」です。よって、正解 ❶닮아 간다です。

[日本語訳]

2. 弟 / 妹がだんだん父に（　　　　）。

 正解 ❶ 似ていく   ② 似たりもする

 ③ 似たようだ   ④ 似たことがない

CHECK ☐ ☐ ☐

出てきた語彙をチェック！

問 1 일찍 早く　일어나다 起きる　-아/어야 ～(し)てこそ　-려고 ～(し)ようと
-거나 ～(し)たり、～(する)か　-는데 ～(する)けど
問 2 점점 だんだん　닮다 似る　-아/어 가다 ～(し)ていく　-기도 하다 ～(し)たりする
-나 보다 ～(し)ているようだ　-(으)ㄴ 적이 없다 ～(し)たことがない

基本パターン 2　下線部と意味の似ている表現を選ぶ

問題番号[3〜4]はこれが出る！

特　徴　　短い文が提示され、下線部と同じ意味を持つ選択肢を選ぶ

ポイント　　1. 文全体の意味をしっかり把握し、下線部の意味を正確に読み
　　　　　　　 取ることがカギ

　　　　　　2. 同じ意味で言い換えることができる言葉を覚えておく

実際の問題にチャレンジ！

※ [3~4] 밑줄 친 부분과 의미가 가장 비슷한 것을 고르십시오. (각 2점)

3. 정부는 일자리를 <u>늘리고자</u> 새로운 정책을 수립했다.

　① 늘리자마자　　　② 늘리더라도

　③ 늘리는 대신　　　④ 늘리기 위해

(64회 TOPIK II 읽기 3번)

出てきた語彙をチェック！

일자리 雇用、働き口　늘리다 増やす　새롭다 新しい　정책 政策
수립하다 樹立する、立てる　-자마자 〜(し)てすぐに　-더라도 〜だとしても
-는 대신 〜(する)代わり　-기 위해 〜(する)ために

次ページで解答と解答プロセスをチェック！ ➡

[実際の問題]

※ [3~4] 밑줄 친 부분과 의미가 가장 비슷한 것을 고르십시오. (각 2점)

3. 정부는 일자리를 늘리고자 새로운 정책을 수립했다.

　① 늘리자마자　　　② 늘리더라도

　③ 늘리는 대신　　[정답] ④ 늘리기 위해

[日本語訳]

下線を引いた部分と意味が最も似ているものを選びなさい。（各 2 点）

3. 政府は雇用を増やそうと新しい政策を樹立した。

　① 増やしてすぐ　　② 増やしても

　③ 増やす代わりに　[正解] ④ 増やすために

解答プロセス

 下線部の意味を把握する

下線部「늘리고자」は「늘리다 増やす」が原形で、「-고자」は「〜(し)ようと」という意味であり、「目的」を表します。

 選択肢から、同じ意味を持つ表現を探す

選択肢の語尾を見ると、①「-자마자 〜(し)てすぐ」、②「-더라도 〜(し)ても」、③「-는 대신 〜(する)代わり」、④「-기 위해 〜(する)ために」とあり、この中で「目的」を表すのは「-기 위해 〜(する)ために」なので、④「늘리기 위해」を選びます。

 表現を言い換えても文が自然か確認する

「늘리고자」を「늘리기 위해」に言い換えても、「정부는 일자리를 늘리기 위해 새로운 정책을 수립했다 政府は雇用を増やすために新しい政策を樹立した」と自然に文が通ります。よって、[正解] ④늘리기 위해です。

 下線の部分と似た意味の選択肢が見つけられれば、STEP 3 を飛ばして次の問題に進んでもOK。解答時間を節約するためにも、似た文法表現はなるべくまとめて覚えるようにしましょう。

※ [3~4] 밑줄 친 부분과 의미가 가장 비슷한 것을 고르십시오. (각 2점)
　　下線を引いた部分と意味が最も似ているものを選びなさい。(各 2 点)

3. 시험이 시작되자 교실은 숨소리가 들릴 만큼 조용해졌다.
　　① 들리다가　　　② 들리더라도
　　③ 들릴 정도로　　④ 들릴 때까지

(83회 TOPIK II 읽기 3번)

2章 読解問題

읽기

基本パターンを攻略　パターン2

　解答・解説

STEP 1. 下線部「들릴 만큼」は「들리다 聞こえる」が原形で、「-(으)ㄹ 만큼 くらい」 は「程度」を表しています。

STEP 2. 選択肢の語尾、①「-다가 ～ (し) て、～ (する) 途中で」、②「-더라도 ～ (し) て も」、③「-(으)ㄹ 정도로 ～ (する) ほど」、④「-(으)ㄹ 때까지 ～ (する) まで」の 中で下線部と同じく「程度」を表すのは③「들릴 정도로」です。

STEP 3. 「들릴 만큼」を「들릴 정도로」に言い換えても「시험이 시작되자 교실은 숨소 리가 들릴 정도로 조용해졌다 試験が始まると教室は息づかいが聞こえるほ ど静かになった」となり、文は自然です。よって、(正解) ❸들릴 정도로です。

───────────────────────────────

［日本語訳］

3. 試験が始まると、教室は息づかいが聞こえる<u>くらい</u>静かになった。
　　① 聞こえて　　　　　② 聞こえても
　　(正解) ❸ 聞こえるほど　④ 聞こえるまで

CHECK □ □ □

───────────────────────────────

4. 이 컴퓨터는 낡아서 수리해 봐야 오래 쓰기 어렵다.
　　① 수리해 보니까　　② 수리하는 대로
　　③ 수리하는 바람에　④ 수리한다고 해도

(60회 TOPIK II 읽기 4번)

解答・解説

STEP 1. 下線部「**수리해 봐야**」は「**수리하다** 修理する」が原形です。「-해 봐야」は、「～してみてこそ（分かる）、～してみたところで」など、後にくる内容によって意味が変わるため、下線の後の内容を確認します。「**오래 쓰기 어렵다** 長く使うのは難しいです」と否定的な内容が続くので、下線部は「修理してみたところで」とすると、意味が通じます。

STEP 2. 選択肢を見ると、①「-해 보니까 ～してみたら」、②「-하는 대로 ～し次第、～した通り」、③「-하는 바람에 ～したせいで」、④「-한다고 해도 ～するとしても」とあり、④の「**수리한다고 해도** 修理するとしても」が似たような意味です。

STEP 3. 「**수리해 봐야**」を「**수리한다고 해도**」に言い換えても「**이 컴퓨터는 낡아서 수리한다고 해도 오래 쓰기 어렵다** このパソコンは古くて、修理するとしても長く使うのは難しい」となり、文は自然です。よって、正解 ❹ 수리한다고 해도です。

［日本語訳］

4. このパソコンは古くて、修理してみたところで長く使うのは難しい。

① 修理してみたら　　② 修理し次第

③ 修理したせいで　　正解 ❹ 修理するとしても

CHECK ☐ ☐ ☐

出てきた語彙をチェック！

問3 조용해지다 静かになる　-다가 ～(する)途中で　-더라도 ～だとしても
-(으)ㄹ 정도로 ～(する)ほど　-때까지 ～(する)ときまで
問4 낡다 古い、ぼろい　수리하다 修理する　오래 長く　-아/어 보니까 ～(し)てみたら
-는 대로 ～(し)次第　-는 바람에 ～(し)たせいで　-ㄴ/는다고 해도 ～(する)としても

広告や案内文の内容を選ぶ

問題番号[5〜8]はコレが出る！

特　徴	・題材は製品紹介やお店の宣伝、公共広告、案内、注意事項など
	・提示文は2文で出題される。1行目は短いキャッチコピー、2行目は説明文が多い。
ポイント	1．キーワードとなる名詞や副詞を見つける
	2．より多くの単語を拾うための語彙力と、知っている単語をどれだけ正確に関連付けられるかが攻略のカギ！

実際の問題にチャレンジ！

※ [5〜8] 다음은 무엇에 대한 글인지 고르십시오. (각 2점)

6.

매일 정성을 담아 더 맛있게~
자연에서 얻은 신선한 재료만을 사용합니다.

① 공원　　② 식당　　③ 꽃집　　④ 서점

(83회 TOPIK II 읽기 6번)

出てきた語彙をチェック！

매일 毎日　정성 真心、誠意　담다 込める、盛り込む　더 より、もっと　맛있게 おいしく
자연 自然　-에서 〜から　얻다 得る　신선하다 新鮮だ　재료 材料　-만 〜のみ、〜だけ
사용하다 使用する　공원 公園　식당 食堂　꽃집 花屋　서점 書店

次ページで解答と解答プロセスをチェック！⇒

［実際の問題］

※ [5~8] 다음은 무엇에 대한 글인지 고르십시오. (각 2점)

6.

> 매일 정성을 담아 더 맛있게~
> 자연에서 얻은 신선한 재료만을 사용합니다.

① 공원　　（정답）❷ 식당　　③ 꽃집　　④ 서점

［日本語訳］

次は何についての文か選びなさい。（各 2 点）

6.

> 毎日真心を込めてよりおいしく～
> 自然から得た新鮮な材料のみを使用しています。

① 公園　　（正解）❷ 食堂　　③ 花屋　　④ 書店

解答プロセス

1行目のキーワードを探す

1行目に「맛있게 おいしく」という副詞があるので、食べ物に関する内容だと推測できます。

2行目のキーワードを探す

2行目のキーワードは「신선한 재료 新鮮な材料」、「사용합니다 使用しています」です。しかも、選択肢は全て「場所」を表す単語なので、味が関係して材料を使う場所であることが分かります。

見つけた言葉を関連付ける

選択肢を見ると、食べ物と関連した場所は②「식당 食堂」だけなので、（正解）❷식당です。

選択肢を先に読んでからキーワードを探すと、解答スピードがさらに UP！

パターン
3　問題番号 [5 ～ 8] を練習しましょう

※ [5～8] 다음은 무엇에 대한 글인지 고르십시오. (각 2점)
　　次は何についての文か選びなさい。(各 2 点)

5.

> 더위를 **싹** ~
> 자연 바람을 선물합니다.

① 에어컨　　② 청소기　　③ 냉장고　　④ 세탁기

(64회 TOPIK II 읽기 5번)

解答・解説

STEP 1.　1 行目を見ると、「더위 暑さ」、「싹 すっかり、さっと」とあります。「暑さが、さっとどうなるのか」を想像します。「暑さがさっと(なくなる)」が省略された表現だと考えられます。

STEP 2.　2 行目を見ると、「바람을 선물합니다 風をプレゼントします」とあります。

STEP 3.　見つけたキーワードを組み合わせると、暑さが一瞬にして消えて風をプレゼントするものは、扇風機かエアコンと推測できるので、正解 ❶ エアコンです。

[日本語訳]

5.
> 暑さをさ～っと
> 自然の風をプレゼントします。

 ❶ エアコン　　② 掃除機　　③ 冷蔵庫　　④ 洗濯機

CHECK ☐ ☐ ☐

6.

> 큰 이불도 깨끗하게
> 세탁부터 건조까지 한 번에 해결 !

① 우체국　　② 여행사　　③ 편의점　　④ 빨래방

(60회 TOPIK II 읽기 6번)

解答・解説

STEP 1. 1行目に「이불 布団」と「깨끗하게 きれいに」があるので、洗濯や掃除に関することだと推測できます。

STEP 2. 2行目に「세탁부터 건조까지 洗濯から乾燥まで」とあり、**세탁**が出た時点で1行目での推測が当たっていることが分かります。さらに文末には「**해결 解決**」とあるので、「洗濯が楽になる何か」だと、より具体的に推測することができます。

STEP 3. これらのキーワードから「**빨래방** コインランドリー」や「**세탁소** クリーニング屋」などが連想できます。選択肢の中に「**빨래방** コインランドリー」があるので、正解 ❹빨래방です。

[日本語訳]

6.

> **大きな**布団もきれいに
> 洗濯から乾燥まで**いっぺんに**解決！

① 郵便局　　② 旅行会社　　③ コンビニ　　正解 ❹ コインランドリー

CHECK ☐ ☐ ☐

7.

> **등산할 때 담배와 라이터는 두고 가세요.**
> **작은 실천이 아름다운 산을 지킵니다.**

① 건강 관리　　② 전기 절약　　③ 화재 예방　　④ 교통 안전

(60회 TOPIK II 읽기 7번)

解答・解説

STEP 1. 1行目の「등산할 때 登山するとき」という単語が分かれば、山に関連する内容だと分かります。さらに「담배와 라이터 タバコとライター」、「두고 가세요 置いて行ってください」などの単語も拾えると、登山の持ち物や火災防止に関する注意事項だと推測できます。

STEP 2. 2行目には「아름다운 산을 지킵니다 美しい山を守ります」とあるので、「景観保護」に関する注意喚起だと分かります。

STEP 3. 見つけたキーワードから、山や火事に関連するのは③「화재 예방 火災予防」
です。よって、正解 ❸화재 예방です。

[日本語訳]

7.

> 登山するとき、タバコとライターは置いて行ってください。
> 小さな実践が美しい山を守ります。

① 健康管理　　② 電気節約　　正解 ❸ 火災予防　　④ 交通安全

CHECK ☐ ☐ ☐

8.

● 오후 1시까지 구매하면 그날 가져다 드립니다.

● 주문이 많을 때는 늦어질 수 있습니다.

행복마트

① 사용 설명　　② 배달 안내　　③ 이용 순서　　④ 교환 방법

(52회 TOPIK II 읽기 8번)

解答・解説

STEP 1. この問題のように3行目に広告主が書かれているパターンは、この部分
が大ヒントになるので先にチェックしましょう。「마트 マート」はスーパー
マーケットのことなので、「행복마트 幸福マート」という名前のスーパー
が出している文です。1行目に戻ると、「구매하면 購買すれば」、「그날 가
져다 드립니다 その日にお届けいたします」などのキーワードがあり、「買
い物」や「配送」に関する内容だと推測できます。

STEP 2. 2行目に「늦어질 수 있습니다 遅れる場合があります」とあるので、もし
1行目の「購買」という単語が分からなくても、「スーパー」「その日」「お
届け」などの単語から、内容は推測できます。

STEP 3. 選択肢の中から、これらの内容に合うのは、②「배달 안내 配達案内」です。
よって、正解 ❷배달 안내です。

［**日本語訳**］

8.

● 午後1時までにご購入いただければ、その日にお届けいたします。

● ご注文が多いときは遅れる場合があります。

幸福マート

① 使用説明　　**正解 ❷** 配達案内　　③利用手順　　④交換方法

CHECK ☐ ☐ ☐

基本パターン 4　案内文やグラフの内容に一致する文を選ぶ

問題番号[9〜10]はこれが出る！

特　徴	・案内文やグラフの内容を正しく説明している選択肢を選ぶ
	・単語から内容を把握することが重要
ポイント	1.選択肢を先に読んでから、提示された案内文やグラフを見て情報を関連付ける
	2.日付、場所、対象、順位などは、優先的にチェックする

※問題番号［9〜12］は出題パターンが2つあり、ここでは［9〜10］について解説します。

実際の問題にチャレンジ！

※ [9〜12] 다음 글 또는 그래프의 내용과 같은 것을 고르십시오. (각 2점)

9.

> ### 제3회 한마음 걷기 대회
>
> ▶ 일시 : 2019년 9월 14일(토) 09:00~13:00
> ▶ 참가 대상 : 제한 없음
> ▶ 내용 : 3.8km 걷기(시민공원부터 인주기념관까지)
> ▶ 참가비 : 무료

① 이 대회는 이번에 처음으로 열린다.

② 이 대회에는 누구나 참가할 수 있다.

③ 이 대회에 참가하려면 돈을 내야 한다.

④ 이 대회의 출발 장소는 인주기념관이다.

(64회 TOPIK II 읽기 9번)

次ページで解答と解答プロセスをチェック！ ➡

出てきた語彙をチェック！

제3회 第3回　걷기 ウォーキング　대회 大会　일시 日時　참가 参加　대상 対象
내용 内容　기념관 記念館　참가비 参加費　무료 無料

[実際の問題]

※ [9~12] 다음 글 또는 그래프의 내용과 같은 것을 고르십시오. (각 2점)

9.

> 제3회 한마음 걷기 대회
> ▶ 일시 : 2019년 9월 14일 (토) 09:00~13:00
> ▶ 참가 대상 : 제한 없음
> ▶ 내용 : 3.8km 걷기 (시민공원부터 인주기념관까지)
> ▶ 참가비 : 무료

① 이 대회는 이번에 처음으로 열린다.

정답 ❷ 이 대회에는 누구나 참가할 수 있다.

③ 이 대회에 참가하려면 돈을 내야 한다.

④ 이 대회의 출발 장소는 인주기념관이다.

- -

[日本語訳]

次の文または図表の内容と同じものを選びなさい。(各 2 点)

9.

> 第3回 ハンマウムウォーキング大会
> ・日時 : 2019年9月14日(土) 09:00 ～ 13:00
> ・参加対象 : 制限なし
> ・内容 : 3.8km ウォーキング (市民公園からインジュ記念館まで)
> ・参加費 : 無料

① この大会は今回初めて開かれる。

正解 ❷ この大会には誰でも参加できる。

③ この大会に参加するためにはお金を払わなければならない。

④ この大会の出発場所はインジュ記念館だ。

解答プロセス

見出しを読んで、何についての文か把握する

見出しは「제3회 한마음 걷기 대회 第 3 回 ハンマウムウォーキング大会」
となっているので、ウォーキング大会の案内文です。

選択肢を先にチェックし、重要な内容を拾っておく

選択肢を見て、時間、場所、「-부터 -까지 ～から～まで」のような表現
や具体的な数字など、答えを選ぶ際に重要となるキーワードをチェッ
クします。

① 처음으로 **열린다** 初めて開かれる

② 누구나 **참가할 수 있다** 誰でも参加できる

③ **참가하려면 돈을 내야 한다** 参加するためにはお金を払わなければなら
ない

④ 출발 장소는 인주기념관**이다** 出発場所はインジュ記念館だ

選択肢と提示文や図表を照らし合わせながら答えを選ぶ

① 見出しが「제3회 第 3 回」となっているので、誤答です。

② 3 行目「참가 대상 参加対象」に「제한 없음 制限なし」とあり、選択
肢と同じ意味です。よって、**正解 ②** です。

③ 5 行目「참가비：무료 参加費：無料」とあるので、誤答です。

④ 4 行目「시민공원부터 市民公園から」とあるので、誤答です。

2 章 読解問題

読기

基本パターンを攻略 パターン 4

※ [9~12] 다음 글 또는 그래프의 내용과 같은 것을 고르십시오. (각 2점)
　次の文または図表の内容と同じものを選びなさい。(各 2 点)

9.

인주시의 과거 모습을 찾습니다

● 기간 : 2022년 9월 1일(목)~9월 30일(금)
● 대상 : 1980년 이전에 찍은 사진
● 방법 : 인주 시청 홍보실로 방문 제출

※ 사진을 제출하신 분께는 문화 상품권(3만 원)을 드립니다.

① 이 행사는 한 달 동안 진행된다.
② 사진은 이메일로 제출해야 한다.
③ 인주시에서 올해 찍은 사진을 내면 된다.
④ 이 행사에 참여하면 인주시의 옛날 사진을 받는다.

(83회 TOPIK II 읽기 9번)

解答・解説

STEP 1. 見出しは「**인주시의 과거 모습을 찾습니다** インジュ市の過去の姿を探します」なので、これに関する案内文だと推測できます。

STEP 2. 各選択肢のキーワードは①「**행사는 한 달 동안 진행** この行事は 1 ヵ月間行われる」、②「**사진은 이메일로 제출** 写真は E メールで提出」、③「**인주시에서 올해 찍은 사진** インジュ市で今年撮った写真」、④「**인주시의 옛날 사진을 받는다** インジュ市の昔の写真をもらえる」などです。

STEP 3. ①は 2 行目の「**기간** 期間」に「**2022년 9월 1일(목)~9월 30일(금)** 2022年9月1日（木）〜9月30日（金）」とあり 1 ヵ月間なので「**한 달 동안**」と同じ意味です。よって、正解 ❶ です。②は 4 行目の「**방법** 方法」に「**방문 제출** 訪問提出」とあるので、誤答です。③は 3 行目の「**대상** 対象」に「**1980년 이전에 찍은 사진** 1980 年以前に撮った写真」とあるので、誤答です。④は 5 行目に「**사진을 제출하신 분께는** 문화 상품권 写真を提出してくださった方には文化商品券」とあるので、誤答です。

9.
> インジュ市の過去の姿を探します
> ● 期間：2022年9月1日(木)~9月30日(金)
> ● 対象：1980年以前に撮った写真
> ● 方法：インジュ市役所広報室へ訪問して提出
> ※ 写真を提出された方には文化商品券（3万ウォン）を差し上げます。

正解 ❶ この行事は1ヵ月間行われる。

② 写真はEメールで提出しなければならない。

③ インジュ市で今年撮った写真を出せばいい。

④ この行事に参加すると、インジュ市の昔の写真がもらえる。

CHECK ☐ ☐ ☐

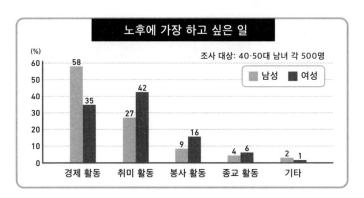

① 여성은 봉사 활동보다 취미 활동을 더 하고 싶어 한다.

② 종교 활동을 하고 싶어 하는 비율은 남성이 여성보다 높다.

③ 남녀 모두 경제 활동을 하고 싶다는 응답이 절반을 넘는다.

④ 경제 활동보다 봉사 활동을 하고 싶어 하는 남성들이 많다.

(60회 TOPIK II 읽기 10번)

解答・解説

STEP 1. 見出しは「노후에 가장 하고 싶은 일 老後に最もしたいこと」です。

STEP 2. 各選択肢のキーワードは①「여성 女性」「봉사 활동보다 취미 활동 ボランティア活動より趣味活動」、②「종교 활동 宗教活動」「남성이 여성보다 높다 男性が女性より高い」、③「남녀 모두 경제 활동을 하고 싶다 男女ともに経済活動をしたい」「절반을 넘는다 半分を超える」、④「경제 활동보다 봉사 활동 経済活動よりボランティア活動」「남성들이 많다 男性が多い」などです。

STEP 3. ①グラフの左から２つ目「취미 활동 趣味活動」と真ん中「봉사 활동 ボランティア活動」から、女性はボランティア活動より趣味活動をしたいというのは合っています。よって 正解 ❶ です。②右から２つ目「종교 활동 宗教活動」のグラフから、宗教活動をしたいのは女性の方が多いので、誤答です。③一番左「경제 활동 経済活動」のグラフで男性は58%と半分を超えていますが女性は35%なので誤答です。④一番左と真ん中のグラフを見比べると、男性は、ボランティア活動より経済活動をしたいことが分かるので、誤答です。

［日本語訳］

10.

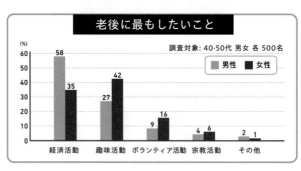

正解 ❶ 女性はボランティア活動よりも趣味活動をしたいと思っている。

② 宗教活動をしたい割合は男性が女性より高い。

③ 男女ともに経済活動をしたいという回答が半分を超える。

④ 経済活動よりボランティア活動をしたい男性が多い。

CHECK ☐ ☐ ☐

出てきた語彙をチェック！

問9 모습 姿 찾다 探す 분 方 -께는 ~には
問10 노후 老後 경제 経済 활동 活動 봉사 ボランティア 종교 宗教 기타 その他
응답 回答 절반 半分

問題番号[11~12]はこれが出る！

特　徴　・短い記事の内容を正確に理解し、選択肢から同じ内容を選ぶ

　　　　・実際に起きたことや話題になっていることなどのニュースが出る

ポイント　1. 新聞記事は、誰が（who）、いつ（when）、どこで（where）、何を（what）、なぜ（why）＋どうやって（how）の5W1Hを中心に構成されている。

　　　　2. キーワードを探し、選択肢と対比させるのがカギ！

※問題番号 [9～12] は出題パターンが2つあり、ここでは [11～12] について解説します。

実際の問題にチャレンジ！

※ [9~12] 다음 글 또는 그래프의 내용과 같은 것을 고르십시오. (각 2점)

11.

> 　그림책 작가 이수지 씨가 한국인 최초로 어린이책 노벨상이라는 안데르센상을 받아 주목받고 있다. 이 상은 1956년에 만들어진 상으로 작가가 발표한 모든 작품을 대상으로 심사한다. 이 작가는 어린이들이 꿈꾸고 상상하는 세계를 그림으로 잘 표현해 낸다는 평을 받았다.

① 이 작가가 받은 상은 작년에 만들어졌다.

② 이 작가는 한국인 중 처음으로 이 상을 받았다.

③ 이 작가는 자신이 직접 경험한 이야기를 그림으로 표현했다.

④ 이 작가는 자신의 작품 중 한 편을 골라 심사 대상으로 제출했다.

(83회 TOPIK II 읽기 11번)

次ページで解答と解答プロセスをチェック！ ➡

出てきた語彙をチェック！

그림책 絵本　작가 作家　**최초로** 初めて　**주목받다** 注目される　**발표하다** 発表する
심사하다 審査する　**상상하다** 想像する　**평을 받다** 評価を受ける

［実際の問題］

※ [9~12] 다음 글 또는 그래프의 내용과 같은 것을 고르십시오. (각 2점)

11.
> 　그림책 작가 이수지 씨가 한국인 최초로 어린이책 노벨상이라는 안데르센상을 받아 주목받고 있다. 이 상은 1956년에 만들어진 상으로 작가가 발표한 모든 작품을 대상으로 심사한다. 이 작가는 어린이들이 꿈꾸고 상상하는 세계를 그림으로 잘 표현해 낸다는 평을 받았다.

① 이 작가가 받은 상은 작년에 만들어졌다.

[정답] ❷ 이 작가는 한국인 중 처음으로 이 상을 받았다.

③ 이 작가는 자신이 직접 경험한 이야기를 그림으로 표현했다.

④ 이 작가는 자신의 작품 중 한 편을 골라 심사 대상으로 제출했다.

- -

［日本語訳］

次の文または図表の内容と同じものを選びなさい。(各 2 点)

11.
> 　絵本作家のイ・スジさんが韓国人初の児童書のノーベル賞といわれるアンデルセン賞を受賞して注目されている。この賞は1956 年に作られた賞で、作家が発表した全ての作品を対象に審査する。この作家は子どもたちが夢見て想像する世界を絵でよく表現しているという評価を受けた。

① この作家が受賞した賞は昨年作られた。

[正解] ❷ この作家は韓国人の中で初めてこの賞を受賞した。

③ この作家は自分が直接経験した話を絵で表現した。

④ この作家は自分の作品の中から一編を選んで審査対象に提出した。

解答プロセス

STEP 1 キーワード (5W1H) を中心に、1文ずつ要点をチェックする

「だれ」「いつ」「何」のような 5W1H を中心に、1文ずつ重要な部分を洗い出しましょう。

1文目→「그림책 작가 絵本作家」「한국인 최초 韓国人で最初」「안데르센상 アンデルセン賞」

2文目→「1956년에 만들어진 상 1956年に作られた賞」「모든 작품을 대상 全ての作品を対象」

3文目→「상상하는 세계를 그림으로 잘 표현 想像する世界を絵でよく表現」

STEP 2 選択肢と本文のキーワードを対比する

① 「상은 작년에 **만들어졌다** 賞は昨年に作られた」の部分が2文目の「1956年に作られた賞」と合わないので、誤答です。

② 「한국인 중 처음으로 韓国人の中で初めて」の部分が1文目の「韓国人で最初に」と合っています。よって、(正解) ❷ です。

③ 「자신이 직접 경험한 이야기를 自分が直接経験した話を」の部分が3文目の「想像する世界を」と合わないので、誤答です。

④ 「**작품 중** 한 편을 골라 作品の中から一編を選んで」の部分が2文目の「全ての作品を対象」と合わないので、誤答です。

パターン 5 **問題番号 [11〜12] を練習しましょう**

※ [9〜12] 다음 글 또는 그래프의 내용과 같은 것을 고르십시오. (각 2점)
　次の文または図表の内容と同じものを選びなさい。(各 2 点)

11.
> 　　지난 24일에 '제7회 소비자 선정 최고 브랜드 대상' 시상식이 인주신문사 대강당에서 개최됐다. 이 상은 소비자의 온라인 투표로 수상 브랜드가 선정되어 의미가 크다. 지난해와 같이 100개 브랜드가 상을 받았는데 올해는 처음으로 친환경 화장품 브랜드 두 개가 포함되었다.

① 소비자가 수상 브랜드를 선정했다.
② 기업들이 직접 온라인 투표에 참여했다.
③ 지난해보다 더 많은 브랜드가 선정됐다.
④ 친환경 화장품 브랜드는 상을 못 받았다.

(64회 TOPIK II 읽기 11번)

解答・解説

STEP 1. 提示文のキーワードは、1文目→「제7회 소비자 선정 최고 브랜드 대상 第7回消費者選定最高ブランド大賞」「인주신문사 대강당 インジュ新聞社大講堂」、2文目→「소비자의 온라인 투표 消費者のオンライン投票」、3文目→「지난해와 같이 100개 브랜드 昨年と同じく 100 のブランド」「친환경 화장품 브랜드 두 개가 포함 エコ化粧品ブランド 2 つが含まれ」などです。

STEP 2. ①は「소비자가 수상 브랜드를 선정했다 消費者が受賞ブランドを選定した」が 2 文目の内容に合っています。よって、**正解 ❶**です。②は「기업들이 직접 온라인 투표 企業が直接オンライン投票」の部分が 2 文目の内容と合わないので、③は「지난해보다 더 많은 브랜드 昨年よりさらに多くのブランド」の部分が 3 文目の内容と合わないので、④は「상을 못 받았다 賞をもらえなかった」の部分が 3 文目の内容と合わないので、それぞれ誤答です。

［日本語訳］

11.
> 24日に「第7回消費者選定最高ブランド大賞」授賞式がインジュ新聞社大講堂で開催された。この賞は消費者のオンライン投票で受賞ブランドが選定され意味が大きい。昨年と同じく100ブランドが賞を受賞したが、今年は初めてエコ化粧品ブランド2つが含まれた。

正解 ❶ 消費者が受賞ブランドを選定した。

② 企業が直接オンライン投票に参加した。

③ 昨年よりさらに多くのブランドが選ばれた。

④ 環境にやさしい化粧品ブランドは賞をもらえなかった。

CHECK ☐ ☐ ☐

12.
> 최근 한 아파트에서는 힘들게 일하는 택배 기사, 청소원 등을 위한 무료 카페를 열어서 화제가 되고 있다. 이 카페는 언제든 부담 없이 음료를 마시면서 쉴 수 있는 곳이어서 이용자들이 만족해하고 있다. 주민들은 처음에는 관심을 안 보였지만 지금은 카페에 음료와 간식을 제공하는 등 많은 도움을 주고 있다.

① 이 카페에 간식을 가져다주는 주민들이 생겼다.

② 카페를 열 때 아파트 주민들이 적극적으로 도왔다.

③ 이 카페는 아파트 주민들이 돈을 벌기 위해서 열었다.

④ 택배 기사들이 카페의 운영에 참여해 화제가 되고 있다.

(60회 TOPIK II 읽기 12번)

解答・解説

STEP 1. 提示文のキーワードは、1文目→「한 아파트 あるマンション」「힘들게 일하는 택배 기사, 청소원 등을 위한 苦労して働く宅配員、清掃員などのため」「무료 카페 無料カフェ」、2文目→「언제든 いつでも」「이용자들이 만족 利用者たちが満足」、3文目→「주민들은 처음에는 관심을 안 보였지만 住民たちは最初は関心を示さなかったが」「음료와 간식을 제공 飲料やおやつを提供」などです。

215

STEP 2. ①は「간식을 가져다주는 주민들이 생겼다 おやつを持ってきてくれる住民が できた」の部分が3文目と合っています。よって、**正解** **①**です。②は「적 극적으로 도왔다 積極的に支援した」の部分が3文目の内容と合わないの で、③は「돈을 벌기 위해서 お金を稼ぐために」の部分が1文目の内容と 合わないので、④は「택배 기사들이 카페의 운영에 참여해 宅配員たちがカ フェの運営に参加して」の部分が1文目の内容と合わないので、それぞ れ誤答です。

─────────────────────

［**日本語訳**］

12.
> 最近、あるマンションでは苦労して働く宅配員、清掃員などのた めの無料カフェを開き、話題になっている。 このカフェはいつでも 気軽に飲み物を飲みながら休めるところなので、利用者が満足して いる。 住民たちは、最初は関心を示さなかったが、今はカフェに飲 み物やおやつを提供するなど、大いに役立っている。

正解 **①** このカフェにおやつを持ってきてくれる住民ができた。

② カフェを開くとき、マンションの住民たちが積極的に支援した。

③ このカフェはマンションの住民がお金を稼ぐために開いた。

④ 宅配員たちがカフェの運営に参加して話題になっている。

CHECK ☐ ☐ ☐

４つの文を正しい順番に並べる

問題番号[13〜15]はこれが出る！

特　徴	・(가)、(나)、(다)、(라) の４つの文を正しい順に並び変える
	・１文目はほぼ２択になっている（まれに例外あり）
ポイント	１．１文目は文頭と文末の表現をヒントに、二者択一の精度を上げる
	２．２文目以降は文脈に沿うように慎重に選ぶ

実際の問題にチャレンジ！

※ [13〜15] 다음을 순서에 맞게 배열한 것을 고르십시오. (각 2점)

13.

(가) 그러나 이를 닦을 때는 순서에 맞춰 닦는 것이 좋다.
(나) 사람들은 보통 이를 닦을 때 순서에 별로 신경 쓰지 않는다.
(다) 전문가들은 안쪽 구석에서부터 앞쪽 방향이 좋다고 조언한다.
(라) 안쪽 이가 상하기 쉬워서 더 꼼꼼하게 닦아야 하기 때문이다.

① (나) – (가) – (다) – (라)　　② (나) – (라) – (가) – (다)

③ (다) – (가) – (라) – (나)　　④ (다) – (나) – (라) – (가)

(83회 TOPIK II 읽기 13번)

出てきた語彙をチェック！

그러나 しかし　이 歯　닦다 磨く　전문가 専門家　구석 隅　조언하다 助言する
상하다 傷つく　안쪽 内側　꼼꼼하다 丁寧だ

次ページで解答と解答プロセスをチェック！ ➡

[実際の問題]

※ [13～15] 다음을 순서에 맞게 배열한 것을 고르십시오. (각 2점)

13.
> (가) 그러나 이를 닦을 때는 순서에 맞춰 닦는 것이 좋다.
>
> (나) 사람들은 보통 이를 닦을 때 순서에 별로 신경 쓰지 않는다.
>
> (다) 전문가들은 안쪽 구석에서부터 앞쪽 방향이 좋다고 조언한다.
>
> (라) 안쪽 이가 상하기 쉬워서 더 꼼꼼하게 닦아야 하기 때문이다.

[정답] ❶ (나) - (가) - (다) - (라)   ② (나) - (라) - (가) - (다)

③ (다) - (가) - (라) - (나)   ④ (다) - (나) - (라) - (가)

- -

[日本語訳]

次を順番に合うように並べたものを選びなさい。(各2点)

13.
> (가) しかし、歯を磨くときは順番に従って磨くのがよい。
>
> (나) 人々は普通、歯を磨くとき、順番をあまり気にしない。
>
> (다) 専門家たちは内側の隅から前に向かうのがよいと助言している。
>
> (라) 内側の歯は傷つきやすいので、より丁寧に磨かなければならないからだ。

[正解] ❶ (나) - (가) - (다) - (라)   ② (나) - (라) - (가) - (다)

③ (다) - (가) - (라) - (나)   ④ (다) - (나) - (라) - (가)

解答プロセス

STEP 1　選択肢を見て、１文目の候補となる文２つをチェック

選択肢は**(나)**または**(다)**から始まっているので、そのどちらが１文目としてより自然か、２つの文を先に読みます。

STEP 2　２つの候補のうち、正しい方を見極める

(나)には、一般的なことを表す副詞「**보통** 普通」があり、文末が一般的な事実を述べる「**-는다**」で終わるので、話の導入になるタイプの文である可能性が高いです。**(다)**は、文末が「**조언한다** 助言している」なので、何に対するどんな助言なのか前置きが必要で、１文目にはふさわしくありません。よって１文目は**(나)**（選択肢の①か②）です。

STEP 3　１文目の内容に対して自然に続く２文目を探す

通常、２文目には１文目への「反論」もしくは「補足」が続きます。２文目の候補になっている**(가)**と**(라)**を比べると、**(가)**は「**그러나** しかし」で始まっているので反論タイプ、**(라)**は「**-기 때문이다** ～だからだ」で終わっているので補足タイプの文です。形だけ見ると、どちらも続く文としてありえます。

(가)の文末「**닦는 것이 좋다** 磨くのがよい」の次に**(다)**の「**전문가들은 …고 조언한다** 専門家たちは…と助言している」という文が来ると自然な流れになります。これに対して**(라)**には「**꼼꼼하게 닦아야 하기 때문이다** 丁寧に磨かなければならないからだ」とありますが、これは１文目**(나)**の「**별로 신경 쓰지 않는다** あまり気を使わない」と内容が合いません。よって、**(가)**が２文目に来ることが分かり、この時点で①が正解だと判断できます。

STEP 4　４つの文の流れを確認して解答を確定する

冒頭から選択した順序通りに読んでみて、話の流れが自然かどうかを確認し、解答を確定させます。 **正解** **❶** です。

本番では STEP 3 で正解を判断したら、次の問題に進んでもＯＫ。試験中に時間が余りそうだったら、STEP 4 の「４つの文の流れを確認する」までやるといいでしょう。

パターン 6　問題番号［13～15］を練習しましょう

※ [13~15] 다음을 순서에 맞게 배열한 것을 고르십시오. (각 2점)
　次を順番に合うように並べたものを選びなさい。(各 2 点)

13.

> (가) 회사의 1층 로비를 외부인에게 개방하는 회사가 많아졌다.
> (나) 사람들은 작품을 감상하고 커피를 마시면서 시간을 보낸다.
> (다) 미술관과 카페를 만들어 사람들이 와서 즐길 수 있게 한 것이다.
> (라) 이 공간을 이용하는 사람이 늘면서 회사의 이미지도 좋아지고 있다.

① (가) – (다) – (나) – (라)　　② (나) – (라) – (다) – (가)

③ (다) – (나) – (라) – (가)　　④ (라) – (나) – (가) – (다)

(64회 TOPIK II 읽기 13번)

解答・解説

STEP 1. 問題番号［13～15］は、ほぼ毎回 1 文目が 2 択になっていますが、ごくまれに 1 文目の候補が 4 択の場合があります。このようなイレギュラーな出題の場合でも、まずは 1 文目としてふさわしくないものを外していきましょう。文意をまとめるときに使われることが多い「-한 것이다 ～したのだ」で終わる**(다)**、「이 공간을 この空間を」の「이 この」が何を指しているのか不明瞭な**(라)**は、始まりの文としてふさわしくないので外します。**(가)**から始まる①と**(나)**から始まる②に絞れます。

STEP 2. **(가)**は「…하는 회사가 많아졌다 …する会社が多くなった」と最近の一般的な傾向を話しているのに対し、**(나)**は「작품을 감상하고 커피를 마시면서 시간을 보낸다 作品を鑑賞し、コーヒーを飲みながら時間を過ごす」とあり、場所の説明がなく人々の行動を羅列しているので、話の始まりとしてふさわしくありません。よって、**(가)**で始まる①を選びます。

STEP 3&4. STEP 2 までで、（正解）**①**と分かります。 最後に順序どおりに文を読んでみて、流れが自然かどうかを確認します。

［日本語訳］

13.
> (가) 会社の1階ロビーを外部の人に開放する会社が多くなった。
>
> (나) 人々は作品を鑑賞し、コーヒーを飲みながら時間を過ごす。
>
> (다) 美術館とカフェを作って人々が来て楽しめるようにしたのだ。
>
> (라) この空間を利用する人が増え、会社のイメージもよくなっている。

正解 ❶ (가) – (다) – (나) – (라)　　② (나) – (라) – (다) – (가)

③ (다) – (나) – (라) – (가)　　④ (라) – (나) – (가) – (다)

CHECK ☐ ☐ ☐

14.
> (가) 시대가 변하면서 회식 문화가 바뀌고 있는 것이다.
>
> (나) 직장에서는 좋은 업무 분위기를 위해서 회식을 한다.
>
> (다) 예전에는 직장에서 회식을 할 때 주로 술을 많이 마셨다.
>
> (라) 그러나 요즘에는 회식 대신에 공연을 관람하거나 맛집을 탐방하는 경우가 늘고 있다.

① (나) – (다) – (가) – (라)　　② (나) – (다) – (라) – (가)

③ (다) – (가) – (나) – (라)　　④ (다) – (나) – (라) – (가)

(52회 TOPIK II 읽기 14번)

解答・解説

STEP 1&2. 1文目候補の(나)と(다)を見比べると、(나)は「-을 한다 ～をする」という文末で終わっています。一方で、(다)は「예전에는 以前は」から始まっていて、いつに対しての「以前」なのか不明なので1文目としては不適切です。(나)から始まる①か②に絞られます。

STEP 3&4. ①も②も2文目まで選択肢が(다)で同じなので、2文目と3文目のつながりを確認します。①の場合、3文目が(가)だと、2文目(다)に対してどんな変化が起こっているのか説明できません。②の3文目の(라)は「그러나 요즘에는 しかし、最近は」とあり、(다)の「예전 以前」に対して時代の対比ができています。4文目の(가)も「-는 것이다 ～(する)のだ」と全体をまとめる最後の文にふさわしいので、正解 ❷です。

[日本語訳]

14.
> (가) 時代が変化しながら、会食文化が変わっているのだ。
>
> (나) 職場ではいい業務の雰囲気のために会食をする。
>
> (다) 以前は職場で会食をするとき、主にお酒をたくさん飲んだ。
>
> (라) しかし、最近は会食の代わりに公演を観覧したりおいしい店を訪ねたりするケースが増えている。

① (나) – (다) – (가) – (라)　　　正解 ❷ (나) – (다) – (라) – (가)

③ (다) – (가) – (나) – (라)　　　④ (다) – (나) – (라) – (가)

CHECK ☐ ☐ ☐

15.
> (가) 선택에 대한 부담으로 구매를 망설이다가 포기하기도 한다.
>
> (나) 선택에 대한 고객의 부담을 줄여 구매를 유도하려는 것이다.
>
> (다) 그래서 마트에서는 품목별로 몇 가지의 제품만 매장에 진열한다.
>
> (라) 소비자는 선택의 폭이 넓을수록 물건을 고를 때 어려움을 겪는다.

① (나) – (가) – (라) – (다)　　　② (나) – (라) – (가) – (다)

③ (라) – (가) – (다) – (나)　　　④ (라) – (다) – (가) – (나)

(64회 TOPIK II 읽기 15번)

解答・解説

STEP 1&2. 選択肢は (나) または (라) から始まるので、その2つの文を先に読みます。(나) は、主語がなく、文末は話をまとめる表現である「-는 것이다 〜するものだ」なので、話の始まりの文としてふさわしくありません。一方で、(라) は、主語が「소비자는 消費者は」で対象が広く、かつ「-는다 〜である」で終わるので、(나) よりも話の始まりとして自然です。よって、1文目は (라) (③か④) です。

STEP 3&4. まず③の2文目の (가) を読むと、「-기도 한다 〜(し)たりもする」と、前の文に情報を付け加える補足タイプの文になっています。一方④の2

文目の(다)は、「그래서 마트에서는 なのでスーパーでは」という始まり方で、こちらも「消費者が困難を経験する」という1文目に自然につながっています。このような場合はさらに内容をよく読みます。(가)には「消費者は」という主語が省略されていると考え、(라)「消費者は…困難を経験している」→(가)「選択に対する負担から…諦めたりもしている」→(다)「なのでスーパーでは…」という順に並べるのがより自然なので、(正解) ❸だと判断できます。念のため4文目の(나)も見ると、「-려는 것이다 ～(し)ようとするものだ」とあり、3文目(다)で説明したスーパーの陳列戦略を補強しながら文全体をまとめています。

［日本語訳］

15.

(가)	選択に対する負担で、購買をためらって諦めたりもする。
(나)	選択に対する顧客の負担を減らし、購買を誘導しようとするものだ。
(다)	それでスーパーでは品目別にいくつかの製品だけを売り場に陳列する。
(라)	消費者は選択の幅が広いほど物を選ぶときに困難を経験する。

① (나)-(가)-(라)-(다)　　② (나)-(라)-(가)-(다)

(正解) ❸ (라)-(가)-(다)-(나)　　④ (라)-(다)-(가)-(나)

CHECK ☐ ☐ ☐

出てきた語彙をチェック！

問13 로비 ロビー　외부인 部外者　개방하다 開放する　미술관 美術館　카페 カフェ
이미지 イメージ
問14 시대 時代　회식 会食,飲み会　문화 文化　직장 職場　업무 業務　분위기 雰囲気
공연 公演　관람하다 観覧する　맛집 行列店　탐방하다 探訪する　늘다 増える
問15 구매 購買　망설이다 ためらう　포기하다 諦める　고객 顧客　줄이다 減らす
유도하다 誘導する　마트 スーパー　품목별로 品目別に　매장 売り場　진열 陳列
폭 幅　물건 品物　고르다 選ぶ　겪다 経験する

☐☐	수술하다 手術する	수술하려면 가족으로부터 동의서가 필요합니다. 手術するには、家族からの同意書が必要です。
☐☐	망가지다 壊れる	산 지 얼마 안 된 제품인데 벌써 망가졌다. 買ったばかりの製品なのにもう壊れた。
☐☐	모시다 お連れする、 ご案内する	부모님을 모시고 해외여행을 다녀왔다. 両親をお連れして、海外旅行に行ってきた。
☐☐	살리다 生かす	각자의 재능을 살려서 취업하도록 유도하고 있다. それぞれの才能を生かして就職するよう指導している。
☐☐	낭비하다 浪費する、 無駄にする	계획을 잘 세우지 않으면 시간을 낭비하게 된다. 計画をうまく立てないと、時間を無駄にすることになる。
☐☐	서두르다 急ぐ	서둘러 역으로 가지 않으면 막차가 끊길 거야. 急いで駅に行かないと、終電がなくなるよ。
☐☐	뽑다 選ぶ	각 나라는 그 나라 국민 수준에 맞는 정치인을 뽑는다. 各国はその国の民度に合った政治家を選ぶ。
☐☐	꺼지다 消える	화재 현장은 여전히 불이 꺼지지 않고 있었다. 火災現場は、依然として火が消えていなかった。
☐☐	잠그다 (鍵を)締める	가스레인지를 쓰고 나면 밸브를 잠그는 습관을 들이세요. ガスコンロを使い終わったら、バルブを締める習慣をつけてください。
☐☐	배려하다 配慮する	고객을 대할 때는 상대를 배려하는 자세를 가져야 한다. 顧客に接するときは、相手に配慮する姿勢を持たなければならない。
☐☐	비우다 空ける	주말에 날짜를 비워 둘 테니까 같이 교외로 바람 쐬러 가자. 週末に日にちを空けておくから、一緒に郊外に気晴らしに行こう。
☐☐	방심하다 油断する	산을 오르다가 방심하면 크게 다칠 수도 있다. 山を登っていて油断すると、大怪我をする恐れがある。
☐☐	붙이다 つける、貼る	벽에 선거 포스터를 붙이고 돌아다녔다. 壁に選挙ポスターを貼って回った。
☐☐	데우다 温める	국물을 데워서 먹으니 추위가 가셨다. スープを温めて食べたら、寒さが和らいだ。
☐☐	중지하다 中止する	폭우가 쏟아지면서 야구 경기를 중지하게 됐다. 大雨が降り、野球の試合を中止することになった。
☐☐	가꾸다 飾る、手入れする	어머니는 정원을 가꾸는 것이 취미이다. 母は庭を手入れするのが趣味だ。
☐☐	반납하다 返納(返却)する	음식을 먹고 나면 정해진 자리에 식기를 반납하세요. 料理を食べたら、決められた場所に食器を返却してください。
☐☐	감다 巻く、(髪を)洗う	아이가 혼자 머리를 감지 못 해서 감겨 주었다. 子どもが一人で髪を洗えないので、洗ってあげた。

文脈に合うように、空欄に入る表現を選ぶ①

問題番号[16〜18]はこれが出る！

特　徴　文の流れをつかんで、文脈に合った表現を空欄に入れる

ポイント　1. 接続詞は、それに続く文の流れを表すので要注意

　　　　　　2. 選択肢をチェックするのは、空欄前後の文脈をしっかりつかんでから！

実際の問題にチャレンジ！

※ [16〜18] (　　　　　)에 들어갈 말로 가장 알맞은 것을 고르십시오. (각 2점)

16.
　　필름형 스피커는 종이보다 얇고 투명해서 (　　　　) 사용할 수 있다. 이 스피커를 활용하면 컴퓨터 화면이나 액자뿐만 아니라 벽이나 천장에서도 소리가 나오게 할 수 있다. 또 소재가 부드러워서 옷이나 커튼에 달아도 불편함 없이 사용이 가능하다.

① 소리 크기를 높여　　　② 단독 형태로 분리해

③ 다양한 물건에 붙여　　④ 특수한 영역을 제한해

(83회 TOPIK II 읽기 16번)

出てきた語彙をチェック！

필름형 フィルム型　종이 紙　얇다 薄い　투명하다 透明だ　활용하다 活用する
화면 画面　액자 額縁　벽 壁　천장 天井　소재 素材　부드럽다 柔らかい
커튼 カーテン　달다 つける　불편함 不便さ

次ページで解答と解答プロセスをチェック！ ⇒

[実際の問題]

※ [16~18] (   )에 들어갈 말로 가장 알맞은 것을 고르십시오. (각 2점)

16.
> 필름형 스피커는 종이보다 얇고 투명해서 (   ) 사용할 수 있다. 이 스피커를 활용하면 컴퓨터 화면이나 액자뿐만 아니라 벽이나 천장에서도 소리가 나오게 할 수 있다. 또 소재가 부드러워서 옷이나 커튼에 달아도 불편함 없이 사용이 가능하다.

① 소리 크기를 높여　　　　② 단독 형태로 분리해

[정답] ❸ 다양한 물건에 붙여　④ 특수한 영역을 제한해

- -

[日本語訳]

(   )に入る言葉として最も適切なものを選びなさい。(各2点)

16.
> フィルム型スピーカーは紙より薄くて透明なので(   )使用できる。このスピーカーを活用すれば、コンピューター画面や額縁だけでなく、壁や天井からも音が出るようにすることができる。また、素材が柔らかいので服やカーテンにつけても不便なく使用できる。

① 音量を大きくして　　　② 単独の形態に分離して

[正解] ❸ いろいろな物に貼って　④ 特殊な領域を制限して

STEP 1　空欄がある文を読んで、何についての話なのか推測する

空欄がある文を見ると、「**필름형 스피커** フィルム型スピーカー」「**종이보다 얇고 투명** 紙より薄くて透明」「**사용할 수 있다** 使用できる」とあるので、「紙より薄くて透明なフィルム型スピーカーの使用法」についてであることが分かります。

STEP 2　空欄がある文の前後の文を読んで、話の流れを把握する

その次の文は、「**컴퓨터 화면이나 액자뿐만 아니라 벽이나 천장에서도 소리가 나오게 할 수 있다** コンピューターの画面や額縁だけではなく、壁や天井からも音が出るようにすることができる」とあるので、このフィルムスピーカーにはたくさんの使い方があるということです。

STEP 3　選択肢の中で、文の流れを自然につなぐものを探す

「紙より薄くて透明なフィルム型スピーカー」を「色々なところから音を出せる」ようにする使い方は③の「**다양한 물건에 붙여** いろいろな物に貼って」が適切なので、 正解 ❸ です。

POINT　空欄の前後を読むだけで正解が分かるものについては、解答時間を節約するために全文読まずに次の問題に進んでも大丈夫です。

※ [16~18] (   )에 들어갈 말로 가장 알맞은 것을 고르십시오. (각 2점)

   (   )に入る言葉として最も適切なものを選びなさい。(各 2 点)

16.
   상담을 통해 책을 추천해 주는 서점이 있어 화제가 되고 있다. 서점 주인은 손님과 오랜 시간 대화를 나눈 후 (   ) 책을 추천해 준다. 상처 받은 사람에게는 위로가 되는 책을, 자신감이 부족한 사람에게는 용기를 주는 책을 추천하는 방식으로 서비스를 제공한다.

① 내용이 재미있는   ② 지식을 전달하는

③ 사람들이 많이 읽는   ④ 손님의 상황에 맞는

(64회 TOPIK II 읽기 16번)

解答・解説

STEP 1. 空欄のある文を見ると、「서점 주인은 **손님과 오랜 시간 대화를 나눈 후** 書店の主人はお客さんと長時間会話をした後」「**책을 추천**해 준다 本を推薦してくれる」とあるので、「書店」の話題であることが分かります。

STEP 2. 1文目には「**상담을 통해 책을 추천해 주는 서점** 相談を通じて本を推薦してくれる書店」とあります。 3文目には「傷ついた人には慰めになる本」、「自信が足りない人には勇気を与える本」を「**추천하는 방식으로 서비스를 제공한다** 推薦する方式でサービスを提供する」とあるので、この書店はお客さんの相談内容に合わせて本をおすすめする書店だと分かります。

STEP 3. これは④の「**손님의 상황에 맞는** お客様の状況に合う」と一致するので、**正解 ④**です。

[日本語訳]

16.
   相談を通じて本を推薦してくれる書店があり話題になっている。書店の主人はお客さんと長時間会話をした後、(   )本を推薦してくれる。傷ついた人には慰めになる本を、自信が足りない人には勇気を与える本を推薦する方式でサービスを提供する。

① 内容が面白い　　　　　② 知識を伝える

③ 人々がたくさん読む　　 正解 ❹ お客様の状況に合う

CHECK ☐ ☐ ☐

17.

　특별한 사건 없이 주인공의 단순하고 반복적인 일상을 다룬 한 영화가 인기를 끌고 있다. 주인공이 하루하루를 평범하게 보낼 뿐 별다른 일을 하지 않는데도 관객들은 영화에 빠져든다. 관객들은 그동안 잊고 지냈던 일상의 기쁨을 새삼 깨닫는 것이다. 그리고 행복은 크고 거창한 꿈에만 있는 것이 아니라 (　　　　) 일에서도 찾을 수 있음을 발견한다.

① 스스로 인정하지 않는　　　　② 현실 속의 작고 소소한

③ 평소 자주 하지 못하는　　　　④ 일상에서 하기 쉽지 않은

(60회 TOPIK II 읽기 17번)

解答・解説

STEP 1. 空欄がある文は「행복은 크고 거창한 꿈에만 있는 것이 아니라 幸せは大きくて雄大な夢にだけあるのではなく」「(　　　) 일에서도 찾을 수 있음 (　　　) ことにも見つけられること」とあり、「幸福観」に関した話だと推測できます。

STEP 2. 空欄のある文の前の文には「잊고 지냈던 일상의 기쁨을 새삼 깨닫는 것이다 忘れていた日常の喜びに改めて気づくのだ」とあります。空欄がある文とは「그리고 そして」でつながっているので、空欄のある文は「일상의 기쁨 日常の喜び」と同じような内容を含んでいると考えられます。

STEP 3. 選択肢の中で、空欄の前後を自然につなぐ「日常の喜び」に近くて空欄直前の「大きな夢」と反対になるような表現を探すと、②「현실 속의 작고 소소한 現実の中の小さくて些細な」が最も適していると言えます。よって、正解 ❷です。

[日本語訳]

17.

特別な事件なしに主人公の単純で反復的な日常を扱ったある映画が人気を集めている。主人公が毎日を平凡に過ごすだけで、特別なことをしていないのに観客は映画に夢中になる。観客はこれまで忘れていた日常の喜びに改めて気づくのだ。そして幸せは大きくて雄大な夢だけにあるのではなく（　　　　　）ことにも見つけられることを発見する。

① 自ら認めない

正解 ❷ 現実の中の小さくて些細な

③ 普段あまりできない

④ 日常で簡単ではない

CHECK ☐ ☐ ☐

18.

　　사용 여부에 관계없이 물건을 못 버리고 저장해 두는 사람들이 있다. 습관이나 취미로 수집하는 정도를 넘어 생활에 방해가 될 정도로 심할 경우 이는 치료가 필요한 행동 장애로 본다. 연구에 따르면 주변 사람들에게 사랑을 충분히 받지 못한 사람이 물건에 지나치게 집착한다고 한다. 따라서 인간 관계에서 안정을 찾으면 (　　　　　) 행동은 사라질 수 있다.

① 사람들을 피하려고 하는

② 불필요한 물건들을 사는

③ 물건들을 집에 쌓아 두는

④ 쓰레기를 함부로 버리는

(52회 TOPIK II 읽기 18번)

解答・解説

STEP 1. 空欄のある文は「인간 관계에서 안정을 찾으면 (　　　　　) 행동은 사라질 수 있다 人間関係で安定を取り戻せば（　　　　　）行動は消えうる」とあるので、「人間関係と行動に関する話」だと推測できます。さらに、「따라서 したがって」という接続詞で始まっているので、前の文の内容を言い換えながらまとめている文になっています。

STEP 2. 空欄のある文の前の文には、「사랑을 충분히 받지 못한 사람이 물건에 지나치게 집착한다 愛情を十分に受けられない人が物に度を越して執着する」とあります。

STEP 3. 「愛されていない人が物に執着する」ので、そのような人が「人間関係で安定を取り戻せば(＝愛されれば)物に対する執着がなくなる」という文脈から考えると、③「물건들을 집에 쌓아 두는 物を家に溜めておく」行動がなくなると考えるのが自然です。よって、正解 ❸ です。

 POINT 空欄のある文とその前後だけでは全体の内容をつかみづらいと感じたら、1文目を読んでみましょう。

［日本語訳］

18.

> 使用するかどうかに関係なく、物を捨てられずに保管しておく人がいる。習慣や趣味で収集する程度を超え、生活の妨げになるほどひどい場合、これは治療が必要な行動障害とみなす。研究によると、周りの人々に十分に愛されていない人が物に執着しすぎるという。したがって、人間関係で安定を取り戻せば（　　　　　）行動は消えうる。

① 人を避けようとする　　② 不要な物を買う

正解 ❸ 物を家に溜めておく　　④ ゴミをむやみに捨てる

CHECK ☐ ☐ ☐

出てきた語彙をチェック！

問16 상담 相談　대화를 나누다 会話を交わす　위로 慰め　용기 勇気
問17 사건 事件　주인공 主人公　반복적 反復的　다루다 扱う　새삼 改めて
거창하다 壮大だ
問18 여부 可否　방해 妨害　장애 障害　지나치게 度を越して　집착하다 執着する
사라지다 消える

	単語	例文
☐☐	저렴하다 低廉だ、安い	저렴한 비용을 들여 여행을 갔더니 엉망진창이었다. 安い費用で旅行に行ったら散々だった。
☐☐	지루하다 つまらない、退屈だ	술자리에서 상사의 지루한 이야기가 계속되고 있다. 飲み会で上司の退屈な話が続いている。
☐☐	미끄럽다 滑りやすい	비가 와서 길이 미끄러울 때는 천천히 차를 운전하세요. 雨が降って道が滑りやすいときは、ゆっくり車を運転してください。
☐☐	낡다 古い	낡은 집일수록 수리 비용이 많이 든다는 점을 유의해라. 古い家であるほど修理費用が多くかかるという点に気をつけなさい。
☐☐	쓰리다 ひりひり痛む	그때 실패한 경험은 아직도 쓰린 기억으로 남아 있다. あの時失敗した経験は、未だに苦い記憶として残っている。
☐☐	정직하다 正直だ	늘 정직한 사람이 되라고 어머니께서 말씀하셨다. 常に正直な人になれと母がおっしゃった。
☐☐	정확하다 正確だ	그는 정확한 안목으로 계획을 수립하고 있다. 彼は正確な目で計画を立てている。
☐☐	선명하다 鮮明だ	새 프린터로 인쇄를 했더니 피사체가 선명하게 나왔다. 新しいプリンターで印刷したら、被写体が鮮明に出た。
☐☐	흐릿하다 ぼんやりする	빗방울이 묻은 창가로 보이는 풍경이 흐릿하다. 雨粒のついた窓辺に見える風景がぼんやりしている。
☐☐	촉촉하다 しっとりする	항상 피부를 촉촉하게 유지하도록 신경 쓰고 있다. 常に肌をしっとりした状態に保つよう気を使っている。
☐☐	든든하다 頼もしい	외국어를 잘하는 친구와 여행을 다니면 든든하다. 外国語が上手な友達と旅行に行くと頼もしい。
☐☐	소중하다 大切だ	어머니가 물려주신 반지를 지금도 소중히 간직하고 있다. 母が譲ってくださった指輪を今でも大切に持っている。
☐☐	곱다 きれいだ	한복을 입은 모습이 고와서 사진을 여러 장 찍었다. 韓服を着た姿がきれいで、写真を何枚か撮った。
☐☐	투명하다 透明だ	우리 회사는 회계 처리를 투명하게 하여 공개하고 있다. 当社は会計処理を透明にし、公開している。
☐☐	익숙하다 慣れている	이직 후 익숙하지 않은 업무를 익히는 데 힘들었다. 転職後、慣れない業務を身につけるのに苦労した。
☐☐	하얗다 白い	하얀 피부를 가진 그녀는 화장품 광고에 자주 나온다. 白い肌を持った彼女は化粧品の広告によく出る。
☐☐	상쾌하다 爽やかだ、清々しい	잠을 푹 잤더니 상쾌하게 하루를 시작할 수 있다. ぐっすり眠ったので、清々しく一日を始められる。
☐☐	알뜰하다 質素だ、つましい	아내는 비닐 봉지라도 함부로 버리지 않고 쓸 정도로 알뜰하다. 妻は、ビニール袋でもむやみに捨てずに使うほどつましい。

説明文の内容に一致する文を選ぶ①

問題番号[19～20]はこれが出る！

特　徴	提示文が与えられ、問題が2問出題される
	19番：文の中に入る自然な接続詞や副詞を選ぶ
	20番：提示文の主題または正しい内容を選ぶ
ポイント	1. 空欄の前後の文の流れを正確に理解することが重要
	2. 最初や最後の文から文の主旨を見つけるのがカギ

実際の問題にチャレンジ！

※ [19～20] 다음을 읽고 물음에 답하십시오. (각 2점)

> 해파리는 몸의 95%가 물로 구성되어 있어 열량이 낮다. 그래서 해파리를 먹고 사는 동물이 거의 없다고 알려져 있었다. 하지만 새나 펭귄, 뱀장어 등 많은 동물들에게 해파리는 좋은 먹잇감이다. 해파리에는 비타민이나 콜라겐 같은 영양 성분이 있기 때문이다. (　　　　) 해파리는 바다 어디에나 있고 도망치지 않아 사냥하기 쉽기 때문이다.

19. (　　　　)에 들어갈 알맞은 것을 고르십시오.

① 과연　　② 만약　　③ 게다가　　④ 이처럼

20. 위 글의 내용과 같은 것을 고르십시오.

① 해파리는 바다 생태계에 피해를 준다.

② 해파리는 잡기 어려운 먹이 자원이다.

③ 해파리는 여러 동물의 먹이가 되고 있다.

④ 해파리는 대부분 콜라겐으로 이루어져 있다.

(64회 TOPIK II 읽기 19-20번)

次ページで解答と解答プロセスをチェック！ ➡

出てきた語彙をチェック！

해파리 クラゲ　몸 体　구성 構成　열량 熱量、カロリー　낮다 低い　알려지다 知られる
하지만 しかし　새 鳥　펭귄 ペンギン　뱀장어 ウナギ　먹잇감 獲物、餌　비타민 ビタミン
콜라겐 コラーゲン　영양 栄養　성분 成分　도망치다 逃げる　사냥하다 狩る、捕獲する

［実際の問題］

※ [19〜20] 다음을 읽고 물음에 답하십시오. (각 2점)

　　해파리는 몸의 95%가 물로 구성되어 있어 열량이 낮다. 그래서 해파리를 먹고 사는 동물이 거의 없다고 알려져 있었다. 하지만 새나 펭귄, 뱀장어 등 많은 동물들에게 해파리는 좋은 먹잇감이다. 해파리에는 비타민이나 콜라겐 같은 영양 성분이 있기 때문이다. (　　　　　) 해파리는 바다 어디에나 있고 도망치지 않아 사냥하기 쉽기 때문이다.

19. (　　　　　)에 들어갈 알맞은 것을 고르십시오.

　① 과연　　② 만약　　[정답] ❸ 게다가　　④ 이처럼

20. 위 글의 내용과 같은 것을 고르십시오.

　① 해파리는 바다 생태계에 피해를 준다.

　② 해파리는 잡기 어려운 먹이 자원이다.

　[정답] ❸ 해파리는 여러 동물의 먹이가 되고 있다.

　④ 해파리는 대부분 콜라겐으로 이루어져 있다.

［日本語訳］

次を読んで問いに答えなさい。（各 2 点）

　　クラゲは体の 95% が水で構成されており、カロリーが低い。そのためクラゲを食べて生きる動物はほとんどいないと知られていた。だが、鳥やペンギン、ウナギなど多くの動物にとってクラゲはいい餌だ。クラゲにはビタミンやコラーゲンのような栄養成分があるからだ。（　　　　　）クラゲは海のどこにでもいて逃げないため、捕獲しやすいからだ。

19. (　　　　　)に入る適切なものを選びなさい。

　① 果たして　　② もし　　[正解] ❸ しかも　　④ このように

20. 上の文の内容と同じものを選びなさい。

　① クラゲは海の生態系に被害を与える。

　② クラゲは取りにくい食物資源だ。

　[正解] ❸ クラゲはさまざまな動物の餌になっている。

　④ クラゲはほとんどコラーゲンでできている。

解答プロセス

STEP 1　最初の文を読み、何について話しているのか推測する
「해파리는…열량이 낮다 クラゲは…カロリーが低い」とあるので、「クラゲの話」か「食べ物のカロリーの話」と推測できます。

STEP 2　空欄のある文とその前の文を読み、２文の関係性を確認する
空欄の前の文は「영양 성분이 있기 때문이다 栄養成分があるからだ」、空欄のある文は「사냥하기 쉽기 때문이다 捕獲しやすいからだ」で、両方とも理由を表す文になっています。同じような内容の文をつなげる必要があるので、19番は [正解] ❸「게다가 しかも」です。

STEP 3　選択肢を１つずつ内容と照らし合わせる
STEP 2までで「食料としてのクラゲについての話」だと分かるので、その前提で２問目の選択肢を１つずつ見ていきます。

①「바다 생태계에 피해 海の生態系に被害」という記載はないので誤答です。

②「잡기 어려운 取りにくい」の部分が最後の文の「**사냥하기 쉽기 때문이다** 捕獲しやすいからだ」と合わないので誤答です。

③「**동물의 먹이가 되고 있다** 動物の餌になっている」の部分が３文目の「**동물들에게 해파리는 좋은 먹잇감** 動物たちにとってクラゲはいい餌」と一致するので、20番は [正解] ❸です。

④「**대부분 콜라겐으로** 大部分コラーゲンで」ではなく、「**몸의 95%가 물** 体の95%が水」なので誤答です。

問題番号 [19～20] を練習しましょう

※ [19~20] 다음을 읽고 물음에 답하십시오. (각 2점)

次を読んで問いに答えなさい。(各 2 点)

> 시각 장애인의 안내견은 주인과 있을 때 행인에게 관심을 두지 않는다. (   ) 안내견이 주인을 남겨 두고 행인에게 다가간다면 이는 주인이 위험에 처해 있다는 뜻이다. 안내견은 주인에게 문제가 발생하면 곧장 주변 사람에게 달려가 도움을 요청하도록 훈련을 받기 때문이다. 안내견이 행인의 주위를 맴돌면 안내견을 따라가 주인의 상태를 확인하고 구조 센터에 연락해야 한다.

19. (   )에 들어갈 알맞은 것을 고르십시오.

① 비록   ② 물론   ③ 만약   ④ 과연

20. 이 글의 내용과 같은 것을 고르십시오.

① 안내견이 주인 곁을 떠나는 경우는 없다.

② 안내견은 문제가 생기면 구조 센터로 달려간다.

③ 안내견이 다가오는 것은 위급한 상황이 생겼다는 뜻이다.

④ 안내견은 항상 주변의 사람들에게 관심을 갖도록 훈련을 받는다.

(60회 TOPIK II 읽기 19-20번)

解答・解説　(問題番号 19)　※問題番号20の解説は、ここでは省略しています。

STEP 1. 最初の文には「**시각 장애인의 안내견은 주인과 있을 때** 행인에게 관심을 두지 **않는다** 視覚障害者の盲導犬は飼い主といるとき、通行人に関心を持たない」とあるので、「盲導犬」の話だと分かります。

STEP 2. 空欄のある文を見ると、「(   ) 안내견이 주인을 남겨 두고 행인에게 다가간다면 (   ) 盲導犬が飼い主を残して通行人に近づいたなら」、「**이는 주인이 위험에 처해 있다는 뜻이다** これは飼い主が危険にさらされているという意味だ」とあります。普段は通行人に関心を持たない盲導犬が飼い主を残して通行人に近づく場合の話をしているので、普段起こらないこと

236

を表す接続詞が入ると予想できます。選択肢からこれに合うものを選ぶと、「普段は起こらないが、もし起こるとしたら」という意味で、[正解] ❸「만약 もし」です。

[日本語訳]

> 　視覚障害者の盲導犬は飼い主といるとき、通行人に関心を持たない。（　　　　　）盲導犬が飼い主を残して通行人に近づいたなら、これは飼い主が危険にさらされているという意味だ。盲導犬は飼い主に問題が発生すると、すぐに周りの人に駆けつけて助けを求めるよう訓練を受けているからだ。盲導犬が通行人の周りをうろついたなら、盲導犬について行き、飼い主の状態を確認し、救助センターに連絡しなければならない。

19.（　　　　　）に入る適切なものを選びなさい。

① たとえ　　② もちろん　　[正解] ❸ もし　　④ 果たして

20. この文の内容と同じものを選びなさい。

① 盲導犬が飼い主のそばを離れることはない。

② 盲導犬は問題が発生したら救助センターに走っていく。

[正解] ❸ 盲導犬が近づいてくるのは、緊急事態が生じたということだ。

④ 盲導犬はいつも周りの人に関心を持つように訓練を受ける。

CHECK ☐ ☐ ☐

> 　　흥미와 재미 요소를 내세워 홍보하는 마케팅 전략이 주목받고 있다. 이런 마케팅은 소비자의 호기심을 자극해 구매로 이어지게 한다. 그러나 제품의 품질이 소비자의 기대에 미치지 못하는 경우 (　　　) 브랜드 이미지까지 나빠지기도 한다. 실제로 한 햄버거 회사에서 '주머니 버거', '눌러 먹는 버거'를 만들어 소비자의 관심을 끌었지만 품질이 기대에 못 미치자 회사의 다른 제품까지 판매가 감소한 경우가 있었다.

19. (　　　　)에 들어갈 말로 가장 알맞은 것을 고르십시오.

　① 과연　　② 비록　　③ 차라리　　④ 오히려

20. 윗글의 주제로 가장 알맞은 것을 고르십시오.

　① 마케팅도 중요하지만 제품의 품질이 더 중요하다.

　② 식품 기업은 먼저 소비자의 요구를 확인해야 한다.

　③ 제품에 재미 요소를 포함하는 마케팅 전략이 필요하다.

　④ 특이한 제품보다 소비자에게 익숙한 것이 홍보에 더 좋다.

(83회 TOPIK II 읽기 19-20번)

解答・解説　（問題番号 20）　　※問題番号19の解説は、ここでは省略しています。

STEP 1. 最初の文には「흥미와 재미 요소를 내세워 홍보하는 마케팅 전략이 주목받고 있다 興味と面白さを前面に出して宣伝するマーケティング戦略が注目されている」とあり、「マーケティング戦略」についての話であることが分かります。

STEP 2&3. 空欄のある文には「그러나 **제품의** 품질이 소비자의 기대에 미치지 못하는 경우 (19番 : **오히려**) 브랜드 이미지까지 나빠지기도 한다 しかし製品の品質が消費者の期待に及ばない場合(19番：かえって)ブランドイメージまで悪くなることもある」とあります。つまり「マーケティング戦略において製品の品質は重要だ」という意味なので、この前提で選択肢をチェックします。

①「제품의 품질이 더 중요**하다** 製品の品質がもっと重要だ」が内容に合致するので、(正解) ❶です。②「소비자의 요구를 확인해야 한다 消費者のニーズを確認しなければならない」という話はしていないので誤答です。③「제품에 재미 요소를 포함하는 마케팅 전략이 필요**하다** 製品に面白さの要素

を含むマーケティング戦略が必要だ」とあり、最初の文と似ているので
これが正解だと思うかもしれませんが、これは「主題」ではないので、
誤答です。④「소비자에게 익숙한 것이 홍보에 더 좋다 消費者に慣れてい
るのが宣伝にもっとよい」という記載はないので誤答です。

[日本語訳]

> 興味と面白さを前面に出して宣伝するマーケティング戦略が注目
> されている。このようなマーケティングは消費者の好奇心を刺激し、
> 購買につながるようにする。しかし、製品の品質が消費者の期待
> に及ばない場合（　　　　）ブランドイメージまで悪くなることもあ
> る。実際にあるハンバーガー会社で「ポケットバーガー」、「押して
> 食べるバーガー」を作って消費者の関心を集めたが、品質が期待に
> 及ばず、会社の他の製品まで販売が減少した事例があった。

19. （　　　　）に入る言葉として最も適切なものを選びなさい。

① 果たして　　② たとえ　　③ いっそ　　[正解] ④ かえって

20. 上の文の主題として最も適切なものを選びなさい。

[正解] ❶ マーケティングも重要だが、製品の品質がより重要だ。

② 食品企業はまず、消費者のニーズを確認しなければならない。

③ 製品に面白さの要素を含むマーケティング戦略が必要だ。

④ 特異な製品より消費者に慣れているものが宣伝によりよい。

CHECK ☐ ☐ ☐

出てきた語彙をチェック！

60回 곧장 すぐに　주변 周辺　요청하다 要請する　훈련 訓練　맴돌다 うろうろする
구조 센터 救助センター
83回 내세우다 全面に出す、打ち出す　전략 戦略　호기심 好奇心　자극하다 刺激する
미치지 못하다 及ばない

説明文の中心となる考えを選ぶ

特　徴　提示文が与えられ、問題が2問出題される

21番：空欄に入る適切な慣用表現を選ぶ

22番：内容と同じものを選ぶ

※ 83回以前は、文の中心となる考えを選ぶ問題が出題された

ポイント　1. TOPIKでよく出る慣用表現はあらかじめ覚えておく

2. 内容と一致するものを選ぶ問題は細かいところを問われるので、丁寧に読む

実際の問題にチャレンジ！

※ [21〜22] 다음을 읽고 물음에 답하십시오. (각 2점)

> 　소방관은 재난 현장에서 끔찍한 상황을 자주 접하기 때문에 정신 건강에 위험이 따른다. 최근 이러한 문제가 심각해지자 인주시가 해결을 위해 (　　　　　　). 인주시는 빠른 시일 내에 정신 건강에 대해 조사를 실시하고 문제를 겪는 소방관이 있으면 전문 상담사를 보내 상담을 진행하기로 했다. 이와 더불어 심리 안정 프로그램 개발과 진료비 지원을 위한 예산을 확보했다고 발표했다.

21. (　　　　　)에 들어갈 말로 가장 알맞은 것을 고르십시오.

① 등 떠밀었다　　　　　② 눈을 맞췄다

③ 발 벗고 나섰다　　　　④ 손에 땀을 쥐었다

22. 윗글의 내용과 같은 것을 고르십시오.

① 소방관의 심리적 어려움은 최근 많이 해소되었다.

② 인주시는 소방관의 정신 건강 조사를 모두 마쳤다.

③ 인주시는 소방관 심리 안정 프로그램을 운영할 계획이다.

④ 소방관이 정신 건강 상담을 받으려면 상담사를 찾아가야 한다.

(83회 TOPIK II 읽기 21-22번)

出てきた語彙をチェック！

소방관 消防士　재난 災難　현장 現場　끔찍하다 むごい　상황 状況
자주 頻繁に　접하다 接する　정신 精神　건강 健康　위험 危険　따르다 伴う
심각해지다 深刻化する　시일 期日　조사 調査　실시하다 実施する　전문 専門
상담사 カウンセラー　진행하다 進める
더불어 ともに　심리 心理　안정 安定　개발 開発　진료비 診療費
지원 支援　예산 予算　확보하다 確保する　발표하다 発表する

次ページで解答と解答プロセスをチェック！ ➡

[実際の問題]

※ [21~22] 다음을 읽고 물음에 답하십시오. (각 2점)

> 소방관은 재난 현장에서 끔찍한 상황을 자주 접하기 때문에 정신 건강에 위험이 따른다. 최근 이러한 문제가 심각해지자 인주시가 해결을 위해 (　　　　　). 인주시는 빠른 시일 내에 정신 건강에 대해 조사를 실시하고 문제를 겪는 소방관이 있으면 전문 상담사를 보내 상담을 진행 하기로 했다. 이와 더불어 심리 안정 프로그램 개발과 진료비 지원을 위한 예산을 확보했다고 발표했다.

21. (　　　　　)에 들어갈 말로 가장 알맞은 것을 고르십시오.

① 등 떠밀었다　　　　　　② 눈을 맞췄다

정답 ❸ 발 벗고 나섰다　　　④ 손에 땀을 쥐었다

22. 윗글의 내용과 같은 것을 고르십시오.

① 소방관의 심리적 어려움은 최근 많이 해소되었다.

② 인주시는 소방관의 정신 건강 조사를 모두 마쳤다.

정답 ❸ 인주시는 소방관 심리 안정 프로그램을 운영할 계획이다.

④ 소방관이 정신 건강 상담을 받으려면 상담사를 찾아가야 한다.

[日本語訳]

次を読んで問いに答えなさい。(各 2 点)

> 消防士は災害現場でひどい状況によく接するため、心の健康（メンタルヘルス）に危険が伴う。最近このような問題が深刻化すると、インジュ市が解決のために (　　　　　)。インジュ市は早いうちにメンタルヘルスについて調査を実施し、問題を抱えている消防士がいる場合は専門のカウンセラーを派遣して相談を進めることにした。これとともに、心理安定プログラムの開発と診療費支援のための予算を確保したと発表した。

21. (　　　　　) に入る言葉として最も適切なものを選びなさい。

　① 無理矢理させた（直訳：背中を押した）

　② 目を合わせた

　正解 ❸ 積極的に乗り出した（直訳：素足になって出た）

　④ 手に汗を握った

22. 上の文の内容と同じものを選びなさい。

　① 消防士の心理的困難は最近大きく解消された。

　② インジュ市は消防士のメンタルヘルス調査を全て終えた。

　正解 ❸ インジュ市は消防士の心理安定プログラムを運営する計画だ。

　④ 消防士がメンタルヘルスの相談を受けるためにはカウンセラーを訪ねなければならない。

解答プロセス

 最初の文を読み、何について話しているのか推測する

「소방관은…정신 건강에 위험이 따른다 消防士は…心の健康に危険が伴う」とあるので、「消防士のメンタルヘルス」についての話だと推測できます。

 空欄のある文と４つの選択肢（慣用句）を見比べる

空欄のある文は、「최근 이러한 문제가 심각해지자 인주시가 해결을 위해 (　　　　　) 最近このような問題が深刻化すると、インジュ市が解決のために (　　　　　)」です。STEP 1 で推測した「消防士」「メンタルヘルス」というキーワードに「インジュ市が解決」という内容が加わり、「消防士のメンタルヘルスケアのためにインジュ市が動き始めた」という具体的な内容が見えてきます。

　４つの慣用句の中で内容に合うのは、③に「積極的に乗り出した、一肌脱いだ」という意味の「발 벗고 나섰다（直訳：素足になって出た）」があるので、21番は 正解 ❸ です。

 選択肢を１つずつ内容と照らし合わせる

①は「심리적 어려움은 최근 많이 해소되었다 心理的困難は最近大きく解消された」が３文目の「전문 상담사를 보내 상담을 진행 専門のカウンセラーを派遣して相談を進める」と合わないので誤答です。

②は「정신 건강 조사를 모두 마쳤다 メンタルヘルス調査を全て終えた」とあるのに対して3文目に「조사를 실시 調査を実施」とあるだけで完了したかどうかは書かれていないので誤答です。

③は「심리 안정 프로그램을 운영할 계획 心理安定プログラムを運営する計画」の部分が最後の文の「예산을 확보했다 予算を確保した」と一致するので、22番は 正解 ❸ です。

④は「정신 건강 상담을 받으려면 상담사를 찾아가야 한다 メンタルヘルスの相談を受けるためにはカウンセラーを訪ねなければならない」の部分が3文目の「전문 상담사를 보내 専門のカウンセラーを派遣して」と合わないので誤答です。

POINT 知らない慣用句が出てきてしまうと、文の流れと選択肢の直訳から意味を推測するしか方法がなくなってしまいます。なるべく事前に慣用句やことわざを覚えておきましょう！

パターン
⑨ **問題番号 [21〜22] を練習しましょう**

※ [21〜22] 다음을 읽고 물음에 답하십시오. (각 2점)
　次を読んで問いに答えなさい。(各2点)

> 　내비게이션은 목적지까지 길을 안내해 주는 기기이다. 내비게이션이 없이 낯선 곳에 갔다가 길을 못 찾아 (　　　　　　) 본 적이 있는 사람이라면 내비게이션이 얼마나 편리한지 느꼈을 것이다. 그러나 우리의 뇌는 스스로 정보를 찾았을 때 그 정보를 오래 기억하는 특성이 있다. 따라서 지나치게 디지털 기기에만 의존하다 보면 정보를 찾고 기억하는 능력이 점점 줄어들어 결국 그 능력을 사용할 수 없게 될지도 모른다.

21. (　　　　　)에 들어갈 알맞은 것을 고르십시오.
　① 앞뒤를 재어　　　　② 진땀을 흘려
　③ 발목을 잡아　　　　④ 귀를 기울여

22. 위 글의 중심 생각을 고르십시오.
　① 디지털 기기는 편리한 생활을 위해 필요하다.
　② 운전자에게 내비게이션은 활용도가 매우 높다.
　③ 스스로 정보를 찾고 기억하려는 노력을 해야 한다.
　④ 내비게이션을 잘 활용하면 기억력 향상에 도움이 된다.

(64회 TOPIK II 읽기 21-22번)

解答・解説　(問題番号 21)　※問題番号22の解説は、ここでは省略しています。

STEP 1. 最初の文に「**내비게이션은 목적지까지 길을 안내해 주는 기기이다** ナビゲーションは目的地まで道を案内してくれる機器だ」とあるので、「カーナビなどの案内機器の話」だと推測できます。

STEP 2. 空欄のある文を見ると、前半は「**내비게이션이 없이 낯선 곳에 갔다가 길을 못 찾아** ナビゲーションなしで見知らぬところに行って道を探せず(道に迷って)」、後半は「**(　　　) 본 적이 있는 사람**이라면 **내비게이션이 얼마나 편리한지 느꼈을 것이다** (　　　)みたことがある人ならナビゲーションがど

れほど便利かを感じただろう」です。見知らぬ場所で道に迷い、ナビの便利さを痛感する人が感じるのは「戸惑う、困る」というような内容だろうと推測できます。

選択肢を見ると、「冷や汗をかいて」という意味の②「진땀을 흘려」があるので、<u>正解</u> ❷です。진땀は「脂汗、冷や汗」という意味です。

[**日本語訳**]

> ナビゲーションは目的地まで道を案内してくれる機器だ。ナビゲーションなしで見知らぬところに行って道に迷って（　　　　　　）みたことがある人ならナビゲーションがどれほど便利かを感じただろう。しかし、私たちの脳は自ら情報を見つけたとき、その情報を長く記憶する特性がある。したがって、過度にデジタル機器だけに依存していると、情報を探して記憶する能力がだんだん低下していき、結局その能力が使えなくなるかもしれない。

21.（　　　　　）に入る適切なものを選びなさい。

① 損得を考えて（直訳：前後を測って）　　　<u>正解</u> ❷ 冷や汗をかいて

③ 足を引っ張って（直訳：足首をつかんで）　　④ 耳を傾けて

22. この文の中心となる考えを選びなさい。

① デジタル機器は便利な生活のために必要だ。

② 運転者にとってナビゲーションは活用度が非常に高い。

<u>正解</u> ❸ 自ら情報を探して記憶しようとする努力をしなければならない。

④ ナビゲーションをうまく活用すれば記憶力向上に役立つ。

CHECK ☐ ☐ ☐

　문자 교육은 빠를수록 좋다고 믿는 부모들이 있다. 이들은 자신의 아이가 또래보다 글자를 더 빨리 깨치기를 바라며 문자 교육에 (　　　　　　　). 그런데 나이가 어린 아이들은 아직 다양한 능력들이 완전히 발달하지 못해 온몸의 감각을 동원하여 정보를 얻는다. 이 시기에 글자를 읽는 것에 집중하다 보면 다른 감각을 사용할 기회가 줄어 능력이 고르게 발달하는 데 어려움이 있을 수 있다.

21. (　　　　　)에 들어갈 알맞은 것을 고르십시오.

① 손을 뗀다　　　　　　　② 이를 간다

③ 담을 쌓는다　　　　　　④ 열을 올린다

22. 이 글의 중심 생각을 고르십시오.

① 문자 교육을 하는 방법이 다양해져야 한다.

② 아이의 감각을 기르는 데 문자 교육이 필요하다.

③ 이른 문자 교육이 아이의 발달을 방해할 수 있다.

④ 아이들은 서로 비슷한 시기에 글자를 배우는 것이 좋다.

(60회 TOPIK II 읽기 21-22번)

解答・解説 (問題番号 22)　　※問題番号21の解説は、ここでは省略しています。

STEP 1. 最初の１文は「문자 교육은 빠를수록 좋다고 믿는 부모들이 있다 文字教育は早ければ早いほどよいと信じる親がいる」とあるので「子どもの早期教育、特に文字教育について」の話題だということが分かります。

STEP 2&3. ①「문자 교육을 하는 방법이 다양해져야 한다 文字教育のやり方が多様にならなければならない」という内容はどこにもないので、誤答です。②「아이의 감각을 기르는 데 문자 교육이 필요하다 子どもの感覚を育てるのに文字教育が必要だ」ということも文で触れられていないので、誤答です。③「이른 문자 교육이 아이의 발달을 방해할 수 있다 早い文字教育が子どもの発達を妨げることがある」が最後の文の「능력이 고르게 발달하는 데 어려움이 있을 수 있다 能力が均等に発達するのに困難が生じうる」と同じ意味なので、合っています。よって、（正解）❸です。④「아이들은 서로 비슷한 시기에 글자를 배우는 것이 좋다 子どもたちは互いに同じ時期に文字を学んだ方がいい」という内容も文中にはないので、誤答です。

［日本語訳］

> 　文字教育は早ければ早いほどいいと信じる親がいる。彼らは自分の子どもが同年代より文字を早く理解することを望み、文字教育に（　　　　　　　）。ところが、幼い子どもたちはまだ多様な能力が完全に発達しておらず、全身の感覚を動員して情報を得る。この時期に文字を読むことに集中していると、他の感覚を使う機会が減り、能力が均等に発達するのを難しくする可能性がある。

21. （　　　　）に入る適切なものを選びなさい。

① 手を引く（直訳：手を離す）

② 悔しがる（直訳：歯ぎしりをする）

③ 縁を切る（直訳：塀を築く）

正解 ❹ 熱心になる（直訳：熱を上げる）

22. この文の中心となる考えを選びなさい。

① 文字教育のやり方が多様にならなければならない。

② 子どもの感覚を育てるのに文字教育が必要だ。

正解 ❸ 早い文字教育が子どもの発達を妨げることがある。

④ 子どもたちは互いに同じ時期に文字を学んだ方がいい。

CHECK ☐ ☐ ☐

☐☐	뿌송뿌송 ふわふわ	베개를 빨았더니 뿌송뿌송 감촉이 좋다. 枕を洗ったら、ふわふわと感触がいい。
☐☐	매끈매끈 つるつる	목욕탕을 다녀오니 매끈매끈 피부가 부드러워졌다. お風呂に行ってきたら、つるつるの肌がやわらかくなった。
☐☐	콜록콜록 ごほごほ	감기에 걸려 연신 콜록콜록 기침이 나온다. 風邪を引いて、ひっきりなしにごほごほ咳が出る。
☐☐	근질근질 むずむず	꽃가루가 날리면서 코가 근질근질 가렵다. 花粉が飛んで、鼻がむずむずしてかゆい。
☐☐	한눈에 一目で	이곳에 올라오니 마을 전체가 한눈에 들어온다. ここに上がってくると、村全体が一望できる。
☐☐	어차피 どうせ	어차피 밑져야 본전이라는 생각으로 말을 꺼냈다. どうせ駄目で元々だと思って話を切り出した。
☐☐	가득 いっぱい	아버지가 낚시를 가서 물고기를 가득 잡아 왔다. 父が釣りに行って、魚をいっぱい釣ってきた。
☐☐	구석구석 隅々	청소를 할 때는 구석구석 꼼꼼하게 닦아야 한다. 掃除をするときは、隅々まで丁寧に拭かなければならない。
☐☐	씽씽 びゅんびゅん	고속도로에는 씽씽 달리는 차가 많다. 高速道路には、びゅんびゅん走る車が多い。
☐☐	번쩍 ぴかっと	멀리서 번쩍 번개가 친 뒤 천둥 소리가 들렸다. 遠くでぴかっと稲妻が光った後、雷の音が聞こえた。
☐☐	겨우 やっと	적은 월급으로 겨우 한 달 한 달 생활하고 있다. 少ない給料でやっとひと月ひと月暮らしている。
☐☐	꾸준히 こつこつと	매일 꾸준히 운동을 하면 체력이 좋아진다. 毎日こつこつと運動すれば、体力がつく。
☐☐	딱 ぴったり	나에게 딱 맞는 스타일의 옷을 발견해서 바로 샀다. 私にぴったり合うスタイルの服を見つけて、すぐに買った。
☐☐	아예 初めから	위험한 곳은 아예 가지 않는 게 좋다. 危険なところは初めから行かない方がいい。
☐☐	마침 ちょうど、折よく	식사를 하려던 차에 마침 친구가 집에 놀러 왔다. 食事をしようとしていたところに、ちょうど友達が家に遊びに来た。
☐☐	가급적 なるべく	시험장에는 가급적 시간적 여유를 가지고 가세요. 試験会場にはなるべく時間に余裕を持って行ってください。
☐☐	활짝 ぱっと	정원에 심어 둔 나무에서 꽃이 활짝 폈다. 庭に植えておいた木に花がぱっと咲いた。
☐☐	잔뜩 いっぱい	아버지가 아이들을 위해 귤을 잔뜩 사 왔다. 父が子どもたちのためにみかんをいっぱい買ってきた。

日記やエッセイに出てくる
人物の心情や態度を選ぶ

特　徴　エッセイや小説を読んで、問題を2問解く

　　　　　23番：下線を引いた部分の登場人物の心情を選ぶ

　　　　　24番：文の内容と同じ選択肢を選ぶ

ポイント　1. 主人公の感情を把握するためには、物語の流れを正確に理解
　　　　　　しなければならない

　　　　　2. 感情に関する語彙をあらかじめ勉強しておく

　　　　　3. 主人公がどんな状況なのか全体的な流れを理解する

実際の問題にチャレンジ！

※ [23～24] 다음을 읽고 물음에 답하십시오. (각 2점)

> 　　며칠 전 창고 선반 위에 올려 둔 가방을 꺼내는데 공책
> 한 권이 툭 하고 떨어졌다. 나는 '뭐지?' 하고 별 생각 없
> 이 안을 펼쳐 보고는 <u>눈물이 왈칵 나올 뻔했다</u>. 그것은 바
> 로 어렸을 때 돌아가신 아버지의 일기장이었다. 아버지 물
> 건이 아직도 집에 남아 있을 줄은 전혀 생각하지 못했다.
> 두근거리는 마음으로 거실로 나와 일기장을 펼쳤다. 30년
> 전 날짜가 적힌 일기장의 누렇게 변한 페이지마다 아버지
> 의 하루하루가 적혀 있었다. 내가 초등학교에 입학한 날,
> 여행한 날, 혼났던 날……. 그때의 추억들이 펼쳐졌다. 아
> 버지는 언제 어디서 무엇을 하셨는지 빼곡히 적어 두셨다.
> 일기장에 적혀 있는 곳을 인터넷으로 찾아보니 자주 가시
> 던 빵집과 국숫집이 아직도 그대로 있었다. 그곳에 가면 아
> 버지의 흔적을 느낄 수 있을까? 나는 이번 주말에 일기장
> 에 적혀 있는 곳에 한번 찾아가 보려고 한다.

23. 밑줄 친 부분에 나타난 '나'의 심정으로 가장 알맞은 것을 고르십시오.

① 반갑고 감격스럽다

② 편하고 만족스럽다

③ 아쉽고 걱정스럽다

④ 기쁘고 자랑스럽다

24. 윗글의 내용과 같은 것을 고르십시오.

① 나는 아버지의 물건을 많이 가지고 있다.

② 나는 전에 아버지의 일기장을 자주 꺼내 읽었다.

③ 나는 거실에 아버지의 일기장을 보관하고 있었다.

④ 나는 아버지가 자주 가시던 빵집에 가 보려고 한다.

(83회 TOPIK II 읽기 23-24번)

出てきた語彙をチェック！

창고 倉庫 선반 棚 툭 ぽんと 왈칵 どっと 일기장 日記帳
두근거리다 わくわくする、どきどきする 거실 居間 펼치다 開く、広げる 누렇다 黄色い
적히다 書かれる 초등학교 小学校 혼나다 叱られる 추억 思い出 빼곡히 ぎっしり
빵집 パン屋 국숫집 麺屋 흔적 痕跡、面影

次ページで解答と解答プロセスをチェック！➡

[実際の問題]

※ [23～24] 다음을 읽고 물음에 답하십시오. (각 2점)

> 며칠 전 창고 선반 위에 올려 둔 가방을 꺼내는데 공책 한 권이 툭 하고 떨어졌다. 나는 '뭐지?' 하고 별 생각 없이 안을 펼쳐 보고는 눈물이 왈칵 나올 뻔했다. 그것은 바로 어렸을 때 돌아가신 아버지의 일기장이었다. 아버지 물건이 아직도 집에 남아 있을 줄은 전혀 생각하지 못했다. 두근거리는 마음으로 거실로 나와 일기장을 펼쳤다. 30년 전 날짜가 적힌 일기장의 누렇게 변한 페이지마다 아버지의 하루하루가 적혀 있었다. 내가 초등학교에 입학한 날, 여행한 날, 혼났던 날……. 그때의 추억들이 펼쳐졌다. 아버지는 언제 어디서 무엇을 하셨는지 빼곡히 적어 두셨다. 일기장에 적혀 있는 곳을 인터넷으로 찾아보니 자주 가시던 빵집과 국숫집이 아직도 그대로 있었다. 그곳에 가면 아버지의 흔적을 느낄 수 있을까? 나는 이번 주말에 일기장에 적혀 있는 곳에 한번 찾아가 보려고 한다.

23. 밑줄 친 부분에 나타난 '나'의 심정으로 가장 알맞은 것을 고르십시오.

[정답] ❶ 반갑고 감격스럽다

② 편하고 만족스럽다

③ 아쉽고 걱정스럽다

④ 기쁘고 자랑스럽다

24. 윗글의 내용과 같은 것을 고르십시오.

① 나는 아버지의 물건을 많이 가지고 있다.

② 나는 전에 아버지의 일기장을 자주 꺼내 읽었다.

③ 나는 거실에 아버지의 일기장을 보관하고 있었다.

[정답] ❹ 나는 아버지가 자주 가시던 빵집에 가 보려고 한다.

次を読んで問いに答えなさい。(各2点)

> 数日前、倉庫の棚の上に置いたカバンを取り出すと、ノート1冊がぽんと落ちた。私は「何だろう?」と何も考えずに中を広げてみて涙がどっと出そうになった。それはまさに、子どもの頃に亡くなった父の日記帳だった。父の品物が家に残っているとは全く思っていなかった。わくわくする気持ちで居間に出て日記帳を開いた。30年前の日付が書かれた日記帳の黄色く変わったページごとに、父親の一日一日が書かれていた。私が小学校に入学した日、旅行した日、怒られた日……。そのときの思い出が綴られていた。父はいつどこで何をしたのかぎっしりと書いていた。日記帳に書かれているところをインターネットで調べてみたら、よく行ってたパン屋さんと麺屋さんがまだそのままあった。そこに行けば父の面影を感じることができるだろうか? 私は今週末に日記帳に書かれてあるところに一度訪ねてみようと思う。

23. 下線を引いた部分に表れた「私」の心情として最も適切なものを選びなさい。

   正解 ❶ 懐かしくて感激だ

   ② 楽で満足だ

   ③ 残念で心配だ

   ④ 嬉しくて誇らしい

24. 上の文の内容と同じものを選びなさい。

   ① 私は父のものをたくさん持っている。

   ② 私は前に父の日記帳をよく取り出して読んだ。

   ③ 私は居間に父の日記帳を保管していた。

   正解 ❹ 私は父がよく行っていたパン屋に行ってみようと思う。

解答プロセス （問題番号 23）

下線が引いてある文の心情を理解する

下線が引いてある文には「**나는 '뭐지?' 하고 별 생각 없이 안을 펼쳐 보고는 눈물이 왈칵 나올 뻔했다** 私は『何だろう?』と何も考えずに中を広げてみて涙がどっと出そうになった」とあります。涙が出そうになるのは、嬉しかったり悲しかったり感情がたかぶったときなので、なぜその状態になったのか、次のステップで探します。

下線部の心情に当てはまりそうな選択肢を探す

選択肢を見ると、

① 「**반갑고 감격스럽다** 懐かしくて感激だ」

② 「**편하고 만족스럽다** 楽で満足だ」

③ 「**아쉽고 걱정스럽다** 残念で心配だ」

④ 「**기쁘고 자랑스럽다** 嬉しくて誇らしい」

とあります。このうち、「涙が出そうになる」に合わない②は外せます。

下線の前後の文を読み、下線部の心情に一番近い選択肢を選ぶ

下線の前の文は「**공책 한 권이 툭 하고 떨어졌다** ノート1冊がぽんと落ちた」で、下線の後の文は「**그것은 바로 어렸을 때 돌아가신 아버지의 일기장이었다** それは子どもの頃に亡くなった父の日記帳だった」とあります。つまり、「落ちているノートを広げると、涙が出そうになった。なぜならそのノートは亡くなった父の日記だった」という流れです。そのときの心情を表すには、① 「**반갑고 감격스럽다** 懐かしくて感激だ」が合っています。よって、23番は 正解 ❶ です。

STEP 1　選択肢の内容を先にチェックし、提示文と見比べる

　1問目を解いた時点で、「亡くなった父の日記を見つけ、（懐かしくて感激し）涙が出そうになった」という情報までは拾えています。その前提で選択肢を先に見て、本文に当てはまる部分があるかどうか見比べていきます。

　①は「**아버지의 물건을 많이 가지고 있다** 父のものをたくさん持っている」が4文目の「**집에 남아 있을 줄은 전혀 생각하지 못했다** 家に残っているとは全く思っていなかった」と合わないので誤答です。

　②の「**전에 아버지의 일기장을 자주 꺼내 읽었다** 前に父の日記をよく取り出して読んだ」や、③の「**거실에…일기장을 보관하고 있었다** 居間に…日記帳を保管していた」はここまで見つけた情報と合わないので誤答です。

　④は「**아버지가 자주 가시던 빵집에 가 보려고 한다** 父がよく行かれていたパン屋に行ってみようと思う」が、最後の文の「**일기장에 적혀 있는 곳에 한번 찾아가 보려고 한다** 日記帳に書かれてあるところを一度訪ねてみようと思う」と内容が一致します。よって、24番は 正解 ❹ です。

※ [23~24] 다음을 읽고 물음에 답하십시오. (각 2점)
　次を読んで質問に答えなさい。(各 2 点)

> 　　놀이공원 매표소에서 아르바이트를 했다. 아르바이트가 처음이라 실수를 하지 않으려고 늘 긴장하면서 일을 했다. 어느 날, 놀러 온 한 가족에게 인원수만큼 표를 줬다. 그런데 그 가족을 보내고 나서 이용권 한 장의 값이 더 결제된 것을 알아차렸다. 바로 카드사로 전화해 고객의 전화번호를 물었지만 상담원은 알려 줄 수 없다고 했다. 하지만 내 연락처를 고객에게 전달해 주겠다고 했다. 일을 하는 내내 일이 손에 잡히지 않았다. 퇴근 시간 무렵 드디어 그 가족에게서 전화가 왔다. 내가 한 실수에 <u>화를 낼지도 모른다는 생각에 떨리는 목소리로 상황을 설명하자</u> 그 가족은 "놀이 기구를 타고 노느라 문자 메시지가 온 줄 몰랐어요. 많이 기다렸겠어요."라고 하며 따뜻하게 말해 주었다.

23. 밑줄 친 부분에 나타난 '나'의 심정으로 알맞은 것을 고르십시오.
　　① 걱정스럽다　　　　　② 불만스럽다
　　③ 후회스럽다　　　　　④ 당황스럽다

24. 위 글의 내용과 같은 것을 고르십시오.
　　① 그 가족은 나에게 화를 냈다.
　　② 카드 회사는 그 가족에게 연락을 했다.
　　③ 나는 그 가족에게 직접 전화를 걸었다.
　　④ 나는 그 가족을 찾아다니느라 일을 못 했다.

(64회 TOPIK II 읽기 23-24번)

STEP 1&2. 下線が引いてある文を見ると「내가 한 실수에 <u>화를 낼지도 모른다는</u> 생각에 自分のミスに怒るかもしれないと思って」とあります。「-(으)ㄹ지도 모르다 ～かもしれない」は何かの可能性を考えるときに使う表現です。選択肢の中で②「불만스럽다 不満だ」は「私」の感情に合わないので外れます。

STEP 3. 同じ文の下線の後には、「떨리는 목소리로 상황을 설명하자 震える声で状況を説明すると」と続いているので、主人公の心理状態は「心配で怯えている状態」であることが分かります。選択肢の中でこの心情にあてはまるのは①「걱정스럽다 心配だ」なので、正解 ❶ です。

［日本語訳］

> 　遊園地の切符売り場でアルバイトをした。バイトが初めてなのでミスをしないようにいつも緊張しながら仕事をした。ある日、遊びに来た家族に人数分のチケットを渡した。ところが、その家族を見送ってから利用券1枚の値段が余分に決済されていたことに気づいた。すぐにカード会社に電話して顧客の電話番号を尋ねたが、相談員は教えることはできないと言った。しかし、私の連絡先を顧客に伝えてくれると言った。仕事中ずっと仕事が手につかなかった。退勤時間の頃、ついにその家族から電話がかかってきた。自分のミスに<u>怒るかもしれないと思って</u>震える声で状況を説明すると、その家族は「乗り物に乗って遊んでいてメールが来たことに気づきませんでした。たいへんお待たせしました。」と温かく言ってくれた。

23. 下線を引いた部分に表れた「私」の心情として適切なものを選びなさい。

　　正解 ❶ 心配だ　　② 不満だ　　③ 悔いが残る　　④ 戸惑う

24. 上の文の内容と同じものを選びなさい。

　　① その家族は私に怒った。

　　正解 ❷ カード会社はその家族に連絡をした。

　　③ 私はその家族に直接電話をかけた。

　　④ 私はその家族を探し回って仕事ができなかった。

CHECK ☐ ☐ ☐

> 친정아버지가 손자들이 보고 싶다며 오랜만에 우리 집에 오
> 셨다. 내가 집안일을 하는 사이에 아버지는 큰애를 데리고 놀이
> 터에 다녀온다며 나가셨다. 한 시간쯤 지났는데 아버지가 다급
> 한 목소리로 전화를 하셨다. 아이가 다쳐서 병원 응급실로 데리
> 고 가신다는 것이었다. 나는 너무 놀라 허둥지둥 응급실로 달려
> 갔다. 아이는 이마가 찢어져 치료를 받고 있었다. 나도 모르게
> "아버지, 애 좀 잘 보고 계시지 그러셨어요?"라며 퉁명스럽게
> 말했다. 아버지는 아무 말씀 없이 치료받는 아이의 손만 꼭 잡
> 고 계셨다. 집에 와서 아이를 재우고 나서야 아버지 손등의 상
> 처가 눈에 들어왔다. 아이의 상처에는 그렇게 가슴 아파하면서
> 아버지의 상처는 미처 살피지 못했다. <u>나는 아버지에게 홧김에
> 내뱉은 말을 생각하며 약을 발라 드렸다.</u>

23. 밑줄 친 부분에 나타난 '나'의 심정으로 알맞은 것을 고르십시오.

　① 억울하다　　　　　　② 허전하다

　③ 후회스럽다　　　　　④ 부담스럽다

24. 위 글의 내용과 같은 것을 고르십시오.

　① 나는 친정아버지를 모시고 살고 있다.

　② 아버지는 다친 큰애를 데리고 응급실에 가셨다.

　③ 나는 병원에서 아이가 다쳤다는 전화를 받았다.

　④ 아버지는 매일 큰애와 놀이터에서 놀아 주셨다.

(52회 TOPIK II 읽기 23-24번)

解答・解説　(問題番号 24)　※問題番号23の解説は、ここでは省略しています。

STEP 1. 　1問目を解いた時点で、「父に任せていた子どもが怪我をして腹を立てて父に文句を言ったのだが、実は父も怪我をしていて、それに気がつかなかったのを後悔している」という情報までは拾えます。そのうえで、選択肢を先に見て、本文に当てはまる部分があるかどうか見比べていきます。

STEP 2&3. 　① **「나는 친정아버지를 모시고 살고 있다** 私は実家の父と一緒に住んでいる」とありますが、実家の父が自分の家に来たので、誤答です。② **「아버지는 다친 큰애를 데리고 응급실에 가셨다** 父は怪我をした上の子を連れて緊急治療

室に行ってくださった」は内容が一致しています。よって、[正解] ❷です。

③「**나는 병원에서 아이가 다쳤다는 전화를 받았다** 私は病院から子どもが怪我をしたという電話を受けた」は電話をしてきたのは父なので、誤答です。

④「**아버지는 매일 큰애와 놀이터에서 놀아 주셨다** 父は毎日上の子と遊び場で遊んでくださった」は父は久しぶりに我が家へ来たので、誤答です。

［日本語訳］

> 　実家の父が孫たちに会いたいと久しぶりに我が家に来た。私が家事をしている間に父は上の子を連れて遊び場に行ってくると言って出かけた。1時間ほど経ったが、父が切羽詰った声で電話をした。子どもが怪我をして病院の救急室に連れて行くということだった。私はとても驚いてあたふたと救急室に駆けつけた。子どもは額が切れて治療を受けていた。私も思わず「お父さん、子どもをよく見てくれてたらよかったのに」とぶっきらぼうに言った。父は何も言わずに治療を受けている子どもの手をぎゅっと握っていた。家に帰ってきて子どもを寝かせてから父親の手の甲の傷が目に入った。子どもの傷にはあれほど胸を痛めながら、父親の傷には全く気づくことができなかった。私は父に腹立ちまぎれに言った言葉を思い出し、薬を塗ってあげた。

23. 下線を引いた部分に表れた「私」の心情として適切なものを選びなさい。

① 悔しい　　② 寂しい　　[正解] ❸ 悔やまれる　　④ 気が重い

24. 上の文の内容と同じものを選びなさい。

① 私は実家の父と一緒に住んでいる。

[正解] ❷ 父は怪我をした上の子を連れて救急室に行った。

③ 私は病院から子どもが怪我をしたという電話を受けた。

④ 父は毎日、上の子と遊び場で遊んでくれた。

CHECK □ □ □

出てきた語彙をチェック！

64回 매표소 切符売り場　실수 手違い　긴장하다 緊張する　인원수 人数
상담원 オペレーター、相談員　알아차리다 気づく　전달하다 伝達する
손에 잡히지 않다 手につかない　떨리다 震える
52回 친정 実家　손자 孫　다급하다 切羽詰る　응급실 救急室　허둥지둥 あたふたと
퉁명스럽다 ぶっきらぼうだ　재우다 寝かせる　손등 手の甲　홧김에 腹立ちまぎれに
내뱉다 言い捨てる

	곤란하다 困る	대답하기 곤란하면 하지 않아도 돼. 返事するのに困ったら、しなくてもいいよ。
	답답하다 息苦しい、もどかしい	상대가 내 말을 못 알아들으니 답답하다. 相手が私の言うことを理解できないのでもどかしい。
	짜증나다 イライラする	날씨가 너무 더운데 선풍기도 없어 짜증난다. (天気が)暑すぎるのに、扇風機もなくてイライラする。
	한심하다 情けない	성적이 떨어지자 한심한 표정을 지을 수밖에 없었다. 成績が下がり、情けない表情をするしかなかった。
	당황하다 困惑する	그녀는 갑작스러운 질문에 당황한 듯했다. 彼女は突然の質問に困惑したようだった。
	그립다 懐かしい	고향 생각을 하면 그리운 어린 시절이 떠오른다. ふるさとを思うと、懐かしい子どもの頃が思い出される。
	따분하다 退屈だ	주말에 할 일이 없어서 따분한 오후를 보내고 있다. 週末にやることがなくて、退屈な午後を過ごしている。
	심심하다 暇だ	지난주에 마감을 끝내고 나니 이제는 심심할 지경이다. 先週締め切りを終わらせたら、今は退屈しているくらいだ。
	번거롭다 煩わしい、面倒だ	직접 가는 게 번거로우니까 인터넷으로 신청합시다. 直接行くのが面倒だから、インターネットで申し込みましょう。
	가엾다 かわいそう	길고양이가 피부병에 걸려서 가엾어 보였다. 野良猫が皮膚病にかかってかわいそうに見えた。
	어색하다 ぎこちない、気まずい	헤어진 여자 친구와 식당에서 마주쳐 어색했다. 別れた彼女と食堂で出くわして気まずかった。
	섭섭하다 名残惜しい、寂しい	가장 친한 친구가 멀리 유학을 떠난다니 섭섭하다. 一番親しい友達が遠くに留学に行くなんて寂しい。
	허무하다 空しい	갑작스러운 화재로 가게가 모두 불타 버려서 허무하다. 突然の火災で店が全部燃えてしまって空しい。
	뿌듯하다 誇らしい、 胸がいっぱいだ	열심히 노력해서 최우수상을 받으니 뿌듯합니다. 一生懸命努力して最優秀賞をもらえて、胸がいっぱいです。
	아쉽다 残念だ	이번 시험은 제대로 준비했으나 아쉬운 결과가 나왔다. 今回の試験はしっかり準備したものの、残念な結果が出た。
	다정하다 優しい	그 친구는 늘 다정한 말투로 내 근황을 물어본다. その友達は、いつも優しい口調で私の近況を聞いてくる。
	불쾌하다 不愉快だ	점원의 태도가 무뚝뚝해서 불쾌한 기분이 들었다. 店員の態度が無愛想で、不愉快な気持ちになった。
	아깝다 もったいない	산 지 얼마 안 된 물건이 고장 나 돈이 아까웠다. 買ったばかりの品物が壊れて、お金がもったいなかった。

問題番号[39〜41]はこれが出る！

特　徴　問題文の中の適切な位置に文章を挿入する

ポイント　1. 話の流れを問われる問題なので、ある程度の語彙と表現に関する知識が必要

　　　　　2. 接続詞に注意しながら読み、話の流れをつかむことがカギ！

※問題番号［25〜38］は応用パターン（P.269〜）で解説しています。

実際の問題にチャレンジ！

※ [39〜41] 주어진 문장이 들어갈 곳으로 가장 알맞은 것을 고르십시오. (각 2점)

40.
> 장 신경계는 주로 장 내의 근육 운동과 소화액을 조절하여 소화를 촉진하는 일을 한다.

> 　뇌는 신경계를 통해 몸 전체의 움직임을 관장하는데 장의 경우에는 뇌의 명령 없이 자율적으로 작동하기도 한다. (　㉠　) 생존에 필수적인 식사와 소화를 위해 장에 별도의 신경계를 두었기 때문이다. (　㉡　) 한편 장 신경계가 오로지 장에만 관여하는 것은 아니다. (　㉢　) 과학자들은 장 신경계와 뇌가 서로 소통하고 있어서 장의 문제가 심리적 변화에 영향을 줄 수 있다고 말한다. (　㉣　)

① ㉠　　② ㉡　　③ ㉢　　④ ㉣

(83회 TOPIK II 읽기 40번)

次ページで解答と解答プロセスをチェック！ ➡

出てきた語彙をチェック！

뇌 脳　신경계 神経系　통하다 通じる　전체 全体　움직임 動き　관장하다 司る　장 腸
경우 場合　명령 命令　자율적 自律的　작동하다 作動する　필수적 必須の　소화 消化
별도 別途　한편 一方　오로지 ひたすら　관여하다 関与する　과학자 科学者
소통하다 疎通する（コミュニケーションをとる）　심리적 心理的　변화 変化　영향 影響

[実際の問題]

※ [39～41] 주어진 문장이 들어갈 곳으로 가장 알맞은 것을 고르십시오. (각 2점)

40.
> 장 신경계는 주로 장 내의 근육 운동과 소화액을 조절하여 소화를 촉진하는 일을 한다.

> 뇌는 신경계를 통해 몸 전체의 움직임을 관장하는데 장의 경우에는 뇌의 명령 없이 자율적으로 작동하기도 한다. (　㉠　) 생존에 필수적인 식사와 소화를 위해 장에 별도의 신경계를 두었기 때문이다. (　㉡　) 한편 장 신경계가 오로지 장에만 관여하는 것은 아니다. (　㉢　) 과학자들은 장 신경계와 뇌가 서로 소통하고 있어서 장의 문제가 심리적 변화에 영향을 줄 수 있다고 말한다. (　㉣　)

① ㉠　　정답 ❷ ㉡　　③ ㉢　　④ ㉣

- -

[日本語訳]

与えられた文が入る場所として最も適切なものを選びなさい。（各 2 点）

40.
> 腸管神経系は、主に腸内の筋肉運動と消化液を調節して消化を促進する働きをする。

> 脳は神経系を通じて体全体の動きを司っているが、腸の場合は脳の命令なしに自律的に作動することもある。（　㉠　）生存に必須の食事と消化のために、腸に別途、神経系を置いたためだ。（　㉡　）一方、腸の神経系がひたすら腸にだけ関与するわけではない。（　㉢　）科学者たちは腸の神経系と脳が互いに疎通しているので、腸の問題が心理的変化に影響を及ぼす可能性があると話す。（　㉣　）

① ㉠　　正解 ❷ ㉡　　③ ㉢　　④ ㉣

解答プロセス

STEP 1 挿入する文を読み、内容を把握する

「장 신경계는 주로 장 내의 근육 운동과 소화액을 조절하여 소화를 촉진하는 일을 한다 腸管神経系は、主に腸内の筋肉運動と消化液を調節して消化を促進する働きをする」とあり、腸の神経系の具体的な役割を説明しています。少なくともまとめの役割をする文ではないことが分かるので、④ ㉣の位置は外せます。

STEP 2 頭から文を読み、当てはまらない選択肢は外していく

1文目：「장의 경우에는 뇌의 명령 없이 자율적으로 작동하기도 한다 腸の場合は脳からの命令なしに自律的に作動することもある」

2文目：「생존에 필수적인 식사와 소화를 위해 장에 별도의 신경계를 두었기 때문이다 生存に必須である食事と消化のために腸に別途の神経系を置いたためだ」

2文目は「-기 때문이다 ～(する)ためだ」で文が終わり、1文目を裏付ける自然な流れになっています。「腸の神経系の具体的な役割」をこの2文の間に挟むのは不自然なので、① ㉠の位置も外せます。

STEP 3 全体的な流れをつかみ、特に接続詞に注意しつつ位置を決める

3文目の文頭の「한편 一方」は、これまでの話から流れが変わる合図です。「장 신경계가 오로지 장에만 관여하는 것은 아니다 腸の神経系がひたすら腸にだけ関与するわけではない」とあり、この文以降は「腸以外のこと」に話がうつることが分かるので、「腸の神経系の役割を説明」している文は、これ以前に入れなければなりません。よって、挿入する文は3文目の前にあるのが正しく、 正解 ❷ ㉡です。

POINT 時間がある場合は、途中で答えと思しき場所を見つけても念のため頭から通して確認するのが安心です。時間を節約したい場合は、正しい場所を見つけた時点で次の問題にうつっても大丈夫ですが、ケアレスミスがないよう慎重に読み進めて答えを決めましょう。

2章 読解問題

読기

基本パターンを攻略 パターン11

263

※[39~41] 주어진 문장이 들어갈 곳으로 가장 알맞은 것을 고르십시오. (각 2점)
与えられた文が入る場所として最も適切なものを選びなさい。(各 2 点)

※過去に出題された問題では、問題文の言い回しと挿入する文の出され方が違う回がありますが、4 択で挿入位置を選ぶ問題構成自体は同じです。挿入する文は初めに提示されるか、末尾の〈보기〉に入っています。

39.

> 한 연구팀이 냄새가 나지 않는 무취 상태의 조건을 알아냈다.
> (㉠) 사람의 코는 다양한 냄새 중에 농도가 짙은 것 위주로 냄새를 맡는다.(㉡) 그런데 서로 다른 냄새 입자를 동일한 양으로 섞으면 사람의 코는 냄새가 거의 나지 않는 것처럼 느낀다는 것이다. (㉢) 여기에서 착안해 악취를 없애는 기술을 연구하고 있다. (㉣) 이 기술이 개발되면 심한 악취 환경에서 작업하는 사람들의 어려움을 줄여 줄 수 있을 것이다.

> ─────〈보　기〉─────
> 악취에 동일한 양의 다른 냄새들을 더해 악취를 느끼지 못하게 하는 것이 목표이다.

① ㉠　　② ㉡　　③ ㉢　　④ ㉣

(52회 TOPIK II 읽기 39번)

解答・解説

STEP 1. 挿入する文は「**악취에 동일한 양의 다른 냄새들을 더해 악취를 느끼지 못하게 하는 것이 목표이다** 悪臭に同じ量の他の臭いを加えて悪臭を感じさせないことが目標だ」とあるので「悪臭を消すこと」についての話だと推測できます。

STEP 2. 1文目に「**한 연구팀이…무취 상태의 조건을 알아냈다** ある研究チームが…無臭状態の条件を突き止めた」、2文目に「**사람의 코는…농도가 짙은 것 위주로 냄새를 맡는다** 人の鼻は…濃度が濃いものを中心に匂いを嗅ぐ」とあります。「無臭状態の条件」、「人の鼻が匂いをかぐメカニズム」という一般的な話が続き、悪臭の話が挟まるのは不自然なので①㉠の位置は外せます。

STEP 3. 3文目の冒頭の「**그런데** ところが」は話の流れが変わるときに使います。「**다른 냄새 입자를 동일한 양으로 섞으면…냄새가 거의 나지 않는 것처럼 느낀다** 異なる匂いの粒子を同一量混ぜると…匂いがほとんどしないように感じる」とあ

り、挿入する文と同じく匂いの打ち消し合いについての文なので「ところが」の前にある② ㉡の位置も外れます。4文目は「**여기에서 착안해 악취를 없애는 기술을 연구하고 있다** ここに着眼して悪臭をなくす技術を研究している」とあり、「ここ」とは3文目の内容を指しているので、3文目と4文目はつながっているのが自然です。4文目に出てくる「研究」は、挿入する文にある「目標」のためにしていると考えるのが妥当なので、正解 ❹ ㉣です。

ある研究チームが匂いがしない無臭状態の条件を突き止めた。（ ㉠ ）人の鼻は様々な匂いの中で濃度が濃いものを中心に匂いを嗅ぐ。（ ㉡ ）ところが、互いに異なる匂いの粒子を同一量混ぜると、人の鼻は匂いがほとんどしないように感じるということだ。（ ㉢ ）ここに着眼して悪臭をなくす技術を研究している。（ ㉣ ）この技術が開発されれば、ひどい悪臭の環境で作業する人々の困難を軽減することができるだろう。

悪臭に同じ量の他の臭いを加えて悪臭を感じさせないことが目標だ。

① ㉠　　② ㉡　　③ ㉢　　正解 ❹ ㉣　　　　CHECK ☐ ☐ ☐

『박철수의 거주 박물지』는 건축학자가 서울을 중심으로 한 거주 문화사를 소개한 책이다. （ ㉠ ） 아파트가 어떻게 중산층의 표준 욕망이 됐는가, 장독이 왜 아파트에서 사라졌는가와 같은 물음들을 도면과 신문 기사를 곁들여 풀어내는 식이다. （ ㉡ ） 그 과정에서 이웃과 정을 나누는 일 없이 각박하게 살아온 지난 수십 년의 세태를 지적하는 것도 놓치지 않고 있다. （ ㉢ ） 이웃과 정답게 살아가는 모습을 그려내고자 하는 미래의 건축학도에게 추천하고 싶다. （ ㉣ ）

<보　기>
무엇보다 독자들이 더 흥미롭게 읽을 수 있도록 문답의 형식으로 구성된 것이 돋보인다.

① ㉠　　② ㉡　　③ ㉢　　④ ㉣

(60회 TOPIK II 읽기 40번)

解答・解説

STEP 1. 挿入する文は「**무엇보다** 독자들이 더 흥미롭게 읽을 수 있도록 문답의 형식으로 구성된 **것이 돋보인다** 何より読者がもっと興味深く読めるように問答の形式で構成されているのが目立つ」とあるので「何らかの読み物」についての話で、その読み物は問答形式で構成されているのが特徴だということが分かります。さらに、この文には主語がないので、前の文と主語を共有している（＝この文では省略されている）という予想もできます。

STEP 2. 1文目に「『**박철수의 거주 박물지**』**는**…거주 문화사를 소개한 책『パク・チョルスの居住博物誌』は…居住文化史を紹介した本」とあるので、『パク・チョルスの居住博物誌』という本を紹介しており、挿入する文が指す「何らかの読み物」もこの本のことだと判断できます。

STEP 3. 2文目に「**물음들을 도면과 신문 기사를 곁들여 풀어내는 식** 問いを図面と新聞記事を添えて解くやり方」とあり、この本の形式が分かります。挿入する文にあった「問答形式の本」という内容と重なり、より具体的に「問答形式」の内容に触れているので、挿入する文はこれより前の ㉠ に入るのが自然です。よって、正解 ❶ ㉠です。

［日本語訳］

40.
　『パク・チョルスの居住博物誌』は建築学者がソウルを中心とした居住文化史を紹介した本だ。（　㉠　）マンションがどのように中流階級の標準的な欲望になったのか、甕がなぜマンションから消えたのかのような問いを図面と新聞記事を添えて解くやり方だ。（　㉡　）その過程で隣人と互いに思いやることなく厳しい生活を送ってきた過去数十年の世相を逃さず指摘している。（　㉢　）隣人と親しく生きていく姿を描き出そうと思っている未来の建築研究者におすすめしたい。（　㉣　）

何より読者がもっと興味深く読めるように問答の形式で構成されているのが目立つ。

正解 ❶ ㉠　　②㉡　　③㉢　　④㉣

CHECK ☐ ☐ ☐

41.
　　'젊은 작가상'을 수상한 최은영이 두 번째 소설집 『내게 무해한 사람』을 펴냈다. (　㉠　) 2년여에 걸쳐 여러 지면에 발표했던 작품들을 한 권에 모은 것이다. (　㉡　) 그들처럼 누군가에 대한 배반, 원치 않았던 이별 등 매듭짓지 못한 일들을 다시 떠올린다는 것은 괴로운 과정일 것이다. (　㉢　) 그러나 작가는 이미 지나간 시간에 대해 후회할 필요는 없으며 상처도 힘이 될 수 있다는 메시지로 독자의 마음을 움직인다. (　㉣　)

―――――＜보　기＞―――――
일곱 편의 단편에는 오해와 잘못으로 멀어진 사람들에 대한 이야기가 담겨 있다.

① ㉠　　② ㉡　　③ ㉢　　④ ㉣

(64회 TOPIK II 읽기 41번)

解答・解説

STEP 1. 挿入する文「일곱 편의 단편에는 오해와 잘못으로 멀어진 사람들에 대한 이야기가 담겨 있다 7編の短編には誤解と過ちで遠ざかった人々に対する話が込められている」から、「何らかの本」についての文だと分かります。

STEP 2. 1文目の「'젊은 작가상'을 수상한 최은영이 두 번째 소설집 『내게 무해한 사람』을 펴냈다『若い作家賞』を受賞したチェ・ウンヨンが2番目の小説集『私に無害な人』を出した」、2文目の「여러 지면에 발표했던 작품들을 한 권에 모은 것 様々な紙面に発表した作品を1冊に集めたもの」から、「チェ・ウンヨンが小説集を出した」ということと、「出版に至るまでの経緯」が分かります。2文目には主語がありませんが、1文目の「その本は」を主語として考えるとスムーズです。この間に本の具体的な内容が入るのは不自然なので、① ㉠の位置は外れます。

STEP 3. 3文目は「그들처럼…매듭짓지 못한 일들을 다시 떠올린다는 것은 괴로운 과정일 것이다 彼らのように…決着のつかないことを再び思い出すということは苦しい過程だろう」とあり、ここの「彼ら」は挿入する文の「誤解と過ちで遠ざかった人々」のことを指していると考えると自然です。1文目(本の紹介)、2文目(出版までの経緯)、挿入文(本の内容)、3文目(内容に対する感想)と全体の流れにも違和感がありません。よって、正解 ❷ ㉡ です。

［日本語訳］

41.　「若い作家賞」を受賞したチェ・ウンヨンが2番目の小説集『私に無害な人』を出した。（　㋐　）2年余りにわたって様々な紙面に発表した作品を1冊に集めたものだ。（　㋑　）彼らのように誰かに対する裏切り、望まなかった別れなど、決着のつかないことを再び思い出すということは苦しい過程だろう。（　㋒　）しかし、作家はすでに過ぎ去った時間について後悔する必要はなく、傷も力になりうるというメッセージで読者の心を動かしている。（　㋓　）

7編の短編には誤解と過ちで遠ざかった人々に対する話が込められている。

① ㋐　　正解 ❷ ㋑　　③ ㋒　　④ ㋓

CHECK ☐ ☐ ☐

出てきた語彙をチェック！

問39 무취 無臭　농도 濃度　짙다 濃い　위주로 中心に　입자 粒子　착안하다 着眼する
악취 悪臭
問40 장독 醤油や味噌を醸造・貯蔵する陶製の甕　이웃 隣人　각박하다 薄情だ、厳しい
세태 世相　지적하다 指摘する　놓치다 逃す　정답다 親密だ　그려 내다 描く
건축학도 建築学徒
問41 작가상 作家賞　수상하다 受賞する　무해하다 無害だ　걸치다 わたる、及ぶ
지면 紙面　배반 裏切り　매듭짓다 決着をつける　단편 短編　멀어지다 遠ざかる
담기다 込められる

応用パターン
1

新聞記事の見出しを説明した文を選ぶ

問題番号[25〜27]はこれが出る！

特　徴　・新聞記事の見出しを読んで、正しく説明している選択肢を選ぶ

　　　　　・日本の新聞と同じく、助詞が省略されたり体言止め・用言止め
　　　　　（名詞や動詞で文が終わる形）が使われたりする

ポイント　1 . 5W1H を中心に見出しからキーワードを探し、状況を正しく
　　　　　　想像する

　　　　　2 . 副詞にも注意しながら、選択肢と対比させるのがカギ

実際の問題にチャレンジ！

※ [25〜27] 다음 신문 기사의 제목을 가장 잘 설명한 것을 고르십시오. (각 2점)

27.　| 온라인 거래 사기 급증, 정부 대책 마련은 미흡 |

　① 온라인 거래 사기가 늘었지만 정부의 대책 마련은 충분하지 않다.

　② 온라인 시장에서 거래 사기가 증가해 정부가 대책을 수립하고 있다.

　③ 온라인 거래 사기를 막기 위해 마련한 정부의 대책은 큰 효과가 없
　　었다.

　④ 온라인 거래 사기 피해자들을 위해 정부가 대책을 마련하겠다고 발
　　표했다.

(83회 TOPIK II 읽기 27번)

出てきた語彙をチェック！

온라인 オンライン　거래 取引　사기 詐欺　급증 急増　정부 政府
대책 対策　마련 用意　미흡 不十分　수립하다 樹立する　막다 防ぐ　발표하다 発表する

次ページで解答と解答プロセスをチェック！ ➡

［実際の問題］

※ [25~27] 다음 신문 기사의 제목을 가장 잘 설명한 것을 고르십시오. (각 2점)

27.

온라인 거래 사기 급증, 정부 대책 마련은 미흡

［정답］❶ 온라인 거래 사기가 늘었지만 정부의 대책 마련은 충분하지 않다.

② 온라인 시장에서 거래 사기가 증가해 정부가 대책을 수립하고 있다.

③ 온라인 거래 사기를 막기 위해 마련한 정부의 대책은 큰 효과가 없었다.

④ 온라인 거래 사기 피해자들을 위해 정부가 대책을 마련하겠다고 발표했다.

- -

［日本語訳］

次の新聞記事の見出しを最もよく説明したものを選びなさい。（各 2 点）

27.

オンライン取引詐欺急増、政府の対策作りは不十分

［正解］❶ オンライン取引詐欺が増えたが、政府の対策作りは十分ではない。

② オンライン市場で取引詐欺が増加し、政府が対策を立てている。

③ オンライン取引詐欺を防ぐために用意した政府の対策は大きな効果がなかった。

④ オンライン取引詐欺被害者のために、政府が対策を準備すると発表した。

STEP 1　単語から見出しの意味を推測する

短い文に情報が詰め込まれているので、単語の区切りを見つけることが大事です。

今回の問題は、「**온라인 거래 사기** オンライン取引詐欺」が「**급증** 急増」しているが、「**정부** 政府」の「**대책 마련은 미흡** 対策作りは不十分」という内容です。

STEP 2　選択肢と見出しの文を対比する

① 前半の「**온라인 거래 사기가 늘었지만** オンライン取引詐欺が増えたが」は見出しの「取引詐欺が急増」と合っており、後半の「**정부의 대책 마련은 충분하지 않다** 政府の対策作りは十分ではない」も「対策作りが不十分」と合っています。よって、（正解）**❶**です。「**정부** 政府」「**대책** 政策」「**미흡** 不十分」は新聞記事で扱われやすい政治分野の単語なので、押さえておきましょう。

②「**온라인 사기가 증가** オンライン詐欺が増加し」という前半の内容は見出しと一致しますが、後半の「**정부가** 대책을 **수립하고 있다** 政府が対策を立てている」は、「政府の対策作りが不十分」と合わないので、誤答です。

③「**정부의** 대책은 **큰 효과가 없었다** 政府の対策は大きな効果がなかった」とありますが、見出しは「政府の対策作りは不十分」で、まだ対策をきちんと取っておらず、効果があったかどうかも分からないので、誤答です。

④「**피해자들을 위해** 被害者のために」という記述や、「**정부가** 대책을 **마련하겠다고 발표했다** 政府が対策を準備すると発表した」という記述はどちらも見出し文にはないので、誤答です。

問題番号[25～27]を練習しましょう

※ [25~27] 다음 신문 기사의 제목을 가장 잘 설명한 것을 고르십시오. (각 2점)
　 次の新聞記事の見出しを最もよく説明したものを選びなさい。（各 2 点）

25.
> 관광버스 추락, 안전벨트로 승객 전원 목숨 건져

　① 관광버스가 추락했지만 승객들이 안전벨트 덕분에 모두 살았다.
　② 관광버스 추락 사고 이후 안전벨트를 하는 승객이 더 많아졌다.
　③ 관광버스가 추락하자 일부 승객이 안전벨트를 풀고 탈출하였다.
　④ 관광버스가 추락하면서 안전벨트를 한 일부 승객이 크게 다쳤다.

(64회 TOPIK II 읽기 25번)

解答・解説

STEP 1. 見出しをキーワードごとに区切ると、「**관광버스 추락** 観光バス墜落（転落）」、「**안전벨트로** 安全ベルト（シートベルト）で」、「**승객 전원** 乗客の全員」、「**목숨 건져** 命が助かる」です。

STEP 2. ①「**관광버스가 추락했지만** 観光バスが転落したが」の部分も、「**승객들이 안전벨트 덕분에 모두 살았다** 乗客はシートベルトのおかげで全員助かった」の部分も、文の内容と合っているので、〔正解〕❶ です。②「**관광버스 추락 사고 이후** 観光バス転落事故以後」で事故があったことは一致していますが、「**안전벨트를 하는 승객이 더 많아졌다** シートベルトをする乗客がさらに増えた」は、文では触れられていない内容なので、誤答です。③ の「**일부 승객이 안전벨트를 풀고 탈출하였다** 一部の乗客がシートベルトを外して脱出した」の部分と、④の「**안전벨트를 한 일부 승객이 크게 다쳤다** シートベルトをした一部の乗客が大怪我をした」は、どちらも見出しにある「シートベルトのおかげで全員助かった」と内容が合わないので、誤答です。

25.

> 観光バス転落、シートベルトで**乗客**全員が**命拾い**

正解 ❶ 観光バスが転落したが、**乗客**はシートベルトのおかげで全員助かった。

② 観光バスの転落事故以後、シートベルトをする**乗客**がさらに増えた。

③ 観光バスが転落すると、一部の**乗客**がシートベルトを外して脱出した。

④ 観光バスが転落し、シートベルトをした一部の**乗客**が**大怪我**をした。

CHECK ☐ ☐ ☐

26.

> 놀이공원, 수익에만 치중 이용객 안전은 뒷전

① 놀이공원의 이용객들은 놀이공원에 안전시설 점검을 요구했다.

② 놀이공원이 이용객의 안전을 중시하기 시작한 후 수익이 증가했다.

③ 놀이공원이 수익은 중요시하고 이용객의 안전은 중요시하지 않고 있다.

④ 놀이공원은 수익이 감소해 이용객의 안전에 더 이상 투자하기 어려워졌다.

(60회 TOPIK II 읽기 26번)

解答・解説

STEP 1. 見出しをキーワードごとに区切ると、「**놀이공원** 遊園地」、「**수익에만 치중** 収益だけに重点(を置き)」、「**이용객 안전은 뒷전** 利用客の安全は後回し」です。

STEP 2. ①「**이용객들은 놀이공원에 안전시설 점검을 요구했다** 利用客は遊園地に安全施設の点検を要求した」は、書かれていない内容なので、誤答です。②「**이용객의 안전을 중시하기 시작한 후** 利用客の安全を重視し始めた後」は見出し文の「利用客の安全は後回し」と合わないので、誤答です。③「**수익은 중요시하고 이용객의 안전은 중요시하지 않고 있다** 収益は重要視し、利用客の安全は重要視していない」は文と同じ内容なので、合っています。よって、正解 ❸です。④「**수익이 감소해** 収益が減少し」も、「**이용객의 안전에…투자하기 어려워졌다** 利用客の安全に…投資することが難しくなった」も、見出しには書かれていない内容なので、誤答です。

［日本語訳］

26. 遊園地、収益だけに重点を置き利用客の安全は後回し

① 遊園地の利用客は遊園地に安全施設の点検を要求した。

② 遊園地が利用客の安全を重視し始めた後、収益が増加した。

[正解] ❸ 遊園地が収益は重要視し、利用客の安全は重要視していない。

④ 遊園地は収益が減少し、利用客の安全にこれ以上投資することが難しくなった。

CHECK ☐ ☐ ☐

---

27. 시청자 사로잡는 드라마 음악, 시청률 상승 효과 '톡톡'

① 시청자에게 익숙한 음악을 활용해 드라마의 시청률을 높이려고 했다.

② 시청자들은 시청률이 높은 드라마에 더 많은 음악이 나오기를 원했다.

③ 드라마 음악을 시청자와 함께 만들어 시청률에 긍정적인 영향을 주었다.

④ 드라마 음악이 시청자에게 사랑을 받으며 시청률을 높이는 역할을 했다.

(52회 TOPIK II 읽기 27번)

解答・解説

STEP 1. 見出しをキーワードごとに区切ると、「**시청자 사로잡는 드라마 음악** 視聴者を魅了するドラマ音楽」、「**시청률 상승 효과** 視聴率上昇効果」とあり、「**톡톡**' ぐんぐん」は効果が非常にあるときなどに使われます（効果が「抜群」の意味）。まとめると、「音楽が効果的に働いて、ドラマの視聴率がどんどん上がった」という内容です。

STEP 2. ①「**익숙한 음악** 馴染みのある音楽」も、「**드라마의 시청률을 높이려고 했다** ドラマの視聴率を上げようとした」も、文と内容が合いません。結果的に視聴率は上がりましたが、当初の目的は文に書かれていないので、誤答です。②の「**시청자들은…더 많은 음악이 나오기를 원했다** 視聴者たちは…もっと多くの音楽が出ることを望んだ」や、③の「**드라마 음악을 시청자와 함**

274

께 만들어 ドラマ音楽を視聴者と一緒に作り」は文に書かれていないので、誤答です。④「드라마 음악이 시청자에게 사랑을 받으며 시청률을 높이는 역할을 했다 ドラマの音楽が視聴者に愛され、視聴率を上げる役割を果たした」は合っています。よって、**正解** ❹ です。

27.

> 視聴者を魅了するドラマ音楽、視聴率上昇効果「ぐんぐん」

① 視聴者に馴染みのある音楽を活用してドラマの視聴率を上げようとした。

② 視聴者たちは視聴率の高いドラマにもっと多くの音楽が出ることを望んだ。

③ ドラマ音楽を視聴者と一緒に作り、視聴率に肯定的な影響を与えた。

正解 ❹ ドラマ音楽が視聴者に愛され、視聴率を上げる役割を果たした。

CHECK ☐ ☐ ☐

応用パターンを対策

パターン1

出てきた語彙をチェック！

問25 추락 墜落　안전벨트 シートベルト　목숨을 건지다 命を救う　탈출하다 脱出する
다치다 怪我をする
問26 놀이공원 遊園地　이용객 利用客　수익 収益　치중하다 重点を置く　뒷전 後回し
점검 点検　요구하다 要求する　중요시하다 重要視する　감소 減少　투자 投資
問27 시청자 視聴者　사로잡다 虜にする、魅了する　시청률 視聴率　상승 上昇　효과 効果
익숙하다 慣れている　활용하다 活用する　원하다 願う　긍정적 肯定的

275

☐☐	곤경 苦境	그는 예상치 못한 사건에 휘말려 곤경에 빠졌다. 彼は予期せぬ事件に巻き込まれて苦境に陥った。
☐☐	눈높이 目線	아이의 눈높이에 맞춘 교육을 하고 있습니다. 子どもの目線に合わせた教育をしています。
☐☐	당부 頼むこと	어머니가 객지에서는 밥을 잘 챙겨먹으라고 당부를 하셨다. 母が、旅先ではご飯をちゃんと食べるようお願いをなさった。
☐☐	모방 模倣	방화 사건이 일어난 뒤 모방 범죄가 잇따르고 있다. 放火事件が起きた後、模倣犯罪が相次いでいる。
☐☐	박탈감 剥奪感、疎外感	SNS 이용자가 늘면서 상대적으로 박탈감을 느끼는 사람도 많다. SNS利用者が増え、相対的に疎外感を感じる人も多い。
☐☐	사연 事情、話、便り	라디오에서 접한 사연을 듣고 갑작스레 눈물이 흘렀다. ラジオで接した（ラジオから流れた）お便りを聞いて、急に涙が流れた。
☐☐	섭취 摂取	건강을 유지하기 위해서 꼭 필요한 영양소는 잘 섭취를 하고 있다. 健康を維持するために絶対に必要な栄養素はしっかり摂取をしている。
☐☐	안도 安堵	그가 무사하다는 소식을 듣고 안도의 한숨을 내쉬었다. 彼が無事だとの知らせを聞いて、安堵のため息をついた。
☐☐	잔소리 小言	유학을 와서 독립을 하고 나니 엄마의 잔소리가 그리워졌다. 留学に来て独立したら、お母さんの小言が懐かしくなった。
☐☐	첨단 先端	각국은 첨단 소재 개발에 막대한 예산을 쏟아붓고 있다. 各国は先端素材開発に莫大な予算を投じている。
☐☐	유의점 注意点	이 제품은 편리하지만 사용시에 유의점도 있습니다. この製品は便利ですが、使用時に注意点もあります。
☐☐	삭감 削減	회사는 불황이 닥쳐오면서 연구 예산 삭감을 발표했다. 会社は不況に見舞われ、研究予算の削減を発表した。
☐☐	이득 利益	장사란 이득이 있는지 없는지를 먼저 따져서 한다. 商売とは利益があるかないかを先に調べてからするものだ。
☐☐	재단 財団	그는 엄청나게 벌어들인 재산을 교육 재단에 모두 기부했다. 彼はものすごく稼いだ財産を教育財団にすべて寄付した。
☐☐	침해 侵害	인터넷이 발달함에 따라 저작권 침해 사례도 늘고 있다. インターネットの発達に伴い、著作権の侵害事例も増えている。
☐☐	파급 波及	그런 정보는 파급 효과가 크므로 발신을 할 때 주의해야 한다. そのような情報は波及効果が大きいため、発信するときは注意しなければならない。
☐☐	허위 虚偽	원산지 허위 표기로 적발된 식품 회사가 많은 액수의 벌금을 냈다. 原産地の虚偽表記で摘発された食品会社が、多額の罰金を払った。
☐☐	취지 趣旨	그 계획의 취지에는 동의하지만 좀 더 검토해야 한다. その計画の趣旨には同意するが、もう少し検討しなければならない。

文脈に合うように、空欄に入る表現を選ぶ②

特　徴　文の流れをつかんで、文脈に合った表現を空欄に入れる

ポイント　1. 空欄のある文の重要な表現などに注目し、キーワードを見つける

　　　　　2. 空欄の前後の文の脈絡や流れを把握してつなげてみる

実際の問題にチャレンジ！

※ [28~31] (　　　　　)에 들어갈 말로 가장 알맞은 것을 고르십시오. (각 2점)

28.
　　최근 한국의 편의점 업체가 해외로 진출하면서 현지에서 큰 인기를 끌고 있다. 인테리어에서 판매 상품까지 (　　　　　) 전략을 썼기 때문이다. 보통 마트가 해외에 진출할 때는 현지인의 취향에 맞추려고 하는데 이 편의점 업체는 이와 반대되는 방법을 써서 성공한 것이다.

① 빠뜨리지 않고 홍보하는

② 판매자의 기호에 맞추는

③ 편의점의 특성을 최대한 감추는

④ 한국 편의점을 그대로 재현하는

(83 회 TOPIK II 읽기 28번)

出てきた語彙をチェック！

편의점 コンビニ　업체 業者　해외 海外　진출 進出　현지 現地　인기를 끌다 人気を集める
인테리어 インテリア　판매 販売　상품 商品　전략 戦略　현지인 現地の人　취향 趣向、好み
맞추다 合わせる　성공 成功　빠뜨리다 落とす、抜かす　홍보하다 広報する、宣伝する
판매자 販売者、売り手　기호 嗜好、好み　특성 特性　감추다 隠す　재현하다 再現する

次ページで解答と解答プロセスをチェック！➡

［実際の問題］

※ [28～31] (   )에 들어갈 말로 가장 알맞은 것을 고르십시오. (각 2점)

28.
　　최근 한국의 편의점 업체가 해외로 진출하면서 현지에서 큰 인기를 끌고 있다. 인테리어에서 판매 상품까지 (   ) 전략을 썼기 때문이다. 보통 마트가 해외에 진출할 때는 현지인의 취향에 맞추려고 하는데 이 편의점 업체는 이와 반대되는 방법을 써서 성공한 것이다.

① 빠뜨리지 않고 홍보하는

② 판매자의 기호에 맞추는

③ 편의점의 특성을 최대한 감추는

정답 ④ 한국 편의점을 그대로 재현하는

［日本語訳］

(   )に入る言葉として最も適切なものを選びなさい。(各 2 点)

28.
　　最近、韓国のコンビニ業者が海外に進出し、現地で大きな人気を集めている。インテリアから販売商品まで(   )戦略を使ったためだ。普通スーパーが海外に進出するときは現地の人の好みに合わせようとするが、このコンビニ業者はこれとは反対の方法を取って成功したのだ。

① 欠かさず宣伝する

② 売り手の好みに合わせる

③ コンビニの特性を最大限隠す

正解 ④ 韓国のコンビニをそのまま再現する

最初の文を読んで何についての話なのかを推測する

最初の文には「**최근 한국의 편의점 업체가…현지에서 큰 인기를 끌고 있다** 最近、韓国のコンビニ業者が…現地で大きな人気を集めている」とあり、「コンビニの海外進出」の話で、その事業が現地で人気であることが分かります。

空欄がある文の前後の文を読んで話の流れをつかむ

空欄のある文を見ると「**인테리어에서 판매 상품까지 (　　　　) 전략을 썼기 때문이다** インテリアから販売商品まで（　　　　）戦略を使ったためだ」とあり、空欄の中には「どういう戦略なのか」が入ることが分かります。その後の文には、「**보통…현지인의 취향에 맞추려고 하는데 이 편의점 업체는 이와 반대되는 방법을 써서 성공한 것이다** 普通…現地の人の好みに合わせようとするが、このコンビニ業者はこれとは反対の方法を取って成功したのだ」とあるので、「現地の人の好みにあえて合わせない戦略が成功につながった」というような文になる選択肢はどれかを探します。

選択肢の中で、2つの文の流れを自然につなぐものを探す

①「**빠뜨리지 않고 홍보하는** 欠かさず宣伝する」→宣伝方法については文中で触れられていないので、誤答です。

②「**판매자의 기호에 맞추는** 売り手の好みに合わせる」→この方法と反対の方法を使っていると STEP 2 の段階で判明したので、誤答です。

③「**편의점의 특성을 최대한 감추는** コンビニの特性を最大限隠す」→コンビニの特性については書かれていないので、誤答です。

④「**한국 편의점을 그대로 재현하는** 韓国のコンビニをそのまま再現する」→これは「現地の好みに合わせない方法」と合っています。よって、**正解** ④です。

※ [28~31] (　　　　)에 들어갈 말로 가장 알맞은 것을 고르십시오. (각 2점)
　　(　　　　)に入る言葉として最も適切なものを選びなさい。(各 2 点)

28.
> 　　수업에 게임 방식을 도입하면 열의를 갖고 참여하는 학생들이 많아진다. 학생들은 흥미진진한 퀴즈를 풀며 용어와 개념을 익힌다. 퀴즈의 정답을 맞힌 학생에게는 즉각적으로 점수가 부여되는데 어려운 문제를 빨리 맞힐수록　획득하는 점수가 크다. 이러한 방법을 활용하면 학생들이 (　　　　　　　　) 수 있다.

① 교실 환경을 살필
② 수업에 보다 집중할
③ 게임에 흥미를 느낄
④ 친구들과 더 소통할

(60회 TOPIK II 읽기 28번)

解答・解説

STEP 1. 最初の文を見ると「**수업에 게임 방식을 도입**하면 열의를 갖고 참여하는 학생들이 많아진다 授業にゲーム方式を導入すれば、熱意を持って参加する学生が多くなる」とあり、話のテーマが分かります。

STEP 2. 空欄がある文を見ると「**이러한 방법**을 활용하면 학생들이 (　　　　) 수 있다 このような方法を活用すれば学生たちが (　　　　) ことができる」とあります。「このような方法」とは空欄がある文の前の文やもう１つ前の文にある「**퀴즈** クイズ」のことで、最初の文にある「ゲーム方式」の具体例です。空欄には「クイズ方式で授業をすることで学生たちに生まれるいい効果」のことが入ります。

STEP 3. 選択肢の中で、これに合うのは②「**수업에 보다 집중할** 授業により集中する」です。よって、正解 ❷ です。

28.

> 授業にゲーム方式を導入すれば、熱意を持って参加する学生が多くなる。学生たちは興味津々にクイズを解きながら用語と概念を身につける。クイズの正解を当てた学生には直ちに点数が付与されるが、難しい問題を早く当てるほど獲得する点数が大きい。このような方法を活用すれば学生たちが（　　　　　　　　）ことができる。

① 教室の環境を調べる

正解 ❷ 授業により集中する

③ ゲームに興味を感じる

④ 友達ともっとコミュニケーションする

CHECK ☐ ☐ ☐

29.

> 무지개는 빛이 공기 중의 물방울을 통과할 때 굴절되어 나타나는 현상이다. 그래서 비가 그친 직후 해가 뜰 때 무지개가 잘 생긴다. 이때 （　　　　　　　　） 않으면 무지개가 만들어지기 어렵다. 공기에 먼지 등의 오염 물질이 섞이면 물방울들이 먼지 주위로 모여 빛이 통과하는 것을 막기 때문이다.

① 해가 뜨지

② 비가 그치지

③ 빛이 약하지

④ 공기가 깨끗하지

(64회 TOPIK II 읽기 29번)

解答・解説

STEP 1. 最初の文を見ると「무지개는 빛이 공기 중의 물방울을 통과할 때 굴절되어 나타나는 현상이다 虹は光が空気中の水滴を通過するときに屈折して現れる現象だ」とあり、「虹が出るしくみ」についての文であることが分かります。

STEP 2. 空欄のある文を見ると「이때（　　　　）않으면 무지개가 만들어지기 어렵다 このとき（　　　　）ないと虹が作られにくい」とあるので、虹が作られにくい理由を探します。一般的には次の文で理由を述べることが多いので確

認すると、「공기에 **먼지 등의** 오염 물질이 섞이면…빛이 통과하는 것을 막기 때문이다 空気にほこりなどの汚染物質が混ざると…光が通過するのを妨げるためだ」とあり、空欄の文の形に合わせて考えると「(ほこりなどの汚染物質が混ざっていない状態)でないと虹が現れにくい」という内容になるはずです。

STEP 3. 選択肢の中でこれに近い表現は④「**공기가 깨끗하지** 空気がきれい」で、これを空欄に入れると、「**이때 (공기가 깨끗하지) 않으면 무지개가 만들어지기 어렵다** このとき、空気がきれいでないと虹が作られにくい」と自然な文になります。よって、正解 ❹ です。この問題で使われた表現「**-지 않으면 〜**でなければ」のように、空欄とその後ろまでがセットで1つの表現になっていることもあるので要注意です。

―――――――――――――――――――――――――――

［**日本語訳**］

29.
> 虹は光が空気中の水滴を通過するときに屈折して現れる現象だ。それで雨が止んだ直後、日が昇るときに虹がよくできる。このとき（　　　　　　　　　）ないと虹が作られにくい。空気にほこりなどの汚染物質が混ざると、水滴がほこりの周りに集まって光が通過するのを妨げるためだ。

① 日が昇って

② 雨がやんで

③ 光が弱く

正解 ❹ 空気がきれいで

CHECK ☐ ☐ ☐

30.

　　전자레인지는 보통 음식을 따뜻하게 데울 때 사용된다. 그런데 전자레인지는 직접 열을 가하는 것이 아니라 음식에 포함된 물 분자의 움직임을 이용하여 음식을 데운다. 음식물에 전자레인지의 전자파가 닿으면 음식물 안에 있는 물 분자들이 진동하면서 열이 발생하는 것이다. 한편 얼음은 전자레인지의 전자파가 닿아도 녹지 않는다. 얼음 속의 물 분자가 얼어 있어서 (　　　　　　　) 때문이다.

① 부피가 커지기
② 결합이 안 되기
③ 움직이지 못하기
④ 열을 모두 반사하기

(52회 TOPIK II 읽기 30번)

解答・解説

STEP 1. 最初の文には「**전자레인지는** 보통 음식을 따뜻하게 데울 때 사용된다 電子レンジは通常、食べ物を温めるときに使用される」とあり、誰もが知っている一般的な事実が述べられています。このような場合は、レンジのどんな部分に焦点を当てた話なのか読み取れないので、さらに内容を把握するために次の文も読みます。「**그런데 전자레인지는** 직접 열을 가하는 것이 아니라 음식에 포함된 물 분자의 움직임을 이용하여 음식을 데운다 ところが電子レンジは直接熱を加えるのではなく、食べ物に含まれた水分子の動きを利用して食べ物を温める」とあり、「水分子の動き」がキーワードであることが分かります。

STEP 2&3. 空欄のある文は「얼음 속의 물 분자가 얼어 있어서 (　　　　　) 때문이다 氷の中の水分子が凍っていて (　　　　　)ためだ」とあります。水分子が凍るとどうなるかを考えると、空欄に入るのは③「**움직이지 못하기** 動けない」が適当です。よって、**正解 ❸** です。ここでも、1つ前の問題と同じように、「**-기 때문이다** 〜だからだ」という空欄の中とその直後を組み合わせた表現が使われています。

[日本語訳]

30.
> 電子レンジは通常、食べ物を温めるときに使用される。ところが電子レンジは直接熱を加えるのではなく、食べ物に含まれた水分子の動きを利用して食べ物を温める。食べ物に電子レンジの電磁波が触れると、食べ物の中にある水分子が振動し、熱が発生するのだ。一方、氷は電子レンジの電磁波が触れても溶けない。氷の中の水分子が凍っていて（　　　　　　　　）ためだ。

① 体積が大きくなる
② 結合できない
[正解] ❸ 動けない
④ 熱を全て反射する

CHECK ☐ ☐ ☐

31.
> 기한이 정해져 있는 티켓의 경우 기간이 지나면 사용하지 못하게 된다. 그런데 기한이 얼마 남지 않은 티켓이라도 모바일 시장을 이용하면 판매할 수 있다. 이 시장에서는 판매자와 소비자가 실시간으로 필요한 정보를 교환한다. 이 시장을 통해 판매자는 기간이 지나면 （　　　　　　　　） 상품을 판매할 수 있고, 소비자는 필요한 시점에 싼 가격으로 상품을 구매할 수 있는 것이다.

① 가치가 사라지는
② 가격이 올라가는
③ 수요가 많아지는
④ 생산이 줄어드는

(47회 TOPIK II 읽기 31번)

解答・解説

STEP 1. 最初の文には「기한이 정해져 있는 티켓의 경우 기간이 지나면 사용하지 못하게 된다 期限が決まっているチケットの場合、期間が過ぎると使用できなくなる」とあります。これは誰もが知っている一般的な話なので、さらに内容をつかむために次の文を読みます。「그런데 기한이 얼마 남지 않은 티켓이라도 모바일 시장을 이용하면 판매할 수 있다 ところが、期限が

あまり残っていないチケットでもモバイル市場を利用すれば販売できる」とあり、「モバイル市場でのチケット再販」についての話だと分かります。

STEP 2&3. 空欄がある文の前半を見ると、「**이 시장을 통해 판매자는 기간이 지나면**（　　　）**상품을 판매할 수 있고** この市場を通じて販売者は期間が過ぎれば（　　　）商品を販売することができ」とあります。チケットの話において「期間が過ぎる」のは「使えなくなる」のと同じです。選択肢の中でこれと似た意味を持つのは、①「**가치가 사라지는** 価値が消える」です。よって、 正解 ❶ です。

［日本語訳］

31.
> 期限が決まっているチケットの場合、期間が過ぎると使用できなくなる。ところが、期限があまり残っていないチケットでもモバイル市場を利用すれば販売できる。この市場では、販売者と消費者がリアルタイムで、必要な情報を交換する。この市場を通じて販売者は期間が過ぎれば（　　　　　）商品を販売することができ、消費者は必要な時点で安い価格で商品を購入することができるのだ。

正解 ❶ 価値が消える

② 値上がりする

③ 需要が増える

④ 生産が減る

CHECK ☐ ☐ ☐

出てきた語彙をチェック！

問28 도입하다 導入する　열의 熱意　흥미진진하다 興味津々だ　용어 用語　개념 概念
정답을 맞히다 正解を当てる　즉각적으로 即刻、直ちに
問29 무지개 虹　빛 光　공기 空気　물방울 しずく　통과하다 通過する　굴절되다 屈折する
비가 그치다 雨が止む　해가 뜨다 日が昇る　먼지 ほこり　오염 물질 汚染物質
問30 데우다 温める　열을 가하다 熱を加える　분자 分子　전자파 電磁波
진동하다 振動する　발생하다 発生する　얼음 氷　녹다 溶ける　부피 体積　결합 結合
반사하다 反射する
問31 기한 期限　정해지다 決まる　모바일 モバイル　시장 市場　판매하다 販売する
교환하다 交換する　통하다 通す、通じる　구매하다 購買する　가치 価値　가격 価格
수요 需要　생산 生産

☐☐	**갈팡질팡하다** 右往左往する、戸惑う	지진이 나면서 사람들이 갈팡질팡하고 있다. 地震が起きて、人々が戸惑っている。	
☐☐	**꺼리다** 渋る	모두가 꺼리는 일을 솔선해서 하는 사람이 있다. 皆が渋ることを率先してする人がいる。	
☐☐	**나무라다** たしなめる	어머니는 아이가 잘못된 행동을 하자 나무랐다. 母親は子どもが間違った行動をしたのでたしなめた。	
☐☐	**뉘우치다** 悔いる	잘못을 저지른 대가를 치르고 죄를 뉘우치며 살겠습니다. 過ちを犯した代価を払い、罪を悔いて生きていきます。	
☐☐	**돋보이다** 目立つ	그는 매우 돋보이는 안경을 끼고 모임에 나타났다. 彼はとても目立つ眼鏡をかけて集まりに現れた。	
☐☐	**따지다** 調べる、問い詰める	아내가 내가 쓴 신용카드 사용 내역을 보고 일일이 따졌다. 妻は私が使ったクレジットカードの利用明細を見て、一つ一つ問い詰めた。	
☐☐	**거르다** 抜く	다이어트를 위해 아침 식사를 거르는 사람도 있다. ダイエットのために朝食を抜く人もいる。	
☐☐	**마련하다** 準備する、用意する	부모님이 마련해 주신 살림살이로 신혼 생활을 시작했다. 両親が用意してくださった家具で、新婚生活を始めた。	
☐☐	**배척하다** 排斥する	외국인이라고 무조건 배척하는 문화는 좋지 않다. 外国人だからといって無条件に排斥する文化はよくない。	
☐☐	**사양하다** 遠慮する	너무 사양하지 마시고 일단 한번 받아서 써 보세요. あまり遠慮なさらずに、とりあえず一回受け取って使ってみてください。	
☐☐	**앞당기다** 早める、繰り上げる	마케팅 전략상 신제품 출시 일자를 앞당기기로 했다. マーケティング戦略上、新製品の発売日を繰り上げることにした。	
☐☐	**얽매이다** 縛られる	너무 과거에 얽매이지 말고 미래에 대해서만 생각해라. あまり過去に縛られないで、未来についてだけ考えなさい。	
☐☐	**저지르다** 犯す	잘못을 저질렀으면 일단 사과부터 해야겠지요. 過ちを犯したなら、まず謝罪からしなければならないでしょう。	
☐☐	**추돌하다** 追突する	졸음 운전으로 앞차와 추돌하는 사고가 빈번하다. 居眠り運転で前の車と追突する事故が頻繁にある。	
☐☐	**횡단하다** 横断する	은퇴후 아메리카 대륙을 횡단하는 여행 계획을 세웠다. 引退後、アメリカ大陸を横断する旅行計画を立てた。	
☐☐	**분해하다** 分解する	고장 난 시계를 분해해서 고친 뒤 다시 조립했다. 壊れた時計を分解して直してから、もう一度組み立てた。	
☐☐	**어림잡다** 見積もる	어림잡아 이번 콘서트에 온 사람이 만 명은 넘는 것 같다. おおざっぱに見積もっても、今回のコンサートに来た人は1万人を超えるようだ。	
☐☐	**충족하다** 満たす	요건에 충족하다면 서류 심사는 통과시키도록 합시다. 要件を満たすなら書類審査は通過させましょう。	

問題番号[32～34]はこれが出る！

特　徴　　説明文の内容に一致する文を選ぶ

ポイント　1.最初と最後の文を読んで、内容と一致するものを見つけるの
　　　　　　がカギ

　　　　　2.最初と最後の文で正解にたどり着かない場合は、他の文も読
　　　　　　んで内容を押さえていく

実際の問題にチャレンジ！

※ [32～34] 다음을 읽고 글의 내용과 같은 것을 고르십시오. (각 2점)

32.

　　하루살이는 하루밖에 못 살 정도로 수명이 짧다고 해서
붙은 이름이다. 그러나 하루살이 애벌레는 성충이 되기 위
해 약 1년을 물속에 살고 성충이 되어서는 1～2주 정도 산
다. 하루살이 애벌레는 물속에 가라앉은 나뭇잎 등을 먹고
살지만 성충이 되면 입이 퇴화한다. 이런 까닭에 성충은 애
벌레 때 몸속에 저장해 둔 영양분을 소모할 뿐 따로 먹이를
섭취하지 못한다.

① 하루살이의 수명은 하루를 넘지 않는다.

② 하루살이는 성충이 되는 데에 1～2주 정도 걸린다.

③ 하루살이 성충은 애벌레 때 저장한 영양분으로 산다.

④ 하루살이의 입은 성충이 되면서 기능이 더욱 발달한다.

(60회 TOPIK II 읽기 32번)

次ページで解答と解答プロセスをチェック！➡

出てきた語彙をチェック！

하루살이 カゲロウ　수명 寿命　애벌레 幼虫　성충 成虫　가라앉다 沈む
나뭇잎 木の葉　퇴화 退化　저장 貯蔵　영양분 栄養素　소모 消耗　섭취 摂取

[実際の問題]

※ [32~34] 다음을 읽고 글의 내용과 같은 것을 고르십시오. (각 2점)

32.
> 하루살이는 하루밖에 못 살 정도로 수명이 짧다고 해서 붙은 이름이다. 그러나 하루살이 애벌레는 성충이 되기 위해 약 1년을 물속에 살고 성충이 되어서는 1~2주 정도 산다. 하루살이 애벌레는 물속에 가라앉은 나뭇잎 등을 먹고 살지만 성충이 되면 입이 퇴화한다. 이런 까닭에 성충은 애벌레 때 몸속에 저장해 둔 영양분을 소모할 뿐 따로 먹이를 섭취하지 못한다.

① 하루살이의 수명은 하루를 넘지 않는다.

② 하루살이는 성충이 되는 데에 1~2주 정도 걸린다.

[정답] ❸ 하루살이 성충은 애벌레 때 저장한 영양분으로 산다.

④ 하루살이의 입은 성충이 되면서 기능이 더욱 발달한다.

- -

[日本語訳]

次を読んで文の内容と同じものを選びなさい。(各2点)

32.
> 一日暮らし（カゲロウ）は１日しか生きられないほど寿命が短いことからつけられた名前だ。しかし、カゲロウの幼虫は成虫になるために、約１年を水の中で暮らし、成虫になってから１～２週間ほど生きる。カゲロウの幼虫は水中に沈んだ木の葉などを食べて生きているが、成虫になると口が退化する。このような理由から成虫は幼虫のときに体内に保存しておいた栄養分を消耗するだけで、他に餌を摂取できない。

① カゲロウの寿命は１日を超えない。

② カゲロウは成虫になるのに１～２週間程度かかる。

[正解] ❸ カゲロウの成虫は幼虫のときに貯めておいた栄養分で暮らす。

④ カゲロウの口は成虫になり、機能がさらに発達する。

最初の文を読み、何について話しているのか把握する

「**하루살이는 하루밖에 못 살 정도로 수명이 짧다고 해서 붙은 이름이다** カゲ
ロウは１日しか生きられないほど寿命が短いことからつけられた名前
だ」とあり、「カゲロウと、その名前の由来にもなっている寿命に関
する話」であることが推測できます。

 最後の文を確認する

最後の文を見ると、「**이런 까닭에 성충은 애벌레 때 몸속에 저장해 둔 영양
분을 소모할 뿐 따로 먹이를 섭취하지 못한다** このような理由から成虫は幼
虫のときに体内に保存しておいた栄養分を消耗するだけで、他に餌を
摂取できない」とあり、カゲロウが成虫になる際に起こる特徴が分か
ります。

 **内容を選択肢と照らし合わせる(情報が足りない場合は他の文
も読む)**

選択肢を見ると、③「**하루살이 성충은 애벌레 때 저장한 영양분으로 산다**
カゲロウの成虫は幼虫のときに貯めておいた栄養分で暮らす」とある
ので 正解 ❸ です。①も、その名前の由来から正解のように見えますが、
２文目に「**성충이 되어서는 1 ~ 2주 정도 산다** 成虫になってから１～２
週間ほど生きる」とあるので、「**하루를 넘지 않는다** １日を超えない」は、
誤りです。

 今回の問題では最初と最後の文だけで解答に必要な情報を拾いましたが、
選択肢を見て判断がつかなかった場合は、中間の文も読んで選択肢と照ら
し合わせましょう。

※ [32〜34] 다음을 읽고 글의 내용과 같은 것을 고르십시오. (각 2점)

次を読んで文の内容と同じものを選びなさい。（各 2 点）

32.
> 오케스트라는 연주하기 전에 악기들의 음을 서로 맞춰 보는 과정을 거친다. 그때 오케스트라의 한가운데에 자리 잡은 오보에가 기준 음을 낸다. 오보에는 다른 관악기와 달리 나무 떨림판인 '리드'를 두 장 겹쳐 사용해서 소리가 더 정확하고 또렷하기 때문이다. 또 음을 안정적으로 길게 유지할 수 있어서 다른 악기들이 음을 쉽게 맞출 수 있도록 해 준다.

① 오보에는 다른 악기와 달리 리드 하나로 음을 낸다.

② 오보에의 첫 음과 함께 오케스트라 연주가 시작된다.

③ 오보에는 소리가 작아서 오케스트라의 앞쪽에 위치한다.

④ 오보에는 오케스트라에서 소리를 맞출 때 기준 역할을 한다.

(83회 TOPIK II 읽기 32번)

解答・解説

STEP 1. 最初の文には「**오케스트라는 연주하기 전에** 악기들의 음을 서로 맞춰 보는 과정을 거친다 オーケストラは演奏する前に楽器の音を互いに合わせてみる過程を経る」とあるので、「オーケストラが演奏前に行うチューニング（音合わせ）についての話」であることが推測できます。

STEP 2. 最後の文を見ると「**또** 음을 안정적으로 길게 유지할 수 있어서 다른 악기들이 음을 쉽게 맞출 수 있도록 해 준다 また、音を安定的に長く維持することができるので、他の楽器が音を簡単に合わせられるようにしてくれる」とチューニングに使われる楽器の特徴について述べていることが分かります。

STEP 3. 最初と最後の文だけではここまでで出てきた「チューニングに使われる楽器」が何なのかはまだ分からない状態ですが、選択肢を見ると主語が全て「오보에 オーボエ」になっているほか、２文目にも「**그때**…오보에가 기준 음을 낸다 そのとき…オーボエが基準音を出す」とあるので、オーボエが基準になってオーケストラ全体がチューニングをすることが分かります。

選択肢を見ると、④に「오보에는 **오케스트라에서 소리를 맞출 때 기준 역할을 한다** オーボエはオーケストラで音を合わせる際の基準の役割をする」とあり、2文目と内容が一致するので、正解 ④ です。

[日本語訳]

32.
> オーケストラは演奏する前に楽器の音を互いに合わせてみる過程を経る。そのとき、オーケストラの真ん中に位置したオーボエが基準音を出す。オーボエは他の管楽器とは異なり、木の振動板である「リード」を2枚重ねて使用し、音がより正確ではっきりしているためだ。また、音を安定的に長く維持することができるので、他の楽器が音を簡単に合わせられるようにしてくれる。

① オーボエは他の楽器と違ってリード1つで音を出す。
② オーボエの最初の音とともにオーケストラの演奏が始まる。
③ オーボエは音が小さいため、オーケストラの前方に位置する。
正解 ④ オーボエはオーケストラで音を合わせる際の基準の役割をする。

CHECK ☐ ☐ ☐

読解 読解

応用パターンを対策 パターン3

33.
> 저축의 방식을 가로 저축과 세로 저축으로 나눠 비유하여 설명할 수 있다. 차량 구입이나 주택 마련과 같이 특정 목적을 위해 한 통장에 집중하여 저축하는 것이 세로 저축이다. 반면 장기적으로 다양한 목적에 따라 자금을 여러 통장에 분산하여 저축하는 것을 가로 저축이라고 한다. 단기적으로 빨리 목돈을 만들고 싶다면 세로 저축을, 은퇴 후의 생활까지 고려한다면 가로 저축을 선택하는 것이 좋다.

① 노후 준비에는 세로 저축이 유리하다.
② 세로 저축보다 가로 저축을 하는 것이 더 좋다.
③ 저축의 목적이 다양하면 가로 저축이 유용하다.
④ 가로 저축은 단기적인 계획이 있을 때 효율적이다.

(64회 TOPIK II 읽기 33번)

解答・解説

STEP 1. 最初の文を見ると「저축의 방식을 가로 저축과 세로 저축으로 나눠 **비유하여 설명할 수 있다** 貯蓄のやり方を横貯蓄と縦貯蓄に分けて例えて説明できる」とあり、「貯蓄のやり方」について述べていることが分かります。

STEP 2. 最後の文を見ると、「단기적으로 빨리 목돈을 만들고 싶다면 세로 저축을, 은퇴 후의 생활까지 고려한다면 가로 저축을 **선택하는 것이 좋다** 短期的に早くまとまったお金を作りたいなら縦貯蓄を、引退（定年）後の生活まで考慮するならば横貯蓄を選んだ方がいい」とあります。

STEP 3. 選択肢を見ると、縦貯蓄と横貯蓄の具体的な特徴から正しいものを選ぶ必要があると分かりますが、最初と最後の文だけでは情報が足りません。2文目以降を読むと、2文目に「특정 목적을 위해 한 통장에 집중하여 저축하는 것이 세로 저축 特定の目的のために1つの通帳に集中して貯蓄するのが縦貯蓄」、3文目に「반면…다양한 목적에 따라 자금을 여러 통장에 분산하여 저축하는 것을 가로 저축**이라고 한다** 反面…様々な目的に応じて資金を複数の通帳に分散して貯蓄するのを横貯蓄という」とあり、それぞれの特徴を確認できました。改めて選択肢を見ると③「**저축의** 목적이 다양하면 가로 저축이 **유용하다** 貯蓄の目的が多様であれば、横貯蓄が有用だ」が「横貯蓄」の特徴に一致しているので、正解 ❸ です。

［日本語訳］

33.
> 　貯蓄のやり方を横貯蓄と縦貯蓄に分けて例えて説明できる。車両購入や住宅準備のように特定の目的のために1つの通帳に集中して貯蓄するのが縦貯蓄だ。一方、長期的に様々な目的に応じて資金を複数の通帳に分散して貯蓄することを横貯蓄という。短期的に早くまとまったお金を作りたいなら縦貯蓄を、定年後の生活まで考慮すれば横貯蓄を選んだ方がいい。

① 老後の準備には、縦貯蓄が有利だ。

② 縦貯蓄より横貯蓄をした方がいい。

正解 ❸ 貯蓄の目的が多様であれば、横貯蓄が有用だ。

④ 横貯蓄は短期的な計画があるときに効率的だ。

CHECK ☐ ☐ ☐

34.

　정부는 환자의 의약품 처방 이력을 제공하는 '의약품 안전 사용 서비스'를 실시하고 있다. 이 제도는 의료 기관에서 의약품을 처방하기 전에 환자가 다른 기관에서 어떤 약을 처방받았는지 온라인으로 점검하도록 하는 것이다. 함께 먹으면 안 되는 약이나 같은 약이 여러 번 처방될 경우 생기는 부작용을 방지하려는 목적이다. 이 제도를 통한 적절한 의약품 처방이 국민의 건강 증진에 도움이 될 것으로 기대된다.

① 이 제도를 온라인에서 이용할 수 있도록 할 예정이다.
② 환자들은 의약품을 처방받기 전에 이 제도를 이용해야 한다.
③ 환자들은 의료 기관에 방문하지 않고 의약품을 처방받을 수 있다.
④ 의약품의 부적절한 처방을 예방하기 위해 이 제도가 시행되고 있다.

(52회 TOPIK II 읽기 34번)

解答・解説

STEP 1. 最初の文を見ると、「**정부는 환자의 의약품 처방 이력을 제공하는 '의약품 안전 사용 서비스를 실시하고 있다** 政府は患者の医薬品の処方履歴を提供する『医薬品安全使用サービス』を実施している」とあり、この「サービス」について述べた文だと推測できます。

STEP 2. 最後の文を見ると、「**이 제도를 통한 적절한 의약품 처방이 국민의 건강 증진에 도움이 될 것으로 기대된다** この制度を通じた適切な医薬品の処方が国民の健康増進に役立つものと期待される」とあります。

STEP 3. この制度の具体的な内容や目的について答える問題ですが、今の時点では情報不足なので本文の2文目以降を確認します。2文目に「**의약품을 처방하기 전에 환자가 다른 기관에서 어떤 약을 처방받았는지 온라인으로 점검** 医薬品を処方する前に、患者が他の機関でどんな薬を処方されたのかをオンラインで点検」とあり、この部分が「医薬品安全使用サービス」の主な目的であることが分かります。選択肢を見ると、④の「**의약품의 부적절한 처방을 예방하기 위해** 医薬品の不適切な処方を予防するため」と一致するので、正解 ④です。

［日本語訳］

34.
> 　政府は患者の医薬品の処方履歴を提供する「医薬品安全使用サービス」を実施している。この制度は、医療機関で医薬品を処方する前に、患者が他の機関でどんな薬を処方されたのかをオンラインで点検するようにするものである。一緒に飲んではいけない薬や同じ薬が何度も処方される場合に生じる副作用を防止する目的である。この制度を通じた適切な医薬品の処方が国民の健康増進に役立つものと期待される。

① この制度をオンラインで利用できるようにする予定だ。

② 患者は医薬品を処方される前にこの制度を利用しなければならない。

③ 患者は医療機関を訪問せずに医薬品の処方を受けることができる。

正解 ❹ 医薬品の不適切な処方を予防するため、この制度が施行されている。

CHECK ☐ ☐ ☐

出てきた語彙をチェック！

問32 연주하다 演奏する　과정을 거치다 過程を経る　한가운데 真ん中に
자리(를) 잡다 席を取る、位置する　관악기 管楽器　겹치다 重なる
또렷하다 はっきりしている　유지하다 維持する　역할 役割
問33 저축 貯蓄　방식 方式　가로 横　세로 縦　비유하다 比喩する、例える　차량 車両
구입 購入　특정 特定　자금 資金　분산하다 分散する　목돈 まとまった金　은퇴 引退
고려하다 考慮する　유리하다 有利だ　유용하다 有用だ　효율적이다 効率的だ
問34 의약품 医薬品　처방 処方　이력 履歴　실시하다 実施する　기관 機関
부작용 副作用、副反応　방지하다 防止する　적절하다 適切だ　증진 増進
방문하다 訪問する　시행되다 施行される

応用パターン
4

文の主題を選ぶ

特　徴　　文の中心となる考えを把握する

ポイント　1．キーワードを選び、その中から強調されている内容を選ぶ

　　　　　　2．内容が一致していても「主題」とは異なる場合があるので注意

実際の問題にチャレンジ！

※ [35〜38] 다음을 읽고 글의 주제로 가장 알맞은 것을 고르십시오. (각 2점)

35.
　　대중을 대상으로 한 예술 입문서가 작품의 역사적 배경, 작가에 대한 일화 등 독자의 흥미를 끄는 이야기에 집중하는 경우를 많이 볼 수 있다. 작품에 관한 이런 지식은 작품 이해에 도움이 된다. 그러나 예술의 본질은 작품 그 자체에 있다. 작품 외적인 사실들보다 작품에 초점을 두고 작품의 구성 요소, 표현 방식 등을 충분히 설명하는 입문서가 늘어나기를 희망한다.

① 예술 입문서는 작품 외적인 사실들을 다양하게 다뤄야 한다.

② 작품 자체에 대해 충실히 소개하는 예술 입문서가 많아져야 한다.

③ 대중이 예술 작품에 관해 궁금해하는 것이 무엇인지 알아야 한다.

④ 예술 입문서는 대중이 예술을 어려운 것이 아니라고 느끼게 해야 한다.

(83회 TOPIK II 읽기 35번)

出てきた語彙をチェック！

대중 大衆　입문서 入門書　역사적 歴史的　배경 背景　일화 逸話、エピソード
흥미를 끌다 興味を引く　예술 芸術　본질 本質　자체 自体、そのもの　외적 外的、以外
사실 事実　초점 焦点　요소 要素　충분히 十分に　다루다 扱う

次ページで解答と解答プロセスをチェック！➡

[実際の問題]

※ [35~38] 다음을 읽고 글의 주제로 가장 알맞은 것을 고르십시오. (각 2점)

35.
> 대중을 대상으로 한 예술 입문서가 작품의 역사적 배경, 작가에 대한 일화 등 독자의 흥미를 끄는 이야기에 집중하는 경우를 많이 볼 수 있다. 작품에 관한 이런 지식은 작품 이해에 도움이 된다. 그러나 예술의 본질은 작품 그 자체에 있다. 작품 외적인 사실들보다 작품에 초점을 두고 작품의 구성 요소, 표현 방식 등을 충분히 설명하는 입문서가 늘어나기를 희망한다.

① 예술 입문서는 작품 외적인 사실들을 다양하게 다뤄야 한다.

(정답) ❷ 작품 자체에 대해 충실히 소개하는 예술 입문서가 많아져야 한다.

③ 대중이 예술 작품에 관해 궁금해하는 것이 무엇인지 알아야 한다.

④ 예술 입문서는 대중이 예술을 어려운 것이 아니라고 느끼게 해야 한다.

[日本語訳]

次を読んで文の主題として最も適切なものを選びなさい。（各2点）

35.
> 大衆を対象にした芸術入門書が作品の歴史的背景、作家に対するエピソードなど読者の興味を引く話に集中する場合が多く見られる。作品に関するこのような知識は作品の理解に役立つ。しかし、芸術の本質は作品そのものにある。作品以外の事実より作品に焦点を置いて作品の構成要素、表現の仕方などを十分に説明する入門書が増えることを希望する。

① 芸術入門書は作品以外の事実を多様に扱わなければならない。

(正解) ❷ 作品そのものについて忠実に紹介する芸術入門書が増えなければならない。

③ 大衆が芸術作品について知りたいことが何かを知らなければならない。

④ 芸術入門書は、大衆に芸術を難しくないと感じさせるべきだ。

最初と最後の文を読んで、文全体の主題を理解する

最初と最後の文から、この文の主題を読み解きます。最初の文は「**대중을 대상으로 한** 예술 입문서가…독자의 흥미를 끄는 이야기에 집중하는 경우를 많이 볼 수 있다 大衆を対象にした芸術入門書が…読者の興味を引く話に集中する場合が多く見られる」、最後の文は「작품 외적인 사실들보다 작품에 초점을 두고 **작품의 구성 요소, 표현 방식 등을** 충분히 설명하는 입문서가 늘어나기를 희망**한다** 作品以外の事実より作品に焦点を置いて作品の構成要素、表現方式などを十分に説明する入門書が増えることを希望する」とあるので、「理想的な芸術入門書」がこの文の主題だと分かります。

各選択肢をチェックして、何を主題としているか理解する

STEP 1で見た主題に合う選択肢を探すと、②に「작품 자체에 대해 충실히 소개하는 예술 입문서가 많아져야 한다 作品そのものについて忠実に紹介する芸術入門書が増えなければならない」とあります。よって、正解 ❷です。

※ [35〜38] 다음을 읽고 글의 주제로 가장 알맞은 것을 고르십시오. (각 2점)
　　次を読んで文の主題として最も適切なものを選びなさい。(各 2 点)

35.
> 　초소형 카메라는 의료용 및 산업용으로 만들어져 각 현장에서 유용하게 사용되고 있다. 그러나 원래의 목적에 맞지 않게 타인의 신체를 몰래 촬영하는 용도로 악용되는 사례가 늘고 있다. 이러한 악용을 원천적으로 방지하기 위해서는 신상 정보를 등록해야만 카메라의 판매 및 유통이 가능하도록 법적 규제를 강화할 필요가 있다.

① 의료용 및 산업용 초소형 카메라의 사용처를 확대해야 한다.

② 초소형 카메라가 더 유용하게 사용될 수 있도록 개발해야 한다.

③ 초소형 카메라가 악용되는 것을 막기 위한 대책이 마련되어야 한다.

④ 원활한 판매 및 유통을 위해 초소형 카메라의 등록 과정을 간소화해야 한다.

(60회 TOPIK II 읽기 35번)

解答・解説

STEP 1. 最初の文は「**초소형 카메라는 의료용 및 산업용으로 만들어져** 각 현장에서 유용하게 사용되고 있다 超小型カメラは医療用および産業用に作られ、各現場で有用に使われている」、最後の文には「**이러한 악용을 원천적으로 방지하기 위해서는…법적 규제를 강화할 필요가 있다** このような悪用を根本的に防止するためには…法的規制を強化する必要がある」とあります。「超小型カメラの悪用を防止するための法的規制の強化が必要」というのが、この文の主題と推測できます。

STEP 2. 選択肢を見ると、③に「**초소형 카메라가 악용되는 것을 막기 위한 대책이 마련되어야 한다** 超小型カメラが悪用されるのを防ぐための対策が準備されなければならない」とあり、STEP 1 で確認した文の主題と一致します。よって、**正解 ❸**です。その他の選択肢は、本文にない内容です。

35.

［日本語訳］

超小型カメラは医療用および産業用として作られ、各現場で有用に使われている。しかし、本来の目的に合わず、他人の身体を密かに撮影する用途に悪用される事例が増えている。このような悪用を根本的に防止するためには、個人情報を登録している場合のみカメラの販売および流通が可能になるよう、法的規制を強化する必要がある。

① 医療用および産業用超小型カメラの用途を拡大すべきである。
② 超小型カメラがより有用に使えるように開発しなければならない。
正解 ❸ 超小型カメラが悪用されるのを防ぐための対策が準備されなければならない。
④ 円滑な販売および流通のために超小型カメラの登録過程を簡素化しなければならない。

CHECK □ □ □

36.

철새는 종에 따라 수만에서 수십만 개체가 무리를 지어 일정한 대형으로 이동한다. 이때 대형의 선두에서 나는 새가 무리의 리더인데, 이 새는 무리를 안전하게 이끄는 역할을 맡는다. 이를 위해서 이 새는 거친 바람을 맨 앞에서 맞서 비행하며 최적의 항로와 고도를 찾아낼 수 있는 경험을 두루 갖추고 있어야 한다. 또한 어떤 위기 상황이 발생하더라도 신속하게 대처할 수 있는 판단 능력도 있어야 된다.

① 철새는 최적의 항로로 신속하게 이동해야 한다.
② 철새의 리더는 경험과 판단 능력을 갖춰야 한다.
③ 철새는 위험에 대처하기 위해 무리를 지어야 한다.
④ 철새의 리더가 되려면 대형의 선두에서 비행해야 한다.

(52회 TOPIK II 읽기 36번)

解答・解説

STEP 1. 最初の文は「철새는 종에 따라…무리를 지어 일정한 대형으로 이동한다 渡り鳥は種によって…群れをなして一定の列の形で移動する」、最後の文は「또한…신속하게 대처할 수 있는 판단 능력도 있어야 된다 また…迅速に対処できる判断能力もなければならない」とあります。「渡り鳥の危機対処能力の必要性」を主題とした文ということと、最後の文頭が「また」で始まっているところから、この前で危機対処能力以外にも必要な能力の話をしているのではないかと推測できます。

STEP 2. 選択肢を見て、正解に結びつく判断材料が足りていないこのような場合は、2文目以降も確認します。2文目の「이때 대형의 선두에서 나는 새가 무리의 리더인데 このとき隊列の先頭で飛ぶ鳥が群れのリーダーだが」の部分と、3文目の「이를 위해서 이 새는…최적의 항로와 고도를 찾아낼 수 있는 경험을 두루 갖추고 있어야 한다 このためにこの鳥は…最適な航路と高度を見つけることができる経験をもれなく備えていなければならない」という内容が②「철새의 리더는 경험과 판단 능력을 갖춰야 한다 渡り鳥のリーダーは経験と判断能力を備えていなければならない」と一致します。よって、**正解 ❷**です。

［日本語訳］

36.
> 渡り鳥は種によって数万から数十万個体が群れをなして一定の列の形で移動する。このとき、隊列の先頭にたって飛ぶ鳥が群れのリーダーだが、この鳥は群れを安全に導く役割を担う。このため、この鳥は荒れた風を一番前で受けて飛行し、最適な航路と高度を見つけることができる経験をもれなく備えていなければならない。また、どんな危機状況が発生しても迅速に対処できる判断能力もなければならない。

① 渡り鳥は最適な航路に迅速に移動しなければならない。

正解 ❷ 渡り鳥のリーダーは経験と判断能力を備えなければならない。

③ 渡り鳥は危険に対処するために群れを作らなければならない。

④ 渡り鳥のリーダーになるためには隊列の先頭で飛行しなければならない。

CHECK ☐ ☐ ☐

37.

> 나무에 붙어 자라는 버섯을 보면 나무로부터 양분을 받으며 별다른 노력 없이 살아간다고 생각하기 쉽다. 하지만 버섯은 나무에게 없어서는 안 될 중요한 존재이다. 나무들은 위기 상황이 발생해도 자리를 옮겨 이를 알릴 수 없기 때문에 뿌리로 소통하며 위험에 대비한다. 이때 뿌리가 짧아 서로 닿지 않는 나무들 사이에서는 실처럼 뻗은 버섯 균사체가 메시지 전달을 대신한다. 그래서 학자들은 버섯 균류를 '숲의 통신망'이라고 부른다.

① 버섯은 다른 식물이 있어야 자랄 수 있다.

② 나무의 뿌리가 숲에서 하는 기능은 다양하다.

③ 버섯은 숲에서 나무들의 정보 교환을 돕는 역할을 한다.

④ 나무의 생활환경에 대한 학자들의 관심이 높아지고 있다.

(64회 TOPIK II 읽기 37번)

解答・解説

STEP 1. 最初の文は「나무에 붙어 자라는 버섯을 보면…별다른 노력 없이 살아간다고 생각하기 쉽다 木にくっつき育つキノコを見ると…特別な努力なしで生きていくと思われがちだ」、最後の文は「그래서 학자들은 버섯 균류를 '숲의 통신망'이라고 부른다 そのため学者たちはキノコ菌類を『森の通信網』と呼ぶ」とあります。この時点では「森の通信網と呼ばれる理由」が「キノコと木の関係」にあるということは分かりますが、これが文の主題と言えるほどのことか判断がつきません。このような場合は、選択肢を見ながら文と照らし合わせていく方法を取ります。

STEP 2. 選択肢を見ると、①「버섯은 다른 식물이 있어야 자랄 수 있다 キノコは他の植物があってこそ育つことができる」は、2行目の「キノコは木になくてはならない」と異なるので、誤答です。②「나무의 뿌리가 숲에서 하는 기능은 다양하다 木の根が森において持つ機能は多様だ」は、本文では触れられていないので、誤答です。③「버섯은 숲에서 나무들의 정보 교환을 돕는 역할을 한다 キノコは森で木々の情報交換を助ける役割をする」は、4文目の「실처럼 뻗은 버섯 균사체가 메시지 전달을 대신한다 糸のように伸びたキノコの菌糸体がメッセージの伝達を代わりにする」と一致します。よって、正解 ❸ です。④「나무의 생활환경에 대한 학자들의 관심이 높아지고 있다 木の生活環境に対して学者たちの関心が集まっている」は、学者については最後の文で「キノコ菌類を『森の通信網』と呼ぶ」という事実が書かれているだけなので、誤答です。

［日本語訳］

37.
> 　木にくっつき育つキノコを見ると、木から養分を受け、特別な努力なしで生きていくと思われがちだ。しかしキノコは木になくてはならない重要な存在である。木々は危機状況が発生しても場所を移して知らせることができないため、根でコミュニケーションを取りながら危険に備える。このとき、根が短くてお互いに届かない木々の間では、糸のように伸びたキノコの菌糸体が代わりにメッセージを伝達する。そのため学者たちはキノコ菌類を「森の通信網」と呼ぶ。

① キノコは他の植物があってこそ育つことができる。

② 木の根が森において持つ機能は多様だ。

正解 ❸ キノコは森で木々の情報交換を助ける役割をする。

④ 木の生活環境に対する学者の関心が高まっている。

CHECK □ □ □

38.
> 　일반적으로 공짜로 끼워 주는 경품이 있을 경우 소비자들은 구매의 유혹을 더 받게 된다. 그러나 때로 무료 경품은 판매에 도움이 되기보다 오히려 역효과를 낼 수도 있다. 실제로 한 조사에서는 경품으로 준 물건에 대해 소비자들은 그 품질에 비해 낮은 가격을 책정하는 경향을 보였다. 이렇게 소비자들은 공짜로 주는 물건은 별 가치가 없다고 생각하기도 한다. 이런 인식은 제품 가격의 합리성을 의심하는 등 판매에도 부정적인 영향을 미칠 수 있다.

① 소비자들은 무료로 주는 경품의 품질을 믿지 않는다.

② 무료 경품이 제품 판매에 나쁜 영향을 줄 수도 있다.

③ 소비자들은 보통 무료 경품이 있는 제품을 선호한다.

④ 무료 경품 때문에 제품 가격이 비합리적으로 책정된다.

(47회 TOPIK II 읽기 38번)

302

STEP 1. 最初の文は「일반적으로 공짜로 끼워 주는 경품이 있을 경우 소비자들은 구매의 유혹을 더 받게 된다 一般的に無料で渡してくれる景品がある場合、消費者は購買の誘惑をさらに受けることになる」と、「無料の景品（おまけ）」について一般論を述べています。最後の文は「이런 인식은…판매에도 부정적인 영향을 미칠 수 있다 このような認識は…販売にも否定的な影響を及ぼしかねない」とあります。ここでの「このような認識」は、その前の文「이렇게 소비자들은 공짜로 주는 물건은 별 가치가 없다고 생각하기도 한다 このように消費者は無料でくれる物はあまり価値がないと考えることもある」を指しています。「이렇게 このように」はそれまでに述べられた情報をまとめるときに使われることが多く、この文の主題は「無料でくれる物はあまり価値がないという消費者の認識が、販売に否定的な影響を及ぼしかねない」ということになります。

STEP 2. 選択肢を見ると、②「무료 경품이 제품 판매에 나쁜 영향을 줄 수도 있다 無料の景品は製品の販売に悪影響を及ぼしかねない」とあり、これは 2 文目の「無料の景品は販売に役立つよりむしろ逆効果になることもある」という部分や STEP 1 で見た主題と一致します。よって、[正解] ❷ です。選択肢にある「悪影響」は、本文中「逆効果」「価値がない」「否定的な影響」という言葉で言い換えられています。

［日本語訳］

38.
　　一般的に無料で渡してくれる景品がある場合、消費者は購買の誘惑をさらに受けることになる。しかし、時には無料の景品は販売に役立つよりむしろ逆効果になることもある。実際、ある調査では景品として提供された商品に対して、消費者はその品質に比べて低い価格を設定する傾向があった。このように消費者は無料でくれる物はあまり価値がないと考えることもある。このような認識は製品価格の合理性を疑うなど販売にも否定的な影響を及ぼしかねない。

① 消費者は無料の景品の品質を信じない。

[正解] ❷ 無料の景品は製品の販売に悪影響を及ぼしかねない。

③ 消費者は通常、無料の景品つきの製品を好む。

④ 無料の景品のため、製品価格が不合理に策定される。

CHECK ☐ ☐ ☐

出てきた語彙をチェック！

問35 초소형 超小型　원래 本来　타인 他人　몰래 こっそり　용도 用途
악용되다 悪用される　사례 事例　원천적 源泉的(根本的)　신상 정보 個人情報
등록하다 登録する　법적 규제 法的規制　강화하다 強化する　확대하다 拡大する
원활하다 円滑だ　간소화하다 簡素化する
問36 철새 渡り鳥　종 種　개체 個体　무리를 짓다 群れをなす　대형 隊形、隊列
이동하다 移動する　선두 先頭　이끌다 導く　맨 一番、最も　최적 最適　항로 航路
고도 高度　두루 あまねく　갖추다 備える　신속하다 迅速だ　대처하다 対処する
판단 능력 判断能力
問37 붙어 자라다 くっついて育つ　양분 養分　위기 상황 危機的な状況　옮다 移る
알리다 知らせる　대비하다 備える　균사체 菌糸体　숲 森　통신망 通信網、ネットワーク
問38 일반적 一般的　공짜 ただ　끼워 주다 はさんでやる、おまけにつける　경품 景品
유혹 誘惑　역효과 逆効果　실제로 実際に　품질 品質　책정하다 策定する　경향 傾向
인식 認識　합리성 合理性　의심하다 疑う　부정적이다 否定的だ

☐☐	가닥을 잡다 糸口をつかむ	겨우 사건 해결의 가닥을 잡아갑니다. ようやく事件解決の糸口をつかんでいます。
☐☐	가슴을 쓸어내리다 胸をなで下ろす	딸이 무사하다는 소식에 가슴을 쓸어내렸다. 娘が無事だという知らせに胸をなで下ろした。
☐☐	골머리를 썩이다 頭を悩ませる	아들이 늘 사고를 쳐서 골머리를 썩히고 있다. 息子がいつもトラブルを起こすので頭を悩ませている。
☐☐	귀가 솔깃하다 耳寄りだ	영업 사원은 귀가 솔깃한 이야기를 들려 줬다. 営業社員は耳寄りな話を聞かせてくれた。
☐☐	기승을 부리다 猛威を振るう	여름철에는 모기가 기승을 부린다. 夏場には蚊が猛威を振るう。
☐☐	날개 돋친 듯이 (팔 리다) 飛ぶように(売れる)	신제품이 날개 돋친 듯이 팔리고 있다. 新製品が飛ぶように売れている。
☐☐	눈독을 들이다 目星をつける	경매로 나온 그 빌딩에 많은 이들이 눈독을 들이고 있다. 競売に出されたそのビルに多くの人が目をつけている。
☐☐	된서리를 맞다 ひどい目にあう	마약 사건으로 엉뚱한 연예인까지 된서리를 맞았다. 麻薬事件で関係ない芸能人までひどい目にあった。
☐☐	말꼬리를 흐리다 言葉尻を濁す	사실을 추궁하자 그는 말꼬리를 흐렸다. 事実を追及すると、彼は言葉尻を濁した。
☐☐	몸을 사리지 않다 骨身を惜しまない	그는 화재 현장에서 몸을 사리지 않고 구출에 전념했다. 彼は火事の現場で骨身を惜しまず、救出に専念した。
☐☐	발뺌을 하다 しらを切る	그녀는 증거가 있음에도 불구하고 계속 발뺌을 하고 있다. 彼女は証拠があるにもかかわらず、ずっとしらを切っている。
☐☐	속이 타다 気をもむ	아이가 공부를 좀처럼 안 해서 엄마는 속이 타고 있다. 子どもがなかなか勉強しないので、お母さんは気をもんでいる。
☐☐	앞뒤 가리지 않다 あれこれ考えない	직장을 잃고 나서 일이라면 앞뒤 가리지 않고 한다. 職を失ってから、仕事なら選り好みせずにやる。
☐☐	입에 풀칠하다 なんとか生計を立てる	입에 풀칠하기 위해서 무슨 일이든 하고 있다. なんとか生計を立てるために何でもしている。
☐☐	줄행랑을 치다 一目散に逃げる	도둑은 경찰이 나타나자 줄행랑을 쳤다. 泥棒は警察が現れると、一目散に逃げた。
☐☐	찬물을 끼얹었다 水を差す	기대에 부푼 나의 휴가 계획에 친구가 찬물을 끼얹었다. 期待で膨らんだ私の休暇計画に、友達が水を差した。
☐☐	파리만 날리다 閑古鳥が鳴く	사람들이 외출을 꺼리면서 식당에 파리만 날리고 있다. 人々が外出をはばかり、食堂に閑古鳥が鳴いている。
☐☐	혀를 내두르다 舌を巻く	그 마술사의 손놀림에 모두 혀를 내둘렀다. そのマジシャンの手さばきにみんな舌を巻いた。

長 文 問 題：小 説

特　徴　　小説を読んで２問答える

　　　　　　42番：登場人物の感情を選ぶ

　　　　　　43番：内容が一致するものを選ぶ

ポイント　1. 冒頭部分で背景を正確につかむと、場面を想像しやすくなる

　　　　　2. １問目は感情に関する語彙力がカギになる！

　　　　　3. 長文から素早く正確に情報を集めることが必要になるので、
　　　　　　 普段から韓国語の文に慣れておくとよい

実際の問題にチャレンジ！

※ [42～43] 다음을 읽고 물음에 답하십시오. (각 2점)

　　올해 서른두 살인 준은 어렸을 때부터 특출나게 뛰어난 재능이 없다는 점이 큰 불만이었다. 공부도 그럭저럭, 외모도 그럭저럭, 이었다. (중략) 특이한 재능이 있긴 했다. 준은 본능적으로 동서남북을 감지할 수 있었다. 어느 장소에 가든지 북쪽과 동쪽이 어디인지 본능적으로 느낄 수 있는 감각이었다. 이게 남들은 못하는 특이한 재능이란 걸 알게 된 건 가족들과 3박 4일 일정으로 포항에 놀러 갔던 중학생 때였다. 부모님은 유명하다는 포항 바닷가의 해돋이를 꼭 보고 싶어했다. (중략)

　　"여보, 이쪽으로 걸어가면 되겠지? 동쪽이 저쪽인가?"

　　"아냐, 자기야 호텔 지배인이 선착장으로 가라고 했잖아. 그러니까 저기가 동쪽이지!"

　　"아냐, 엄마, 동쪽은 이쪽이잖아."

　　준은 후드 주머니에 꼼지락거리고 있던 손을 꺼내 반대편으로 가려는 부모를 잡았다. 준이 심드렁한 표정으로 반대쪽을 턱짓으로 가리키자 부모님은 고개를 갸웃했다.

　　"네가 그걸 어떻게 알아?"

> "이 방향이 북쪽이잖아. 그러니까 동쪽은 이쪽이지."
> (중략)
>   처음에 부모님은 반신반의했지만, 준이 물어볼 때마다 오차 없이 정확히 맞추는 걸 확인하고는 자기들이 천재를 낳았다며 즐거워했다.

42. 밑줄 친 부분에 나타난 '부모님'의 심정으로 가장 알맞은 것을 고르십시오.
    ① 후회스럽다   ② 의심스럽다
    ③ 실망스럽다   ④ 짜증스럽다

43. 윗글의 내용으로 알 수 있는 것을 고르십시오.
    ① 준은 여행지에서 해 뜨는 방향을 한 번에 찾았다.
    ② 준의 부모님은 아들과 같은 능력을 가지고 있었다.
    ③ 준은 공부를 잘해서 학교에서 모르는 사람이 없었다.
    ④ 준의 부모님은 아들의 재능을 발견한 후 걱정하기 시작했다.

(83회 TOPIK II 읽기 42-43번)

出てきた語彙をチェック！

特출나다 優れた　재능 才能　그럭저럭 まあまあ　외모 外見　본능적 本能的
동서남북 東西南北　감지 感知　바닷가 海辺　해돋이 日の出　지배인 支配人
선착장 船着き場　꼼지락거리다 ごそごそする　심드렁하다 気乗りしない　턱짓 あご先
고개를 갸웃하다 首をかしげる　반신반의 半信半疑　오차 誤差、間違い　낳다 産む

次ページで解答と解答プロセスをチェック！➡

[実際の問題]

※ [42～43] 다음을 읽고 물음에 답하십시오. (각 2점)

올해 서른두 살인 준은 어렸을 때부터 특출나게 뛰어난 재능이 없다는 점이 큰 불만이었다. 공부도 그럭저럭, 외모도 그럭저럭, 이었다. (중략) 특이한 재능이 있긴 했다. 준은 본능적으로 동서남북을 감지할 수 있었다. 어느 장소에 가든지 북쪽과 동쪽이 어디인지 본능적으로 느낄 수 있는 감각이었다. 이게 남들은 못하는 특이한 재능이란 걸 알게 된 건 가족들과 3박 4일 일정으로 포항에 놀러 갔던 중학생 때였다. 부모님은 유명하다는 포항 바닷가의 해돋이를 꼭 보고 싶어했다. (중략)

"여보, 이쪽으로 걸어가면 되겠지? 동쪽이 저쪽인가?"

"아냐, 자기야 호텔 지배인이 선착장으로 가라고 했잖아. 그러니까 저기가 동쪽이지!"

"아냐, 엄마, 동쪽은 이쪽이잖아."

준은 후드 주머니에 꼼지락거리고 있던 손을 꺼내 반대편으로 가려는 부모를 잡았다. 준이 심드렁한 표정으로 반대쪽을 턱짓으로 가리키자 부모님은 고개를 갸웃했다.

"네가 그걸 어떻게 알아?"

"이 방향이 북쪽이잖아. 그러니까 동쪽은 이쪽이지." (중략)

처음에 부모님은 반신반의했지만, 준이 물어볼 때마다 오차 없이 정확히 맞추는 걸 확인하고는 자기들이 천재를 낳았다며 즐거워했다.

42. 밑줄 친 부분에 나타난 '부모님'의 심정으로 가장 알맞은 것을 고르십시오.

① 후회스럽다
정답 ❷ 의심스럽다
③ 실망스럽다
④ 짜증스럽다

43. 윗글의 내용으로 알 수 있는 것을 고르십시오.

[정답] **①** 준은 여행지에서 해 뜨는 방향을 한 번에 찾았다.

② 준의 부모님은 아들과 같은 능력을 가지고 있었다.

③ 준은 공부를 잘해서 학교에서 모르는 사람이 없었다.

④ 준의 부모님은 아들의 재능을 발견한 후 걱정하기 시작했다.

［日本語訳］

次を読んで問いに答えなさい。(各2点)

　今年32歳のジュンは幼い頃から特に優れた才能がないという点が大きな不満だった。勉強もまあまあ、外見もまあまあ、だった。(中略) 変わった才能があることはあった。ジュンは本能的に東西南北を感知することができた。どの場所に行っても北と東がどこなのか本能的に感じられる感覚だった。これが他人にはできない特異な才能だということを知ったのは、家族と3泊4日の日程で浦項に遊びに行った中学生のときだった。両親は有名だという浦項の海辺の日の出を必ず見たがっていた。(中略)

　「ねえ、こっちに歩いて行けばいいよね？　東が向こうかな？」

　「いえ、あなた、ホテルの支配人が船着き場に行けと言ったじゃないの。だからあそこが東でしょ！」

　「いや、お母さん、東はこっちじゃん」

　ジュンはフードポケットの中でごそごそしていた手を出し、反対側に行こうとする両親を捕まえた。ジュンが気乗りのしない表情で反対側をあご先で指すと、両親は首をかしげた。

　「どうしてお前がそれを分かるんだ？」

　「この方向が北じゃないか。だから東はこっちだよ」(中略)

　最初両親は半信半疑だったが、ジュンが、尋ねる度に間違いなく正確に当てることを確認してからは、自分たちが天才を産んだと喜んだ。

42. 下線を引いた部分に表れた「両親」の心情として最も適切なものを選びなさい。

① 後悔する　　　　　正解 ❷ 疑わしい
③ がっかりだ　　　　④ イライラする

43. 上の文の内容として分かるものを選びなさい。

正解 ❶ ジュンは旅行先で日が昇る方向を一回で見つけた。
② ジュンの両親は息子と同じ能力を持っていた。
③ ジュンは勉強が上手で学校で知らない人がいなかった。
④ ジュンの両親は息子の才能を発見した後、心配し始めた。

解答プロセス

STEP 1 冒頭の2～3文を読み、小説の内容を推測する

まずは文を頭から2、3文ほど読み、文の背景をつかみます。今年32歳になるジュンという人物は、自分に優れた才能がないのが不満だったが、ある才能の持ち主で、その「**특이한 재능** 変わった才能」は、「**본능적으로 동서남북을 감지** 本能的に東西南北を感知」できるというものです。

STEP 2 下線を引いた部分を読んでから、その前後の文を読む

下線部は、「**네가 그걸 어떻게 알아?** お前がどうしてそれを分かるんだ？」と疑問に思うセリフです。前の文は「**준이 심드렁한 표정으로 반대쪽을 턱짓으로 가리키자** 부모님은 고개를 갸웃했다 ジュンが気乗りのしない表情で反対側をあご先で指すと、両親は首をかしげた」とあって、「首をかしげる」というのは、両親が「お前（ジュン）」の才能をまだ信じられていないことを意味します。

STEP 3 選択肢の中から適切な感情を表す言葉を選ぶ

選択肢の中で、疑問に思う、信じていない感情を表しているのは「② **의심스럽다** 疑わしい」が最も適切です。よって、42番は 正解 ❷ です。下線部の2文後に「**처음에 부모님은 반신반의했지만** 最初両親は半信半疑だったが」とあり、ここも正解を裏付けています。43番は、ここまでに得た情報と、6文目にある能力に気づいたタイミングについての描写から、正解 ❶ です。

※ [42~43] 다음을 읽고 물음에 답하십시오. (각 2점)

　次を読んで問いに答えなさい。(各 2 点)

> 　　어머니와 아버지가 프랜차이즈 빵집을 연다고 했을 때, 주영은 언젠가는 두 사람이 자기를 가게로 부를 것임을 알았다. 그러나 여름에 있을 지방직 9급 시험일까지는 기다려 줄 줄 알았다. (중략)
>
> 　　실제로 벌어진 일은 그런 예상과는 전혀 달랐다. 부모님이 주영에게 빵집으로 나와 일하라는 말을 한 것은 가게 문을 정식으로 연 당일 오후였다. 어머니는 주영에게 전화를 걸어 이렇게 말했다.
>
> 　　네가 우리 가족 맞냐?
>
> 　　그리고는 바로 전화를 끊어 버렸다. (중략)
>
> 　　매장은 사람들로 북적였다. 개장 기념으로 식빵을 반값에 팔고, 어떤 제품을 사든지 아메리카노를 한 잔 무료로 제공하는 행사를 벌이는 중이었다. 프랜차이즈 본사에서 나온 지원 인력들이 손님을 맞고 질문에 답변하고 카드를 받고 계산을 했다. 아버지와 어머니는 하인들처럼 겁먹은 눈으로 예, 예, 굽실거리며 지원 인력들의 지시에 따랐다.
>
> 　　주영의 아버지와 어머니는 카드 결제조차 제대로 하지 못했다. 빵에는 바코드가 없었다. 제품이 어느 카테고리에 속하는지, 이름이 뭔지를 전부 외워야 단말기에 가격을 입력할 수 있었다. 아버지는 단말기 옆에서 빵을 봉투에 담으며 로프, 캉파뉴, 치아바타, 푸가스 같은 낯선 이름들을 외우려 애썼다.

42. 밑줄 친 부분에 나타난 '어머니'의 심정으로 알맞은 것을 고르십시오.

　① 억울하다　　　　　② 서운하다

　③ 걱정스럽다　　　　④ 혼란스럽다

※問題番号 43 掲載省略

(60회 TOPIK II 읽기 42번)

解答・解説

STEP 1. 冒頭に、「母と父がフランチャイズのパン屋を開くと言ったとき、ジュヨンはいつかは2人が自分を店に呼ぶと思っていた」とあります。登場人物は両親とジュヨンの3人で、「両親が開くパン屋」をめぐる話だと推測できます。

STEP 2. 下線部は、「네가 우리 가족 맞냐? お前はうちの家族で合っているのか？（それでもお前は家族か？）」という、母がジュヨンに向けて言った言葉で、次に「그러고는 바로 전화를 끊어 버렸다 それからすぐ電話を切ってしまった」とあります。母がジュヨンの返答を待たずに電話を切ったのは、店に出て働くように言ったのに断られたことに対して怒ったか寂しく思ったかのどちらかだと想像できます。

STEP 3. 母が怒って言ったのか、寂しくて言ったのかについては、ここではまだ分かりません。このような場合はマークミス防止のために一旦どれかに印をつけ、次の43番を解く際に得た情報から答えを再度確かめましょう。最後から2つ目の段落内の両親がお店で社員におびえながら働いている様子から、子どもに「助けてほしい」と思って電話をかけたのに断られたのだと想像できます。選択肢の中で、この感情に最も合うのは②「서운하다 寂しい」なので、正解 **②** です。

[日本語訳]

> 　母と父がフランチャイズのパン屋を開くと言ったとき、ジュヨンはいつかは2人が自分を店に呼ぶと思っていた。しかし、夏にある地方職9級の試験日までは待ってくれると思っていた。（中略）
>
> 　実際に起こったことは、そのような予想とは全く違っていた。両親がジュヨンにパン屋に出て働きなさいと言ったのは、店を正式に開いた当日の午後だった。母はジュヨンに電話をかけてこう言った。
>
> 　それでもお前は家族か？
>
> 　そうしてすぐ電話を切ってしまった。（中略）
>
> 　売り場は人でにぎわっていた。オープン記念に食パンを半額で売り、どんな製品を買ってもアメリカーノを1杯無料で提供するというイベントを行っていた。フランチャイズの本社から来た支援スタッフがお客さんの対応をし、質問に答え、カードを受け取って会計をした。父と母は、召使いのようにおびえた目で、はい、はいとペコペコしながら、支援スタッフの指示に従った。
>
> 　ジュヨンの父と母は、カード決済さえまともにできなかった。パ

ンにはバーコードがなかった。製品がどのカテゴリーに属するのか、名前が何なのかを全部覚えてこそ、端末機に価格を入力することができた。父は端末機の横でパンを袋に入れながら、ロープ、カンパーニュ、チャバッタ、プーガスのような見慣れない名前を覚えようと頑張っていた。

42. 下線を引いた部分に表れた「母」の心情として適切なものを選びなさい。

① 悔しい   正解 ❷ 寂しい

③ 心配だ   ④ 混乱している

CHECK ☐ ☐ ☐

  예쁘고 멋쟁이인 박영은 선생님을 새 담임으로 맞이한 것은 우리 모두에게 가슴 떨리는 일이었다. 먼젓번 담임 선생님의 말은 죽어라고 안 듣던 말썽꾸러기들이 박 선생님 앞에서는 고개도 제대로 못 들고 수줍어했다. 우리 반은 당장 전교에서 제일 말 잘 듣고 가장 깨끗한 반이 되었다. 나도 박 선생님에게 잘 보이고 싶은 마음이 태산 같았지만 늘 그렇듯이 머리가 따라 주지를 않았다. 아마 이번 시험에서도 모든 과목이 50점을 넘지 못했을 것이다. 아이들이 모두 떠난 교실에서 나는 몸을 비비 꼬며 창밖에서 놀고 있는 아이들에게 시선을 주고 있었다. (중략) 선생님이 마침내 입을 연 것은 20분이나 시간이 지나서였다. (중략)

  "동구를 가만히 보면, 아는데 말을 못하는 적도 많은 것 같아. 그러다 보니 자신감도 없어지고."

  <u>나의 간지럽고 아픈 부분을 이렇게나 간결하게 짚어 준 사람이 내 인생에 또 있으랴.</u> 공부 못하는 죄를 추궁당하는 것이 아니라 공부 못하는 서러움을 이해받는 것은 생애 처음 있는 일이었다. 안 그래도 물러 터진 내 마음은 완전히 물에 만 휴지처럼 흐물흐물해져서, 예쁘고 멋진 데다 현명하기까지 한 박 선생님 앞에서 때 아닌 눈물까지 한 방울 선을 보일 뻔했다.

※問題番号 42 掲載省略

43. 위 글의 내용과 같은 것을 고르십시오.

① 나는 담임 선생님께 인정을 받고 싶다.

② 반 아이들은 요즘 교실 청소를 잘 하지 않는다.

③ 반 아이들은 예전 담임 선생님 말을 잘 들었다.

④ 담임 선생님은 내가 공부를 못해서 화를 내셨다.

(52회 TOPIK II 읽기 43번)

解答・解説

STEP 1. 下線部の心情を問う問題番号 42 を解く過程で、新しく担任になったパク・ヨンウン先生との出会いが生徒にとって胸が震えるような出来事で、「私」がこれまでうまく表せなかった自分の気持ちを簡潔に言い表してくれたことに対して感激していることが分かっています。

STEP 2. 選択肢を見ると、①「私は担任の先生に認められたい」が、「나도 박 선생님에게 잘 보이고 싶은 마음이 태산 같았지만 私もパク先生によく見られたい気持ちでいっぱいだったが」と一致しています。よって、**正解 ❶** です。②「クラスの子どもたちは最近、教室の掃除をあまりしない」は、「가장 깨끗한 반이 되었다 一番きれいなクラスになった」とあるので、誤答です。③「クラスの子どもたちは以前の担任の先生の言うことをよく聞いた」は、「먼젓번 담임 선생님의 말은 죽어라고 안 듣던 前回の担任の先生の言うことは絶対に聞かなかった」とあるので、誤答です。④「担任の先生は、私が勉強ができなくて怒った」は、本文に「공부 못하는 죄를 추궁당하는 것이 아니라 勉強できないことを罪に問われるのではなく」とあるので、誤答です。

[**日本語訳**]

> きれいでおしゃれなパク・ヨンウン先生を新しい担任に迎えたのは、私たちみんなにとって胸が震えることだった。前回の担任の先生の言うことは絶対に聞かなかったトラブルメーカーたちが、パク先生の前では頭もまともに上げられず恥ずかしがっていた。うちのクラスはすぐに全校で一番言うことをよく聞いて一番きれいなクラスになった。私もパク先生によく見られたい気持ちでいっぱいだったが、いつものように頭が追いつかなかった。おそらく今回の試験でも全ての科目が 50 点を越えられなかっただろう。子どもたちがみんな去った教室で、私は体をひねりながら窓の外で遊んでいる子

どもたちに視線を向けていた。（中略）先生がついに口を開いたのは20分も経ってからだった。（中略）

「ドングをじっと見ていると、分かっているのに話せないことも多いみたい。そうするうちに自信もなくなるし。」

<u>私のこそばゆくて、痛い部分をこんなに簡潔に指摘してくれた人が、私の人生で他にいるだろうか。</u>勉強できないことを罪に問われるのではなく、勉強できない悲しみを理解してもらうのは生まれて初めてのことだった。そうでなくてももろすぎる私の心は、完全に水に浸ったティッシュのようにぐにゃぐにゃになり、きれいで素敵なうえに賢いパク先生の前で、時ならぬ涙まで一滴披露するところだった。

43. 上の文の内容と同じものを選びなさい。

[正解] ❶ 私は担任の先生に認められたい。

② クラスの子どもたちは最近、教室の掃除をあまりしない。

③ クラスの子どもたちは以前の担任の先生の言うことをよく聞いた。

④ 担任の先生は、私が勉強ができなくて怒った。

CHECK ☐ ☐ ☐

出てきた語彙をチェック！

問42 프랜차이즈 フランチャイズ　벌어지다 起こる　매장 売り場　북적이다 賑わう
반값 半額　행사 行事、イベント　본사 本社　지원 인력 支援人材　하인 下僕
겁먹다 怖がる　굽실거리다 ぺこぺこする　지시에 따르다 指示に従う
카테고리 カテゴリー　단말기 端末機　봉투 封筒　애쓰다 努力する
問43 멋쟁이 おしゃれ　담임 担任　가슴이 떨리다 胸が震える　먼젓번 この前
말썽꾸러기 厄介者　수줍어하다 はにかむ　태산 같다 山のようだ
몸을 비비 꼬다 体をくねらせる　시선 視線　마침내 ついに、とうとう　죄 罪
추궁당하다 追及される　흐물흐물해지다 ぐにゃぐにゃになる　현명 賢い、賢明
때 아닌 時ならぬ　선을 보이다 披露する

特　徴　説明文や評論文を読んで 2 問答える

44 番：空欄を埋める

45 番：内容と同じものを選ぶ

※ 44 番と 45 番は、問題が逆の順番で出されることもある

46 番：筆者の態度を選ぶ

※ 83 回以前は文を挿入する位置を選ぶ問題が出題された

47 番：内容と同じものを選ぶ

ポイント　1．文の全体的な流れをつかむ必要がある

2．空欄のある文の前後を読んでキーワードを見つける

3．筆者が強調していることは最後の文に出てくることが多い

※ここでは「筆者の態度を選ぶ問題」について解説します。その他の出題タイプについては、これまでに解説した解き方を参考にしながら解きましょう。

実際の問題にチャレンジ！

※ ［46～47］ 다음을 읽고 물음에 답하십시오. (각 2점)

　세계는 신에너지, 자동화, 우주여행 등이 주도하는 시대로 급속히 접어들고 있다. 세계 각국은 풍력, 태양광 등 재생 가능한 에너지를 개발하는 회사에 대한 정부 보조금을 늘리고 있고 그에 따라 대체 에너지의 사용 비율도 점차 증가하고 있다. 민간 우주 산업 육성을 위해 인공위성 주파수 사용과 우주선 발사 등에 대한 대대적인 규제 완화를 한 국가도 있다. 그 덕분에 한 민간 기업은 화성 여행이 가능한 호텔급 우주여행선을 제작할 수 있었다. 민간 기업이 과학 기술 개발을 주도하며 성장할 수 있게 된 것은 정부가 지원을 확대하면서도 간섭을 최소화했기 때문이다. 이처럼 과학 기술이 유의미하게 발전하기 위해서는 과학 전문가들이 정책 수립을 주도하고 전문 기업이 그 정책의 수행을 담당할 수 있게 해야 한다. 이때 정부는 모든 과정에 지원은 하되 과도하게 관여하는 일은 없어야 할 것이다.

46. 윗글에 나타난 필자의 태도로 가장 알맞은 것을 고르십시오.
① 과학 정책에 대한 정부의 지나친 개입을 경계하고 있다.
② 과학 기술 발전을 위해서는 연구가 중요함을 강조하고 있다.
③ 과학 기술 발전이 경제 성장에 미치는 영향력에 감탄하고 있다.
④ 과학 정책 수립 시 우주 과학이 소홀히 다루어질 것을 우려하고 있다.

47. 윗글의 내용과 같은 것을 고르십시오.
① 많은 국가들이 신에너지 개발에 대한 투자를 줄이고 있다.
② 과학 정책이 빠르게 변해서 과학 기술이 발전할 수 있었다.
③ 정부가 우주 산업에 대한 규제를 풀어 성장한 민간 기업이 있다.
④ 우주 개발에 참여 중인 민간 기업이 화성에 호텔을 건설하고 있다.

(83회 TOPIK II 읽기 46-47번)

出てきた語彙をチェック！

자동화 自動化　우주여행 宇宙旅行　주도하다 主導する　급속히 急速に
접어들다 差し掛かる　풍력 風力　태양광 太陽光　재생 가능한 에너지 再生可能なエネルギー
보조금 補助金　대체 에너지 代替エネルギー　비율 比率　육성 育成　인공위성 人工衛星
주파수 周波数　우주선 宇宙船　발사 打ち上げ　규제 완화 規制緩和　화성 火星　민간 民間
간섭 干渉　최소화 最小化、最小限に抑える　유의미하다 有意義だ、意味がある
수행 遂行　과도하다 過度だ　관여하다 関与する

次ページで解答と解答プロセスをチェック！➡

[実際の問題]

※ [46~47] 다음을 읽고 물음에 답하십시오. (각 2점)

　　세계는 신에너지, 자동화, 우주여행 등이 주도하는 시대로 급속히 접어들고 있다. 세계 각국은 풍력, 태양광 등 재생 가능한 에너지를 개발하는 회사에 대한 정부 보조금을 늘리고 있고 그에 따라 대체 에너지의 사용 비율도 점차 증가하고 있다. 민간 우주 산업 육성을 위해 인공위성 주파수 사용과 우주선 발사 등에 대한 대대적인 규제 완화를 한 국가도 있다. 그 덕분에 한 민간 기업은 화성 여행이 가능한 호텔급 우주여행선을 제작할 수 있었다. 민간 기업이 과학 기술 개발을 주도하며 성장할 수 있게 된 것은 정부가 지원을 확대하면서도 간섭을 최소화했기 때문이다. 이처럼 과학 기술이 유의미하게 발전하기 위해서는 과학 전문가들이 정책 수립을 주도하고 전문 기업이 그 정책의 수행을 담당할 수 있게 해야 한다. 이때 정부는 모든 과정에 지원은 하되 과도하게 관여하는 일은 없어야 할 것이다.

46. 윗글에 나타난 필자의 태도로 가장 알맞은 것을 고르십시오.

　(정답) ❶ 과학 정책에 대한 정부의 지나친 개입을 경계하고 있다.

　② 과학 기술 발전을 위해서는 연구가 중요함을 강조하고 있다.

　③ 과학 기술 발전이 경제 성장에 미치는 영향력에 감탄하고 있다.

　④ 과학 정책 수립 시 우주 과학이 소홀히 다루어질 것을 우려하고 있다.

47. 윗글의 내용과 같은 것을 고르십시오.

　① 많은 국가들이 신에너지 개발에 대한 투자를 줄이고 있다.

　② 과학 정책이 빠르게 변해서 과학 기술이 발전할 수 있었다.

　(정답) ❸ 정부가 우주 산업에 대한 규제를 풀어 성장한 민간 기업이 있다.

　④ 우주 개발에 참여 중인 민간 기업이 화성에 호텔을 건설하고 있다.

次を読んで問いに答えなさい。（各2点）

> 世界は新エネルギー、自動化、宇宙旅行などが主導する時代に急速に差し掛かっている。世界各国は風力、太陽光など再生可能エネルギーを開発する会社に対する政府補助金を増やしており、それに伴い代替エネルギーの使用比率も次第に増加している。民間宇宙産業の育成のため、人工衛星周波数の使用や宇宙船の打ち上げなどに対する大々的な規制緩和を行った国もある。そのおかげで、ある民間企業は火星旅行が可能なホテル級の宇宙旅行船を製作することができた。民間企業が科学技術開発を主導して成長できるようになったのは、政府が支援を拡大しながらも干渉を最小化したためだ。このように科学技術が有意義に発展するためには、科学専門家たちが政策樹立を主導し、専門企業がその政策の遂行を担当できるようにしなければならない。この場合、政府は全ての過程に支援はするものの、過度に関与することがあってはならないだろう。

46. 上の文に表れた筆者の態度として最も適切なものを選びなさい。

（正解）❶ 科学政策への政府の過度な介入を警戒している。

② 科学技術の発展のためには研究が重要であることを強調している。

③ 科学技術の発展が経済成長に与える影響力に感嘆している。

④ 科学政策樹立の際、宇宙科学が疎かに扱われることを憂慮している。

47. 上の文の内容と同じものを選びなさい。

① 多くの国が新エネルギー開発への投資を減らしている。

② 科学政策が急速に変化し、科学技術が発展することができた。

（正解）❸ 政府が宇宙産業に対する規制を緩和して成長した民間企業がある。

④ 宇宙開発に参加している民間企業が火星にホテルを建設している。

解答プロセス

STEP 1
最初の1〜2文を読み、説明文・評論の内容を推測する
44〜47番で扱われる長文は小説とは異なり、冒頭に全体のテーマ、終盤に主張やまとめが書かれていることが多いです。最初の2文を見ると、「世界は新エネルギー、自動化、宇宙旅行などが主導する時代に急速に差し掛かっている」、「世界各国は…再生可能エネルギーを開発する会社に対する政府補助金を増やしており、それに伴い代替エネルギーの使用比率も次第に増加している」とあるので、世界で注目されている産業(新エネルギー、自動化、宇宙旅行など)と、それらの産業における政府の支援に関する文だと考えられます。

STEP 2
最後の1〜2文を読み、筆者の主張をチェックする
まとめに入る際の目印としてよく使われる「**이처럼** このように」がある最後から2文目以降を確認します。「**이처럼 과학 기술이 유의미하게 발전하기 위해서는** 과학 전문가들이 정책 수립을 주도하고 전문 기업이 그 정책의 수행을 담당할 수 있게 해야 한다 このように科学技術が有意義に発展するためには、科学専門家たちが政策樹立を主導し、専門企業がその政策の遂行を担当できるようにしなければならない」と、専門家や企業が政策の立案や遂行に介入することの重要性を伝えた上で、次の文で「**이때** 정부는 모든 과정에 지원은 하되 과도하게 관여하는 일은 없어야 할 것이다 この場合、政府は全ての過程への支援はするものの、過度に関与することがあってはならないだろう」と主張しています。計画と実務は専門家に任せ、「政府は支援に徹するべき」というのが筆者の態度であることが分かります。

STEP 3
STEP 2でチェックした内容を元に選択肢を選ぶ
選択肢を見ると、「①과학 정책에 대한 정부의 지나친 개입을 경계하고 있다 科学政策への政府の過度の介入を警戒している」とあり、これはSTEP 2でチェックした筆者の態度に一致するので、46番は 正解 ❶ です。47番は、3、4行目の内容と一致するので、正解 ❸ です。

POINT
筆者の主張は、「-아/어야 하다 〜(し)なければならない」や「-(으)ㄹ 것이다 〜(する)だろう」のような表現に表れるので、見落とさないように注意して読みましょう。

※ [44～45] 다음을 읽고 물음에 답하십시오. (각 2점)
　次を読んで問いに答えなさい。(各 2 点)

> 　성대하고 까다로운 제사 준비 탓에 유교 예법을 비판하는 사
> 람들이 많다. 하지만 현재 우리가 지키고 있는 예법은 (유교의
> 본뜻을 살리지 못한) 잘못된 예법이 전해져 온 것이다. 유교 전
> 문가들은 제사든 차례든 조상을 공경하는 마음과 자손들의 화
> 목이 중요하다고 말한다. 선조들은 제사를 드릴 때 좋은 음식을
> 많이 준비하는 것보다 그 음식을 준비하는 마음과 정성을 중시
> 했던 것이다. 유서 깊은 집안에서는 이러한 제사의 본질을 제대
> 로 이해하여 상차림은 간소하게 하되 집안사람들이 모두 모여
> 함께 제사를 드리는 경우가 많다. 형식보다 정성이 중요하다는
> 유교의 가르침을 지키고 있는 것이다.

44. 위 글의 주제로 알맞은 것을 고르십시오.

① 조상을 모시는 제사상 차림은 점차 간소화되고 있다.

② 유교 문화는 후손들에 의해 유동적으로 변화되고 있다.

③ 명절에 제사를 드리는 전통은 예법에 맞게 유지되고 있다.

④ 유교 예법에서 중요한 것은 정성을 다해 예를 갖추는 것이다.

※問題番号 45 掲載省略

(64회 TOPIK II 읽기 44번)

解答・解説

STEP 1. 主題を問う問題では、最初と最後の文を先に読みましょう。最初の文に
は「盛大でややこしい法事の準備のため、儒教の礼法を批判する人々が
多い」とあり、最後の文には、「형식보다 정성이 중요하다는 유교의 가르침을
지키고 있는 것이다 形式より真心が重要だという儒教の教えを守っている」
とあるので、儒教の法事は準備が大変だが、「形式より真心が重要」とい
うのが主題だと推測できます。

STEP 2. 選択肢を見ると、④「유교 예법에서 중요한 것은 정성을 다해 예를 갖추는 것이
다 儒教の礼法で重要なことは真心を込めて礼を尽くすことだ」とあり、「真

心が重要だと」あるので、STEP 1で見た主題と一致します。よって、 正解
❹ です。

［日本語訳］

> 　盛大でややこしい法事の準備のため、儒教の礼法を批判する人々
> が多い。しかし現在私たちが守っている礼法は（儒教の本質が生か
> されていない）誤った礼法が伝わってきたのだ。儒教の専門家は、
> 法事でも名節などに行う祭事（チャレ）でも祖先を敬う心と子孫の和
> 睦が重要だと話す。先祖たちは法事を行うとき、よい食べ物をたく
> さん準備するより、その食べ物を準備する気持ちと真心を重視した
> のだ。由緒ある家では、このような法事の本質をきちんと理解して
> 膳立ては簡素化するものの、家の人たちが集まって一緒に法事を行
> う場合が多い。形式より真心が重要だという儒教の教えを守ってい
> るのだ。

44. 上の文の主題として適切なものを選びなさい。

① 祖先を祀る法事の膳は次第に簡素化されている。

② 儒教文化は子孫によって流動的に変化している。

③ 名節に法事を行う伝統は礼法に従って維持されている。

正解 ❹ 儒教の礼法で重要なことは真心を込めて礼を尽くすことだ。

CHECK ☐ ☐ ☐

보편적 디자인이란 성별, 연령, 장애의 유무 등에 관계없이 누구나 편리하게 이용할 수 있도록 제품이나 사용 환경을 만드는 것을 말한다. 산업 혁명 시대에는 대량 생산을 목적으로 생산의 효율성을 추구하였다. 따라서 디자인을 할 때 (　　　　　　　). 그러다 보니 여기에 속하지 못한 대상들은 불편을 겪을 수밖에 없었다. 이에 대한 비판과 반성에서 출발한 것이 보편적 디자인이다. 대표적인 예가 계단이 없는 저상 버스인데 이 버스는 타고 내리기 쉬워 어린이와 노인, 임산부와 장애인 등 모두가 편리하게 이용할 수 있다. 다양한 대상의 특성을 고려한 보편적 디자인은 최대한 많은 사람들이 차별 없이 생활할 수 있는 환경을 조성하는 데 큰 몫을 하고 있다.

※問題番号 44 掲載省略

45. (　　　　　)에 들어갈 내용으로 가장 알맞은 것을 고르십시오.

① 생산할 제품의 특성을 최대한 반영하였다

② 편리한 사용 환경을 마련해 주고자 하였다

③ 당시 널리 퍼져 있던 유행의 흐름을 따랐다

④ 표준이라 여기는 다수만을 기준으로 하였다

(52회 TOPIK II 읽기 45번)

解答・解説　　　　　　　※ 空所を埋める問題の解き方は問題番号 28 ～ 31（P.277）を確認してください。

STEP 1. 最初の文に「보편적 디자인이란 普遍的なデザインとは」、「誰もが便利に利用できるように製品や使用環境を作ることを言う」とあるので、いわゆる「ユニバーサルデザイン」についての文だと推測できます。「-(이)란 ～ とは」は、何かの定義を話すときに使われる表現です。

STEP 2. 空欄の前後から、つながりを推測します。「산업 혁명 시대에는 대량 생산을 목적으로 생산의 효율성을 추구하였다 産業革命時代には大量生産を目的として生産の効率性を追求した」という文に続いて、「따라서 디자인을 할 때 (　　　) したがってデザインをするとき (　　　)」とあることから、この文は時代背景を理由としたデザインの特徴を説明した文ではないかと推測できます。空欄の次の文は「그러다 보니 여기에 속하지 못한 대상들은 불

편을 겪을 수밖에 없었다 そのため、ここに属していない対象は不便を経験するしかなかった」です。

STEP 3. 選択肢を見ると、④「표준이라 여기는 다수만을 기준으로 하였다 標準と考える多数のみを基準とした」が、前の文にある「大量生産を目的として生産の効率性を追求」と、後の文の「ここに属していない対象は不便を強いられた」に合うので、これが空欄に入ると自然です。よって、正解 ❹ です。

[**日本語訳**]

> 普遍的なデザインとは、性別や年齢、障害の有無などに関係なく、誰もが便利に利用できるように製品や使用環境を作ることを言う。産業革命時代には大量生産を目的として生産の効率性を追求した。したがってデザインをするとき（　　　　　）。そのため、ここに属していない対象は不便を強いられるしかなかった。これに対する批判と反省から出発したのが普遍的なデザインだ。代表的な例が階段のないノンステップバスだが、このバスは乗り降りしやすく、子どもとお年寄り、妊婦と障害者など皆が便利に利用できる。様々な対象の特性を考慮した普遍的なデザインは、最大限多くの人々が差別なく生活できる環境を作るのに大きな役割を果たしている。

45. (　　　　)に入る内容として最も適切なものを選びなさい。

① 生産する製品の特性を最大限反映した

② 便利な使用環境を整えようとした

③ 当時広まっていた流行の流れに従った

正解 ❹ 標準と考える多数のみを基準とした

CHECK □ □ □

※ [46～47] 다음을 읽고 물음에 답하십시오. (각 2점)

次を読んで問いに答えなさい。(各 2 点)

> 1인 미디어 시대가 되면서 개인 방송을 이용한 새로운 시장 형태가 등장해 주목받고 있다. 이 시장은 SNS를 통해 제품이 유통되고 판매된다는 특징이 있다. (㉠) 대표적인 판매 방식은 1인 미디어 운영자가 방송 중에 특정 물건을 의도적으로 노출하여 구매를 유도하는 것이다. 이때 관심이 생긴 시청자는 그 운영자에게서 물건을 산다. (㉡) SNS 계정만 있으면 누구든지 판매를 시작할 수 있으며 제품 홍보부터 구매까지 모든 과정이 SNS 상에서 이루어진다. (㉢) 덕분에 초기 사업 비용이 거의 들지 않는다는 장점이 있다. (㉣) 하지만 개별 사업자의 수가 무한하게 늘 수 있기 때문에 향후 경제 변화를 이끌 핵심 시장으로의 성장이 예상된다.

46. 위 글에서 <보기>의 글이 들어가기에 가장 알맞은 곳을 고르십시오.

―――――<보 기>―――――
이와 같은 시장 형태가 전체 소비 시장에 미치는 영향력은 아직 미미하다.

① ㉠ ② ㉡ ③ ㉢ ④ ㉣

※問題番号 47 掲載省略

(64회 TOPIK II 읽기 46번)

解答・解説

※ 46 番は「文が入る位置を選ぶ問題」が出る可能性があります。
解き方は問題番号 39 ～ 41 と同じです。(P.261)

STEP 1. 挿入する文を見ると、「**이와 같은 시장 형태**가 전체 소비 시장에 미치는 영향력은 아직 미미하다 このような市場形態が全体消費市場に及ぼす影響力はまだ微々たるものだ」とあり、前の文には「このような市場」についての情報が入ると推測できます。直前で「このような市場」の説明が終わっている場所を探し、空欄の前が市場の説明、空欄の後が別の話になっているところが正解です。

STEP 2. 最初の文は「**1인 미디어 시대**가 되면서…**새로운 시장 형태가 등장** 1人メディア時代になり…新しい市場形態が登場」とあります。「**이 시장은…특징이 있다** この市場は…特徴がある」、「**대표적인 판매 방식은**…代表的な販売方式

は…」と説明が続くので、挿入文は㋠には入りません。またこの文は、「新しい市場の形態」の特徴を述べている文だということが分かります。

STEP 3. 接続詞に注目しながら、引き続き読み進めます。㋡の前「이때 관심이 생긴 시청자는…このとき関心ができた視聴者は…」の「このとき」は前の文の「1人メディア放送」を指しています。㋢の前「SNS 계정만 있으면 누구든지…SNS アカウントさえあれば誰でも…」と、㋣の前「덕분에…다는 장점이 있다 そのおかげで…という長所がある」も、市場の特徴を説明しています。つまり、ここまでは全て「1人メディアの特徴」を順に並べています。よって、ここまでの間に挿入文を入れることはできません。㋣の後の文を見ると「하지만 しかし」から始まり、「핵심 시장으로의 성장이 예상된다 核心市場への成長が予想される」と、話の流れが変わっています。挿入文を㋣に入れてみると、それ以前にある市場の特徴をまとめる文となり自然です。よって、 [正解] **④** ㋣です。

[日本語訳]

　1人メディア時代になり、個人放送を利用した新しい市場形態が登場し注目されている。この市場はSNSを通じて製品が流通・販売されるという特徴がある。（　㋠　）代表的な販売方法は、1人メディア運営者が放送中に特定の物を意図的に露出して購買を誘導するものだ。このとき関心を持った視聴者はその運営者から物を買う。（　㋡　）SNS アカウントさえあれば誰でも販売を開始することができ、製品の宣伝から購入まで全ての過程がSNS上で行われる。（　㋢　）そのおかげで初期事業費用がほとんどかからないという長所がある。（　㋣　）しかし、個別事業者の数が無限に増えうるため、今後の経済変化を導く核心市場への成長が予想される。

46. 上の文で＜例＞の文が入るのに最も適切な場所を選びなさい。

―――＜例＞―――
このような市場形態が全体消費市場に及ぼす影響力はまだ微々たるものだ。

① ㋠　　② ㋡　　③ ㋢　　[正解] **④** ㋣

CHECK ☐ ☐ ☐

우주는 지구와 환경이 상이해 지구에서 쓰는 방법으로는 쓰레기를 수거하기가 어렵다. 처음에는 작살과 같이 물리적인 힘을 이용해서 쓰레기를 찍을 수 있는 도구가 거론되었다. 그러나 이 방법은 자칫하면 우주 쓰레기를 엉뚱한 곳으로 밀어낼 위험이 있었다. 이 때문에 테이프나 빨판같이 접착력이 있는 도구를 사용하자는 제안도 나왔다. 점성이 강한 테이프의 경우는 우주에서의 극심한 온도 변화를 견디지 못했으며 빨판은 진공 상태에서는 소용이 없었다. 그런데 최근 한 연구진이 도마뱀이 벽에 쉽게 달라붙어 떨어지지 않는 것에서 영감을 받아 접착력이 있는 도구를 개발하는 데 성공했다. 도마뱀의 발바닥에 있는 수백만 개의 미세한 털들이 표면에 접촉할 때 생기는 힘을 응용한 것이다.

※問題番号 46 掲載省略

47. 위 글의 내용과 같은 것을 고르십시오.

① 테이프는 우주의 온도 변화 때문에 점성을 잃었다.

② 작살은 접착력을 이용한 도구의 좋은 대안이 되었다.

③ 우주에서 쓰레기를 처리하는 방법은 지구와 유사하다.

④ 접착력을 이용한 쓰레기 수거 방법은 결국 성공하지 못했다.

(60회 TOPIK II 읽기 47번)

解答・解説

STEP 1. 最初の文に「宇宙は地球と環境が異なり、地球で使う方法ではゴミを回収するのが難しい」とあり、続いて「最初はもりのような物理的な力を利用してゴミを刺すことができる道具が取り上げられた」とあるので、「宇宙ゴミの回収方法」についての話だと分かります。

STEP 2. 最後の文には「トカゲの足の裏にある数百万個の微細な毛が表面に接触するときに生じる力を応用したものだ」とあることから、この文は宇宙でのゴミ収集に使われる技術についての説明文だと、より具体的な内容が分かります。

STEP 3. 選択肢と提示文を見比べると、①「테이프는 우주의 온도 변화 때문에 점성을 잃었다 テープは宇宙の温度変化のために粘性を失った」が、4文目「점성이 강한 테이프의 경우는 우주에서의 극심한 온도 변화를 견디지 못했으며 粘性の強いテープの場合は宇宙での激しい温度変化に耐えられず」と一致する

ので、 正解 ❶です。②のもりは一番初めに試された方法なので、③は冒頭で「地球と同じ方法でゴミを集めるのは難しい」と言っているうえに収集ではなく処理の話になっているので、④は最後から2文目に「成功した」とあるので、それぞれ誤りです。

[日本語訳]

> 　宇宙は地球と環境が異なり、地球で使う方法ではゴミを回収するのが難しい。最初はもりのような物理的な力を利用してゴミを刺すことができる道具が取り上げられた。しかしこの方法はともすれば宇宙ゴミをとんでもない場所に追いやる危険があった。このため、テープや吸盤のような接着力のある道具を使おうという提案も出た。粘性の強いテープの場合は宇宙での激しい温度変化に耐えられず、吸盤は真空状態では役に立たなかった。ところが最近、ある研究陣がトカゲが壁に簡単にくっつき落ちないことからインスピレーションを受け、接着力のある道具を開発することに成功した。トカゲの足の裏にある数百万個の微細な毛が表面に接触するときに生じる力を応用したものだ。

47. 上の文の内容と同じものを選びなさい。

　 正解 ❶ テープは宇宙の温度変化のために粘性を失った。

　② もりは接着力を利用した道具のよい代案となった。

　③ 宇宙でゴミを処理する方法は地球と似ている。

　④ 接着力を利用したゴミ収集方法は結局成功しなかった。

CHECK ☐ ☐ ☐

出てきた語彙をチェック！

問44 성대하다 盛大だ　까다롭다 ややこしい　제사 法事　예법 礼法　비판하다 批判する
차례 祭事(チャレ)　조상 祖先　공경하다 敬う　자손 子孫　화목 和睦　정성 真心
유서 깊다 由緒ある　상차림 膳立て　간소하다 簡素だ　형식 形式

문45 보편적 普遍的　성별 性別　연령 年齢　유무 有無　산업 혁명 産業革命　대량 大量
불편을 겪다 不便を強いられる　반성 反省　저상 버스 低床バス、ノンステップバス
노인 老人　임산부 妊婦　차별 差別　조성하다 助成する　몫을 하다 役割を果たす

문46 미디어 メディア　주목을 받다 注目を浴びる　운영자 運営者　의도적으로 意図的に
계정 アカウント　비용이 들다 費用がかかる　무한하다 無限だ　핵심 核心

문47 우주 宇宙　지구 地球　상이하다 違う　수거하다 回収する、収集する　작살 もり
찍다 刺す　자칫하면 ともすれば　엉뚱하다 突拍子もない　밀어내다 押し出す　빨판 吸盤
접착력 接着力　극심하다 ひどい　견디다 耐える　진공 상태 真空状態
소용이 없다 役に立たない　도마뱀 トカゲ　영감을 받다 霊感(インスピレーション)を受ける
발바닥 足の裏　미세하다 細かい　털 毛　표면 表面　응용하다 応用する

長文問題：説明文・評論文 ②

特　徴　長文を読んで3問答える

48番：筆者が文を書いた目的を選ぶ

49番：空欄を埋める

50番：内容が一致するものを答ぶ／下線部の意図を選ぶ
※ 83回では内容一致問題が出題された

ポイント　1．3問答えるために、限られた時間の中で隅々まで正しく理解する

2．キーワード探しや要点の把握、筆者の主張の把握など、読解問題の集大成！

※ここでは「筆者が文を書いた目的を選ぶ問題」について解説します。その他の出題タイプについては、これまでに解説した解き方を応用しながら解きましょう。

実際の問題にチャレンジ！

※ [48~50] 다음을 읽고 물음에 답하십시오. (각 2점)

　많은 사람들은 결혼, 수입 등의 객관적 조건이 행복을 결정하는 요인이라고 생각한다. 그러나 이런 요인들로는 행복의 이유를 10% 정도밖에 설명할 수 없다고 한다. 그렇다면 행복을 결정하는 요인은 무엇일까? 그것은 행복에 대해 가지는 믿음과 태도이다. 행복에 대한 태도는 행복의 유한성과 무한성 중 어느 한쪽을 선택함으로써 결정된다. 이 세상에 존재하는 행복의 (　　　　　　　) 믿는 사람들은 항상 타인이 행복한 정도를 예의 주시하는 특징이 관찰되었다. 남이 행복하면 내 행복이 줄어든다고 생각하는 사람에게는 타인의 행복이 자신의 행복에 위협적인 요소가 되기 때문이다. 반면 행복의 무한성을 믿는 사람들은 타인의 행복에 그다지 관심을 가지지 않는다. 따라서 행복하려면 행복이 무한한 것이라는 믿음을 가질 필요가 있다. 이러한 생각만으로도 행복감은 증대될 수 있으며 자신이 어떻게 할 때 행복해지는지에 집중할 수 있게 되기 때문이다.

48. 윗글을 쓴 목적으로 가장 알맞은 것을 고르십시오.
　① 행복의 사회적 특성을 파악하려고
　② 행복을 측정하는 방법을 소개하려고
　③ 행복에 대한 관점의 변화를 유도하려고
　④ 행복이 인간에게 미치는 영향을 분석하려고

49. (　　　　　)에 들어갈 말로 가장 알맞은 것을 고르십시오.
　① 개인차가 크지 않다고　　　　　② 총량이 정해져 있다고
　③ 양상이 매우 다양하다고　　　　④ 크기가 계속 증가한다고

50. 윗글의 내용과 같은 것을 고르십시오.
　① 행복에 대한 사람들의 태도는 대체로 유사하다.
　② 행복은 결혼 여부나 수입 정도의 영향을 많이 받는다.
　③ 행복의 양이 유한하다고 믿는 사람들은 더 많이 행복할 수 있다.
　④ 행복이 무한하다고 믿는 사람들은 자신을 남과 잘 비교하지
　　않는다.

(83회 TOPIK II 읽기 48-50번)

出てきた語彙をチェック！

結혼 結婚　수입 収入　객관적 客観的　조건 条件　행복 幸福　결정하다 決定する、決める
요인 要因　믿음 信念　태도 態度　유한성 有限性　무한성 無限性
-(으)ㅁ으로써 ～（する）ことで　존재하다 存在する　항상 いつも　타인 他人
예의 주시하다 注目する、気にする　관찰 観察　위협적 脅威的　요소 要素
유도하다 誘導する　분석하다 分析する

次ページで解答と解答プロセスをチェック！➡

※ [48~50] 다음을 읽고 물음에 답하십시오. (각 2점)

> 많은 사람들은 결혼, 수입 등의 객관적 조건이 행복을 결정하는 요인이라고 생각한다. 그러나 이런 요인들로는 행복의 이유를 10% 정도밖에 설명할 수 없다고 한다. 그렇다면 행복을 결정하는 요인은 무엇일까? 그것은 행복에 대해 가지는 믿음과 태도이다. 행복에 대한 태도는 행복의 유한성과 무한성 중 어느 한쪽을 선택함으로써 결정된다. 이 세상에 존재하는 행복의 (   ) 믿는 사람들은 항상 타인이 행복한 정도를 예의 주시하는 특징이 관찰되었다. 남이 행복하면 내 행복이 줄어든다고 생각하는 사람에게는 타인의 행복이 자신의 행복에 위협적인 요소가 되기 때문이다. 반면 행복의 무한성을 믿는 사람들은 타인의 행복에 그다지 관심을 가지지 않는다. 따라서 행복하려면 행복이 무한한 것이라는 믿음을 가질 필요가 있다. 이러한 생각만으로도 행복감은 증대될 수 있으며 자신이 어떻게 할 때 행복해지는지에 집중할 수 있게 되기 때문이다.

48. 윗글을 쓴 목적으로 가장 알맞은 것을 고르십시오.

　① 행복의 사회적 특성을 파악하려고

　② 행복을 측정하는 방법을 소개하려고

　정답 ❸ 행복에 대한 관점의 변화를 유도하려고

　④ 행복이 인간에게 미치는 영향을 분석하려고

49. (   )에 들어갈 말로 가장 알맞은 것을 고르십시오.

　① 개인차가 크지 않다고　　　정답 ❷ 총량이 정해져 있다고

　③ 양상이 매우 다양하다고　　④ 크기가 계속 증가한다고

50. 윗글의 내용과 같은 것을 고르십시오.

　① 행복에 대한 사람들의 태도는 대체로 유사하다.

　② 행복은 결혼 여부나 수입 정도의 영향을 많이 받는다.

　③ 행복의 양이 유한하다고 믿는 사람들은 더 많이 행복할 수 있다.

　정답 ❹ 행복이 무한하다고 믿는 사람들은 자신을 남과 잘 비교하지 않는다.

[日本語訳]

次を読んで問いに答えなさい。（各2点）

> 多くの人は結婚、収入などの客観的条件が幸せを決める要因だと考える。しかし、このような要因では幸せの理由を10%程度しか説明できないという。では、幸せを決定する要因は何だろうか？それは幸福に対する信頼と態度である。幸福に対する態度は幸福の有限性と無限性いずれかを選択することによって決まる。この世に存在する幸せの（　　　　　　　）信じる人たちはいつも他人の幸福度を気にするという特徴が観察された。他人が幸せなら自分の幸せが減ると思う人には他人の幸せが自分の幸せに脅威的な要素になるからだ。一方、幸福の無限性を信じる人々は他人の幸福にあまり関心を持たない。したがって、幸せになるためには、幸せは無限のものだと信じる必要がある。このような考えだけでも幸福感は増大することができ、自分が何をするときに幸せになるかに集中できるようになるからだ。

48. 上の文を書いた目的として最も適切なものを選びなさい。

　① 幸せの社会的特性を把握しようと

　② 幸せを測る方法を紹介しようと

　[正解] ❸ 幸せに対する観点の変化を誘導しようと

　④ 幸せが人間に及ぼす影響を分析しようと

49. （　　　　　）に入る言葉として最も適切なものを選びなさい。

　① 個人差が大きくないと　　　[正解] ❷ 総量が決められていると

　③ 様相が非常に多様だと　　　④ 大きさが増え続けると

50. 上の文の内容と同じものを選びなさい。

　① 幸福に対する人々の態度は概して似ている。

　② 幸福は結婚しているかどうかや収入の程度に大きく左右される。

　③ 幸福の量が有限であると信じる人は、より幸せになれる。

　[正解] ❹ 幸せが無限だと信じる人は、自分を他人とあまり比較しない。

解答プロセス

STEP 1 接続詞を中心に文を読みながら全体的な流れをつかみ、キーワードを探す

最初の文に「多くの人は結婚、収入などの客観的条件が幸せを決める要因だと考える」とあり、人々の幸福観に関する内容の文だと推測できます。

続いて、文の方向性を示す接続詞から始まる文を中心に、文脈を正しくつかんでいきます。「그러나 しかし」で始まる2文目と「그렇다면 では」から始まる3文目は、「客観的な条件だけが幸福の要因ではないとしたら他に何があるのか？」というこの文の中心的な主張へのリード文です。それを受けた4文目と5文目にある、「행복에 대해 가지는 믿음과 태도 幸福に対する信頼と態度」「행복의 유한성과 무한성 중 어느 한쪽을 선택함 幸福の有限性と無限性いずれかを選択すること」という部分がキーワードで、「有限性」と「無限性」を比較する内容が続きます。それぞれの特徴を表す文をチェックすると、下記のようになります。

幸せの有限性を信じる人→「남이 행복하면 내 행복이 줄어든다고 생각하는 사람에게는 타인의 행복이 자신의 행복에 위협적인 요소가 되기 때문이다 他人が幸せなら私の幸せが減ると思う人には他人の幸せが自分の幸せに脅威的な要素になるからだ」

幸せの無限性を信じる人→「반면 행복의 무한성을 믿는 사람들은 타인의 행복에 그다지 관심을 가지지 않는다 一方、幸福の無限性を信じる人々は他人の幸福にあまり関心を持たない」

STEP 2 選択肢の中から文の目的として最も適したものを選ぶ

筆者は幸せの有限性と無限性それぞれを信じている人の特徴を比較しながら、「따라서 행복하려면 행복이 무한한 것이라는 믿음을 가질 필요가 있다 したがって、幸せになるためには、幸せは無限のものだと信じる必要がある」と強調し、「이러한 생각만으로도 행복감은 증대 このような考えだけでも幸福感は増大」すると伝えています。48番の選択肢の中で、文の目的として最も適しているのは③「행복에 대한 관점의 변화를 유도하려고 幸せに対する観点の変化を誘導しようと」です。よって、**正解** ❸です。49番は文の後半で幸せの無限性について言及されているので、対比として有限性を表すものを選ぶと **正解** ❷、50番は8文目にある幸せの無限性を信じる人の特徴とあてはまるので **正解** ❹です。

※ [48~50] 다음을 읽고 물음에 답하십시오. (각 2점)
　次を読んで問いに答えなさい。(各 2 点)

> 　4차 산업은 그 분야가 다양하지만 연구 개발이 핵심 원동력이라는 점에서 공통점을 갖고 있다. 이러한 점을 고려하여 정부는 신성장 산업에 대한 세제 지원을 확대하기로 했다. 미래형 자동차, 바이오 산업 등 신성장 기술에 해당하는 연구를 할 경우 세금을 대폭 낮춰 준다는 점에서 고무적인 일이다. 하지만 현재의 지원 조건이라면 몇몇 대기업에만 유리한 지원이 될 수 있다. 해당 기술을 전담으로 담당하는 연구 부서를 두어야 하고 원천 기술이 국내에 있는 경우에만 지원이 가능하기 때문이다. 혜택이 큰 만큼 일정한 제약을 두려는 정부의 입장을 이해하지 못하는 것은 아니다. 그러나 이번 정책의 목적이 단지 연구 개발 지원에 있는 것이 아니라 연구 개발을 유도하고 독려하고자 하는 것이라면 해당 조건을 완화하거나 단계적으로 적용할 필요가 있다.

48. 위 글을 쓴 목적으로 알맞은 것을 고르십시오.

　① 투자 정책이 야기할 혼란을 경고하려고

　② 세제 지원 조건의 문제점을 지적하려고

　③ 연구 개발에 적절한 분야를 소개하려고

　④ 신성장 산업 연구의 중요성을 강조하려고

※問題番号 49、問題番号 50 掲載省略

(60회 TOPIK II 읽기 48번)

解答・解説

STEP 1. 最初の文には「4차 산업은 그 분야가 다양하지만 연구 개발이 핵심 원동력이라는 점에서 공통점을 갖고 있다 第 4 次産業はその分野は様々だが、研究開発が核心の原動力という共通点を持っている」とあり、この文は「第 4 次産業の発展」に関する話であることが推測できます。続いて接続詞のある文に注目していくと、 2 文目に「이러한 점을 고려하여 정부는 신성장 산

業に対する税制支援を拡大**하기로 했다** このような点を考慮し、政府は新成長産業に対する税制支援を拡大することにした」、4文目に「**하지만 현재의 지원 조건이라면** 몇몇 대기업에만 유리한 지원이 될 수 있다 しかし、現在の支援条件だと、いくつかの大企業にのみ有利な支援になりうる」とあり、政府は税制面での支援を整える動きを見せつつ、実際は条件に問題があることが述べられています。最後の文でも「그러나…해당 조건을 완화하거나 단계적으로 적용할 필요가 있다 しかし…該当条件を緩和したり段階的に適用したりする必要がある」とあるので、ここがこの文の核だと分かります。

STEP 2. 選択肢の中から文を書いた目的として最も適したものを選ぶと、「②세제 지원 조건의 문제점을 지적하려고 税制支援条件の問題点を指摘するために」が一致するので、正解 ❷ です。

［日本語訳］

> 　第4次産業は、その分野は様々だが、研究開発が核心となる原動力という点で共通点を持っている。このような点を考慮し、政府は新成長産業に対する税制支援を拡大することにした。未来型自動車、バイオ産業など新成長技術に該当する研究をする場合、税金を大幅に下げるという点でいい刺激になることだ。しかし、現在の支援条件だと、いくつかの大企業にのみ有利な支援になりうる。当該技術を専門に担当する研究部署を置く必要があり、源泉技術(新たな生産や応用の根幹となる技術)が国内にある場合にのみ支援が可能なためだ。恩恵が大きいだけに一定の制約を設けようとする政府の立場を理解できないわけではない。しかし、今回の政策の目的が単に研究開発支援にあるのではなく、研究開発を誘導し督励(振興)しようとするものであれば、該当条件を緩和したり段階的に適用したりする必要がある。

48. 上の文を書いた目的として適切なものを選びなさい。

① 投資政策がもたらす混乱を警告するために

正解 ❷ 税制支援条件の問題点を指摘するために

③ 研究開発に適した分野を紹介するために

④ 新成長産業研究の重要性を強調するために

CHECK ☐ ☐ ☐

올해 '자치경찰제'가 전국으로 확대될 예정이다. 자치경찰제는 지방자치단체가 경찰의 운영 및 관리를 담당하도록 하는 제도를 말한다. 이 제도가 실시되면 경찰이 지역 주민의 삶에 밀착돼 지역 특성에 맞는 다양한 서비스를 주민들에게 제공할 수 있을 것으로 보인다. 그러나 제도적 취약점과 예측되는 부작용이 있을 수 있다. 무엇보다 현장에서의 혼선이 예상된다. 제도에 따르면 자치경찰은 교통사고나 가정 폭력 조사 등 생활 안전 부분을 담당하고 국가 보안이나 전국 단위의 수사는 지금처럼 국가경찰이 맡는다. 이처럼 경찰 조직이 이중 구조일 때 어려움을 겪는 것은 국민이 될 수 있다. 영역 구분이 애매한 사건이 발생하면 자치경찰과 국가경찰이 함께 출동하거나 사건을 서로 떠넘기다가 신속하고 치밀한 대응이 이뤄지지 않을 수 있기 때문이다. ( ) 치안의 질이 떨어진다면 새 제도의 시행 의의가 퇴색될 수 있을 것이다.

※問題番号 48 掲載省略

49. ( )에 들어갈 내용으로 가장 알맞은 것을 고르십시오.

① 경찰들의 업무 과다로   ② 업무의 충돌과 혼선으로

③ 자치경찰의 배치 감소로   ④ 제도의 단계적 시행으로

※問題番号 50 掲載省略

(64회 TOPIK II 읽기 49번)

解答・解説

STEP 1. 最初の１文に「今年『자치경찰제 自治警察制』が全国に拡大する予定だ」とあるので、テーマは明確です。「自治警察制」については、２文目で「自治警察制は地方自治体が警察の運営および管理を担当するようにする制度を言う」と説明があります。

STEP 2. 空欄の前後を読んで、話の流れから空欄の内容を考えます。そもそも空欄があるのが最後の文なので、全体のまとめとなる内容が入ると予測できます。「( ) **치안의 질이 떨어진다면 새 제도의 시행 의의가 퇴색될 수 있을 것이다** ( ) 治安の質が落ちれば、新制度の施行意義が色あせかねない」とあり、「何によって治安の質が落ち、新制度に問題が生じるか」を探すのがカギです。

STEP 3. 空欄の前の文に「영역 구분이 애매한 사건이 발생하면…사건을 서로 떠넘기다가 신속하고 치밀한 대응이 이뤄지지 않을 수 있기 때문이다 領域区分が曖昧な事件が発生すれば…事件を押し付け合って、迅速かつ緻密な対応が行われない可能性があるためだ」とあり、これは「治安の質が落ちる」原因と言えます。選択肢を見ると、②「업무의 충돌과 혼선으로 業務の衝突と混乱で」がこの部分を別の言葉で言い換えています。よって、 正解 ❷ です。

〔日本語訳〕

> 　　今年「自治警察制」が全国に拡大する予定だ。自治警察制は地方自治体が警察の運営および管理を担当するようにする制度を言う。この制度が実施されれば、警察が地域住民の暮らしに密着し、地域の特性に合った多様なサービスを住民に提供できるものとみられる。しかし、制度的弱点と予測される副作用があり得る。何よりも現場での混乱が予想される。制度によると、自治警察は交通事故や家庭内暴力の調査など生活安全部分を担当し、国家保安や全国単位の捜査は今のように国家警察が担当する。このように警察組織が二重構造のときに困難を経験するのは国民になりうる。領域区分が曖昧な事件が発生すれば、自治警察と国家警察が一緒に出動したり、事件を押し付け合って、迅速かつ緻密な対応が行われない可能性があるためだ。（　　　　　　　）治安の質が落ちれば、新制度の施行意義が色あせかねない。

49.（　　　　　　）に入る内容として最も適切なものを選びなさい。

① 警察の業務過多で

正解 ❷ 業務の衝突と混乱で

③ 自治警察の配置減少で

④ 制度の段階的施行により

CHECK ☐ ☐ ☐

특허법은 독창적인 기술을 최초로 발명한 사람에게 기술에 대한 독점적 사용권을 부여하는 대신 그 기술을 사회에 공개할 의무를 부과한다. 공개된 기술 공유를 통해 사회 전체의 기술력을 높이는 것이 특허의 취지이다. 이런 취지에 부합하여 실제로 특허 제도는 기술 혁신과 산업 발전에 크게 이바지해 왔다. 그런데 최근 들어 특허의 본래 취지가 변질되어 기술 개발보다 독점권 확보를 우선하는 현상이 두드러지게 나타나고 있다. (기술이 완벽하게 개발되지 않은) 상태에서 마구잡이 특허 출원으로 권리부터 선점해 놓고 기술을 개발하려는 경우가 비일비재한 것이다. 이 때문에 정작 신기술 개발에 힘들게 성공한 사람들이 권리를 확보하지 못하는 경우가 자주 발생하곤 한다. 특허는 발명의 대가로 당연히 보호받을 가치가 있다. 하지만 그것은 기술 개발에 성공해 사회 발전에 공헌하는 경우에 한해서이다. 무분별한 특허 출원으로 기술 발전을 저해한다면 이는 특허가 가진 본래의 취지를 훼손하는 것이다.

※問題番号 48、問題番号 49 掲載省略

50. 밑줄 친 부분에 나타난 필자의 태도로 알맞은 것을 고르십시오.

① 특허 출원 감소를 심각하게 우려하고 있다.

② 특허권자의 독점권을 강하게 옹호하고 있다.

③ 특허 제도의 정책적 보완을 강력히 요구하고 있다.

④ 특허 제도가 사회에 기여한 바를 높이 평가하고 있다.

(52회 TOPIK II 읽기 50번)

解答・解説

※ この回の問題番号 50 は、「下線部に表れた筆者の態度」を選ぶ問題です。
問題番号 46(筆者の態度を選ぶ問題)の解き方を参考にしてください。(P.316)

STEP 1. 最初の文を見ると、「特許法は、独創的な技術を最初に発明した者に技術に対する独占的使用権を付与する代わりに、その技術を社会に公開する義務を課す」とあり、「특허법 特許法」についての文だと分かります。続いて「公開された技術の共有を通じて社会全体の技術力を高めることが特許の趣旨だ」とあり、特許の概要と目的を説明しています。

STEP 2&3. 下線の引いてある文を見ると、「이런 취지에 부합하여 실제로 특허 제도는 기술 혁신과 산업 발전에 크게 이바지해 왔다 このような趣旨に合致し、実

際に特許制度は技術革新と産業発展に大きく貢献してきた」とあるので、筆者は特許制度を高く評価していることが分かります。選択肢の中から「特許制度を高く評価」しているものを選ぶと「④ **특허 제도가 사회에 기여한** 바를 **높이 평가하고 있다** 特許制度が社会に寄与したことを高く評価している」があり、正解 ❹ です。

─────────────────────────────

［日本語訳］

> 　特許法は、独創的な技術を最初に発明した者に技術に対する独占的使用権を付与する代わりに、その技術を社会に公開する義務を課す。公開された技術の共有を通じて社会全体の技術力を高めることが特許の趣旨だ。このような趣旨に合致し、実際に特許制度は技術革新と産業発展に大きく貢献してきた。ところが最近になって特許の本来の趣旨が変わり、技術開発より独占権確保を優先する現象が目立って起こっている。（技術が完璧に開発されていない）状態でむやみに特許出願して権利を先取りしておいてから技術を開発しようとする場合が一度や二度ではない。このため、いざ新技術開発に苦労して成功した人々が権利を確保できない場合がよく発生している。特許は発明の対価として当然保護される価値がある。しかし、それは技術開発に成功し、社会発展に貢献する場合に限ってである。無分別な特許出願で技術発展を阻害するならば、これは特許が持つ本来の趣旨を損なうことになるのだ。

50. 下線を引いた部分に表れた筆者の態度として適切なものを選びなさい。

① 特許出願の減少を深刻に懸念している。

② 特許権者の独占権を強く擁護している。

③ 特許制度の政策的補完を強く求めている。

正解 ❹ 特許制度が社会に寄与したことを高く評価している。

CHECK ☐ ☐ ☐

出てきた語彙をチェック！

問48 원동력 原動力　공통점 共通点　세제 지원 税制支援　대폭 大幅　전담 専担、専門
부서 部署　혜택 恩恵　제약을 두다 制約を設ける　유도하다 誘導する
독려하다 督励する、振興する　완화하다 緩和する
問49 자치 自治　밀착되다 密着する　취약점 脆弱性　예측되다 予測される　혼선 混線
가정 폭력 家庭内暴力　영역 領域　애매하다 あいまいだ　떠넘기다 押し付ける
치밀하다 緻密だ　퇴색되다 色褪せる　업무 과다 業務過多　충돌 衝突　배치 配置
시행 施行
問50 독창적 独創的　독점적 独占的　부여하다 付与する　부과하다 課する　취지 趣旨
부합하다 見合う　혁신 革新　이바지하다 貢献する　변질되다 変質する　두드러지다 目立つ
특허 출원 特許出願　선점하다 先取りする　비일비재하다 一度や二度ではない
정작 いざという時に　공헌하다 貢献する　무분별하다 無分別だ　저해하다 阻害する
훼손하다 毀損する、損なう　옹호하다 擁護する　보완 補完

	무엇보다 何よりも	무엇보다 인생은 자기 행복이 중요하다. 何より人生は自分の幸せが大切だ。
□□	예전에는 以前は	예전에는 쉽게 물건을 살 수 없었다. 以前は簡単に物を買えなかった。
□□	그런 까닭에 だからこそ	그런 까닭에 오용의 위험성에 대해 생각해야 한다. だからこそ、誤用の危険性について考えなければならない。
□□	그렇다 하더라도 そうだとしても	그렇다 하더라도 지나치게 경계할 필요는 없다. (たとえ)そうだとしても、過度に警戒する必要はない。
□□	이와 달리 これとは違って	이와 달리 새로운 스타일을 추구하는 이들이 나타났다. これとは違って、新しいスタイルを追求する人々が現れた。
□□	이와 같이 このように	이와 같이 기존의 사고 방식으로는 해결할 수 없는 문제가 있다. このように既存の考え方では解決できない問題がある。
□□	그 대신에 その代わりに	그 대신에 새로운 아이디어를 모아서 제안해 볼 필요가 있다. その代わりに新しいアイデアを集めて提案してみる必要がある。
□□	그에 따라 それに応じて	그에 따라 사회는 좀 더 발전하는 길로 이어진다. それに応じて、社会はより発展する道につながる。
□□	그 결과 その結果	그 결과 많은 사람들이 문명의 혜택을 누리게 됐다. その結果、多くの人々が文明の恩恵を享受するようになった。
□□	달리 말하면 別の言い方をすれば	달리 말하면 건강은 무엇과도 바꿀 수 없다는 것이다. 別の言い方をすれば、健康は何にも代えられないということだ。
□□	이와 반대로 これとは逆に	이와 반대로 우리가 눈치채지 못 하는 단점도 존재한다. これとは逆に我々が気づかない短所も存在する。
□□	그런 반면에 その一方で	그런 반면에 집단을 이루는 장점도 놓칠 수 없다. その一方で、集団を成す長所も見逃せない。
□□	최근에는 最近では	최근에는 시간 절약을 위해 인터넷 배송을 많이 이용한다. 最近では時間の節約のために、インターネット配送(宅配便)を多く 利用する。
□□	예를 들면 例えば	예를 들면 스마트폰이나 컴퓨터 등이 있다. 例えばスマートフォンやコンピュータなどがある。
□□	구체적으로 具体的に	구체적으로 온라인 결제 등을 들 수 있다. 具体的にオンライン決済などが挙げられる。
□□	일반적으로 一般的に	일반적으로 사람들은 서로 직접 만나는 것을 선호한다. 一般的に人は互いに直接会うことを好む。
□□	결론적으로 結論として	결론적으로 인간은 혼자서 살 수 있는 존재가 아니라는 것이다. 結論として、人間は一人で生きられる存在ではないということだ。
□□	그런 점에서 볼 때 そのような観点から 見ると	그런 점에서 볼 때 간과하지 말아야 할 점은 다음과 같다. そのような観点から見ると、見逃してはならない点は次の通りだ。

3章

筆記問題

쓰기

筆記問題を攻略しよう

筆記問題を攻略するうえで、頭に入れておいた方がよいことを
確認しておきましょう。

1. 各問題の文体と配点は、51番（口語体 / 10点）、52番（文語体 / 10点）、53番（文語体 / 30点）、54番（文語体 / 50点）である

　筆記問題は、4つの問題が出題されます。51～52番は5～10字程度の表現を2つ
ずつ、53番は200～300字の文、54番は600～700字の文を書かなければなりません。作文を苦手とする人も多く、この筆記問題の点を大きく落としたことで狙った級に点数が届かなかったという人も少なくありません。筆記問題で、少しずつ
確実に点数を積み重ねることが大事です。

2. 各問題に正しく答えるためには、口語体（해요体 / 합니다体）と文語体（한다体）を知っておかなければならない　※文語体の詳細はP.345～347を参照

　韓国語の文の文体の中には、口語体（해요体 / 합니다体）と文語体（한다体）があり、各設問に合った文体で書かなければなりません。

　例）

　口語体（해요体）　　　　안녕하세요?　こんにちは。

　口語体（합니다体）　　　제가 이사를 했습니다.　私は引越しをしました。

　文語体（한다体）　　　　나는 매일 공부한다.　私は毎日勉強する。

3. できるかぎり中・上級の表現を使うようにする

　あやふやな表現を使うよりは確実に分かっている表現を使う方が安全ですが、
正しく使えている上級表現は得点源になります。

　例）

　私は韓国語の先生に会おうとソウルに行きました。

　(○) 저는 한국어 선생님을 만나려고 서울로 갔습니다.

　(◎) 저는 한국어 선생님을 만나고자 서울로 갔습니다.

※上の文の -려고と -고자は意味はほぼ同じですが、より公式的な場で使われる -고자を使った方が得点
　源になりやすいです。

한다体(文語体)を復習しておこう

52 〜 54 番の作文で使う한다体(文語体)を整理しておきましょう。主に新聞や雑誌などの書き言葉で用いられますが、会話でも目下の人や親しい友だちの間で使われます。子どもが親に使うことは許されません。

現在形	動詞の語幹に パッチムがないとき ➡ -ㄴ다	공부하다 ➡ 공부한다 가다 ➡ 간다 살다 ➡ 산다 (ㄹ脱落)
	動詞の語幹に パッチムがあるとき ➡ -는다	읽다 ➡ 읽는다 먹다 ➡ 먹는다 있다 ➡ 있다
	形容詞・存在詞 ➡ -다 （原形のまま）	가을이 <u>좋다</u> ➡ 좋다 꽃이 <u>아름답다</u> ➡ 아름답다 그 산은 <u>높지 않다</u> ➡ 높지 않다
	名詞 ➡ -(이)다	노래 ➡ 노래이다 대학생 ➡ 대학생이다
過去形	動詞・形容詞（陽母音語幹） ➡ -았다	집에 <u>가다</u> ➡ 갔다 배가 <u>고프다</u> ➡ 고팠다 짧다 ➡ 짧았다
	動詞・形容詞（陰母音語幹） ➡ -었다	음식을 <u>만들다</u> ➡ 만들었다 회사에서 <u>일하시다</u> ➡ 일하셨다 젊다 ➡ 젊었다
未来形	動詞・形容詞 ➡ -(으)ㄹ 것이다	곧 방학이 <u>되다</u> ➡ 될 것이다 다음주도 <u>바쁘다</u> ➡ 바쁠 것이다 좁다 ➡ 좁을 것이다
	動詞・形容詞 ➡ -겠다	공부를 열심히 <u>하다</u> ➡ 하겠다 음식이 <u>맛있다</u> ➡ 맛있겠다

한다体 (文語体) の 文 で 気 を つ け る こ と

한다体で書くときは、文末だけではなく助詞や語尾、副詞なども書き言葉の形にしなければなりません。

1. 助詞

話し言葉 ➡ 書き言葉	文　例
한테 ➡ -에게	그 사람<u>한테</u> 연락할 예정이다 （あの人<u>に</u>連絡する予定だ） ➡ 그 사람<u>에게</u> 연락할 예정이다
하고 · 랑 ➡ -와 / 과	친구<u>랑</u> 놀러가기로 했다 （友だち<u>と</u>遊びに行くことにした） ➡ 친구<u>와</u> 놀러가기로 했다
에다가 ➡ -에	공책<u>에다가</u> 메모를 했다 （ノート<u>に</u>メモをした） ➡ 공책<u>에</u> 메모를 했다

2. 名詞 + 助詞

이건 ➡ 이것은	<u>이건</u> 너무 비싸다 （<u>これは</u>高すぎる） ➡ <u>이것은</u> 너무 비싸다
그걸 ➡ 그것을	<u>그걸</u> 그렇게 하면 안 된다 （<u>それを</u>そのようにしてはいけない） ➡ <u>그것을</u> 그렇게 하면 안 된다
전 / 저는 ➡ 나는	<u>전</u> 그 일에 익숙하다고 생각한다 （<u>私は</u>その仕事に慣れていると思う） ➡ <u>나는</u> 그 일에 익숙하다고 생각한다
이젠 ➡ 이제는	<u>이젠</u> 일을 그만두려고 한다 （<u>もう</u>仕事を辞めようと思う） ➡ <u>이제는</u> 일을 그만두려고 한다
데 ➡ 곳	더 살기 좋은 <u>데가</u> 없는지 찾고 있다 （もっと住みやすい<u>所が</u>ないか探している） ➡ 더 살기 좋은 <u>곳이</u> 없는지 찾고 있다

3. 接続語尾

-니까 ⇒ -(으)므로	문제가 어려우**니까** 공부를 열심히 하는 게 좋다 (問題が難しい<u>から</u>勉強を熱心にした方がいい) ➡ 문제가 어려우<u>므로</u> 공부를 열심히 하는 게 좋다 (難しい<u>ので</u>)
-려고 ⇒ -고자	유명한 학자가 되**려고** 성실히 연구를 했다 (有名な学者に<u>なろうと</u>誠実に研究をした) ➡ 유명한 학자가 되<u>고자</u> 성실히 연구를 했다

4. 文末語尾

아 / 어요 ⇒ -다	겨울에 그곳은 너무 추**워요** (冬はそこはとても寒い<u>です</u>) ➡ 겨울에 그곳은 너무 춥<u>다</u> (寒い)
-대요 ⇒ -다고 한다	내일 이벤트가 취소됐**대요** (明日のイベントがキャンセルになった<u>そうです</u>) ➡ 내일 이벤트가 취소됐<u>다고 한다</u> (なった<u>そうだ</u>)
-(으)ㄹ 거래요 ⇒ -(으)ㄹ 거라고 한다	이번 여름은 더울 거**래요** (この夏は暑い<u>そうです</u>) ➡ 이번 여름은 더울 거<u>라고 한다</u> (暑い<u>そうだ</u>)

5. 副詞

참 ⇒ 매우, 아주	이 과일은 **참** 맛있다 (この果物は<u>本当に</u>おいしい) ➡ 이 과일은 매우 맛있다 (<u>非常に</u>)
진짜 ⇒ 정말	이 집은 **진짜** 마음에 든다 (この家は<u>マジで</u>気に入っている) ➡ 이 집은 정말 마음에 든다 (<u>本当に</u>)
한 ⇒ 약	집에서 역까지 걸어서 **한** 20 분 걸린다 (家から駅まで歩いて<u>約20分</u>かかる) ➡ 집에서 역까지 걸어서 약 20 분 걸린다
하도 -아 / 서 ⇒ 너무 -아 / 어서	**하도** 더워서 물을 많이 마셨다 (<u>あまりにも</u>暑<u>くて</u>水をたくさん飲んだ) ➡ 너무 더워서 물을 많이 마셨다
어찌나 ⇒ 얼마나	그 일이 **어찌나** 힘든지 한숨이 나왔다 (その仕事が<u>どんなに</u>大変なのかため息が出た) ➡ 그 일이 얼마나 힘든지 한숨이 나왔다

基本的な原稿用紙の使い方

53番と54番は、マス目に合わせて解答を記入します。基本的な原稿用紙の使い方を知っておきましょう。

1. 1マスに1文字ずつ書く

	사	람	들	은		모	두		행	복	하	기	를		원	한	다	.	

2. 段落の最初だけ1マス空ける。
文と文の間は空けずに、前の文のピリオドに続けて次の文を書く

	세	상		사	람	들	은		말	한	다	.	성	공	이		제	일
중	요	하	다	고	.	그	러	나		살	다		보	면		성	공	보	다
더		중	요	한		것	이		있	다	.							
	사	람	들	이		죽	기		전	에		조	사	한		연	구	에
따	르	면		살	면	서		후	회	하	는		것		중		가	장
큰		것	이		인	간	관	계	의		소	중	함	일		것	이	다	.

3. 文が行の最後のマスで終わる場合は、
文字とピリオドを同じマスに入れる

큰		것	이		인	간	관	계	의		소	중	함	이	라	고		한	다.

4. 引用文や会話文は引用符（" "や' '）を使用する

※会話では" "が使われ、強調や心の声などは' 'が使われる

	사	람	들	에	게		'	결	혼	은		필	요	한	가	'	라	고
설	문	조	사	를		한		적	이		있	다	.					

5. 数字やアルファベットの大文字は1マスに1文字、2文字以上の
数字やアルファベットの小文字は1マスに2文字ずつ入れる

	20	23	년	11	월	25	일			

	13	.	2	%					

	A	I							

分かち書きの基本ルール

韓国語の分かち書きはなかなか難しいのですが、作文では正しく分かち書きをしなければなりません。

1. 依存名詞 … 連体形の次は必ず分かち書きする

있는 한　ある限り　　　　　먹을 만큼　食べる程

할 수 없다　できない　　　한국에 간 지　韓国に行って以来

2. 単位 … 単位の前は必ず分かち書きする

옷 한 벌　服 1 着　　　　연필 한 자루　鉛筆 1 本　　　학생 열 명　学生 10 名

3. 数字 … 兆・億・万の単位で分かち書きする

삼만 오천 명　3 万 5 千人　　　15억 6789만 개　15億6789万個

4. 2つの言葉をつなげたり列挙したりする単語の前後

국장 겸 과장　局長兼課長　　　열 내지 스물　10ないし20

사장 및 전무　社長および専務　　일본 대 한국　日本対韓国

5. 氏名の後につく呼称語や役職名の前

채영신 씨　チェ・ヨンシンさん　　김선희 선생님　キム・ソニ先生

김대중 대통령　キム・テジュン大統領

6. 固有名詞や専門用語 … 原則、分かち書きする
※分かち書きしなくても間違いにはならないが、できれば分かち書きする方がよい。

대한 초등학교 / 대한초등학교　大韓小学校

은하수 한국어 교실 / 은하수한국어교실　ウナス韓国語教室

만성 골수성 백혈병 / 만성골수성백혈병　慢性骨髄性白血病

文をつなぐ表現 (接続詞 な ど) を 使用 す る

論理的に意見を展開するには接続詞をうまく使う必要があります。接続詞を使って段落を分けるなどすると、読みやすい文になります。

1. 順接 … 前後の内容を論理的に矛盾なく連結する

그래서　그것で　　그러므로　したがって

따라서　よって　　그런 까닭에　それゆえに

2. 逆接 … 前の事柄とは逆の事柄があとに続く

그러나　しかし　　하지만　しかし　　한편　一方　　반면에　反面

오히려　むしろ　　단　ただし　　이와 달리　これとは異なり

3. 並列 … 2つ以上の事柄を並べる、または列挙する

그리고　そして　　및　および

4. 追加 … 別の説明を付け加える

또한　また　　게다가　しかも　　아울러　あわせて

더욱이　さらに　　덧붙여　加えて

5. 説明 … 前の文章の内容を説明したり例を挙げたりする

즉　すなわち　　예를 들면　例えば

6. 転換 … 別の話題に転換する

그런데　ところで　　그렇다 하더라도　そうだとしても

그렇지만　でも

7. 強調 … 特に強調する部分に使う

특히	特に		주목할 점은	注目すべき点は
더욱이	さらに		중요한 것은	重要なことは

8. 言い換え … 前の内容を別の表現に言い換え、さらに強調する

곧	つまり		즉	すなわち
다시 말해서	要するに		달리 말하면	言い換えると

どう書いたら「減点」「加点」になるのか？

- 「初級の単語と表現だけで構成されているが、文法的な誤りが一切ない文」と、「上級の単語と表現で構成されているが、若干の文法ミスがある文」の2つを比較すると、点数をより多くもらえるのは後者です。

- 54番の原稿用紙はできるだけ埋めましょう。500字や600字で文章が終わっている作文より、ひとまずほとんどのマス目が文字で埋まっている方が、採点官によりよい第一印象を与えることができます。

- 文の前後関係（主語と述語の関係など）が正確で、接続詞を適切に活用して話の流れが自然につながっている作文を目指しましょう。

- 誤字や分かち書きの誤りは減点の対象になるので間違えないようにし、読みやすい字で書きましょう。

評価基準を確認する

筆記問題で点数を上げるためには、評価基準に沿って書く訓練をする必要があります。どのような基準で採点されるのか、以下で確認しておきましょう。

「쓰기」パート評価内容

問題	評価範囲	評価内容
51・52	内容と課題の遂行	示された課題に沿って適切な内容を書いているか
	言語使用	語彙や文法などの使用が正確か
53・54	内容と課題の遂行	・与えられた課題に沿った解答をしているか ・テーマに関連した内容で構成しているか ・内容を豊かにかつ多様に表現しているか
	文章の展開構造	・文章の構成が明確かつ論理的か ・文章の内容に基づいて段落構成がうまく行われているか ・論理展開に役立つディスコースマーカーを適切に使用し、組織的につなげているか
	言語使用	・文法と語彙を多様かつ豊富に使用し、適切な文法と語彙を選択して使用しているか ・文法、語彙、つづりなどの使用が正確か ・文章の目的と機能に応じて適切な形式で文章を書いているか

空欄に適切な表現を入れる①

問題番号[51]はこれが出る！

特　徴　・募集案内や招待状、Eメールやインターネット上の問い合わせ、
　　　　　　お知らせなどの生活に関する文が出てくる

　　　　　　・空欄に合う表現を入れる

ポイント　1. 主述関係や前後の文の流れを正確に把握する

　　　　　　2. 文末は話し言葉の**합니다**体で解答する

※問題番号［51〜52］は出題パターンが2つあり、ここでは［51］について解説します。

実際の問題にチャレンジ！

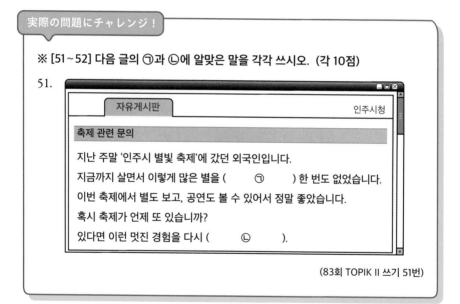

※ [51〜52] 다음 글의 ㉠과 ㉡에 알맞은 말을 각각 쓰시오. (각 10점)

51.

자유게시판　　　　　　　　　　　　　　　　인주시청

축제 관련 문의

지난 주말 '인주시 별빛 축제'에 갔던 외국인입니다.

지금까지 살면서 이렇게 많은 별을 (　㉠　) 한 번도 없었습니다.

이번 축제에서 별도 보고, 공연도 볼 수 있어서 정말 좋았습니다.

혹시 축제가 언제 또 있습니까?

있다면 이런 멋진 경험을 다시 (　㉡　).

(83회 TOPIK II 쓰기 51번)

出てきた語彙をチェック！

問51 축제 祭り　외국인 外国人　공연 公演　멋지다 素敵だ

次ページで解答と解答プロセスをチェック！ ➡

[実際の問題]

※ [51~52] 다음 글의 ㉠과 ㉡에 알맞은 말을 각각 쓰시오. (각 10점)

51.

> 자유게시판   인주시청
>
> 축제 관련 문의
>
> 지난 주말 '인주시 별빛 축제'에 갔던 외국인입니다.
> 지금까지 살면서 이렇게 많은 별을 (㉠   ) 한 번도 없었습니다.
> 이번 축제에서 별도 보고, 공연도 볼 수 있어서 정말 좋았습니다.
> 혹시 축제가 언제 또 있습니까?
> 있다면 이런 멋진 경험을 다시 (㉡   ).

[모범답안]

㉠ 본 적이

㉡ 하고 싶습니다

- -

[日本語訳]

次の文の ㉠ と ㉡ に適切な言葉をそれぞれ書きなさい。（各 10 点）

51.

> フリー掲示板   インジュ市役所
>
> 祭りに関するお問い合わせ
>
> 先週末、「インジュ市星の光祭り」に行った外国人です。
> 今まで生きてきてこんなにたくさんの星を(㉠   ) 一度も
> なかったです。
> 今回の祭りで星も見て、公演も見られて本当によかったです。
> 祭りはいつまたありますか？
> あったらこんな素敵な経験をまた(㉡   )。

[模範解答]

㉠ 見たことが

㉡ したいです

問題文の内容を把握した後、ヒントになる言葉を探して ㋐ を
埋める

掲示板の本文の1文目に「**별빛 축제 星の光祭り**」、2文目に「**많은 별을 (**
㋐　　) 한 번도 없었습니다 たくさんの星を (　㋐　　)一度もなかっ
たです」、3文目に「**별도 보고, 공연도 볼 수 있어서** 星も見て、公演も見
られて」とあり、お祭りで「星を見た」ことについて述べています。
㋐ の部分は、「たくさんの星を(見たことが)一度もなかった」とするの
が自然です。「〜(し)たことがない」にあたる表現の「**-(으)ㄴ 적이 없다**」
を使うと ［模範解答］㋐ **본 적이** になります。

続く文を読んで、㋑ に話の流れに合う表現を入れる

4文目に「**언제 또 있습니까?** いつまたありますか？」と、お祭りがあ
るかどうかを尋ね、5文目に「**이런 멋진 경험을 다시 (　㋑　　)** こん
な素敵な経験をまた(　㋑　　)」と言っています。話の流れから、
素敵な経験をしたので、またお祭りがあったら同じ「経験をしたい」
とするのが自然です。よって、［模範解答］㋑ **하고 싶습니다** です。

POINT

筆記問題は1問当たりの配点が高いので、答えを記入したら全体的な流れ
が合っているか確認しましょう。51番と52番の解答欄にはマス目がない
ので、分かち書きも分かりやすく書くようにしましょう。

3章 筆記問題

쓰기

パターン 1

☐☐	**-기로 하다** ~(する)ことにする	건강을 위해 매일 조깅을 하기로 했다. 健康のために毎日ジョギングをすることにした。	
☐☐	**-면 되다** ~(す)ればいい	다 드신 식기는 저쪽 반납구에 놓으시면 됩니다. 食べ終わった食器は、あちらの返却口に置けばいいです。	
☐☐	**-게 되다** ~(する)ようになる	매일 공부했더니 자연스레 어휘가 늘게 됐다. 毎日勉強したら、自然に語彙が増えるようになった。	
☐☐	**-는 게 좋다** ~(する)方がいい	모든 일은 꾸준히 하는 게 좋다. すべてのことはこつこつとする方がいい。	
☐☐	**-(으)려고 하다** ~(し)ようとする /思う	휴가 때 길게 여행을 가려고 한다. 休暇のときは長く旅行に行こうと思う。	
☐☐	**-(으)면 좋겠다** ~ならいいな	내일은 나들이날이니 날씨가 맑으면 좋겠다. 明日はおでかけの日だから(天気が)晴れればいいな。	
☐☐	**-(으)려던 참이다** ~(し)ようとしていた ところだ	이제 막 점심을 먹으려던 참이었다. これからちょうど昼ごはんを食べようとしていたところだった。	
☐☐	**-(으)ㄹ 뻔하다** ~(する)ところだ	졸다가 사고가 날 뻔했다. うとうとしていて、事故になるところだった。	
☐☐	**-(으)ㄹ 듯하다** ~(し)そうだ	먹구름이 몰려오니 곧 비가 올 듯하다. 雨雲が立ち込めて、すぐ雨が降りそうだ。	
☐☐	**-(으)ㄹ 수밖에 없다** ~(する)しかない	몸 상태가 안 좋더라도 일을 할 수밖에 없다. 体調が悪くても、仕事をするしかない。	
☐☐	**-(으)ㄹ까 보다** ~(する)かと思って	문제가 생길까 봐 계속 조마조마했다. 問題が起こるかと思って、ずっとハラハラした。	
☐☐	**-(으)ㄹ 지도 모르다** ~(する)かもしれない	그 사람이 이미 모든 걸 알고 있을지도 모른다. その人がすでにすべてのことを知っているかもしれない。	
☐☐	**-(으)ㄹ 리가 없다** ~(する)はずがない	그렇게 쉽게 모든 사실을 알 리가 없다. そんなに簡単にすべての事実を知るはずがない。	
☐☐	**-(으)ㄹ 만하다** ~(する)に値する	그곳은 정말 가 볼 만한 곳이니 꼭 가세요. そこは本当に行ってみるに値する所なので、ぜひ行ってください。	
☐☐	**-(으)ㄹ 필요가 있다** ~(する)必要がある	회화를 위해서는 문법을 익힐 필요가 있다. 会話のためには文法を覚える必要がある。	
☐☐	**-(으)ㄴ 적이 있다** ~(した)ことがある	저도 그 나라에 산 적이 있습니다. 私もその国に住んだことがあります。	
☐☐	**-(으)ㄴ/는 셈이다** ~(する)わけだ	올해 매출은 전년도에 비해 25% 증가하게 된 셈이다. 今年の売り上げは、前年度比25%増になるわけだ。	
☐☐	**-(으)ㄹ 전망이다** ~(する)見通しだ	경기가 훈풍을 타서 내년에도 사업이 잘될 전망이다. 景気が追い風になって、来年も事業がうまくいく見通しだ。	

空欄に入る適切な語彙を選ぶ ②

問題番号[52]はこれが出る!

特　徴	・科学的事実などを示す説明文が提示される
	・話の流れに合う表現を 2 ヵ所の空欄に書き入れる
ポイント	1. 提示された文の中に、必ず正解のヒントがある
	2. 話の流れの中で強調されている表現をみつけて、他の言葉に変えられるか考える
	3. 文の主述関係に注意しながら、文末は한다体で解答する

※問題番号 [51〜52] は出題パターンが 2 つあり、ここでは [52] について解説します。

実際の問題にチャレンジ!

※ [51〜52] 다음 글의 ㉠과 ㉡에 알맞은 말을 각각 쓰시오. (각 10점)

52.
　　식물은 다양한 방법으로 자신을 보호한다. 덩굴성 야자나무는 빈 줄기를 개미에게 집으로 제공한다. 이 나무에 다른 동물이 다가오면 줄기 속에 있던 개미들은 밖으로 나온다. 이때 개미들의 움직임으로 소리가 생긴다. 이 소리는 동물을 깜짝 (　　㉠　　). 결국 놀란 동물은 나뭇잎을 먹지 못하고 달아나 버린다. 식물학자들은 이것이 바로 이 나무가 자신을 보호하는 (　　㉡　　).

(83회 TOPIK II 쓰기 52번)

出てきた語彙をチェック!

問52 식물 植物　보호하다 保護する　덩굴성 つる性　야자 ヤシ　빈 줄기 空いた茎
개미 アリ　나뭇잎 木の葉　달아나다 逃げ出す

次ページで解答と解答プロセスをチェック! ➡

[実際の問題]

※ [51~52] 다음 글의 ㉠과 ㉡에 알맞은 말을 각각 쓰시오. (각 10점)

52.
　식물은 다양한 방법으로 자신을 보호한다. 덩굴성 야자나무는 빈 줄기를 개미에게 집으로 제공한다. 이 나무에 다른 동물이 다가오면 줄기 속에 있던 개미들은 밖으로 나온다. 이때 개미들의 움직임으로 소리가 생긴다. 이 소리는 동물을 깜짝 (　　㉠　　). 결국 놀란 동물은 나뭇잎을 먹지 못하고 달아나 버린다. 식물학자들은 이것이 바로 이 나무가 자신을 보호하는 (　　㉡　　).

[모범답안]

㉠ 놀라게 한다

㉡ 방법이라고 한다

- -

[日本語訳]

次の文の ㉠ と ㉡ に適切な言葉をそれぞれ書きなさい。（各10点）

52.
　植物は様々な方法で身を守る。つる性のヤシの木は空いた茎をアリに家として提供する。この木に他の動物が近づくと、茎の中にいたアリたちは外に出る。このとき、アリの動きで音が出る。この音は動物をびっくり（　　㉠　　）。結局驚いた動物は木の葉を食べられずに逃げてしまう。植物学者たちはこれがまさにこの木が身を守る（　　㉡　　）。

[模範解答]

㉠ 仰天させる

㉡ 方法だと言う

何についての文か、内容を正確に把握する

1文目に「**식물은 다양한 방법으로 자신을 보호한다** 植物は様々な方法で自身を保護する(身を守る)」、2文目に「**덩굴성 야자나무는 빈 줄기를 개미에게 집으로 제공한다** つる性のヤシの木は空いた茎をアリに家として提供する」とあるので、「植物の自衛手段、特にヤシの木がアリを使って行う方法について」の話だと推測できます。3文目以降は、「他の動物がヤシの木に近づくとアリは外に出て、その際に音が出る」という具体的な自衛方法の説明が続きます。

空欄のある文の前後を見て、㋺ に入る自然な文を考える

㋺ のある文は「**이 소리는 동물을 깜짝 (㋺)** この音は動物をびっくり(㋺)」とあり、次の文は「**결국 놀란 동물은…달아나 버린다** 結局驚いた動物は…逃げてしまう」とあるので、㋺ には「**놀라다** 驚く」が来るのが自然です。ただし、文の主述関係を考えると「**동물을 놀라다**」では「動物を驚く」となるので不自然で、「**동물을 놀라게 하다**(驚かせる)」にしなければなりません。さらに、文体を揃える必要があるので**한다**体を使い、(模範解答) ㋺ **놀라게 한다**になります。

空欄のある文の前後を見て、㋩ に入る自然な文を考える

㋩ のある文を見ると、「**식물학자들은 이것이 바로 이 나무가 자신을 보호하는 (㋩)** 植物学者たちはこれがまさにこの木が身を守る(㋩)」とあり、「身を守る方法だ」のような文になるのが自然です。ただし、「**보호하는**」の次に「**방법이다** 方法だ」をそのまま入れてしまうと、主語の「植物学者たちは」との関係が合わず不自然な文になるため、「**-(이)라고 하다** ～だと言う」という間接話法に変えなければなりません。文体を**한다**体に揃えて、(模範解答) ㋩ **방법이라고 한다**となります。

	-아/어 있다 ～(し)ている	벽에 많은 액자가 걸려 있다. 壁にたくさんの額縁がかかっている。
☐☐	-에 달려 있다 ～にかかっている	성공 여부는 네가 하기에 달려 있어. 成功するかどうかは君がするかにかかっている。
☐☐	-아/어 가다 ～(し)つつある	거대한 프로젝트가 거의 끝나 가고 있다. 巨大プロジェクトがほぼ終わりつつある。
☐☐	-아/어 보이다 ～く／～そうに見える	오늘따라 기분이 안 좋아 보이는데 무슨 일 있어? 今日に限って気分が悪そうだけど、何かあった?
☐☐	-아/어야 할 것이다 ～(し)なければならない はずだ	사건이 생기면 우선 진상을 먼저 파악해야 할 것이다. 事件が起こったら、まず真相を先に把握しなければならない はずだ。
☐☐	-(으)ㄴ/는 줄 몰랐다 ～(する)とは思わなかった	나는 이렇게 시간이 오래 걸리는 줄 몰랐어. 私はこんなに時間が長くかかるとは思わなかった。
☐☐	-기 때문이다 ～(する)ためだ	계절이 바뀌는 것은 지구가 공전을 하기 때문이다. 季節が変わるのは地球が公転するためだ。
☐☐	-는 모양이다 ～(する)ようだ	사람들이 몰려 있는 걸 보니 연예인이 오는 모양이다. 人々が集まっているのを見るに、芸能人が来るようだ。
☐☐	-는 척하다 ～(する)ふりをする	저녁 술자리에 가기 싫어서 일을 하는 척했다. 夕食の飲み会に行きたくなくて、仕事をするふりをした。
☐☐	-는 법이다 ～(する)ものだ	사람은 스무살이 넘으면 부모로부터 독립하는 법이다. 人は二十歳を過ぎると、親から独立するものだ。
☐☐	-나 보다 ～(する)みたいだ	우산을 쓰고 다니는 걸 보니 비가 오나 보다. 傘をさして歩いているのを見るに、雨が降っているみたいだ。
☐☐	-게 마련이다 ～(する)ものだ	아이를 기르다 보면 부모님 생각을 하게 마련이다. 子どもを育てていると、親のことを考えるものだ。
☐☐	-기(를) 바라다 ～(する)ことを願う	올해는 그 시험에 꼭 합격하기를 바랍니다. 今年はその試験に必ず合格することを願っています。
☐☐	-는 게 아니다 ～(する)ことではない	중요한 건 일을 한다는 게 아니겠어요? 重要なのは仕事をするということではないでしょうか?
☐☐	-는 것이 중요하다 ～(する)のが大事だ	무슨 일이든 집중해서 하는 것이 중요하다. 何でも集中してするのが大事だ。
☐☐	-는 것을 말하다 ～(する)ことをいう	질서란 순서를 잘 지키는 것을 말한다. 秩序とは順番をきちんと守ることをいう。
☐☐	-(으)로 나눌 수 있다 ～に分けられる	주택은 단독 주택과 집합 주택으로 나눌 수 있다. 住宅は一戸建てと集合住宅に分けられる。
☐☐	-(으)로 이루어져 있다 ～でできている	우리 몸의 70%는 물로 이루어져 있다. 私たちの体の70%は水でできている。

表やグラフについて説明する文を書く

問題番号[53]はこれが出る！

特　徴　・グラフや絵を分析し、その内容を文で表す

　　　　・提示されたグラフの内容を正確に把握できるかどうかが問われる

ポイント　1. 与えられた数字とその変化や確率をそのまま文に移し、適切な接続詞を使って文章を完成させればそれほど難しくない

　　　　2. 筆記問題の中で比較的点数が取りやすい問題であり、提示された内容を抜かすことなく書くことが重要

　　　　3. 提示された内容と関係のない内容は書かない

実際の問題にチャレンジ！

※ 53. 다음은 '인주시의 가구 수 변화'에 대한 자료이다. 이 내용을 200~300자의 글로 쓰시오. 단, 글의 제목은 쓰지 마시오. (30점)

● 조사 기관 : 인주시 사회연구소

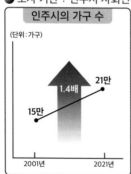

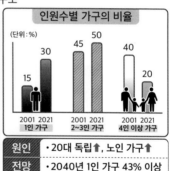

(83회 TOPIK II 쓰기 53번)

出てきた語彙をチェック！

問53 가구 수 世帯数　변화 変化　자료 資料　조사 기관 調査機関　독립 独立　비율 比率
원인 原因　전망 展望、見通し

次ページで解答と解答プロセスをチェック！ ➡

［実際の問題］

※ 53. 다음은 '인주시의 가구 수 변화'에 대한 자료이다. 이 내용을 200~300자의 글로 쓰시오. 단, 글의 제목은 쓰지 마시오. (30점)

※グラフ省略

모범답안

　인주시 사회연구소에서는 인주시의 가구 수 변화를 조사하였다. 조사 결과 인주시의 가구 수는 2001년에 15만 가구에서 2021년에는 21만 가구로 1.4배 증가하였다. 이는 인원수별 가구의 비율이 1인 가구는 2001년에 15%에서 2021년에는 30%로 크게 증가하였고 2~3인 가구는 45%에서 50%로 증가한 반면, 4인 이상 가구는 40%에서 20%로 큰 폭으로 감소하였기 때문이다. 이러한 변화는 독립한 20대와 노인 가구 증가의 결과로 보인다. 2040년에는 1인 가구가 43% 이상이 될 전망이다. (287자)

［日本語訳］

次は「インジュ市の世帯数の変化」に関する資料である。この内容を200〜300字の文で書きなさい。ただし、文の題名を書いてはいけません。(30点)

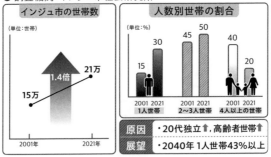

模範解答

　インジュ市社会研究所ではインジュ市の世帯数の変化を調査した。調査の結果、インジュ市の世帯数は2001年の15万世帯から2021年には21万世帯に1.4倍増加した。これは人数別世帯の比率が1人世帯は2001年の15%から2021年には30%と大きく増加し、2〜3人世帯は45%から50%に増えた反面、4人以上の世帯は40%から20%と大幅に減少したためだ。このような変化は独立した20代と高齢者世帯の増加の結果と見られる。2040年には1人世帯が43%以上になる見通しだ。

STEP 1 表やグラフにある主な事実を文章に移してみる

グラフ1:「**인주시의 가구 수 インジュ市の世帯数**」

2001년 15만 가구에서 2021년 21만으로 1.4배 증가

2001年15万世帯から2021年21万に1.4倍増加

グラフ2:「**인원수별 가구의 비율 人数別世帯の割合**」

1인 가구가 2001년 15%에서 2021년 30%로 증가, 2～3인 가구가 45%에서 50%로 증가, 반대로 4인 이상 가구는 40%에서 20%로 감소

1人世帯が2001年15%から2021年30%に増加、2～3人世帯が45%から50%に増加、反対に4人以上世帯は40%から20%に減少

・「**원인 原因**」

독립한 20대와 노인 가구 증가

独立した20代と高齢者世帯増加

・「**전망 展望**」

2040년 1인 가구 43% 이상이 될 전망

2040年1人世帯が43%以上になる見通し

STEP 2 取り出した内容をもとに、調査元、結果、理由を한다体で書く

グラフから要約した内容を文章にする前に、「どこの調査によるどういう調査なのか」から文を始めます。

→**인주시 사회연구소에서는 인주시의 가구 수 변화를 조사하였다**

次に、「調査の結果」何が分かったのか、STEP1で作ったグラフ1の内容を書きます。

→**조사 결과 인주시의 가구 수는 2001년에 15만 가구에서 2021년에는 21만 가구로 1.4배 증가하였다**

さらにグラフ2の内容（世帯数が増えた理由）を「**이는…하였기 때문이다** これは…したためだ」「**-한 반면 ～**した反面」などの表現を使って書きます。

→**이는 인원수별 가구의 비율이 1인 가구는 2001년에 15%에서 2021년에는 30%로 크게 증가하였고 2~3인 가구가 45%에서 50%로 증가한 반면, 4인 이상 가구는 40%에서 20%로 큰 폭으로 감소하였기 때문이다.**

STEP 3 分析や展望などをまとめた文を入れ、提示された内容が全て
入っているかをチェックする

変化の結果をまとめる文→「**이러한 변화는** このような変化は」
結果から推測される要素→「**-로 보인다** ～のように見える」
今後の見込みについて→「**-(으)ㄹ 전망이다** ～(する)見通しだ」
→ 이러한 변화는 독립한 20대와 노인 가구 증가의 결과로 보인다. 2040년에
는 1인 가구가 43% 이상이 될 전망이다.

POINT グラフの中に表れていることは、できるかぎり入れて作文しなければなりま
せん。抜けていれば減点対象になる場合もあります。

文章例 (各 STEP の文は、次のような表現も可能です)

✎ *STEP 2*

引用表現：「**-에 따르면…-(으)ㄴ/인 것으로 나타나다** ～によると…～というこ
とが分かる」

인주시 사회연구소에 따르면… 인주시의 가구수는 2001년에 15만 가구에서 2021년
에는 21만 가구로 1.4배 증가한 것으로 나타났다.
インジュ市社会研究所によると…、インジュ市の世帯数は 2001 年の 15 万
世帯から 2021 年には 21 万世帯で 1.4 倍に増加したことが分かった。

理由を表す表現：「**이렇게 된 이유로는…기 때문이다** こうなった理由としては
…～ためである」

이렇게 된 이유로는… 4인 이상 가구는 40%에서 20%로 크게 감소하였기 때문이
다. このようになった理由は… 4 人以上の世帯が 40％から 20％に大幅に
減少したためである。

✎ *STEP 3*

推測する表現：「**이는…-(으)로 추측되다** これは…～と推測される」
이는 독립한 20대 가구와 노인 가구가 늘었기 때문으로 추측되며
これは、独立した 20 代の世帯と高齢者世帯が増えたためと推測され

見込みの表現：「**향후…-(으)ㄹ 것으로 전망된다** 今後…～になると予想される」
향후 2040년에는 1인 가구가 43% 이상이 될 것으로 전망된다.
今後2040 年には 1 人世帯が 43％以上になると予想される。

　인주시 사회연구소에 따르면 인주시의 가구 수 변화를 조사한 결과 인주시의 가구 수는 2001년에 15만 가구에서 2021년에는 21만 가구로 1.4배 증가한 것으로 나타났다. 이렇게 된 이유로는 인원수별 가구의 비율이 1인 가구는 2001년에 15%에서 2021년에는 30%로 증가하였고 2~3인 가구는 45%에서 50%로 증가했으나, 4인 이상 가구는 40%에서 20%로 크게 감소하였기 때문이다. 이는 독립한 20대 가구와 노인 가구가 늘었기 때문으로 추측되며, 향후 2040년에는 1인 가구가 43% 이상이 될 것으로 전망된다. (299자)

パターン 4　社会問題について 自分の考えを述べる文を書く

問題番号[54]はこれが出る！

特　徴　・与えられたテーマと質問に合わせて自分の考えを600〜700字
　　　　　で述べる

　　　　・主題に沿った適切かつ論理的な文が書けるかが問われる

ポイント　1. 口語を使わず、初級表現より中級以上の表現を使う

　　　　　2. 文を書く前に内容について構想を練り、問題把握ができたら、
　　　　　　序論、本論、結論を組み立てる

　　　　　3. 質問に対する答えが全て入っているか確認する

　　　　　4. 自分の考えと違うとしても、論理的に書きやすい結論を選ぶ

　　　　　5. 否定的な内容より、肯定的で未来志向的な論理展開にする

　　　　　6. できるだけ700字近く書くようにする

※ 54. 다음을 참고하여 600~700자로 글을 쓰시오. 단, 문제를 그대로 옮겨 쓰지
마시오. (50점)

> 　창의력은 새로운 것을 생각해 내는 능력이다. 현대 사회는 개인에게 창의력을
> 더 많이 요구하고 있다. 아래의 내용을 중심으로 '창의력의 필요성과 이를
> 기르기 위한 노력'에 대한 자신의 생각을 쓰라.

- 창의력이 필요한 이유는 무엇인가?
- 창의력을 발휘했을 때 얻을 수 있는 성과는 무엇인가?
- 창의력을 기르기 위해서 어떠한 노력을 할 수 있는가?

원고지 쓰기의 예

| | 식 | 물 | 은 | | 다 | 양 | 한 | | 방 | 법 | 으 | 로 | | 자 | 신 | 을 | | 보 | 호 |
| 한 | 다 | . | | 덩 | 굴 | 성 | | 야 | 자 | 나 | 무 | 는 | | 빈 | | 줄 | 기 | 를 | | 개 |

(83회 TOPIK II 쓰기 54번)

出てきた語彙をチェック！

問54 창의력 創意力　능력 能力　요구하다 要求する　기르다 育てる　노력 努力
발휘하다 発揮する　성과 成果

次ページで解答と解答プロセスをチェック！ ➡

[実際の問題]

※ 54. 다음을 참고하여 600~700자로 글을 쓰시오. 단, 문제를 그대로 옮겨 쓰지 마시오. (50점)

> 창의력은 새로운 것을 생각해 내는 능력이다. 현대 사회는 개인에게 창의력을 더 많이 요구하고 있다. 아래의 내용을 중심으로 '창의력의 필요성과 이를 기르기 위한 노력'에 대한 자신의 생각을 쓰라.
>
> · 창의력이 필요한 이유는 무엇인가?
> · 창의력을 발휘했을 때 얻을 수 있는 성과는 무엇인가?
> · 창의력을 기르기 위해서 어떠한 노력을 할 수 있는가?

모범답안

　변화와 발전을 끊임없이 요구하는 현대 사회에서 창의력은 꼭 필요하다. 먼저 창의력은 새로운 관점을 가져온다. 정보가 넘쳐 나는 오늘날 새로운 관점이 있으면 차별화된 시각으로 정보를 통합하고 활용할 수 있다. 또한 우리 사회는 새로운 시도 없이는 발전하기 어려운데 창의력은 기존 사고에 머무르지 않고 변화를 시도할 수 있게 돕는다. 나아가 창의력은 기존의 사고만으로는 해결하기 어려운 문제를 해결하는 데에 중요한 역할을 한다.

　이와 같이 창의력은 새로운 사고를 할 수 있게 하므로 창의력을 발휘했을 때 우리는 다양한 성과를 얻을 수 있다. 창의력을 발휘하면 자신의 업무 분야에서 뛰어난 업무 성과를 보일 수 있다. 또한 예술과 문화의 영역에서 음악이나 영화 등 새로운 콘텐츠를 만들어 냄으로써 사람들에게 신선한 감동을 줄 수도 있다. 뿐만 아니라 획기적인 사고를 바탕으로 삶의 질을 높여 주는 새로운 상품이나 기술을 발명하여 사회에 기여할 수 있다.

　창의력을 기르기 위해서는 먼저 독서 및 다양한 경험을 통해 사고의 폭을 넓혀야 한다. 또한 눈에 보이는 현상에만 집중하는 것이 아니라 현상 뒤에 숨겨진 원인을 탐색하고 새로운 관점으로 문제에 접근하는 태도를 가져야 한다. 마지막으로 기존의 정답에만 머무는 것이 아니라 비판적 사고를 바탕으로 새로운 해결 방안이 없는지를 모색하는 노력을 기울여야 한다. (674자)

次を参考にして600〜700字で文を書きなさい。ただし、問題をそのまま移して書いてはいけません。（50 点）

> 　創意力とは、新しいことを考え出す能力である。現代社会は個人に創意力をもっと要求している。以下の内容を中心に「創意力の必要性とこれを育てるための努力」に対する自身の考えを書きなさい。
>
> ・創意力が必要な理由は何か？
> ・創意力を発揮したときに得られる成果は何か？
> ・創意力を育てるためにどんな努力ができるのか？

模範解答

　変化と発展を絶えず要求する現代社会で創意力は必ず必要だ。まず、創意力は新しい観点をもたらす。情報が溢れる今日、新しい観点があれば差別化された観点で情報を統合し活用することができる。また、私たちの社会は新しい試みなしには発展しにくいが、創意力は既存の思考に留まらず変化を試みることができるように助ける。さらに創意力は、従来の思考だけでは解決しにくい問題を解決する上で重要な役割を果たす。

　このように創意力は新しい思考ができるようにするので、創意力を発揮したとき、私たちは多様な成果を得ることができる。創意力を発揮すれば、自分の業務分野で優れた業務成果を見せることができる。また、芸術と文化の領域で音楽や映画など新しいコンテンツを作り出すことで、人々に新鮮な感動を与えることもできる。それだけでなく画期的な思考を土台に生活の質を高める新しい商品や技術を発明して社会に寄与することができる。

　創意力を育てるためには、まず読書および様々な経験を通じて思考の幅を広げなければならない。また、目に見える現象だけに集中するのではなく、現象の裏に隠された原因を探索し、新しい観点で問題に接近する態度を持たなければならない。最後に既存の正解だけに留まるのではなく、批判的思考を土台に新しい解決策がないかを模索する努力を傾けなければならない。

解答プロセス

＜序論＞与えられた課題を自分なりに定義・説明する

1番目の質問：「**창의력이 필요한 이유는 무엇인가?** 創意力が必要な理由は何か？」

理由を述べる場合は、自分なりに考えた理由を具体例を交えながらまとめます。ここでは、「現代社会において創意力が必要」という前提で、その理由について書きます。

→**변화와 발전을 끊임없이 요구하는 현대 사회에서 창의력은 꼭 필요하다.**

次に、「創意力」があれば何ができるのかを順番に書きます。いくつか内容を羅列するときは「**먼저** まず」「**또한** また」「**나아가** さらに」などを文の最初に入れて書くと、文の流れが整理されている印象を与えられます。

→**먼저**…정보가 넘쳐 나는 오늘날 새로운 관점이 있으면 차별화된 시각으로 정보를 통합하고 활용할 수 있다.

→**또한** 우리 사회는 새로운 시도 없이는 발전하기 어려운데 창의력은 기존 사고에 머무르지 않고 변화를 시도할 수 있게 돕는다.

→**나아가** 창의력은 기존의 사고만으로는 해결하기 어려운 문제를 해결하는 데에 중요한 역할을 한다.

＜本論＞問題点や長所と短所を述べ、立場の一貫性を意識しながら論理的に文を展開していく

2番目の質問：「**창의력을 발휘했을 때 얻을 수 있는 성과는 무엇인가?** 創意力を発揮したときに得られる成果は何か？」

「創意力は必要」というスタンスでの文なので、メリットを複数を列挙します。「**또한** また」「**뿐만 아니라** それだけでなく」などを使って書き始め、語尾は「**-(으)ㄹ 수 있다** 〜(する)ことができる」を使うといいでしょう。

→창의력을 발휘하면 **자신의 업무 분야에서** 뛰어난 업무 성과를 보일 수 있다.

→**또한** 예술과 문화의 영역에서 음악이나 영화 등 새로운 콘텐츠를 만들어 냄으로써 사람들에게 신선한 감동을 줄 수도 있다.

→**뿐만 아니라** 획기적인 사고를 바탕으로 삶의 질을 높여 주는 새로운 상품이나 기술을 발명하여 사회에 기여할 수 있다.

＜結論＞主張することを明確かつ分かりやすく言及する

3番目の質問：「창의력을 기르기 위해서 어떠한 노력을 할 수 있는가? 創意
力を育てるためにどんな努力ができるのか？」

これも、いくつか例を考える必要があります。全体のまとめとして説
得力があるものを選ぶといいでしょう。ここでは「독서 読書」「다양한
경험 様々な経験」「사고의 폭을 넓히다 思考の幅を広げる」を例として
挙げています。

→창의력을 기르기 위해서는 먼저 독서 및 다양한 경험을 통해 사고의 폭을 넓
혀야 한다.

主張を追加するときは「또한 また」を使います。

→또한 눈에 보이는 현상에만 집중하는 것이 아니라 현상 뒤에 숨겨진 원인을
탐색하고 새로운 관점으로 문제에 접근하는 태도를 가져야 한다.

全体を締めくくるときの目印として、「마지막으로 最後に」から文を書
き始めます。さらに、結論では自分の主張をするので、「-아/어/해야 한
다 ～しなければならない」を使って文を終わらせます。

→마지막으로 기존의 정답에만 머무는 것이 아니라 비판적 사고를 바탕으로 새
로운 해결 방안이 없는지를 모색하는 노력을 기울여야 한다.

より説得力のある作文にするには、社会的視野を持って書くことが必要で
す。客観的な事実を述べることになるので、結論を出しやすいという利点
もあります。

文章例 (各 STEP の文は、次のような表現も可能です)

🖉 STEP 1

主題を定義するときの表現：「-(이)란…-(이)라고 할 수 있다 ～とは…～と言うことができる」

창의력이란 기존의 정해진 것을…새로운 관점에서 문제를 해결해내는 능력이라고 할 수 있다.
創意力とは、既存の決まったことを…新しい観点で問題を解決する能力だと言える。

🖉 STEP 2

具体的に例を挙げるときの表現：「예를 들면…등을 들 수 있다 たとえば…などが挙げられる」

예를 들면 학업, 업무 수행, 창작 활동 등을 들 수 있다.
たとえば学業、業務遂行、創作活動などが挙げられる。

違う視点からの表現：「-의 측면에서 보자면…-(으)ㄹ 수 있으며 ～の側面から見れば…～（する）ことができ」

업무 수행의 측면에서 보자면, 창의력으로 인해 보다 좋은 실적을 낼 수가 있으며
業務遂行の側面から見れば、創意力によってよりよい実績を上げることができ

強調するときの表現：「-(이)야말로…-(으)ㄹ 빼놓을 수 없는…-이기 때문에 ～こそ…～が欠かせない…～であるため」

문화 예술이야말로 창의력을 빼놓을 수 없는 분야이기 때문에 창의력이 높으면 높을수록 좋은 작품이 나올 가능성이 높아진다.
文化芸術こそ創意力が欠かせない分野であるため、創意力が高ければ高いほどいい作品が出る可能性が高くなる。

🖉 STEP 3

結論として使う表現：「-기 위해서는…-이/가 중요하다 ～（する）ためには…～が重要だ」

창의력을 기르기 위해서는 우선 폭넓은 독서와 사색이 중요하다.
創意力を育てるためには、まず幅広い読書と思索が重要だ。

必要性を強調するときの表現：「-(으)ㄹ 것이 아니라…-을/를 필요가 있다 ～（する）のではなく…～（する）必要がある」

자기 자신만의 의견을 고집할 것이 아니라 다른 사람의 시각을 비판적으로 수용할 필요가 있다.
自分自身だけの意見に固執するのではなく、他人の見解を批判的に受け入れる必要がある。

まとめるときの表現：「끝으로…-아/어서는 안 될 것이다 最後に…～(し)ては ならない」

끝으로…사물의 본질에 대해 따져 보고 해결책을 모색하려는 노력도 게을리해서는 안 될 것이다.

最後に…物事の裏面にある本質について深く突き詰めて考える努力も怠ってはならない。

★異なる表現を使った文章例

　창의력이란 기존의 정해진 것을 따라서 하는 것이 아닌 새로운 관점에서 문제를 해결해 내는 능력이라고 할 수 있다. 현대 사회는 정보화 시대를 맞이하여 아주 빠른 속도로 세상이 변화하고 있으며 이에 적응하지 않으면 살아남기가 어렵다. 창의력은 급속도로 변화하는 시대에 맞게 고정 관념을 뛰어넘는 참신하고 다양한 해결책을 갖는 데 중요한 역할을 한다. 창의력이 발휘될 수 있는 곳은 예를 들면 학업, 업무 수행, 창작 활동 등을 들 수 있다.

　업무 수행의 측면에서 보자면, 창의력으로 인해 보다 좋은 실적을 낼 수가 있으며, 문화 예술이야말로 창의력을 빼놓을 수 없는 분야이기 때문에 창의력이 높으면 높을수록 좋은 작품이 나올 가능성이 높아진다. 또한, 한 개인의 창의력이 뛰어나면, 스마트폰의 개발처럼 IT 기술이 한 단계 더 진보하여 전 인류의 삶의 질을 높이는 결과를 가져올 수도 있다.

　창의력을 기르기 위해서는 우선 폭넓은 독서와 사색이 중요하다. 독서를 통해서 자기 자신만의 의견을 고집할 것이 아니라 다른 사람의 시각을 비판적으로 수용할 필요가 있다. 또한, 다양한 경험이 필요하므로 기회가 된다면 많은 체험을 할 수 있도록 적극적인 노력을 해야 한다. 끝으로, 혼자만의 생각에 빠지지 않기 위해서 다른 사람과의 토론을 통해 사물의 본질에 대해 따져 보고 해결책을 모색하려는 노력도 게을리해서는 안 될 것이다. (685자)

☐☐	그러므로 なので、そのため	그러므로 업무는 서로 도와 가면서 해야 효율적이다. そのため、業務は互いに助け合いながらしてこそ効率的だ。
☐☐	하지만 しかし	하지만 일부의 사람들이 협조에 응하지 않는 경우도 있다. しかし、一部の人々が協力に応じない場合もある。
☐☐	그래도 それでも	그래도 최대한 설득해서 같이 할 수 있도록 해야 한다. それでも最大限説得して、一緒にできるようにしなければならない。
☐☐	더욱이 さらに	더욱이 자원이 부족한 이곳에서는 인적 자원이 중요하다. さらに、資源が不足しているここでは人的資源が重要である。
☐☐	또한 また	또한 그것은 마감 기일 내에 끝내야 한다. また、それは締め切り期日内に終わらせなければならない。
☐☐	게다가 そのうえ	게다가 어려운 문제가 더 많으니 긴장을 늦추면 안 된다. そのうえ難しい問題がもっと多いので、緊張を緩めてはいけない。
☐☐	이처럼 このように	이처럼 시너지 효과를 내는 경우를 참고해 볼 필요가 있다. このようにシナジー (相乗)効果を出すケースを参考にしてみる必要がある。
☐☐	그렇다면 それなら、ならば	그렇다면 무엇보다 가장 우선적으로 고려할 것은 무엇인가 ? ならば、何よりも一番優先的に考慮すべきことは何か？
☐☐	따라서 したがって	따라서 모든 상황을 종합해 볼 때 이런 결론이 도출 가능하다. したがって、すべての状況を総合してみたとき、このような結論が導き出される。
☐☐	물론 もちろん	물론 여러가지 역경이 있을 수 있으므로 방심해서는 안 된다. もちろん、いろいろな逆境があり得るので油断してはいけない。
☐☐	당연히 当然	당연히 노력에 따른 보상이 따라야만 한다. 当然、努力による補償が伴わなければならない。
☐☐	과연 果たして	과연 지금 시점에서 그 일을 성공시킬 수 있을지 의심이 든다. 果たして今の時点でその仕事を成功させることができるのか疑わしい。
☐☐	차라리 むしろ	차라리 모든 것을 다시 새롭게 시작하는 것이 낫지 않을까 ? むしろすべてをやり直した方がいいのではないか？
☐☐	어쩌면 もしかしたら	어쩌면 기회는 모두에게 공평하게 오지 않는 것일지도 모른다. もしかしたらチャンスはみんなに公平に来ないものなのかもしれない。
☐☐	오히려 かえって、むしろ	오히려 감추고 싶은 결점이 더 부각되기도 한다. むしろ、隠したい欠点がより際立つこともある。
☐☐	먼저 まず	먼저 해결해야 할 문제를 골라내고 순서를 매기는 게 중요하다. まず解決すべき問題を選び出し、順番をつけることが重要である。
☐☐	가령 例えば	가령 이런 방식을 도입하면 어떤 문제가 생길지 생각해 보자. 例えばこのような方法を導入したら、どのような問題が生じるか考えてみよう。
☐☐	설사 仮に	설사 실패한다고 하더라도 새로운 교훈을 얻을 수 있을 것이다. 仮に失敗したとしても、新たな教訓が得られるだろう。

374

模擬テスト

実際の試験の時間に合わせて、
模擬テストにチャレンジしてみましょう。

듣기	쓰기	읽기
約 60 分 ◀))070〜105	約 50 分	70 分

※듣기と쓰기は合わせて110分です。

※解答用紙は、以下からダウンロードしてお使いください。

TOPIK Ⅱ 듣기(1번~50번)

※ [1~3] 다음을 듣고 가장 알맞은 그림 또는 그래프를 고르십시오. (각 2점)

1.

①

②

③

④

2.

①

②

③

④

3.

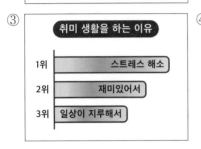

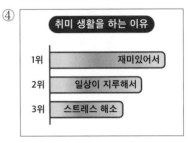

※ [4~8] 다음을 듣고 이어질 수 있는 말로 가장 알맞은 것을 고르십시오. (각 2점)

4. ① 진짜? 무슨 영화인데?

　② 말도 마. 너무 재미없었어.

　③ 어디에서 만날까?

　④ 그건 다음에 하자.

5. ① 아프다는 이야기를 들었어요.

　② 너무 바빠서 연락할 수 없었어요.

　③ 시간이 걸려서 찾을 수 없었어요.

　④ 버스에서 내리니까 금방이던데요.

6. ① 그럼요. 겨울이니까 쌀쌀하지요.

② 그래요? 긴팔 옷을 챙겨야겠네요.

③ 정말요? 미리 알아볼 걸 그랬네요.

④ 맞아요. 시원하게 입어야 해요.

7. ① 새로 고침을 눌렀어요.

② 계속 켜져 있었어요.

③ 전원 버튼을 눌러도 안 꺼져요.

④ 배터리가 떨어진 것 같아요.

8. ① 아이디가 어떻게 되시죠?

② 확인차 다시 한 번 눌러 주시겠어요?

③ 생년월일이 일치하지 않습니다.

④ 전화번호를 가르쳐 주시겠어요?

※ [9~12] 다음을 듣고 여자가 이어서 할 행동으로 가장 알맞은 것을 고르십시오. (각 2점)

9. ① 토마토를 씻는다.   ② 양파를 썬다.

③ 물을 끓인다.   ④ 면을 찾는다.

10. ① 다른 곳으로 간다.   ② 휴대 전화를 꺼낸다.

③ 스태프에게 물어본다.   ④ 남자를 기다린다.

11. ① 설문지를 건넨다.   ② 필기구를 바꿔 준다.

③ 조사 질문을 한다.   ④ 할인권을 준다.

12. ① 화면을 켠다.   ② 마이크 테스트를 해 본다.

③ 회의를 시작한다.   ④ 문서를 화면 공유한다.

※ [13~16] 다음을 듣고 들은 내용과 같은 것을 고르십시오. (각 2점)

13. ① 남자는 이가 아프다.
    ② 여자는 병원을 추천했다.
    ③ 남자는 약을 바르고 싶지 않다.
    ④ 남자는 식사를 전혀 못 하고 있다.

14. ① 이 건물에는 주차하면 안 된다.
    ② 주차장을 이용하려면 주차 번호를 등록해야 한다.
    ③ 주차장은 건물 지하에 있다.
    ④ 등록하지 않은 차는 신고한다.

15. ① 주말부터는 날씨가 풀릴 것이다.
    ② 내일은 가을다운 선선한 날씨가 될 것이다.
    ③ 금요일에는 기온이 떨어질 것이다.
    ④ 내일 인주시에 눈이 올 것이다.

16. ① 여자는 어머니 권유로 배드민턴을 시작했다.
    ② 여자의 어머니는 배드민턴 선수였다.
    ③ 여자는 어렸을 때부터 배드민턴에 흥미가 있었다.
    ④ 여자의 가족들은 여자가 금메달을 딸 줄 몰랐다.

17. ① 에어컨은 전력 소모가 심하다.

   ② 에어컨을 세게 틀면 전기 요금이 많이 나온다.

   ③ 에어컨을 안 쓸 때는 콘센트를 뽑아 놓아야 한다.

   ④ 짧은 외출 시 에어컨을 계속 켜 놓아야 한다.

18. ① 직원들이 고른 선물이 더 의미 있다.

   ② 선물은 취향에 맞는 것을 골라야 한다.

   ③ 놀라게 하기 위해 선물 포장에 신경 써야 한다.

   ④ 선물로 돈과 함께 카드를 넣어야 한다.

19. ① 조리대 정리를 하고 요리하는 것이 효율적이다.

   ② 설거지를 쌓아 놓으면 위생에 좋지 않다.

   ③ 요리하면서 나오는 쓰레기는 한꺼번에 치우면 된다.

   ④ 복잡한 요리보다는 간단한 요리를 선호한다.

20. ① 이 책은 성인 독자를 대상으로 하고 있다.

   ② 이 책은 작가가 직접 겪은 이야기를 썼다.

   ③ 이 책은 경제 이야기를 아이들의 눈높이에 맞춰 썼다.

   ④ 이 책은 누구나 부자가 되는 방법을 알려 준다.

※ [21~22] 다음을 듣고 물음에 답하십시오. (각 2점)

21. 남자의 중심 생각으로 가장 알맞은 것을 고르십시오.
    ① 학습과 경험을 살려서 진로를 결정해야 한다.
    ② 관심은 있지만 능력이 없으면 직업이 되기 어렵다.
    ③ 자신이 만족할 만한 일을 스스로 선택해야 한다.
    ④ 좋아하는 일을 열심히 하면 잘할 수 있다.

22. 들은 내용과 같은 것을 고르십시오.
    ① 남자는 여자의 진로에 대해 걱정하고 있다.
    ② 여자가 남자로부터 진로 결정에 대한 조언을 듣고 있다.
    ③ 사람은 좋아하는 일을 할 때 가장 행복하다.
    ④ 남자는 사람은 누구나 재능이 있다고 생각한다.

※ [23~24] 다음을 듣고 물음에 답하십시오. (각 2점)

23. 남자가 무엇을 하고 있는지 고르십시오.
    ① 학교 폭력의 심각성에 대해 알아보고 있다.
    ② 법률 상담이 가능한지 문의하고 있다.
    ③ 상담 일정을 확인하고 있다.
    ④ 상담 예약일을 변경하고 있다.

24. 들은 내용과 같은 것을 고르십시오.
    ① 남자는 한 명에게 계속 폭행을 당하고 있다.
    ② 학교 폭력 문제는 우선 경찰에 신고해야 한다.
    ③ 남자는 괴롭힘을 당했지만 증거가 없다.
    ④ 남자는 이 문제에 대해서 학교와 먼저 이야기했다.

25. 남자의 중심 생각으로 가장 알맞은 것을 고르십시오.

　① 인테리어를 어떻게 하느냐에 따라 카페 분위기가 바뀐다.

　② 고객의 불편을 없애고 기쁨을 주면 성공할 수 있다.

　③ 반짝이는 아이디어 하나로 사업을 성공시킬 수 있다.

　④ 카페는 편하게 휴식할 수 있는 공간이어야 한다.

26. 들은 내용과 같은 것을 고르십시오.

　① 이 카페는 커피 맛이 좋지 않았다.

　② 이 카페는 역에서 걸어가기 불편하다.

　③ 이 카페에서는 언제나 잔디를 즐길 수 있다.

　④ 이 카페 화장실에는 명언이 쓰여 있다.

※ [27~28] 다음을 듣고 물음에 답하십시오. (각 2점)

27. 남자가 말하는 의도로 알맞은 것을 고르십시오 .

　① 선거 유세 방법을 알려 주려고

　② 선거 출마 후보자들에게 소음 문제를 문의하려고

　③ 주민들에게 선거 유세 참여를 부탁하려고

　④ 선거 운동을 위해 유세 차량 이용에 양해를 구하려고

28. 들은 내용과 같은 것을 고르십시오 .

　① 선거에 출마한 후보자들은 자신의 정책을 알리기 위해 차량을 운행하고 있다.

　② 주민들은 텔레비전과 라디오를 통해 정책을 충분히 알 수 있다.

　③ 주민들이 선거 유세를 듣기 위해 모이는 바람에 동네가 혼잡하다.

　④ 선거 유세 차량은 매일 같은 시간에 동네를 돌고 있다.

29. 남자가 누구인지 고르십시오.

① 재활용품을 수집하는 사람

② 버려지는 물건을 분리하는 사람

③ 새로운 디자인을 개발하는 사람

④ 버려지는 물건을 재창조하는 사람

30. 들은 내용과 같은 것을 고르십시오.

① 업사이클은 버려지는 쓰레기 양을 줄일 수 있다.

② 업사이클은 패션 산업에서만 쓰이고 있다.

③ 재활용품을 만들 때 환경 오염이 발생한다.

④ 업사이클은 고치는 과정에서 에너지가 사용된다.

31. 남자의 중심 생각으로 가장 알맞은 것을 고르십시오.

① 노령 인구의 증가가 사회 문제로 대두되고 있다.

② 노령 인구에게 일자리를 제공해야 한다.

③ 정년 퇴직 후 노인의 삶에 사회적 관심이 필요하다.

④ 정년 퇴직 연령을 연장해 더 일할 수 있도록 해야 한다.

32. 남자의 태도로 가장 알맞은 것을 고르십시오.

① 예상되는 문제점을 우려하고 있다.

② 문제의 해결 방안을 요구하고 있다.

③ 자신의 의견을 일관되게 주장하고 있다.

④ 상대의 의견을 일부 인정하며 다른 주장을 하고 있다.

※ **[33~34] 다음을 듣고 물음에 답하십시오. (각 2점)**

33. 무엇에 대한 내용인지 알맞은 것을 고르십시오.

　　① 솔방울의 흡수 능력

　　② 솔방울의 계절별 모양 변화

　　③ 솔방울의 약효 연구

　　④ 솔방울의 환경 보호 역할

34. 들은 내용과 같은 것을 고르십시오.

　　① 솔방울 연구를 통해 환경 오염 실태를 파악하고 있다.

　　② 솔방울 특징을 활용해 실생활에 적용한 사례가 있다.

　　③ 솔방울은 기온에 예민하게 반응한다.

　　④ 솔방울은 물을 빨아들이면 뾰족하게 벌어진다.

※ **[35~36] 다음을 듣고 물음에 답하십시오. (각 2점)**

35. 남자가 무엇을 하고 있는지 고르십시오.

　　① 타인에게 화내지 않을 것을 다짐하고 있다.

　　② 자기와의 싸움에서 승리하는 법을 소개하고 있다.

　　③ 사회의 부조리에 맞설 것을 부탁하고 있다.

　　④ 앞으로 세상이 좀 더 나아질 것이라는 기대를 밝히고 있다.

36. 들은 내용과 같은 것을 고르십시오.

　　① 이 남자는 적당히 일하는 사원들에게 화를 자주 낸다.

　　② 행복한 인생을 살기 위해서는 자신이 직접 선택해야 한다.

　　③ 직장 내에서 자주 싸우고 있다면 자신을 되돌아봐야 한다.

　　④ 이 남자는 최고의 콘텐츠를 만들기 위해 타협하지 않고자 했다.

37. 여자의 중심 생각으로 가장 알맞은 것을 고르십시오.

　　① 위생 관념이 높아지면서 신발 건조기가 주목받고 있다.

　　② 젊은 세대 소비자들은 항상 새로운 유행을 원한다.

　　③ 신발 마니아 문화가 신발 건조기 수요를 불러일으켰다.

　　④ 신발을 오래 신기 위해 관리 수요가 늘었다.

38. 들은 내용과 같은 것을 고르십시오.

　　① 한국은 장마철이 길어서 신발 건조기가 필요하다.

　　② 중고 신발을 사고파는 사람들이 있다.

　　③ 신발 냄새에 민감한 사람들이 많다.

　　④ 신발이 젖는 것을 꺼리는 젊은이들이 많다.

※ [39~40] 다음을 듣고 물음에 답하십시오. (각 2점)

39. 이 대화 전의 내용으로 가장 알맞은 것을 고르십시오.

　　① 아침 식사를 거르는 대학생들이 많다.

　　② 천 원의 아침밥을 먹으러 오는 학생들이 많다.

　　③ 아침 식사를 제공하는 대학교가 많다.

　　④ 천 원의 아침밥 서비스를 실행할 예정이다.

40. 들은 내용과 같은 것을 고르십시오.

　　① 천 원의 아침밥 사업은 정부 지원금만으로 운영되고 있다.

　　② 정부 지원금이 한정되어 대학의 아침밥 비용 부담이 커지고 있다.

　　③ 기말고사 기간에는 무료로 아침밥이 제공된다.

　　④ 식재료 가격 상승으로 인해 정부 지원금이 인상될 전망이다.

41. 이 강연의 중심 내용으로 가장 알맞은 것을 고르십시오.
   ① 호르몬 관리로 질병을 치료할 수 있다.
   ② 충동 절제가 안 되면 중독에 빠지기 쉽다.
   ③ 도파민이 많이 나온다고 항상 좋은 것은 아니다.
   ④ 도파민은 사람을 행복하게 만든다.

42. 들은 내용과 같은 것을 고르십시오.
   ① 도파민은 이성적인 판단을 할 때 필요하다.
   ② 도파민 분비가 과도하면 우울증이 된다.
   ③ 도파민이 나오면 비호감이 호감으로 바뀐다.
   ④ 성취감은 도파민의 분비를 더욱 높인다.

43. 무엇에 대한 내용인지 알맞은 것을 고르십시오.
   ① 동물 감정 읽기의 중요성
   ② 인공 지능을 이용한 동물 학습 연구
   ③ 동물과 대화 가능성
   ④ 동물 간의 의사소통 차이점

44. 이 연구에 인공 지능이 이용되고 있는 이유로 맞는 것을 고르십시오.
   ① 동물이 인간을 위협적으로 받아들이기 때문에
   ② 동물의 행동 데이터를 수집하여 패턴을 발견할 수 있기 때문에
   ③ 동물의 지능이 뛰어나기 때문에
   ④ 동물이 전염병을 전파할 가능성이 있기 때문에

45. 들은 내용과 같은 것을 고르십시오.

　① 뚝배기는 단시간 조리에 유리하다.

　② 뚝배기에 음식을 오래 담아 두면 인체에 해로울 수 있다.

　③ 뚝배기는 염분이 많은 국물 요리에 적합하다.

　④ 뚝배기를 직접 불 위에 올려 놓는 것은 위험하다.

46. 여자가 말하는 방식으로 알맞은 것을 고르십시오.

　① 뚝배기 요리법을 묘사하고 있다.

　② 뚝배기와 금속 그릇을 비교하고 있다.

　③ 뚝배기의 장점에 대해 요약하고 있다.

　④ 뚝배기 만드는 재료에 대해 설명하고 있다.

※ [47~48] 다음을 듣고 물음에 답하십시오. (각 2점)

47. 들은 내용과 같은 것을 고르십시오.

　① 소아청소년과 전공의 지원자 수는 지난 10년간 비슷했다.

　② 소아청소년의 응급 상황에 진료 거부는 불법이다.

　③ 소아청소년과 전문의에 대한 처우 개선이 논의되고 있다.

　④ 소아청소년과 성인의 치료법에는 차이가 있다.

48. 남자의 태도로 알맞은 것을 고르십시오.

　① 소아청소년과 개혁 법안을 요청하고 있다.

　② 소아청소년과 확대안을 검토하고 있다.

　③ 소아청소년과와 내과의 통폐합을 경계하고 있다.

　④ 소아청소년과의 존폐 위기를 우려하고 있다.

49. 들은 내용과 같은 것을 고르십시오.

　　① 이 제도는 전 국민의 스포츠 권장을 목적으로 한다.

　　② 이 제도는 다양한 분야의 폭넓은 적용을 앞두고 있다.

　　③ 이 제도는 본래 취지를 흐려 논란이 되고 있다.

　　④ 이 제도는 공평한 기준으로 심사되고 있다.

50. 남자의 태도로 알맞은 것을 고르십시오.

　　① 제도의 변화에 대한 필요성을 촉구하고 있다.

　　② 제도의 필요성과 의의를 강조하고 있다.

　　③ 제도의 필요성에 대해 자신의 주장을 증명하고 있다.

　　④ 제도의 확대 적용을 강력하게 주장하고 있다.

TOPIK Ⅱ 쓰기(51번~54번)

※ [51~52] 다음 글의 ⊙과 ⓒ에 알맞은 말을 각각 쓰시오. (각 2점)

51.

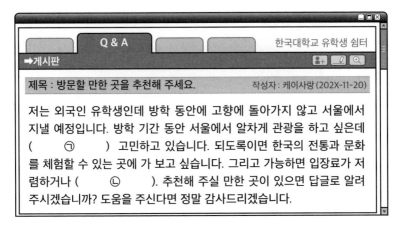

52.
　　자존감은 타인과의 관계, 경험, 생각 등에 의해서 형성된다. 어린 시절에는 부모, 형제자매, 선생님 등과 같이 가까운 사람들과 교류하는 가운데 자기 긍정이 생기고, 이는 자존감 형성에 큰 역할을 한다. 가까운 사람들로부터 긍정적인 피드백을 받을 경우 (　　⊙　　), 자신의 가치를 적절하게 평가할 수 있는 건강한 자존감을 지닌 사람으로 형성될 가능성이 높다. 반대로 애정이 결여된 냉혹한 비판, 비난, 조롱 등과 부정적인 피드백을 받고 자란 경우 (　　ⓒ　　) 성장할 가능성이 높다.

53. 다음은 '인공 지능 인식 조사'에 대한 자료이다. 이 내용을 200~300자의 글로 쓰시오. 단, 글의 제목은 쓰지 마시오. (30점)

■ 대국민 인공 지능 인식 조사
조사 기관 : 4차 산업 혁명 위원회
날짜　　 : 2021년 6월 16일~25일
대상　　 : 14~65세 일반인 3,500명

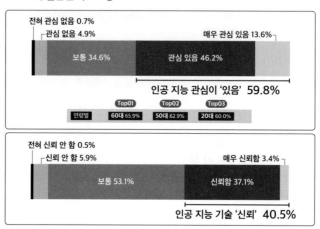

54. 다음을 참고하여 600~700자로 글을 쓰시오. 단, 문제를 그대로 옮겨 쓰지 마시오. (50점)

　　기본소득제는 국가가 국민들에게 최소한의 인간다운 삶을 누리도록 조건과 노동 없이 지급하는 소득을 말한다. 재산의 많고 적음이나 근로 여부에 관계없이 모든 사회 구성원에게 생활을 충분히 보장하는 수준의 소득을 무조건적으로 지급하는 것으로 누구에게나 똑같이 개별적으로 지급하는 것을 특징으로 한다. 아래의 내용을 참고하여 '기본소득제의 실현 가능성'에 대한 자신의 생각을 쓰라.

• 기본소득제는 왜 필요한가?
• 기본소득제 실시 후 우려되는 점은 무엇인가?
• 기본소득제에 찬성하는가, 반대하는가? 근거를 들어 자신의 의견을 쓰라.

원고지 쓰기의 예

| | 식 | 물 | 은 | | 다 | 양 | 한 | | 방 | 법 | 으 | 로 | | 자 | 신 | 을 | | 보 | 호 |
| 한 | 다 | . | | 덩 | 굴 | 성 | | 야 | 자 | 나 | 무 | 는 | | 빈 | | 줄 | 기 | 를 | | 개 |

듣기, 쓰기 시험이 끝났습니다.

TOPIK Ⅱ 읽기(1번~50번)

※ [1~2] (   )에 들어갈 말로 가장 알맞은 것을 고르십시오. (각 2점)

1. 좋은 물건을 (   ) 몇 군데 둘러보는 게 좋다.

   ① 사든지   ② 사다가   ③ 사려면   ④ 사고서

2. 언어를 배우면서 그 나라의 문화에 대해 (   ).

   ① 알게 되었다   ② 알도록 했다

   ③ 알아도 된다   ④ 알아야 한다

※ [3~4] 밑줄 친 부분과 의미가 가장 비슷한 것을 고르십시오. (각 2점)

3. 그는 일부러 옆집 사람에게 들릴 만큼 큰 소리로 말했다.

   ① 들리다가   ② 들리더라도

   ③ 들릴 정도로   ④ 들릴 때까지

4. 이 문제가 심각한지 아닌지는 생각하기 나름이다.

   ① 생각할 만하다   ② 생각하기가 쉽다

   ③ 생각할 수도 있다   ④ 생각하기에 달려 있다

※ [5~8] 다음은 무엇에 대한 글인지 고르십시오. (각 2점)

5.

깃털처럼 가볍게,
신으면 새로운 바람이 분다!

① 창문　　　　② 침대　　　　③ 운동화　　　　④ 선풍기

6.

국내 최대 작품 보유,
현대 화가 특별 초대전을 놓치지 마세요.

① 도서관　　　　② 미술관　　　　③ 생활관　　　　④ 우체국

7.

두 번째 지구는 없다.
잘 버리면 살아나요.

① 봉사 활동　　　② 생활 예절　　　③ 건강 관리　　　④ 환경 보호

8.

1 택시 앱을 설치합니다.　　　**2** 출발지와 목적지를 선택합니다.
3 카드 결제 여부를 선택합니다.　**4** 호출하기 버튼을 누릅니다.

① 안전 규칙　　　② 신청 방법　　　③ 이용 안내　　　④ 사용 방법

※ [9~12] 다음 글 또는 그래프의 내용과 같은 것을 고르십시오. (각 2점)

9.

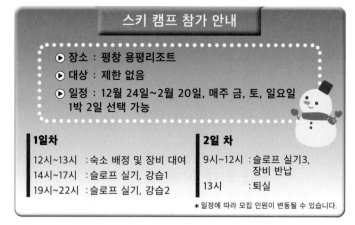

① 스키 캠프는 토, 일요일 1박 2일 일정이다.

② 1일 차에는 스키 강습이 두 번 있다.

③ 2일 차에는 스키를 타지 않는다.

④ 모집 인원은 제한이 없다.

10.

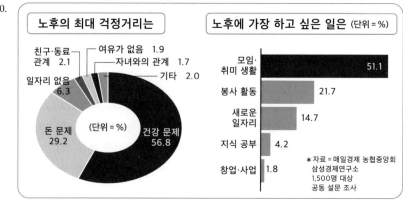

① 노후에 가장 큰 걱정은 돈 문제이다.

② 노후에 창업하고 싶은 비율은 새로운 일자리를 얻고 싶은 비율보다 높다.

③ 친구, 동료 관계보다 자녀와의 관계를 걱정하는 비율이 낮다.

④ 봉사 활동보다 취미 생활을 하고 싶어하는 비율이 낮다.

11.
> 연구팀이 사람들에게 한 번은 껌을 씹으며 걷고, 한 번은 껌 성분으로 된 가루를 삼킨 후 걷게 했다. 그 결과, 껌을 씹으며 걸을 때의 심박 수가 껌 성분 가루를 삼키고 걸을 때보다 높았다. 껌을 씹으면 리듬감이 생기고 심박 수가 올라가 운동 효과가 커진다는 것이다.

① 심박 수가 올라가면 운동 효과가 커진다.
② 껌 가루가 리듬감을 유발해 심박 수를 올린다.
③ 껌을 씹으며 걸을 때는 심박 수가 떨어진다.
④ 껌의 성분이 운동 효과를 높인다.

12.
> 인주시에 따르면 어린이 수영장 (5~13세)을 무료로 오전 10시부터 오후 6시까지 매 시간별 10분간 휴식과 함께 운영하고, 사계절 썰매장은 오전 10시~12시, 오후 1시~5시까지 문을 연다고 한다. 사계절 썰매장은 만 16세 이상 5천 원, 만 15세 이하 3천 원의 이용료를 내야 한다. 7세 미만이나 65세 이상의 경우 이용이 제한된다.

① 사계절 썰매장은 누구나 이용 가능하다.
② 사계절 썰매장은 오전 10시부터 5시까지 쉬지 않고 운영된다.
③ 어린이 수영장은 13세 미만 어린이라면 누구나 입장이 가능하다.
④ 어린이 수영장은 50분간 수영 후 10분 휴식한다.

13.

> (가) 만약 점프를 한다 해도 다리에 심각한 부상을 초래할 수 있다.
> (나) 다리뼈가 아래쪽을 향해 있어 점프를 위한 스프링 역할을 못
>   하기 때문이다.
> (다) 코끼리는 네 발이 한 번에 공중에 뜨는 점프를 할 수 없다고
>   한다.
> (라) 한편, 캥거루처럼 점프를 하는 동물들은 유연한 발목과 종아
>   리 근육을 갖고 있다.

① (다) – (나) – (가) – (라)   ② (다) – (가) – (라) – (나)
③ (나) – (가) – (다) – (라)   ④ (가) – (다) – (나) – (라)

14.

> (가) 이에 최근에는 자신이 태어난 연도를 말하는 추세가 늘어났
>   다고 한다.
> (나) 그래서 자기소개를 하거나 복지 서비스를 신청할 때 헷갈리
>   기도 했다.
> (다) 새해에 한 살씩 느는 한국식 나이, 출생 연도로 계산하는 연
>   나이, 생일 기준인 만 나이이다.
> (라) 한국은 세 가지 나이를 사용하고 있었다.

① (라) – (가) – (나) – (다)   ② (라) – (다) – (나) – (가)
③ (다) – (나) – (가) – (라)   ④ (다) – (나) – (라) – (가)

15.

> (가) 그러므로 점심시간에 식후 20분 정도 걷기를 권장한다.
> (나) 따라서 가만히 앉아 있거나 디저트를 먹으면 살이 찌기 쉽다.
> (다) 먹은 음식은 포도당 등 영양소로 분해되는데 포도당은 지방
>   으로 저장된다.
> (라) 하지만 포도당이 지방으로 저장되기 전에 산책하면 지방 축
>   적 양을 줄일 수 있다.

① (다) – (나) – (라) – (가)   ② (가) – (다) – (나) – (라)
③ (다) – (라) – (나) – (가)   ④ (가) – (다) – (라) – (나)

※ [16~18] (   )에 들어갈 말로 가장 알맞은 것을 고르십시오. (각 2점)

16.

> 왜 우리는 모든 고양이가 쥐를 잡아먹는다고 알고 있는 걸까? 쥐는 고양이가 등장하면 공포를 느껴 (   ), 이 때문에 사람들 눈에도 안 보여 고양이가 쥐를 잡아먹었다고 생각하게 된 것이다. 그러나 연구진에 따르면, 고양이들이 사냥 할 때는 쥐보다 작은 새와 도마뱀 등을 노린다고 한다. 이들이 없다면 그제서야 쥐를 잡으려 한다는 것이다.

① 빨리 달리는데   ② 급하게 숨는데
③ 몸을 움츠리는데   ④ 가만히 있는데

17.

> 뜨거운 물과 차가운 물 중 무엇이 먼저 얼까? 35도의 물과 5도의 물이 있을 때 물이 어는 온도인 0도가 되기 위해서는 35도는 35도만큼의 온도가 낮아져야 하고 5도의 물은 5도 만큼만 온도가 낮아지면 되므로 당연히 시간이 더 필요한 35도의 물이 더 늦게 얼고 5도의 물이 더 빨리 어는 것이 일반적으로 생각하기에 (   ). 하지만 결과는 놀랍게도 35도의 물이 5도보다 빠르게 어는 경우가 있다.

① 필요할 수 있다   ② 맞는 줄 알 것이다
③ 좋은 경우도 있다   ④ 이치에 맞을 것이다

18.

> 회사 일을 하다 보면 골치 아픈 일이 생기게 마련이다. 이때 한숨을 쉬거나 화풀이를 하는 상사도 있다. 함께 일하는 사람은 상사의 눈치를 살피게 되고, 보고할 타이밍을 노리느라 중요한 사안을 미처 전달하지 못하기도 한다. 좋은 상사는 (   ) 않는다. 늘 밝고 빈틈없이 맡은 일을 할 뿐이다.

① 칭찬을 말하지   ② 눈치를 보지
③ 불쾌한 티를 내지   ④ 일을 전달하지

> 재사용 유리병이 선호되는 이유는 내용물과 반응하지 않고 위생적이기 때문이다. 유리병은 미세 플라스틱으로부터 안전하다. (   ) 플라스틱 용기는 내용물과 반응해 환경 호르몬이 나올 우려가 있고 제조 과정에서 유해 물질을 배출한다. 하지만 유리병은 제조 시 많은 에너지를 사용하고 무거워 플라스틱보다 탄소 배출량이 더 많다. 유리병이라고 저절로 친환경인 것은 아니다. 유리병을 여러 차례 재사용해야 친환경이다.

19. (   )에 들어갈 알맞은 것을 고르십시오.

① 그러면   ② 게다가   ③ 반면에   ④ 이처럼

20. 윗글의 내용과 같은 것을 고르십시오.

① 플라스틱 용기를 만들 때 유해 물질이 발생된다.
② 유리병은 제조 과정이 친환경적이다.
③ 플라스틱 용기는 내용물 보존이 잘 되고 위생적이다.
④ 유리병보다 플라스틱 용기를 만들 때 탄소 배출량이 높다.

※ [21~22] 다음을 읽고 물음에 답하십시오. (각 2점)

'정신없음'은 주의력과 기억 사이의 연결이 끊어지는 것을 말한다. 마음을 산란하게 하는 걱정에 (   ) 기억해야 할 일에 집중하지 못해서 발생한다. 뜨거워진 자동차에 아이가 있다는 사실을 부모가 망각해서 빚어지는 사고가 그런 예이다. 미국 안전위원회 발표에 따르면 1998년 이후 매년 차 안에서 사망하는 아이는 40명에 달하고, 그중 54%는 망각에 의한 것이었다.

21. (   )에 들어갈 말로 가장 알맞은 것을 고르십시오.

① 정신이 팔려
② 고개를 흔들고
③ 귀를 기울이고
④ 첫발을 떼다가

22. 윗글의 중심 생각을 고르십시오.

① 아이들은 집중력이 부족하다.
② 집중하지 못하면 기억해야 할 일을 잊는다.
③ 나이가 들면 기억력이 나빠진다.
④ 자동차 사고의 대부분은 망각 때문이다.

최근 두 딸을 데리고 제주도에 휴가 갔다가 말로만 듣던 '노키즈 존' 식당을 만났다. 휴대폰으로 맛집을 검색해서 찾아간 식당이었는데, 문 앞에 〈13세 이하 어린이는 입장이 불가합니다〉라고 쓰여 있었다. 주변엔 마음에 드는 다른 식당이 없었고, 17개월 둘째는 슬슬 배가 고파서 짜증을 낼 조짐을 보였다. 식당 주인에게 혹시 포장이 되는지를 물었고, 다행히 가능하다기에 그럼 밖에서 기다리겠노라 말했다. 4월, 제주도의 저녁은 아직 쌀쌀했다. 바람이라도 좀 피하고 싶었지만 '13세 이하 어린이는 입장이 불가합니다' 라는 안내가 너무 치사해서 차마 입이 안 떨어졌다. 숙소로 돌아오는 길, 나와 남편은 뒤늦게 후회했다. 그냥 나올걸 뭘 또 그걸 포장해 달라고 했을까.

23. 밑줄 친 부분에 나타난 '나'의 심정으로 가장 알맞은 것을 고르십시오.

① 서럽다

② 외롭다

③ 걱정스럽다

④ 자랑스럽다

24. 윗글의 내용과 같은 것을 고르십시오.

① 늦은 시간이라서 문 연 식당이 없었다.

② 내가 찾아간 식당은 포장이 불가능했다.

③ 날씨가 안 좋아서 휴가를 망쳤다.

④ 나는 음식을 포장 주문하고 밖에서 기다렸다.

25. '달달'한 거 먹을 땐 좋았는데 정신은 '덜덜' 우울증 찾아와

   ① 단 음식은 기분을 좋게 만들지만 신체 건강에 좋지 않다.

   ② 단 음식을 많이 먹으면 우울증에 걸릴 수도 있다.

   ③ 단 음식을 많이 먹으면 기초 체온이 낮아진다.

   ④ 단 음식은 우울증 예방에 효과적이다.

26. 술 마시면 가슴 아픈 이유 있었네… "심장에도 지방 쌓여"

   ① 술을 마시면 옛날 생각이 나서 우는 사람들이 많다.

   ② 술을 마시면 가슴이 아픈 것은 당연하다.

   ③ 술을 마시면 심장에 지방이 쌓여 질환을 유발한다.

   ④ 술을 마시면 지방이 쌓여 비만이 되기 쉽다.

27. 비 오다 잦아들고 가을 성큼

   ① 비가 내린 후에 가을이 찾아올 것이다.

   ② 비가 약해진 후 가을이 끝날 것이다.

   ③ 비가 많이 오고 기온이 떨어질 것이다.

   ④ 보슬비가 내리고 습도가 높아질 것이다.

※[28~31] ( )에 들어갈 말로 가장 알맞은 것을 고르십시오. (각 2점)

28.

> 연구자들은 음식이 술, 담배, 약물보다 훨씬 중독성이 강할 수 있다고 말한다. 뇌에는 강박적 행동을 유발하는 화학 물질인 도파민이 있는데 기대한 즐거움보다 더 큰 즐거움을 얻을 때 더 많이 분비된다. 즉, 인간은 뇌에 자극을 주기 쉬운 ( ) 더 갈망하는 본성을 지니고 있다는 것이다.

① 무섭고 잔인한 이야기를
② 달고 짠 음식을
③ 화려한 아름다움을
④ 신기하고 특별한 영상을

29.

> 전지적 작가 시점에 의해 이야기가 서술될 때, 작가가 지나칠 정도로 독자 앞에 나서서 모든 사실을 설명을 해 주면 독자들이 이해하기는 쉽지만 소설 속으로 빨려 들어가 작중 인물과 호흡을 같이 하고 함께 긴장하는 ( ) 어렵다. 대부분의 고전 소설이 전지적 작가 시점을 활용하고 있지만 근대 소설에서는 전지적 작가 시점이 점차 줄어들고 있다. 이것은 결국 단순한 이야기가 점차 본격적인 소설로 발전해 나간 사실과 관계가 있다고 하겠다.

① 공감대를 형성하기
② 사건을 만들어 내기
③ 주인공이 매력을 드러내기
④ 배경을 설명하기

30.

　　골반이 틀어지는 원인은 잘못된 자세다. 다리를 꼬고 앉으면 반대쪽 골반 근육이 심하게 당겨지며 골반이 틀어진다. 골반 통증은 가끔 발생해 (　　　　　　　) 경우가 많다. 하지만 골반 틀어짐은 근골격계 질환으로 이어질 수 있는 만큼 초기에 바로잡아 주어야 한다.

① 그다지 아프지 않은
② 대수롭지 않게 여기는
③ 심각하게 받아들이는
④ 고치기 어렵다고 생각하는

31.

　　착한 아이 증후군을 가진 아동의 부모들은 짜증이나 분노와 같은 자연스러운 욕구나 감정에 대해 부정적인 것으로 평가하며, 자기 아이가 이러한 행동을 하지 못하도록 엄격하게 교육한다. 그 결과 아이들은 생각을 자유롭게 표현하기보다 부모가 원하는 착한 아이가 되고자 자신을 (　　　　　　) 보이게 된다. 이런 아이들은 얌전해 보이지만 자신감이 결여된다.

① 포장하고 거짓말하는 태도를
② 과장하고 잘난 척하는 모습을
③ 앞세우고 남을 통제하려는 모습을
④ 억압하고 위축된 태도를

32.

문화재청은 누구나 자유롭게 국가 유산 발굴 조사 현장을 가상 현실 (VR) 로 살펴볼 수 있는 서비스를 제공한다. '현장 VR'에서는 여러 기능을 통해 마치 발굴 조사 현장에 있는 것처럼 내부 관찰이 가능하다. 또한 유적 설명과 출토 유물 사진 등 이해를 도울 정보들도 확인할 수 있어 내부 견학이 어려웠던 발굴 조사 현장의 접근성을 높이는 계기가 될 것으로 보인다.

① 이 서비스는 회원 가입이 필요하다.
② 이 서비스를 통해 누구나 발굴 조사를 할 수 있다.
③ 이 서비스에서는 유적 설명과 사진 등을 볼 수 있다.
④ 발굴 조사 현장을 방문하는 것은 쉽다.

33.

앉아 있는 시간이 길어질수록 치매 위험이 크게 높아진다는 논문 결과가 나왔다. 특히 앉아 있는 시간이 매일 10시간 이상인 사람은 치매에 걸릴 위험이 급격히 증가하는 것으로 나타났다. 이는 앉아 있는 횟수나 방식보다 하루에 앉아 있는 총 시간을 뜻한다. 앉아 있더라도 여러 번 일어나서 움직이면 치매 위험을 줄일 수 있다는 것을 시사한다.

① 앉는 자세가 나쁘면 치매 위험이 높아진다.
② 앉아 있는 시간이 10시간 이상이면 치매 위험이 크게 줄어든다.
③ 하루에 앉아 있는 전체 시간이 7시간 이상이면 치매에 걸릴 위험이 급증한다.
④ 계속 앉아 있는 것보다 여러 번 일어나는 것이 치매 위험을 줄인다.

34.
> 종이류는 젖지 않은 상태로 펴서 묶어 배출하면 되지만, 영수증은 다른 재질과 혼합돼 종이류로 배출할 수 없고 종량제 봉투에 담아 버려야 한다. 우유팩이나 종이컵은 이물질 제거 후 말린 뒤 분리 배출하고 캔도 물로 헹군 뒤 이물질을 없앤 후 버린다. 플라스틱 등 다른 재질의 뚜껑이 있다면 분리 배출하고, 페트병은 부착된 상표를 제거하고 내용물을 비운 뒤 버린다.

① 영수증은 종이류에 섞어서 버리면 된다.
② 물에 젖은 종이는 묶어서 버려야 한다.
③ 다른 재질의 뚜껑은 따로 버려야 한다.
④ 내용물이 남아 있는 용기도 버릴 수 있다.

※ [35~38] 다음을 읽고 글의 주제로 가장 알맞은 것을 고르십시오. (각 2점)

35.
> 좋은 첫인상은 상대에게 신뢰감을 주는 것이다. 약속 시간에 늦으면 상대에게 신뢰감을 주기 힘들다. 모임의 성격, 장소에 따라 옷차림이나 화장 등을 고려해야 하지만 밝은 표정과 단정한 복장은 그중에서도 기본이다. 대화 시에는 상대의 눈을 바라보며 온화한 미소로 공통된 화제를 나눈다면 자신의 신뢰성을 높이고 상대가 존중받는다고 느끼며 당신에게 친밀감을 느낄 것이다.

① 대화할 때 상대방의 눈을 바라보고 미소를 지어야 한다.
② 옷차림과 화장에 따라 사람의 첫인상이 바뀔 수 있다.
③ 약속 시간에 늦으면 상대가 싫어하므로 늦지 말아야 한다.
④ 온화한 표정과 신뢰성 있는 대화를 하면 좋은 첫인상을 남길 수 있다.

36.
> 뇌가 만들어내는 환상은 생존 및 번식과 관련돼 있다. 남성이 자신을 과대평가하고, 여성은 과소평가하는 경향은 남성은 자신을 적극 어필해야 번식 기회가 많고, 여성은 양육을 회피하는 남성의 아이를 임신하는 실수를 최소화하는 방향으로 진화해 남녀의 환상이 다르게 발현됐다는 것이다. 우리 아이가 최고라는 생각도 양육을 위한 긍정적 환상이라고 한다.

① 인간은 이성에게 적극적으로 어필하기 위해 자신을 과대평가한다.
② 생존과 번식을 위해 우리의 뇌는 환상을 만들어 낸다.
③ 남성은 적극적으로 사고하고 여성은 비합리적 사고를 한다.
④ 우리 아이가 최고라고 생각하는 것은 뇌의 긍정적 환상이다.

37.
> 자동차 운전에 대해 생각해 보자. 초보자 때는 집중해서 운전하지만, 익숙해지면 자동적으로 한다. 무엇이든 일상적인 것으로 바꾸는 것이 인간의 본성이고 자연스럽기 때문이다. 인간관계도 비슷하게 진행된다. 우리는 충만한 열정으로 시작하고 헌신을 하기도 하지만, 결국 수동적이고 의미 없는 관계로 끝내는 경우도 많다. 인간관계에 다시 불붙이고 다시 열정적으로 만들 힘 또한 우리 내면에 있다는 것을 우리가 모르기 때문이다.

① 인간은 처음 시도하는 일에는 집중하지만 익숙해지면 일상적으로 처리한다.
② 인간관계가 실패하는 원인은 상대방에게 헌신하지 않기 때문이다.
③ 처음 만났을 때의 열정으로 돌아가야만 인간관계를 회복할 수 있다.
④ 열정과 헌신은 인간관계를 지치게 하고 수동적인 관계를 만든다.

38.

> '죄수의 딜레마' 상황처럼 모든 참가자가 손해를 보는 것은 교육 같은 사회적 문제에도 적용된다. 주변 아이들이 모두 학원을 다닐 때 우리 아이만 안 다닐 수 없어 사교육을 시키고, 그 결과 과열 현상으로 인한 폐해가 모두에게 영향을 미치게 된다. 이를 피하기 위해서는 상호 신뢰를 회복하고, 그것을 바탕으로 서로를 배반하지 않겠다는 약속이 지켜져야 한다.

① '죄수의 딜레마' 상황을 피하기 위해서 사교육을 시키지 말아야 한다.

② 많은 아이들이 학원에 다니면 따라서 다니는 학생이 생겨 사교육 과열 현상이 일어난다.

③ 모든 사람에게 최선의 선택이 되려면 서로가 배반하지 않겠다는 약속이 지켜져야 한다.

④ 상대방이 나를 신뢰하지 못하면 모두가 손해를 보는 딜레마 상황에 빠진다.

※ [39~41] 주어진 문장이 들어갈 곳으로 가장 알맞은 것을 고르십시오. (각 2점)

39.

> 많은 양의 물로 그릇을 한 번 씻는 것보다 소량의 물로 여러 번 씻으면 더 깨끗해지는 것과 같은 이치이다.

> (㉠) 카페인을 추출할 때 일정한 부피의 용매를 사용해서 한 번에 추출되는 카페인의 양은 일정한 부피의 용매를 소량으로 나누어 여러 번 추출하여 모두 합한 카페인의 양보다 적다. (㉡) 디카페인 커피의 국제 기준은 약 97퍼센트 이상 카페인이 추출된 커피이다. (㉢) 그러므로 보통 디카페인 커피 한 잔에도 10밀리그램 이하의 카페인이 포함되어 있다. (㉣)

① ㉠   ② ㉡   ③ ㉢   ④ ㉣

40.

> 걱정은 아이라고 해서 봐주지 않는다.

(㉠) 잠자리에서 '걱정'은 초대받지 않은 손님이다. 자야될 시간에 들러붙어 갈 생각을 좀체 하지 않는 달갑잖은 손님이다. (㉡) 걱정이란 아무짝에도 쓸모없는 것이라고 스스로를 설득해도 쉽게 떨어지지 않는다. 걱정은 잠을 갉아먹고, 뒤척이는 밤을 강요한다. (㉢) 아이라면 내일은 무슨 신나는 일이 벌어질까, 하며 곯아떨어져야 정상이다. (㉣) 그런 아이가 걱정으로 잠을 이루지 못한다는 건 안타까운 일이다. 그 안타까움이 중부 아메리카에서는 '걱정인형'을 낳았다.

① ㉠   ② ㉡   ③ ㉢   ④ ㉣

41.

> 그러한 고인돌은 대개 중요 인물의 시신 위에 세운 단순한 무덤방으로 알려져 있다.

(㉠) 고인돌은 보통 거대한 덮개돌을 지탱하는 두 개 또는 그 이상의 가공되지 않은 굄돌 따위로 이루어져 있다. (㉡) 흙무덤이 고인돌을 덮고 있는 경우도 있었겠지만 풍화 작용과 동물들에 의해 사라진 것으로 보인다. (㉢) 고인돌은 유골을 가족 공동묘지에 묻기 위해 시신을 수습하는 제단으로 쓰였을 수도 있다. (㉣) 고인돌은 보통 높은 기념물 위에 있는 고지대의 묘지에서 찾을 수 있는데, 이는 고인돌을 세운 사람들이 낮은 곳에 있는 정착촌에서 고인돌을 볼 수 있게 하기 위해서였다.

① ㉠   ② ㉡   ③ ㉢   ④ ㉣

> "그 꽃은 어디서 났니? 퍽 곱구나."
> 하고 어머니가 말씀하셨습니다. 그러나 나는 갑자기 말문이 막혔습니다.
> '이걸 엄마 드릴라구 유치원서 가져왔어.' 하고 말하기가 어째 몹시 부끄러운 생각이 들었습니다. 그래, 잠깐 망설이다가, "응, 이 꽃! 저, 사랑(舍廊) 아저씨가 엄마 갖다 주라고 줘."
> 하고 불쑥 말했습니다. 그런 거짓말이 어디서 그렇게 툭 튀어나왔는지 나도 모르지요.
> 꽃을 들고 냄새를 맡고 있던 어머니는 내 말이 끝나기가 무섭게 무엇에 몹시 놀란 사람처럼 화다닥 하였습니다. 그리고는, 금세 어머니 얼굴이 그 꽃보다 더 빨갛게 되었습니다. (중략)
> "옥희야, 그런 걸 받아 오면 안 돼."
> 하고 말하는 목소리는 몹시 떨렸습니다.
> 나는 꽃을 그렇게도 좋아하는 어머니가, 이 꽃을 받고 그처럼 성을 낼 줄은 참으로 뜻밖이었습니다. 한참 있더니 어머니는 나를 방 안으로 데리고 들어와서,
> "옥희야, 너 이 꽃 얘기 아무 보구두 하지 말아라, 응." 하고 타일러 주었습니다.
> 어머니가 그 꽃을 곧 내버릴 줄로 나는 생각했습니다마는, 내버리지 않고 꽃병에 꽂아서 풍금 위에 놓아 두었습니다. 꽃이 다 시들자 어머니는 가위로 그 대를 잘라내 버리고, 꽃만은 찬송가 갈피에 곱게 끼워 두었습니다.

42. 밑줄 친 부분에 나타난 '어머니'의 심정으로 가장 알맞은 것을 고르십시오.
① 당황스럽다　　　　　② 실망스럽다
③ 의심스럽다　　　　　④ 짜증스럽다

43. 윗글의 내용으로 알 수 있는 것을 고르십시오.
① 어머니는 나의 말과 행동에 기뻐하셨다.
② 어머니는 꽃이 시들자 내버렸다.
③ 나는 사랑 아저씨가 꽃을 갖다 주라고 했다고 거짓말했다.
④ 나는 꽃을 산에서 꺾어다가 어머니께 드렸다.

인간의 역사는 어떻게 보면 소유사(所有史)처럼 느껴진다. 보다 많은 자기네 (   ) 끊임없이 싸우고 있다. 그저 하나라도 더 많이 갖고자 하는 일념으로 출렁거리고 있다. 물건만으로는 성에 차질 않아 사람까지 소유하려 든다. 그 사람이 제 뜻대로 되지 않을 경우는 끔찍한 비극도 불사하면서. 소유욕은 이해와 정비례한다. 그것은 개인뿐 아니라 국가 간의 관계도 마찬가지다. 어제의 맹방들이 오늘에는 맞서게 되는가 하면, 서로 으르렁대던 나라끼리 친선 사절을 교환하는 사례를 우리는 얼마든지 보고 있다. 그것은 오로지 소유에 바탕을 둔 이해관계 때문이다. 만약 인간의 역사가 소유사에서 무소유사로 그 방향을 바꾼다면 어떻게 될까. 아마 싸우는 일은 거의 없을 것이다. 주지 못해 싸운다는 말은 듣지 못했다.

44. (   )에 들어갈 말로 가장 알맞은 것을 고르십시오.

① 이념을 지키기 위해
② 몫을 챙기기 위해
③ 주장을 알리기 위해
④ 이웃을 얻기 위해

45. 윗글의 주제로 가장 알맞은 것을 고르십시오.

① 소유욕은 인간이 가지고 태어난 욕구로 통제하기 어렵다.
② 국가들은 서로의 소유를 지켜 주기 위해 친교를 맺는다.
③ 물건이나 사람에 대한 소유욕을 버리면 싸움이 줄어들 것이다.
④ 사람들은 인간에 대한 집착이 지나쳐 전쟁을 한다.

반려동물을 입양할 때는 불의의 사고나 질병으로 나보다 먼저 죽을 수도 있다는 사실을 인지하고 미리 이별을 준비하는 자세가 필요하다. 반려동물이 죽고 나면 충분히 애도의 시간을 가지면서 반려동물이 사용하던 물건은 천천히 정리해야 한다. 반려동물의 죽음을 경험한 사람들과 슬픔을 공유하는 것도 좋다. 반려동물이 죽은 뒤 성급하게 동일한 종, 같은 성별의 반려동물을 입양하는 일은 지양해야 한다. 특히, 어린 자녀가 있을 때 금방 새 반려동물을 들이면 자칫 아이가 죽음이나 생명을 대수롭지 않게 여길 수 있기 때문이다. 한국은 반려동물 산업이 단기간에 급성장한 반면, 반려인이 반려동물을 가족으로 생각하는 마음을 지지하고 존중하는 정신은 아직 미숙하다. 겨우 동물이 죽었다고 그렇게 슬퍼할 필요가 있느냐는 주위의 시선은 반려인에게 더 큰 좌절감과 상실감을 안겨 줄 수 있으니 유의해야 한다.

46. 윗글에 나타난 필자의 태도로 가장 알맞은 것을 고르십시오.

① 반려동물을 통해서 다른 사람과 적극적으로 교류하고 공감할 것을 권하고 있다.

② 반려동물을 키우다가 죽으면 서둘러 다른 반려동물을 들일 것을 주장하고 있다.

③ 반려동물이 죽은 뒤 가족처럼 애도하는 반려인들을 비난하지 말 것을 당부하고 있다.

④ 반려동물이 나보다 먼저 죽을 수 있으니 그것에 대비해야 한다고 강조하고 있다.

47. 윗글의 내용과 같은 것을 고르십시오.

① 반려동물이 죽으면 애도의 시간을 갖고 천천히 정리할 필요가 있다.

② 한국의 반려동물 산업 발전의 역사는 길고 안정적이다.

③ 반려동물의 죽음을 슬퍼하는 사람에게 공감하는 시선이 많다.

④ 반려동물의 죽음을 잊기 위해 동일한 종의 반려동물을 들이는 것이 좋다.

　　스스로의 실패를 바라보는 데는 두 가지 방법이 있다. 하나는 1인칭의 시점에서 당시의 감정을 되살리는 것이며, 또 하나는 3인칭의 관점, 즉 벽에 붙은 파리의 시점에서 나 자신을 관찰하는 것이다. 연구에 따르면 1인칭 시점에서 재경험한 피험자들은 심박 수가 높아지며 과거와 동일한 불쾌한 감각을 느끼는 반면 3인칭 시점에서 자신을 바라본 피험자들은 이런 생리적 변화가 동반되지 않고, 긍정적 메시지를 끌어낼 수 있었다고 한다. 이 원리는 우울증이나 조울증 치료에도 도움이 된다고 한다. 환자에게 우울한 심정을 담은 비디오를 찍게 한 뒤 치료자와 보면서 제 3자적 시점에서 토론하도록 한다. 환자들은 이 과정에서 과도한 감정 반응을 객관적으로 바라볼 수 있게 되었다고 한다. 삶의 심리적 외상 극복을 위해선 스스로를 관찰 대상으로 삼고, (　　　　　　　　　) 능력이 필요하다. 자기 얘기를 글로 쓰거나 사이코드라마를 통해 외면화함으로써 상처를 극복해 내는 사례를 보면 가능할 것이다.

48. 윗글을 쓴 목적으로 가장 알맞은 것을 고르십시오.

① 인간이 실패하는 이유를 파악하려고

② 3인칭 관점 관찰 이론을 소개하려고

③ 실패를 바라보는 관점의 변화를 유도하려고

④ 실패가 인간에게 미치는 영향을 분석하려고

49. (　　　　　)에 들어갈 말로 가장 알맞은 것을 고르십시오.

① 거시적인 시점으로 상황을 파악하는

② 긍정적인 생각으로 자신을 보듬는

③ 적극적인 자세로 모든 일에 임하는

④ 객관적으로 평가하고 공감하며 위로할 수 있는

50. 윗글에 내용과 같은 것을 고르십시오.

① 제 3자적 시점으로 바라보게 하는 치료의 가능성을 제시하고 있다.
② 우울증과 조울증 치료에 좀 더 신중하게 접근해야 한다.
③ 심리적 상처 극복의 방법으로 1인칭 시점을 지지하고 있다.
④ 우울증 치료의 문제점에 대하여 지적하고 있다.

TOPIK II　聞き取り（1番〜50番）模擬テスト 解答・解説

※ [1~3] 次を聞いて最も適切な絵または図表を選びなさい。（各2点）

1.
> 여자 : 아프신 곳이 어디예요?
> 남자 : 발목이요.
> 여자 : 그럼 발목에 이 기계를 3분 동안 대고 계세요.
>
> 女性 : 痛いところはどこですか？
> 男性 : 足首です。
> 女性 : それでは足首にこの機械を3分間当てていてください。

正解 ❹

解説　女性が「痛いところはどこですか？」と尋ねているので、場所は病院だと想像でき、「足首にこの機械を3分間当てていてください」と言っているので、治療する機械があるリハビリ室での会話だということが分かります。よって、正解は④です。

- -

2.
> 남자 : 이 상자는 어디에 둘까요?
> 여자 : 이쪽 방에 모아 주세요.
> 남자 : 네, 여기다가 두겠습니다.
>
> 男性 : この箱はどこに置きましょうか？
> 女性 : こちらの部屋に集めてください。
> 男性 : はい、ここに置きます。

正解 ❶

解説　男性は「この箱はどこに置きましょうか？」と、持っている箱を置く場所を尋ねています。女性は「こちらの部屋に集めてください」と指示しているので、その場所を指すポーズをしているのが自然です。よって、正解は①です。

- -

3.
> 남자 : 직장인들에게 가장 인기 있는 취미는 무엇일까요? 영화와 드라마 감상이 47.6%였고, 운동이 32.8%, 국내외 여행이 10.5%, 맛집 탐방이 9.1%로 나타났습니다. 취미 생활을 하는 이유로는 '스트레스 해소'가 가장 많았으며, '재미있어서', '일상이 지루해서'가 뒤를 이었습니다.

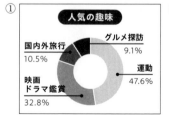
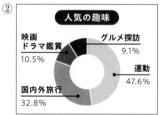

414

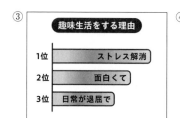

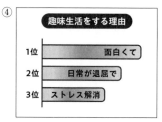

男性： 会社員に最も人気のある趣味は何でしょうか？ 映画やドラマ鑑賞が47.6％で、
運動が32.8％、国内外旅行が10.5％、グルメ探訪が9.1％となりました。趣味生活
をする理由としては「ストレス解消」が最も多く、「面白くて」、「日常が退屈で」
がその次に多かったです。

正解 ❸

解説 「会社員に最も人気のある趣味」は多い順に映画やドラマ鑑賞(47.6％)、運動(32.8％)、国内外
旅行(10.5％)、グルメ探訪(9.1％)だと言っています。さらに「趣味生活をする理由」は多い順に「ス
トレス解消」＞「面白くて」＞「日常が退屈で」だと言っています。よって、正解は③です。

※ ［4～8］次を聞いて続く言葉として最も適切なものを選びなさい。（各2点）

4.

여자 : 이번 주 토요일에 시간 있어? 영화 보러 안 갈래?
남자 : 잘됐다. 마침 나도 보고 싶었던 게 있었거든.
여자 : _____

女性：今週の土曜日に時間ある？ 映画に行かない？
男性：よかった。ちょうど私も見たかったものがあったんだ。
女性：_____

❶ 本当？ 何の映画なの？　　　　　② 何も言わないで。とてもつまらなかった。
③ どこで会おうか？　　　　　　　④ それは今度にしよう。

解説 女性が男性を映画に誘っています。男性が「ちょうど見たいものがあった」と言ったので、そ
れに対して女性は「何の映画を見たいのか」を尋ねるのが自然です。よって、正解は①です。

5.

여자 : 수술은 잘 끝난 거죠? 몸은 좀 어때요?
남자 : 여기까지 오시느라 고생하셨어요. 병원 찾기 안 힘들었어요?
여자 : _____

女性：手術は無事に終わったんですよね？ 体の調子はどうですか？
男性：ここまで来ていただいて、お疲れ様です。病院を探すのは大変じゃなかったです
か？
女性：_____

模擬テスト

模擬

解答・解説（聞き取り）

① 具合が悪いという話を聞きました。
② 忙しすぎて連絡できませんでした。
③ 時間がかかって探せませんでした。
❹ バスを降りたらすぐでしたよ。

解説　お見舞いに来た女性に、患者の男性が「病院の場所を探すのは大変じゃなかったのか？」と尋ねています。女性は病院を見つけてお見舞いに来ることができているので、④が正解です。

6.

여자 : 이번 주말 야외로 놀러 갈 때 뭘 입을까요?
남자 : 주말부터 날씨가 쌀쌀해진다고 하더라고요.
여자 : ＿＿＿＿＿＿＿＿＿＿＿＿＿＿＿＿＿＿＿＿

女性 : 今週末、外に遊びに行くとき、何を着ましょうか？
男性 : 週末から肌寒くなるそうです。
女性 : ＿＿＿＿＿＿＿＿＿＿＿＿＿＿＿＿＿＿＿＿

① もちろんです。冬だから肌寒いですよね。
❷ そうなんですか？　長袖の服を持って行かなければなりませんね。
③ 本当ですか？　事前に調べておけばよかったですね。
④ その通りです。涼しく着なければなりません。

解説　週末、遊びに出かけるときの服装について話している男女の会話です。男性が「週末から肌寒くなるそうだ」と言っているので、女性の答えとして自然なのは「肌寒さに備える」ことです。よって、「長袖の服を持って行かなければならない」とある②が正解です。

7.

여자 : 컴퓨터가 고장 났나 봐요. 아까부터 이상한 소리가 나요.
남자 : 한번 껐다 켜 봤어요?
여자 : ＿＿＿＿＿＿＿＿＿＿＿＿＿＿＿＿＿＿＿＿

女性 : パソコンが故障したようです。　さっきから変な音がします。
男性 : 一度電源を切ってからつけてみましたか？
女性 : ＿＿＿＿＿＿＿＿＿＿＿＿＿＿＿＿＿＿＿＿

① 更新ボタンを押しました。
② ずっと点いていました。
❸ 電源ボタンを押しても切れません。
④ バッテリーが切れたようです。

解説　「パソコンが故障したようだ」と言う女性に対して、男性は「電源を一度切ってからつけてみたのか」と尋ねています。女性の答えとして自然なのは、直接的な答えではありませんが「電源が切れない」です。よって、正解は③です。

8.

여자 : 카드 발급을 위해 비밀번호를 정해야 됩니다. 비밀번호는 생년월일이 아닌 네 자리 숫자로 키패드를 눌러 주세요.

남자 : 네, 눌렀습니다.
여자 : _____

女性 : カード発行のために暗証番号を決めなければなりません。暗証番号は生年月日で
はない4桁の数字でキーパッドを押してください。
男性 : はい、押しました。
女性 : _____

① ID を教えていただけますか？
❷ 確認のため、もう一度押していただけますか？
③ 生年月日が一致しません。
④ 電話番号を教えていただけますか？

解説　カード発行のために暗証番号を決めるシーンで、男性に任意の番号を入力してもらう流れです。男性が一度番号を押したのを受けて、女性は「確認のためにもう一度押してほしい」と言うのが選択肢の中では最も自然なので、正解は②です。

※ ［9~12］次を聞いて、**女性が続いてする行動**として最も適切なものを選びなさい。（各 2 点）

9.

여자 : 파스타 먹을까? 어떤 종류가 좋아?
남자 : 크림은 느끼해서 별로고 토마토 스파게티로 하자.
여자 : 토마토는 있는데 양파가 없네.
남자 : 금방 가서 사 올게. 냄비에 물 좀 올려 줘.
女性 : パスタ食べようか？　どの種類がいい？
男性 : クリームは脂っこくてイマイチだし、トマトスパゲッティにしよう。
女性 : トマトはあるけど玉ねぎがないね。
男性 : すぐ行って買ってくるよ。鍋にお湯を用意してくれ。

① トマトを洗う。　　② 玉ねぎを切る。　　❸ 湯を沸かす。　　④ 麺を探す。

解説　パスタを作って食べようとしたら玉ねぎがないので、男性が買いに行く間、女性に鍋にお湯を準備するように言っています。女性がする次の行動を答えるので、「湯を沸かすこと」が適切です。よって、正解は③です。

- -

10.

여자 : 어떻게 된 거죠? 대기 줄이 왜 이렇게 긴 거예요?
남자 : 놀이 기구에 문제가 생긴 것 같아요.
여자 : 다른 놀이 기구도 마찬가지일까요?
남자 : 앱으로 대기 시간을 확인해 봐요.
女性 : どうしたんですか？　待ってる人の列が何でこんなに長いんですか？
男性 : アトラクションに問題が生じたようです。
女性 : 他のアトラクションも同じでしょうか？
男性 : アプリで待ち時間を確認してみましょう。

解答・解説（聞き取り）

① 別の所へ行く。　　　　　　　❷ 携帯電話を取り出す。
③ スタッフに聞いてみる。　　　④ 男性を待つ。

解説　アトラクションに問題が生じたせいで、待機列が長くなっている状況です。「他の乗り物も同じか？」と尋ねる女性に対して、男性は「アプリで確認してみよう」と言っています。次に女性がする行動としては、「アプリを見るために携帯を取り出す」のが自然なので、正解は②です。

- -

11.
여자 : 고객 만족도 조사를 하고 있습니다. 참여해 주시면 할인권을 드립니다.
남자 : 이런 거 본 적이 없는데 어떻게 참여하면 되나요? 지금 조금 바쁘기도 하고요.
여자 : 여기 설문지에 체크만 해 주시면 돼요.
남자 : 볼펜이 잘 안 나오는데요.

女性：顧客満足度調査をしています。参加していただければ割引券を差し上げます。
男性：こういうの、したことがないんですが、どうやって参加すればいいですか？　今はちょっと忙しいですし。
女性：こちらのアンケートにチェックを入れていただくだけです。
男性：ボールペンがうまく出ませんが。

① アンケート用紙を渡す。　　　❷ 筆記用具を替えてあげる。
③ 調査の質問をする。　　　　　④ 割引券をあげる。

解説　女性が顧客満足度調査をしていて、男性が参加することになった状況です。「アンケートにチェックをしてほしい」と筆記用具を渡しましたが、男性は「ボールペンがうまく出ない」と言っています。女性の次の行動として自然なのは、「別の筆記用具を渡す」ことです。よって、正解は②です。

- -

12.
남자 : 화상 회의를 시작하기 전에 몇 가지 확인해 봅시다. 인터넷 연결 상태는 어떤가요?
여자 : 30분 동안 지켜봤는데 정상적입니다.
남자 : 마이크와 스피커도 제대로 작동하고 있지요? 화면 공유는 확인해 봤어요?
여자 : 소리는 잘 들리는데 화면 공유는 안 해 봤습니다. 지금 공유하겠습니다.

男性：リモート会議を開始する前に、いくつか確認をしてみましょう。インターネットの接続状態はどうですか？
女性：30分間見てきましたが、正常です。
男性：マイクとスピーカーもちゃんと作動していますよね？　画面共有は確認してみましたか？
女性：音はよく聞こえますが、画面共有は試していません。今、共有します。

① 画面をつける。　　　　　　　② マイクテストをしてみる。
③ 会議を始める。　　　　　　　❹ 文書を画面共有する。

解説　男性はリモート会議を始める前に設定に問題がないか点検をすることを提案し、女性はインターネット、マイク、スピーカーの状態を確認しています。さらに男性は「画面共有を確認したか」と尋ね、女性は「今、共有します」と答えているので、女性の次の行動として自然なのは、「画面共有を試みること」です。よって、正解は④です。

※ [13~16] 次を聞いて聞いた内容と同じものを選びなさい。(各 2 点)

13.

여자 : 어디가 안 좋아? 왜 찡그리고 있어?
남자 : 입안이 헐어서 먹을 때마다 고생하고 있어.
여자 : 요즘 피곤하다고 하더니 구내염이 생겼나 보네. 너무 심하면 연고를 발라 봐.
남자 : 입안에 약을 바르는 건 좀 그런데.

女性：どこが悪いの？　何で顔をしかめてるの？
男性：口の中がただれて食べるたびに苦労してるんだ。
女性：最近疲れてるって言ってたけど、口内炎ができたみたいだね。ひどすぎるなら軟
　　　膏を塗ってみて。
男性：口の中に薬を塗るのはちょっとあれだけど。

① 男性は歯が痛い。　　　　　　　　　② 女性は病院を勧めた。
❸ 男性は薬を塗りたくない。　　　　　④ 男性は食事をまったくしていない。

解説　男性が「口の中がただれて食べるたびに苦労している」と言い、女性が「軟膏を付けたら」と
アドバイスしています。しかし、男性が口の中に薬を塗るのは「좀 그런데 ちょっとあれだけど」と躊
躇しているので、正解は③です。

14.

여자 : 관리 사무소에서 주차 공간 안내 말씀 드리겠습니다. 주차장은 빌딩 뒷편에 위치해 있
습니다. 각 차량은 반드시 주차 번호를 등록해 주시기 바랍니다. 등록하지 않은 차량은
물리적인 이동이 있을 수 있습니다. 또한, 주차장에서 주차 소음이 크면 근처 주민들에
게 폐를 끼치므로 조용히 주차를 부탁드립니다.

女性：管理事務所から駐車スペースのご案内を申し上げます。駐車場はビルの裏側にあ
　　　ります。各車両は必ず駐車番号を登録してください。未登録車両は物理的に移動
　　　させる可能性があります。また、駐車場での駐車騒音が大きいと近くの住民の迷
　　　惑になりますので、静かに駐車をお願いします。

① この建物には駐車してはいけない。
❷ 駐車場を利用するには駐車番号を登録しなければならない。
③ 駐車場は建物の地下にある。
④ 登録していない車は通報する。

解説　管理事務所の女性が、駐車場の位置と利用登録についてアナウンスしています。車両は「必ず
駐車番号を登録」し、登録していない車両は「物理的に移動させる」と言っているので、正解は②です。

15.

남자 : 내일 아침은 전국이 올가을 들어 가장 낮은 기온을 기록할 것으로 보입니다. 인주
시는 영상 5도로 오늘보다 4~5도가량 뚝 떨어지고, 산간 지역에는 눈이 올 가능
성이 큽니다. 기상청은 쌀쌀한 날씨가 금요일까지 이어지다가 주말부터는 예년의
선선한 가을 날씨를 되찾을 것으로 전망했습니다.

男性：明日の朝は、全国が今秋に入って最も低い気温を記録する見通しです。インジュ

市はプラス5度で今日より4～5度ほどぐんと下がり、山間地域には雪が降る可能性が高いです。気象庁は肌寒い天気が金曜日まで続き、週末からは例年の涼しい秋の天気に戻ると予想しています。

❶ 週末からは天気が和らぐだろう。
② 明日は秋らしい涼しい天気になるだろう。
③ 金曜日には気温が下がるだろう。
④ 明日、インジュ市に雪が降るだろう。

解説　天気予報のアナウンスです。「明日の朝は今秋に入って最も低い気温を記録する」と言っていますが、「週末からは例年の涼しい秋の天気に戻る」と、気温が再び上がるということを示唆しているので、正解は①です。気温が「**영하**(零下、0度以下)」になりやすい時期は、0度以上の気温のときに対比として「**영상**(零上)」を付けて分かりやすくすることが多いです。

- -

16.
> 남자 : 어머니가 금메달을 따고 29년 만에 딸이 또 금메달을 땄네요. 어머니뿐만 아니라 온 가족이 배드민턴을 하시는데요, 어머님이 시켜서 시작하신 건가요?
> 여자 : 아뇨, 저는 초등학교 때 학교 끝나고 부모님이 계신 체육관으로 가면서 자연스럽게 시작하게 된 것 같아요. 체육관에서 셔틀콕을 가지고 놀았는데, 처음엔 재미있지 않았어요.
>
> 男性 : お母さんが金メダルを取り、29年ぶりに娘がまた金メダルを取りましたね。お母さんだけでなく家族全員がバドミントンをされていますが、お母さんが始めさせたのですか？
> 女性 : いいえ、私は小学生の頃、学校が終わって両親のいる体育館に行くにつれ、自然に始めるようになったと思います。体育館で、シャトルで遊んでいましたが、最初は面白くありませんでした。

① 女性は母親の勧めでバドミントンを始めた。
❷ 女性の母親はバドミントン選手だった。
③ 女性は幼い頃からバドミントンに興味があった。
④ 女性の家族は、女性が金メダルを取るとは思わなかった。

解説　男性が、最初に「お母さんが金メダルを取り、29年ぶりに娘がまた金メダルを取りました」と言っているので、女性と同じく、母親もバドミントンの選手だったことが分かります。よって、正解は②です。①は、男性の「お母さんが始めさせたのか？」という質問に女性は「いいえ」と答えているので誤答です。また、女性は③「幼い頃から興味があった」のではなく、「自然に始めた」「最初は面白くなかった」とあるのでこれも誤答です。

※［17～20］次を聞いて**男性の中心的な考え**として最も適切なものを選びなさい。（各2点）

17.
> 남자 : 집 안이 찜통이네. 에어컨 꺼 놨어?
> 여자 : 응, 요즘 전기 요금이 많이 나와서 나가기 전에 꼭 끄려고 해.
> 남자 : 잠깐 외출할 때는 그냥 약한 냉방을 켜 놓는 게 나아. 껐다 켰다를 자주 하면 전력 소모가 더 심하대.

男性：家の中が蒸し器だね。エアコン消しておいたの？
女性：うん、最近電気代がかなりかかっているから、出かける前に必ず消そうと思って。
男性：ちょっと外出するときは、弱い冷房をつけておいた方がいいよ。つけたり消したりを頻繁にすると、余計に電力を使うんだって。

① エアコンは電力消耗が激しい。
② エアコンを強くつけると電気代が高くなる。
③ エアコンを使わないときはコンセントを抜いておかなければならない。
❹ 短い外出時はエアコンをつけ続けなければならない。

解説　家の中で蒸し暑さを感じた男性が「エアコンを消しておいたの？」と尋ね、女性は「外出するときは必ず消している」と言っています。それに対して、男性は「エアコンを頻繁につけたり消したりすると、余計に電力を使う」から「弱い冷房をつけておいた方がいい」と言っているので、正解は④です。

18.
남자 : 과장님 승진 선물로 현금을 드리기로 했다면서요?
여자 : 네. 취향에 안 맞는 물건을 드리는 것보다 필요한 것을 직접 살 수 있을 것 같아서요.
남자 : 그래도 정성 들여 고른 선물이 더 좋지 않을까요? 선물은 포장을 풀 때 감동과 놀라움이 있는 거잖아요.

男性：課長の昇進プレゼントとして現金を差し上げることにしたんですって？
女性：はい。好みに合わないものを差し上げるより、必要なものをご自身で買えると思いまして。
男性：でも、心を込めて選んだプレゼントの方がいいんじゃないですか？　プレゼントは包装を開けるときの感動と驚きがあるのではないですか。

❶ 社員たちが選んだプレゼントの方が意味がある。
② プレゼントは好みに合うものを選ばなければならない。
③ 驚かせるためにギフトラッピングに気を使わなければならない。
④ プレゼントとしてお金と一緒にカードを入れなければならない。

解説　課長の昇進プレゼントとして「好みに合わないものより必要なものを自分で買えるよう現金にした」と言う女性に対して、男性は「心を込めて選んだプレゼントの方がいいんじゃないか」と反対の意見を言っています。よって、正解は①です。③の「驚かせるためにギフトラッピングに気を使わなければならない」はメインの話ではないので誤答です。

19.
여자 : 내가 장 봐 왔으니까 빨리 만들어서 먹자.
남자 : 요리 전에 일단 설거지와 조리대 정리를 하자.
여자 : 요리하면 계속 씻을 게 나오는데 뭐하러 두 번이나 해. 먹은 뒤 한꺼번에 하면 되지.
남자 : 조리대가 복잡하면 요리하기도 힘들고 번거롭잖아.

女性：私が買い物をしてきたから、早く作って食べよう。
男性：料理の前にまず皿洗いと調理台の整理をしよう。
女性：料理をしたら洗い物が出続けるのに、何で２回もするの。食べた後、一度にやれ

421

ばいいじゃん。

男性：調理台が片付いていないと、料理するのも大変で面倒じゃないか。

❶ 調理台の整理をしてから料理するのが効率的だ。
② 皿洗いをためておくと衛生的によくない。
③ 料理しながら出てくるゴミは一度に片付ければいい。
④ 複雑な料理よりは簡単な料理を好む。

解説　女性が「早く料理を作って食べよう」と切り出したのに対し、男性は「料理の前に皿洗いと調理台の整理をしよう」と言っています。その理由は「調理台が片づいていないと料理をするのも大変で面倒だ」ということですが、これは①の「調理台の整理をしてから料理する方が効率的」という意味なので、正解は①です。

- -

20.

여자 : 이번 책은 소설 같기도 하고 경제서 같기도 한데요, 어떻게 쓰시게 된 건가요?

남자 : 이 책은 판타지 경제 소설이라고 할 수 있는데 저는 아이들에게 돈과 부자 되기를 쉬운 말로 알려 주고 싶었어요. 돈이 왜 필요한지, 어떻게 버는 건지, 돈을 아껴서 쓰는 방법과 저축 등에 대해서 아이들이 재미있게 읽으면서 알 수 있게 말이죠.

女性：今回の本は小説のようでもあり、経済書のようでもありますが、どのようにして書かれるようになったんですか？

男性：この本はファンタジー経済小説だと言えますが、私は子どもたちにお金と金持ちになることをやさしい言葉で教えたかったのです。お金がなぜ必要なのか、どうやって稼ぐのか、お金を節約して使う方法や貯蓄などについて、子どもたちが楽しく読みながら分かるようにということですね。

① この本は成人読者を対象としている。
② この本は作家が直接経験した話を書いた。
❸ この本は経済の話を子どもたちの目線に合わせて書いた。
④ この本は誰もが金持ちになる方法を教えてくれる。

解説　男性は作家で、女性がインタビュアーです。女性がこの本を書いた経緯を男性に尋ねたところ、男性は「ファンタジー経済小説」という形を通して、「子どもたちにお金のことと金持ちになることを分かりやすい言葉で教えたかった」と言っているので、正解は③です。④の「お金持ちになる方法を教えてくれる」というのは、本の主眼とは言えないので誤答です。

※ [21~22] 次を聞いて問いに答えなさい。（各2点）

여자 : 교수님, 진로를 어떻게 결정하면 좋을지 아직 막막하네요.

남자 : 먼저 자신의 강점과 관심사를 파악하는 게 중요해요. 현재까지의 학습과 경험을 생각해 보면서 어떤 분야에 능력을 발휘할 수 있을지 생각해 보는 게 좋아요.

여자 : 제가 잘하는 일과 좋아하는 일 중에서 어떤 것을 직업으로 삼아야 할까요?

남자 : 우선 능력과 열정을 균형 있게 고려하면서 적절한 선택을 해야겠지요. 무엇을 선택하든 자신이 만족하고 행복할 수 있는 길을 찾는 것이 가장 중요합니다.

女性：教授、進路をどう決めたらいいのかまだ漠然としています。

男性：まず、自分の強みと関心事を把握することが重要です。現在までの学習と経験を
　　　考えながら、どの分野で能力を発揮できるかを考えてみるといいでしょう。
女性：私の得意なことと好きなことの中で、どちらを職業にすべきでしょうか？
男性：まず、能力と情熱をバランスよく考慮しながら適切な選択をしなければなりません。
　　　何を選んでも、自分が満足して幸せになれる道を見つけることが最も重要です。

21. 男性の中心となる考えとして最も適切なものを選びなさい。
　　① 学習と経験を生かして進路を決めなければならない。
　　② 関心はあっても能力がなければ職業になりにくい。
　　❸ 自分が満足できる仕事を自分で選ぶべきだ。
　　④ 好きなことを一生懸命やればうまくできる。

解説　進路について悩んでいる女性に対しての「男性の考え」をよく聞きます。選択肢を見ると、③の「自
分が満足できる仕事を自分で選ぶべき」というのが男性の「適切な選択をしなければならない」「自分が満
足して幸せになれる道を見つける」という発言に合っています。よって、正解は③です。①「学習と経験
を生かして進路を決める」というのは、「それらを考えながら進むべき分野を決めること」とはずれるので
誤答です。

22. 聞いた内容と同じものを選びなさい。
　　① 男性は女性の進路について心配している。
　　❷ 女性が男性から進路決定についてアドバイスを受けている。
　　③ 人は好きなことをするときが一番幸せだ。
　　④ 男性は、人は誰でも才能があると思っている。

解説　会話の場面が、「女性が男性に進路相談し、アドバイスをもらっている」ところなので、正解
は②です。①「男性は女性の進路について心配している」は、心配しているような男性の発言はない
ので誤答です。

※ [23~24] 次を聞いて問いに答えなさい。（各2点）

남자 : 저는 학교에서 다른 학생들로부터 괴롭힘을 당하고 있는데 법률 상담이 가능할까요?
여자 : 네. 무료로 학교 폭력 문제에 대한 상담을 받으실 수 있습니다. 어떤 종류의 괴롭
　　　힘을 당하고 계신가요?
남자 : 모욕적인 말들을 듣고 때때로 신체적인 괴롭힘도 있습니다. 증거가 될 만한 메시지
　　　와 동영상을 가지고 있어서 학교에서는 내부적으로 조사를 진행하고 있다고 합니다.
여자 : 학교 조사에 먼저 협력하시고요, 상황이 심각하다면 경찰에 신고할 수 있습니다.
　　　법률 전문가를 연결해 드리겠습니다.

男性：私は学校で他の生徒たちからいじめられているのですが、法律相談はできますか？
女性：はい。無料で校内暴力の問題について相談を受けることができます。どのような
　　　いじめを受けていますか？
男性：侮辱的な言葉を聞き、時々身体的ないじめもあります。証拠になるようなメッセー
　　　ジや動画を持っていて、学校では内部で調査を進めているそうです。
女性：学校の調査にまずご協力いただいて、状況が深刻な場合は警察に通報できます。
　　　法律の専門家におつなぎします。

23. 男性が何をしているのか選びなさい。
　　① 校内暴力の深刻さについて調べている。
　　❷ 法律相談ができるか問い合わせている。
　　③ 相談日程を確認している。
　　④ 相談予約日を変更している。

解説　男性は学校の生徒で、最初に「他の生徒からいじめられているが、法律相談ができるか」と尋ねています。よって、正解は②です。

24. 聞いた内容と同じものを選びなさい。
　　① 男性は1人から暴行を受け続けている。
　　② 校内暴力の問題はまず警察に通報しなければならない。
　　③ 男性はいじめられたが証拠がない。
　　❹ 男性はこの問題について学校と先に話した。

解説　男性の発言に注目すると、「学校では内部で調査を進めているそうです」と言っていることから、この問い合わせの前に学校に相談をしていることが分かります。よって正解は④です。①「男性は1人から暴行を受け続けている」は、1言目に「他の生徒たち」と言っているので誤答です。

※ ［25～26］次を聞いて問いに答えなさい。（各2点）

> 여자 : 사장님, 장사가 안 되던 카페를 인수해서 성공한 비결이 뭔가요?
> 남자 : 이곳은 위치와 전망도 좋고 인테리어도 나쁘지 않았습니다. 하지만 걸어 올라오기 힘든 계단과 관리가 잘 안 되던 옥상 잔디 등 문제점도 있었지요. 이걸 해결하기 위해 계단에 명사들의 명언을 써 놓았습니다. 명언을 읽으며 계단을 오르면 힘들다는 생각을 잊게 되거든요. 옥상 잔디는 인공 잔디로 바꿔 일 년 내내 자연의 느낌이 나게 했습니다. 사업이란 사람들을 기쁘게 해 주는 것인데 불편을 해소하면 자연스럽게 고객은 따라오는 거지요.
>
> 女性 : 社長、商売がうまくいかなかったカフェを買収して成功した秘訣は何ですか？
> 男性 : ここは位置と展望もよく、インテリアも悪くありませんでした。しかし、歩いて上がるのが大変な階段や、管理が行き届いていなかった屋上の芝生などの問題点もありましたね。これを解決するために階段に著名人たちの名言を書いておきました。名言を読みながら階段を上ると大変だという考えを忘れてしまいます。屋上の芝生は人工芝に変え、1年中自然を感じられるようにしました。事業とは人々を喜ばせることですが、不便を解消すれば自然に顧客はついてくるのです。

25. 男性の中心となる考えとして最も適切なものを選びなさい。
　　① インテリアをどうするかによってカフェの雰囲気が変わる。
　　❷ 顧客の不便をなくし、喜びを与えれば成功できる。
　　③ きらめくアイデア1つで事業を成功させることができる。
　　④ カフェはリラックスできる空間でなければならない。

解説　インタビュアーの女性が「商売がうまくいかなかったカフェを成功させた秘訣」について質問し、男性社長が答えています。男性は、「歩いて上るのが大変な階段」や「屋上の芝生」などの問題点について、「顧客が楽しめるように改善した」「不便さがなくなれば自然にお客さんが増える」と、その秘訣を語っています。よって、正解は②です。そのほかの選択肢については何も語っていません。

26. 聞いた内容と同じものを選びなさい。
　　① このカフェはコーヒーの味がよくなかった。
　　② このカフェは駅から歩いて行くのが不便だ。
　　❸ このカフェではいつでも芝生を楽しむことができる。
　　④ このカフェのトイレには名言が書かれている。

解説　男性は③の「芝生」について、「人工芝に変えて１年中自然を感じられるようにした」と言っています。よって、正解は③です。①のコーヒーの味については語っていないので、②の駅からの距離は「位置と展望がよい」と言っているので、④の「名言」は階段に書かれているので、それぞれ誤答です。

※ [27~28] 次を聞いて問いに答えなさい。（各２点）

> 여자 : 선거 유세 차량들 때문에 요즘 너무 시끄러워요.
> 남자 : 이런 유세 차량들이 없다면 후보자들이 자신의 정책을 알리는 기회가 줄어들지 않을까요? 텔레비전이나 라디오 광고만으로는 모두에게 도달하기 힘들거든요.
> 여자 : 그래도 아침부터 밤까지 끊임없이 소리가 나니까 주민들이 불편해합니다.
> 남자 : 그건 맞지만, 유세 차량은 민주주의의 중요한 일환이에요. 후보자들은 자신의 계획과 정책을 직접 주민들에게 전달할 기회를 가져야 하잖아요. 대안이라면 정해진 시간대에만 유세 차량을 운행하는 것도 한 방법일 것 같아요.
>
> 女性 : 選挙遊説の車両（選挙カー）のせいで最近とてもうるさいです。
> 男性 : このような選挙カーがなければ、候補者が自分の政策を知らせる機会が減るのではないでしょうか？　テレビやラジオの広告だけでは全ての人に届きにくいんですよ。
> 女性 : それでも朝から夜まで絶えず音がするので、住民たちが不便を感じています。
> 男性 : それはそうですが、選挙カーは民主主義の重要な一環です。候補者たちは自分の計画と政策を直接住民たちに伝える機会を持たなければならないじゃないですか。代案として、決められた時間帯だけ選挙カーを運行するのも１つの方法だと思います。

27. 男性が話す意図として適切なものを選びなさい。
　　① 選挙遊説の方法を知らせようと
　　② 選挙に出馬する候補者に騒音問題について問い合わせするために
　　③ 住民に選挙遊説への参加をお願いしようと
　　❹ 選挙運動のために選挙カーの利用を了解してもらおうと

解説　男性の発言に注目し、意図をくみ取ります。女性が「選挙遊説車両がとてもうるさい」と言っているのに対して、男性は選挙カーによる遊説は「候補者たちが自分の計画と政策を住民に伝える機会」であり、「民主主義の重要な一環」として必要だと言っています。よって、「男性が話す意図」としては④「選挙カーの利用を了解してもらおうと」が合っています。正解は④です。

28. 聞いた内容と同じものを選びなさい。
　　❶ 選挙に出馬した候補者は、自分の政策を知らせるために車を運行している。
　　② 住民はテレビやラジオを通じて政策を十分に知ることができる。
　　③ 住民たちが選挙遊説を聞くために集まったせいで、町は混雑している。
　　④ 選挙遊説車両は毎日同じ時間に町を回っている。

解説　①は車両による選挙遊説の説明なので内容に合っており、正解は①です。②は「テレビやラジオの広告だけではみんなに届かない」と言っている、③については発言がないので、④「選挙カーは毎日同じ時間に町を回っている」は女性が「朝から夜まで絶えず音がする」と言っているので、それぞれ誤答です。

※［29～30］次を聞いて問いに答えなさい。（各2点）

> 여자 : '업사이클러'라는 활동을 하고 계시는데 어떤 것인지 알려 주시겠어요?
> 남자 : '개선하다'라는 의미의 업그레이드와 '재활용'의 리사이클을 결합한 단어인데요. 쓸모가 없어져 버리는 제품에 디자인 또는 활용도를 더해 그 가치를 높이는 제품으로 재탄생시키는 일이에요. 재활용과 달리 재처리에 쓰이는 자원 낭비를 막을 수 있어요. 예를 들면, 버려진 가죽을 지갑으로 만들거나 튜브로 핸드백을 만들기도 하지요.
> 여자 : 패션이나 잡화품이 많은 편인가요?
> 남자 : 최근에는 미술이나 인테리어 분야로도 확대되고 있습니다.
>
> 女性 :「アップサイクラー」という活動をしていらっしゃいますが、どんなものなのか教えていただけますか?
> 男性 :「改善する」という意味のアップグレードと「再利用」のリサイクルを組み合わせた単語ですが、役に立たなくなって捨てる製品にデザインまたは活用度を加え、その価値を高める製品に生まれ変わらせることです。リサイクルとは異なり、再処理に使用される資源の浪費を防ぐことができます。例えば、捨てられた革を財布にしたり、チューブでハンドバッグを作ったりもしますね。
> 女性 : ファッションや雑貨が多い方ですか?
> 男性 : 最近は美術やインテリア分野にも拡大しています。

29. 男性が誰なのか選びなさい。
   ① リサイクル品の収集する人
   ② 捨てられる物を分別する人
   ③ 新しいデザインを開発する人
   ❹ 捨てられる物を再創造する（作り直す）人

解説　インタビュアーの女性は男性が行っている「アップサイクラー」という活動についてどのようなものか尋ねているので、これに対する返答の内容が正解になります。男性は、「役に立たなくなって捨てる製品にデザインまたは活用度（使い道）を加え、その価値を高める製品に再誕生させること」と説明しています。これは「捨てられる物を作り直す人」だと言えるので、正解は④です。

30. 聞いた内容と同じものを選びなさい。
   ❶ アップサイクルは捨てられるゴミの量を減らすことができる。
   ② アップサイクルはファッション業界でのみ使われている。
   ③ リサイクル品を作る際に環境汚染が発生する。
   ④ アップサイクルは直す過程でエネルギーが使われる。

解説　「アップサイクル」は「捨てられるものを再利用」するので、①「ゴミの量を減らすことができる」に一致します。正解は①です。②は「ファッションや雑貨」だけでなく、「美術やインテリア分野にも拡大している」と言っているので誤答です。

> 남자 : 노령 인구가 증가하고 있는 상황에서 정년 퇴직 연령이 연장되면 노동 인구 부족
> 문제를 해소하는 데 도움이 될 것 같습니다.
> 여자 : 하지만 정년을 연장하면 젊은 세대에게 일자리를 제공하는 기회가 줄어들지 않습니까?
> 남자 : 경험이 필요한 일은 숙련된 베테랑들이 하고, 체력과 아이디어가 필요한 일은 신
> 입사원들이 한다면 서로의 자리를 빼앗지 않을 수 있습니다.
> 여자 : 퇴직 후 자유로운 생활을 꿈꾸고 있는 노동자들에게 부담이 될 수도 있으니 신중
> 히 생각할 필요가 있다고 봅니다.
>
> 男性 : 老齢人口が増加している状況で定年退職の年齢が延長されれば、労働人口不足の
> 問題を解消するのに役立つと思います。
> 女性 : でも定年を延長すれば、若い世代に仕事を提供する機会が減りませんか？
> 男性 : 経験が必要な仕事は熟練のベテランがし、体力とアイデアが必要な仕事は新入社
> 員がすれば、お互いの席を奪わずに済みます。
> 女性 : 退職後、自由な生活を夢見ている労働者にとって負担になることもあるので、慎
> 重に考える必要があると思います。

31. 男性の中心となる考えとして最も適切なものを選びなさい。
　① 老齢人口の増加が社会問題として台頭している。
　② 老齢人口に働き口を提供しなければならない。
　③ 定年退職後の老人の生活に社会的関心が必要だ。
　❹ 定年退職年齢を延長し、さらに働けるようにしなければならない。

解説　男性の考えについて答えるということを頭に入れた上で会話を聞きます。男性が「定年退職年齢が延長されれば、労働人口不足の問題が解決できる」と言うのに対し、女性は「若い世代に仕事を提供する機会が減る恐れがある」と言い、男性と反対の立場です。これに対して男性は「お互いの席を奪い合わないようにできる」とも言っており、男性の考えは一貫しています。よって、正解は④「定年退職年齢を延長し、さらに働けるようにしなければならない」です。

32. 男性の態度として最も適切なものを選びなさい。
　① 予想される問題点を懸念している。
　② 問題の解決策を求めている。
　❸ 自分の意見を一貫して主張している。
　④ 相手の意見を一部認め、異なる主張をしている。

解説　男性の態度を答えます。2 人は対立した意見を持っていて、男性は「自分の意見を一貫して主張している」ので正解は③です。①は「予想される問題点を懸念」しているのは女性なので、②は男性はむしろ問題の解決策を提案している側なので、④は話の流れと合わないので、それぞれ誤答です。

※ [33~34] 次を聞いて問いに答えなさい。（各 2 点）

> 여자 : 솔방울은 50여 개 이상의 작은 실편으로 되어 있어요. 젖어 있으면 동그랗게 닫혀
> 있지만 말라 있을 때 실편들이 뾰족하게 벌어져요. 그건 솔방울이 물에 예민하기
> 때문이에요. 현미경으로 보면 껍질이 건조할 때보다 수분을 흡수할 때 훨씬 더 두
> 꺼워진다는 것을 알아냈죠. 이런 물기를 빨아들이는 기능을 가진 솔방울의 특징을

연구해 친환경 재료나 에너지 소재를 만들어 사용할 수 있는 방법을 찾고 있어요. 물기를 빨아들여 더운 날씨에도 몸 온도를 낮춰 주고 땀이 나도 빨리 말려 주는 기능을 가진 옷은 이미 개발되어 있답니다.

女性：松ぼっくりは 50 個以上の小さな鱗片でできています。濡れていると丸く閉じていますが、乾いているときは鱗片が尖って開きます。それは松ぼっくりが水に敏感だからです。顕微鏡で見ると、皮は乾燥しているときより水分を吸収しているときの方がはるかに厚くなることが分かりました。このような水気を吸いとる機能を持つ松ぼっくりの特徴を研究し、環境にやさしい材料やエネルギー素材を作って使用できる方法を探しています。水気を吸いとって暑い天気でも体の温度を下げ、汗をかいても早く乾かしてくれる機能を持った服はすでに開発されています。

33. 何についての内容なのか適切なものを選びなさい。
  ❶ 松ぼっくりの吸水能力
  ② 松ぼっくりの季節ごとの形の変化
  ③ 松ぼっくりの薬の効果の研究
  ④ 松ぼっくりの環境保護の役割

解説　選択肢の中で共通する単語から松ぼっくりに関する内容ということは分かり、具体的に「何についての内容か」が問われています。女性は、「水気を吸う機能を持つ松ぼっくりの特徴を研究」しており、それを活かした服の説明などをしているので、正解は①「松ぼっくりの吸収能力」です。松ぼっくりの形の変化は水分によるもので季節ごとに変化するわけではないので、②は誤答です。

34. 聞いた内容と同じものを選びなさい。
  ① 松ぼっくりの研究を通じて環境汚染の実態を把握している。
  ❷ 松ぼっくりの特徴を活用して実生活に適用した事例がある。
  ③ 松ぼっくりは気温に敏感に反応する。
  ④ 松ぼっくりは水を吸いとると尖って開く。

解説　松ぼっくりの特徴を転用した機能を持った服がすでに開発されていることを最後に話しているので、正解は②です。③は松ぼっくりが敏感に反応するのは気温ではなく水分なので誤答、④は女性が説明した内容とは反対のことを言っています。

※ ［35~36］次を聞いて問いに答えなさい。(各 2 点)

남자 : 제가 성공한 길을 되돌아보니 분명히 떠오르는 이미지는 바로 '분노하는 저'였습니다. 적당히 일하는 '무사 안일'에 분노했고 최고의 콘텐츠를 만들어야 한다는 일념으로, 타협 없이 하루하루가 마지막인 것처럼 달려왔습니다. 사회에 나가면서 여러분이 고민 끝에 선택한 길이 무엇이든, 무수한 부조리와 몰상식이 존재할 겁니다. 이런 것이 행복을 좇는 여러분의 노력에 악영향을 미친다면, 여러분은 어떻게 할 건가요? 저처럼, 여러분도 분노하고, 맞서 싸우기를 당부합니다. 그래야 문제가 해결되고 이 사회가 변합니다.

男性：私が成功した道を振り返ってみると、はっきりと浮かぶイメージはまさに「怒る私」でした。適当に仕事をする「無事安逸(事なかれ主義)」に怒り、最高のコンテンツを作らなければならないという一心で、妥協することなく、一日一日が

最後であるかのように走ってきました。社会に出て皆さんが悩んだ末に選択した道が何であれ、数えきれない不条理と非常識が存在するでしょう。このようなことが幸せを追い求めるあなたの努力に悪影響を与えるとしたら、皆さんはどうしますか？　私のように、皆さんも怒り、立ち向かって戦うようお願いします。そうしてこそ問題が解決され、この社会が変わります。

35. 男性が何をしているのか選びなさい。
① 他人に怒らないことを誓っている。
② 自分との戦いに勝つ方法を紹介している。
❸ 社会の不条理に立ち向かうよう願っている。
④ これから世の中がもっとよくなるだろうという期待を明らかにしている。

解説 「男性が何をしているか」を答えるので、講演の内容から場面を想像します。男性は、最初に自分の成功を思うとき浮かぶイメージは「怒る私」で、適当に仕事をする「事なかれ主義」に怒り、「妥協することなく走ってきた」と言っています。さらに聴衆に向かって、不条理や非常識に対して「私のように、皆さんも怒り、立ち向かって戦うようお願いします」と言っています。よって正解は③「社会の不条理に立ち向かうよう願っている」です。

36. 聞いた内容と同じものを選びなさい。
① この男性は適当に働く社員たちによく怒る。
② 幸せな人生を送るためには、自分で選択しなければならない。
③ 職場内でよく戦っているなら、自分自身を振り返らなければならない。
❹ この男性は、最高のコンテンツを作成するために妥協しないようにした。

解説 男性は「最高のコンテンツを作らなければならないという一心で、妥協することなく、一日一日が最後であるかのように走ってきました」と言っているので、正解は④です。②のように、一般論として正しい、あるいはよく耳にするような選択肢が入っていることがありますが、音声の中で発言されているものを選ばなければなりません。

※ ［37~38］次を聞いて問いに答えなさい。（各 2 点）

남자 : 최근 신발 건조기가 주목을 받고 있는데요, 소비자들이 선택하는 이유는 무엇일까요?
여자 : 네, 신발 건조기는 장마철에 젖은 신발을 빠르게 건조시킬 수 있고 부츠나 장화 등도 살균을 통해 청결을 유지할 수 있습니다. 하지만 신발 수집 마니아와 젊은 세대의 중고 거래 문화도 한몫하고 있습니다. 한정판 신발 등을 구입해서 감상 목적으로 이용하거나, 중고 판매를 할 때 신발 상태가 중요하거든요. 세밀하게 관리해야 하는 신발의 특성상, 신발 건조기에 대한 주목도가 커지는 것으로 보입니다.

男性 : 最近、靴の乾燥機が注目されていますが、消費者が選ぶ理由は何でしょうか？
女性 : はい、靴の乾燥機は梅雨時に濡れた靴を素早く乾燥させることができ、ブーツや長靴なども殺菌することで清潔を保つことができます。しかし、靴の収集マニアや若い世代の中古品取引文化も一役買っています。限定版の靴などを購入して鑑賞目的で利用したり中古品販売をしたりする際に、靴の状態が重要なんです。細かく管理しなければならない靴の特性上、靴の乾燥機に対する注目度が高まっていると思われます。

37. 女性の中心となる考えとして最も適切なものを選びなさい。
　　① 衛生観念が高まり、靴の乾燥機が注目されている。
　　② 若い世代の消費者は常に新しい流行を望んでいる。
　　❸ 靴のマニア文化が靴の乾燥機の需要を呼び起こした。
　　④ 靴を長く履くために管理の需要が増えた。

解説　男性が「靴の乾燥機を消費者が選ぶ理由」を問い、女性は、「靴を素早く乾燥させ清潔な状態を保つことができる」と答えています。女性中心の考えを答える問題なので①「衛生観念が高まり、靴の乾燥機が注目されている」を選択しそうになりますが、その後も発言が続くので要注意です。「靴の収集マニアや若い世代の中古品取引文化のおかげ」、「中古品販売において重要な靴の状態をよく保つために乾燥機が注目されている」と自分の意見を補足しています。よって、女性の中心となる考えは③「靴マニア文化が靴の乾燥機の需要を呼び起こした」が正解です。「中心となる考え」の問題は、発言の一部だけで判断するのは NG です。

38. 聞いた内容と同じものを選びなさい。
　　① 韓国は梅雨が長くて靴の乾燥機が必要だ。
　　❷ 中古の靴を売買する人がいる。
　　③ 靴の匂いに敏感な人が多い。
　　④ 靴が濡れるのを嫌う若者が多い。

解説　内容が同じものは、37 番の解説で見たように、②「中古の靴を売買する人がいる」が正解です。①③④は、すべて一般的な話であって、発言の中にはないので誤答です。

※［39~40］次を聞いて問いに答えなさい。（各 2 点）

> 여자 : 그렇게 천 원의 아침밥에 대한 대학생들의 호응이 아주 높은데, 중단될 위기에 놓였다면서요?
>
> 남자 : 네, 2017년 대학가에서 시작된 이른바 '천 원의 아침밥' 사업, 학생이 천 원을 내면 정부가 천 원을 지원하고 나머지는 학교가 부담하는 구조입니다. 문제는 식재료 가격 상승과 뛰는 인건비로 4천 원 선에서 한 끼를 지원하기가 갈수록 쉽지 않다는 점입니다. 정부 지원금이 학생 한 명당 천 원에 묶여 사업이 지속될수록 대학에 적자가 누적되고 있습니다. 대학 측은 이 사업을 중단할지 정부 지원금을 더 늘려 달라고 할지 고민 중이라고 합니다.
>
>
> 女性 : そのように 1,000 ウォンの朝ごはんに対する大学生の反応がとてもいいのに、中断される危機にさらされているそうですね？
>
> 男性 : はい、2017 年に大学街で始まったいわゆる「1,000 ウォンの朝ごはん」事業、学生が 1,000 ウォンを出せば政府が 1,000 ウォンを支援し、残りは学校が負担する仕組みです。問題は食材価格の上昇と高騰する人件費で、4,000 ウォン台で 1 食を支援するのがますます容易ではなくなるという点です。政府支援金が学生 1 人当たり 1,000 ウォンに縛られ、事業が続くほど大学では赤字が累積しています。大学側はこの事業を中断するか、政府支援金をもっと増やしてもらいたいと言うか、悩んでいるということです。

39. この対話の前の内容として最も適切なものを選びなさい。
　　① 朝食を抜く大学生が多い。
　　❷ 1,000 ウォンの朝ごはんを食べに来る学生が多い。

③ 朝食を提供する大学が多い。

④ 1,000ウォンの朝食サービスを実行する予定だ。

解説　女性は「そのように 1,000ウォンの朝ごはんに対する大学生の反応がとてもいいのに……」と話を始めています。「そのように」とあるので、この会話の前の内容もこれと同様のことが話されていたと分かるので、正解は②「1,000ウォンの朝ごはんを食べに来る学生が多い」です。

40. 聞いた内容と同じものを選びなさい。

① 1,000ウォンの朝ごはん事業は政府支援金だけで運営されている。

❷ 政府支援金が限られており、大学の朝食費用の負担が大きくなっている。

③ 期末試験の期間には無料で朝食が提供される。

④ 食材価格の上昇により、政府支援金が引き上げられる見通しだ。

解説　「政府支援金が学生 1 人当たり 1,000ウォンに限られ」「(残りを負担する) 大学では赤字が累積」という説明があったので、正解は②です。④の「政府支援金が引き上げられる見通し」は、大学は「政府支援金をもっと増やしてもらいたいと言うか、悩んでいる」という段階なので誤答です。

※ [41~42] 次を聞いて問いに答えなさい。(各 2 点)

> 여자 : 어떤 사람이나 사물 혹은 상황을 접한 뒤 4분 안에 도파민이 나오지 않는다면 호감이 비호감으로 바뀐다는 사실, 혹시 아시나요? 만약 홈 쇼핑 방송을 보다가 충동 구매를 하게 된다면 여러분은 그때 도파민의 지배를 받은 것입니다. 도파민은 과도하게 분비되면 조울증이나 조현병 같은 정신 질환의 원인이 되기도 하지만 반대로 도파민이 너무 부족해져도 우울증이 유발되는 등 문제가 생기죠. 적당한 도파민은 공부나 일에 대해 능률을 높여 주고, 이를 통해 성취감을 느끼면 쾌감과 함께 도파민의 분비를 더욱 높이게 되는 선순환이 이뤄집니다. 그러므로 도파민의 균형이 중요한 것입니다.
>
> 女性 : ある人や物事、または状況に接した後、4分以内にドーパミンが出なければ好感が非好感 (よくない印象) に変わるという事実、ご存じですか？ もしテレビショッピング放送を見て衝動買いをすることになったら、皆さんはそのときドーパミンに支配されたのです。ドーパミンは、過度に分泌されると、躁うつ病や統合失調症のような精神疾患の原因にもなりますが、逆にドーパミンが不足しすぎてもうつ病が誘発されるなどの問題が生じます。適度なドーパミンは勉強や仕事に対して能率を高め、これを通じて達成感を感じれば快感と共にドーパミンの分泌をさらに高める好循環が行われます。そのため、ドーパミンのバランスが重要なのです。

41. この講演の中心となる内容として最も適切なものを選びなさい。

① ホルモン管理で疾病 (病気) を治療することができる。

② 衝動抑制ができないと中毒になりやすい。

❸ ドーパミンがたくさん出たからといって、いつもよいわけではない。

④ ドーパミンは人を幸せにする。

解説　女性は「ドーパミン」について、「過度に分泌されると…精神疾患の原因」にもなるが、逆に「不足しすぎても…問題が生じる」と言っています。「適度な量のドーパミン」がよい影響を与える例を出し、最後に「ドーパミンのバランスが重要」だとまとめています。この「講演の中心となる内容」という問題なので、正解は講演内容を正しく言い換えている③「ドーパミンがたくさん出たからといって、いつもよいわけではない」です。

42. 聞いた内容と同じものを選びなさい。
   ① ドーパミンは理性的な判断をするときに必要だ。
   ② ドーパミン分泌が過度だとうつ病になる。
   ③ ドーパミンが出ると、非好感が好感に変わる。
   ❹ 達成感はドーパミンの分泌をさらに高める。

解説　講演の中で、「達成感を感じれば…ドーパミンの分泌をさらに高める」と言っているので、こ
れと同じ内容の④が正解です。①は、衝動買いのような行動はドーパミンに支配されていると言って
いるところが合いません。②と③も講演の内容と合わないので、それぞれ誤答です。

※ [43~44] 次を聞いて問いに答えなさい。（各2点）

> 남자 : 동물의 언어 중 연구가 가장 앞서 있는 분야는 개의 언어이다. 귀를 쫑긋 세우는
> 행동은 '나는 당신을 경계하고 있어', 배를 보이고 드러눕는 건 '난 네가 좋아'라는
> 의사 표시다. 과학자들은 돼지의 소리를 학습한 인공 지능이 이들의 감정 상태를
> 예측할 수 있는 걸 확인했다. 긍정, 부정으로 단순화된 형태였지만 말이다. 동물의
> 의사소통은 사람 언어와 어휘·구문·문법 구조가 근본적으로 다르기 때문에 다양
> 한 행동 데이터를 수집하고 패턴과 연관성을 밝혀내는 게 관건이다. 동물 언어의
> 빅데이터를 쌓고 머신 러닝을 이용하면, 동물이 말하는 바를 번역하고 우리가 하
> 고 싶은 말도 전달할 수 있을 것이다.
>
> 男性 : 動物の言語の中で研究が最も進んでいる分野は犬の言語だ。耳をぴんと立てる行
> 動は「私はあなたを警戒している」、お腹を見せて横になるのは「私はあなたが
> 好き」という意思表示だ。科学者たちは、豚の声を学習した人工知能が彼らの感
> 情の状態を予測できることを確認した。肯定、否定と単純化された形だったが。
> 動物のコミュニケーションは人の言語と語彙・構文・文法構造が根本的に異なるた
> め、様々な行動データを収集してパターンと関連性を明らかにすることがカギだ。
> 動物の言語のビッグデータを積み、マシンラーニングを利用すれば、動物の言う
> ことを翻訳し、私たちが言いたいことも伝えることができるだろう。

43. 何についての内容なのか適切なものを選びなさい。
   ① 動物の感情を読むことの重要性
   ② 人工知能を用いた動物学習研究
   ❸ 動物との対話の可能性
   ④ 動物間のコミュニケーションの違い

解説　男性は最初に「動物の言語の中で研究が最も進んでいる分野は犬の言語だ」と話し始め、後半
では、「動物のコミュニケーション」の話に移り、最後に「動物の言うことを翻訳し、私たちが言いた
いことも伝えることができるだろう」と結んでいるので、動物とのコミュニケーションに関する内容
の選択肢を選ぶと正解は③です。「人工知能」「ビッグデータ」「マシンラーニング」などの言葉が出
てくるからといって、②を選んでしまうと誤答になります。

44. この研究に人工知能が利用されている理由として正しいものを選びなさい。
   ① 動物が人間を脅威として受け入れるため
   ❷ 動物の行動データを収集してパターンを発見することができるため
   ③ 動物の知能が優れているため
   ④ 動物が伝染病を伝える可能性があるため

解説　動物の言語の研究においては、「様々な行動データを収集してパターンと関連性を明らかにすることがカギだ」と言っているので、正解は②です。①③④については触れられていません。

> 여자 : 뚝배기는 불에 강하여 직접 불 위에 올려놓고 음식을 끓이면서 먹을 수 있을 뿐 아니라 열 함유량이 크고 열전달 계수가 작아 보온성이 좋습니다. 금속제 냄비처럼 쉽게 끓지는 않지만, 일단 끓고 나면 그 열이 오래 지속되기 때문에 된장찌개나 곰탕 등과 같은 탕류 음식을 담는 데 적합하지요. 이런 전통 음식은 염분이 많고 다양한 첨가물을 넣어 만들게 되는데, 금속으로 만든 그릇의 경우 이 과정에서 금속의 부식이나 산화로 인하여 인체에 해로운 물질을 만들기도 합니다. 그러나 뚝배기는 화학적으로 매우 안정되어 있기 때문에 거의 영향을 받지 않습니다.

> 女性 : 土鍋は火に強く、直接火の上に乗せて食べ物を煮ながら食べられるだけでなく、熱含量が大きく熱の伝達係数が小さくて保温性がいいです。金属製の鍋のように簡単に沸騰することはありませんが、一度沸いたらその熱が長く続くので、味噌チゲやコムタンなどのような鍋料理を盛り付けるのに適しています。このような伝統的な食べ物は塩分が多く、様々な添加物を入れて作りますが、金属で作った器の場合、この過程で金属の腐食や酸化によって人体に有害な物質を作ることもあります。しかし、土鍋は化学的に非常に安定しているため、ほとんど影響を受けません。

45. 聞いた内容と同じものを選びなさい。
　　① 土鍋は短時間調理に有利だ。
　　② 土鍋に食べ物を長く入れておくと人体に害を及ぼす恐れがある。
　　❸ 土鍋は塩分の多いスープ料理に適している。
　　④ 土鍋を直接火の上に乗せるのは危険だ。

解説　女性は、「土鍋の優れている点」について、金属製の鍋との比較で話を展開しています。土鍋の優れている点は、「保温性がいい」「塩分や添加物の多い鍋料理に適している」「金属製の鍋のように人体に有害な物質を作らない」です。これらに合うのは、③「土鍋は塩分の多いスープ料理に適している」で、正解は③です。②の人体に有害になる可能性があるのは「土鍋」ではなく「金属製の鍋」の話なので誤答です。

46. 女性の話し方として適切なものを選びなさい。
　　① 土鍋の料理方法を描写している。
　　❷ 土鍋と金属の器を比較している。
　　③ 土鍋の長所について要約している。
　　④ 土鍋を作る材料について説明している。

解説　女性は金属製の鍋と比べて、土鍋の長所を列挙しながら説明しているので、話し方として合っているのは②「土鍋と金属の器を比較している」です。よって、正解は②です。①「土鍋の料理方法」や③「土鍋の長所」は比較するための例として挙げられているだけなので誤答です。

> 여자 : 요즘 문 닫는 소아청소년과가 많은데 어떻게 보고 계십니까?
>
> 남자 : 전국 소아청소년과 수는 줄고 있고, 그것도 반 이상이 수도권에 있습니다. 소아청
> 소년과가 없으면 내과나 다른 진료과에 가면 되지 않냐고 반문할 수도 있습니다.
> 하지만 병원에서 소아청소년과 전공의가 없으면 응급실 진료를 거부하기도 합니
> 다. 소아청소년과 성인은 신체 특성과 치료법에 차이가 있기 때문이죠. 소아청소
> 년 전문 의료진이 없는 병원에서 의료 사고 등을 부담스러워하거든요. 또, 저출산,
> 수입 감소로 소아청소년과 전공의 지원자 수도 계속 줄어 향후 10년 간은 어둠의
> 터널을 지날 전망입니다.
>
> 女性 : 最近、診療をやめる小児青少年科が多いのですが、どのように見ていらっしゃい
> ますか？
>
> 男性 : 全国の小児青少年科の数は減っていて、それも半分以上が首都圏にあります。小
> 児青少年科がなければ内科や他の診療科に行けばいいのではないかと問い返され
> ることもあります。しかし、病院で小児青少年科の専攻医がいないと、救急救命
> 室の診療を拒否することもあります。小児青少年と成人は身体特性と治療法に違
> いがあるからです。小児青少年専門医療陣がいない病院で医療事故などを負担に
> 思うんですよ。また、少子化、収入減少で小児青少年科の専攻医志願者数も減り
> 続け、今後 10 年間は闇のトンネルを通る見通しです。

47. 聞いた内容と同じものを選びなさい。
  ① 小児青少年科の専攻医志願者数はこの 10 年間でほぼ同じだった。
  ② 小児青少年の緊急時の診療拒否は不法だ。
  ③ 小児青少年科専門医に対する処遇改善が議論されている。
  ❹ 小児青少年と成人の治療法には違いがある。

解説　小児や青少年を診られる病院が減っているという事実の中で、別の科が代わりに診療をするこ
とについて「小児青少年と成人は身体特性と治療法に違いがある」と言っているので、④が正解です。
①の「小児青少年科の専攻医志願者数」については「減り続け」と言っているので誤答です。

48. 男性の態度として適切なものを選びなさい。
  ① 小児青少年科の改革法案を要請している。
  ② 小児青少年科の拡大案を検討している。
  ③ 小児青少年科と内科の統廃合を警戒している。
  ❹ 小児青少年科の存廃危機を懸念している。

解説　男性は最後に「小児青少年科の専攻志願者数も減り続け、今後 10 年間は闇のトンネルを通る
見通し」と言っているので、正解は④「存廃危機を懸念している」です。他の選択肢については触れ
られていません。

> 남자 : 병역 특례 제도는 예술, 체육계 종사자들이 한국을 널리 알리고 국위 선양을 할 수
> 있도록 1973년에 도입됐습니다. 현행 병역법은 올림픽 금, 은, 동메달, 아시안게
> 임 금메달 획득자에게 군을 면제하고 대신 공익 근무 요원 편입을 명하고 있습니
> 다. 하지만 한 경기도 뛰지 않은 선수가 '무임 승차'로 병역 특례 혜택을 받고, c

スポーツや囲碁まで正式種目として採択されると、ゲーマーや囲碁棋士たちまで軍服務義務を免除される状況が起こると「果たしてこの制度は何のためにあるのか」という疑問が出ています。今やスポーツ大会や芸術競演大会がそれだけの価値があるのか問い直してみる必要があり、芸術・体育要員よりはるかに多い専門研究要員など他の兵役特例も見直す時が来ました。

男性：兵役特例制度は芸術、体育界の従事者が韓国を広く知らせ、国威宣揚(国家の威光を示すこと)ができるよう1973年に導入されました。現行の兵役法はオリンピックの金、銀、銅メダル、アジア大会の金メダル獲得者に軍を免除し、代わりに公益勤務要員の編入を命じています。しかし、1試合も出場していない選手が「無賃乗車(便乗)」して兵役特例の恩恵を受け、eスポーツや囲碁まで正式種目として採択され、ゲーマーや囲碁棋士まで軍服務義務を免除される状況になり、「果たしてこの制度は何のためにあるのか」という疑問が出てきています。今やスポーツ大会や芸術コンテストがそれだけの価値があるかを確かめてみる必要があり、芸術・体育要員よりはるかに多い専門研究要員など他の兵役特例も見直す時期が来ました。

49. 聞いた内容と同じものを選びなさい。
　① この制度は全国民のスポーツ推奨を目的とする。
　② この制度は様々な分野の幅広い適用を控えている。
　❸ この制度は本来の趣旨を曇らせ、論争になっている。
　④ この制度は公平な基準で審査されている。

解説　男性は「兵役特例制度」の導入された経緯や問題点について話しています。「この制度が何のためにあるのか」「兵役特例も見直す時期」などの発言から、③の「本来の趣旨を曇らせ、論争になっている」が正解です。①は「全国民のスポーツ推奨」ではなく、「韓国を広く知らせ、国威宣揚をすること」が制度の目的なので、②は「ゲーマーや囲碁棋士まで軍服務義務を免除される状況」で既に幅広く適用されているので、④は「1試合も出場していない選手」が恩恵を受けることもあると言っているので、それぞれ誤答です。

50. 男性の態度として適切なものを選びなさい。
　❶ 制度の変化に対する必要性を促している。
　② 制度の必要性と意義を強調している。
　③ 制度の必要性について自身の主張を証明している。
　④ 制度の拡大適用を強く主張している。

解説　男性は最後に「兵役特例制度は、芸術・体育要員よりはるかに人数が多い専門研究要員など他の兵役特例も見直す時期が来ました」と言っているので、男性の態度として適切なものは①の「制度の変化に対する必要性を促している」なので、これが正解です。②③は制度の必要性については疑問を呈する立場で話しているので、④は主張しているのは制度の拡大ではなく見直しなので、それぞれ誤答です。

TOPIK II 筆記(51番〜54番) 模擬テスト 解答・解説

※ [51~52] 次の文の㋐と㋑に適切な言葉をそれぞれ書きなさい。

51.

> タイトル：おすすめの観光地を教えてください。
>
> 私は外国人留学生ですが、休みの間、故郷に帰らず、ソウルで過ごす予定です。休み期間中、ソウルで充実した観光をしたいのですが、（　㋐　）悩んでいます。なるべく韓国の伝統や文化を体験できるところに行きたいです。そして、できれば入場料が安いところや（　㋑　）。おすすめの場所があれば、返信で教えていただけませんか。助けていただけると本当にありがたいです。

模範解答

㋐ 어디에 가면 좋을지 / 어디로 갈지 （どこに行けばいいのか / どこに行くか）
㋑ 무료 입장이 가능한 곳이 좋겠습니다 / 학생 할인을 받을 수 있는 곳이면 좋겠습니다
　（無料で入場が可能なところがいいです / 学生割引が受けられるところだといいです）

解説 ㋐：「방학 동안에 고향에 돌아가지 않고 서울에서 지낼 예정 休みの間、故郷に帰らず、ソウルで過ごす予定」で、「방학 기간 동안 서울에서 알차게 관광을 하고 싶은데 休み期間中、ソウルで充実した観光をしたい」と言っているので、「おすすめの場所」についての質問であることが分かります。よって「어디 どこ」や「가다 行く」などを使った「어디에 가면 좋을지」や「어디로 갈지」が入れれば自然です。

解説 ㋑：空欄の前に「그리고 가능하면 입장료가 저렴하거나 そしてできれば入場料が安いところや」と言っています。なるべく安く済ませたいというヒントなので、「お金がかからないところ」か「割引などができる場所だったらいい」という内容の「무료 입장이 가능한 곳이 좋겠습니다」や「학생 할인을 받을 수 있는 곳이면 좋겠습니다」が入ると自然です。

- -

52.

> 自尊心は、他者との関係、経験、思考などによって形成される。幼少期には、両親、兄弟姉妹、先生などのように身近な人との交流の中で自己肯定感が生まれ、これは自尊心の形成に大きな役割を果たす。身近な人々から肯定的なフィードバックを受ける場合（　㋐　）、自分の価値を適切に評価できる健康的な自尊心を持つ人として形成される可能性が高い。逆に、愛情が欠如した冷酷な批判、非難、嘲笑などの否定的なフィードバックを受けて育った場合、（　㋑　）成長する可能性が高い。

模範解答

㋐ 자신에 대한 믿음이 높아지고 （自分への信頼が高まり）
㋑ 자존감이 결핍된 사람으로 （自尊心が欠如した人として）

解説 ㋐：自尊心の形成の話で、空欄の前の文には「가까운 사람들과 교류하는 가운데 자기 긍정이 생기고, 이는 자존감 형성에 큰 역할을 한다 身近な人との交流の中で自己肯定感が生まれ、これは自尊心の形成に大きな役割を果たす」とあります。この文に続いて「가까운 사람들로부터 긍정적인 피드백을 받을 경우 身近な人々から肯定的なフィードバックを受ける場合」、人はどうなるのかを考えると、空欄には「自分への信頼が高まる」「自分自身を認められるようになる」などが来ると自然です。よって、「자신에 대한 믿음이 높아지고 などとするとよいでしょう。

解説 ㋑：周りからの好影響を受けて自尊心が育まれるのとは「반대로 逆に」、「비판, 비난, 조롱 등과 부정적인 피드백 批判、非難、嘲笑などの否定的なフィードバック」を受けて育った場合はどうなるかと言うと、「自尊

436

心がない人に育ちやすい」という結論につながります。よって、（　　ⓛ　　）には「자존감이 결핍된 사람으로」などを入れると自然です。

---

53. 次は「人工知能に関する認識調査」に関する資料である。この内容を 200～300 字の文で書きなさい。ただし、文の題名は書いてはいけません。（30 点）

■ 対国民人工知能認識調査
調査機関：第4次産業革命委員会
調査日　：2021年6月16日～25日
対象　　：14～65歳の一般人3,500人

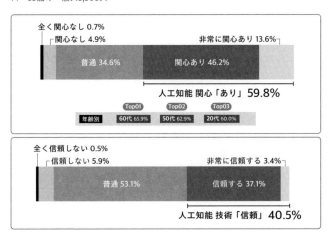

全く関心なし 0.7%
関心なし 4.9%
非常に関心あり 13.6%
普通 34.6%　関心あり 46.2%
人工知能 関心「あり」59.8%

年齢別　Top01 60代 65.9%　Top02 50代 62.9%　Top03 20代 60.0%

全く信頼しない 0.5%
信頼しない 5.9%
非常に信頼する 3.4%
普通 53.1%　信頼する 37.1%
人工知能 技術「信頼」40.5%

【模範解答】

　　4차 산업 혁명 위원회가 2021년 6월 조사한 대국민 인공 지능 인식 조사에 따르면 인공 지능에 대해 관심이 있느냐는 물음에 응답자의 절반이 넘는 59.8%가 관심이 있다고 답했다. 연령대별로는 60대가 65.9%로 가장 높았고, 50대가 그 뒤를 이은 62.9%, 3번째로 20대가 60.0%를 차지했다. 그러나 인공 지능 기술을 신뢰하느냐는 질문에 응답자의 40.5%만이 신뢰한다고 답했고, 절반이 넘는 53.1%의 국민은 보통이라고 응답해, 인공 지능에 대한 관심에 비해 신뢰도는 낮은 것으로 나타났다. (287자)

　　第 4 次産業革命委員会が 2021 年 6 月に調査した対国民人工知能認識調査によると、人工知能に対して関心があるかという質問に、回答者の半数を超える 59.8% が関心があると答えた。年齢別では 60 代が 65.9% で最も高く、50 代がその後に続く 62.9%、3 番目に 20 代が 60.0% を占めた。しかし、人工知能技術を信頼するかという質問には、回答者の 40.5% だけが信頼すると答え、半数を超える 53.1% の国民は普通だと答え、人工知能に対する関心に比べ信頼度は低いことが分かった。

解説　はじめに、「(調査機関) が (調査日時) に調査した (調査内容) によると」の形で前置きを書きます。引用する際は「-에 따르면 ～によると」を使います。
➡ 4차 산업 혁명 위원회가 2021년 6월 조사한 대국민 인공 지능 인식 조사에 따르면

その後に調査結果を続けます。基本的には割合が多い順に書きます。過半数を超えた回答がある場合は、まずそれを書き、その次に続くものとその割合を続けます。過半数を超えた場合は「応答者の絶半が넘는 回答者の半数を超える」という表現を使うと自然です。

➡ 인공 지능에 대해 관심이 있느냐는 물음에 응답자의 절반이 넘는 59.8%가 관심이 있다고 답했다.

さらに年齢別／性別など調査対象の特徴を書く場合は「-별로는 〜別では」を使います。こちらも多い順に「가장 높았고 (많았고) 最も高く (多く)」「-가 그 뒤를 이은 〜がその後に続く」「마지막으로 -가 ○％를 차지하다 最後に〜が○％を占める」という表現を使って書くと自然です。

➡ 연령대별로는 60대가 65.9%로 가장 높았고, 50대가 그 뒤를 이은 62.9%, 3번째로 20대가 60.0%를 차지했다.

最後に、まだ触れていないデータについて言及します。「人工知能に関心があるか」には半数以上が「関心がある」と答えたのに対し、「人工知能を信頼するか」については「半数以上が信頼していない」と、対照的な回答が出ているので、この２つを対比して書くといいでしょう。対比する際は「-에 비해 -이 낮은것으로 (높은 것으로) 나타나다 〜に対して〜が低く (高く) 表れる」を使います。

➡ 인공 지능에 대한 관심에 비해 신뢰도는 낮은 것으로 나타났다.

---

54. 次を参考にして 600 〜 700字で文を書きなさい。ただし、問題をそのまま移して書いてはいけません。(50 点)

> 　基本所得制（ベーシックインカム）は、国が国民に最低限の人間らしい生活を享受できるよう、条件や勤労なしで支給する所得をいう。財産の多寡や勤労の有無にかかわらず、すべての社会構成員に生活を十分に保障する水準の所得を無条件に支給するもので、誰にでも平等で個別に支給することを特徴とする。以下の内容を参考に、「基本所得制の実現可能性」について自分の考えを書きなさい。
>
> ・基本所得制はなぜ必要なのか？
> ・基本所得制の実施後に懸念される点は何か？
> ・基本所得制に賛成か、反対か？　根拠を挙げて自分の意見を書きなさい。

模範解答

> 　한국에는 '수저 계급론'이라는 말이 있다. 부모의 재산 수준에 따라 자녀의 사회 계급이 결정된다는 뜻이다. 물려받을 재산이 없는 '흙수저' 집안 출신은 노력해도 상위 계급으로 올라가기 어렵다는 인식이 팽배하여 비혼, 저출산과 연결되어 국가의 존폐 위기가 우려되고 있다. 또한 임금 차이와 물가 상승으로 빈부 격차는 극심해지고 있어 최소한의 인간다운 삶을 누리기 위한 기본소득제의 필요성이 대두되고 있다.
> 　그러나 기본소득제 실시를 위해 가장 먼저 우려되는 점은 재정 마련을 위한 출처이다. 국민 모두에게 똑같이 지급하기 위해서는 상당한 재정 예산이 필요한데 그것을 모두 세금으로 충당하려면 지금보다 훨씬 높은 세금이 국민들에게 매겨질 것이다. 또한, 기본소득제는 재산과 근로 여부에 관계없이 지급하는 것을 원칙으로 하기 때문에 결국 빈부 격차는 해소되지 않을 것이며, 오히려 저소득층의 노동 의욕이 사라져 노동력 부족 현상을 일으킬 수 있다.
> 　한국 사회는 머지않은 미래에 4차 산업 혁명으로 인해 많은 일자리가 로봇과 인공 지능에 대체될 것이다. 이때 기본소득제는 실직을 하더라도 재취업에 충분한 시간과 노력을 쏟을 수 있도록 근로자들의 버팀목이 될 수 있다. 또한 기본소득제로 인해 생활에 여유가 생기면 소비로 이어져 경제 활성화에 도움이 될 것이다. 그러므로 기본소득제는 충

分な論議を経て確実な計画を立てて実施されるべきである。(692字)

韓国には「スプーン階級論」という言葉がある。両親の財産レベルによって子どもの社会階級が決まるという意味である。受け継ぐ財産がない「泥のスプーン」(貧困層)の家系の出身者は、努力しても上位階級に上がることが難しいという認識が浸透し、非婚、少子化につながり、国家の存亡の危機が懸念されている。また、賃金差と物価上昇で貧富の格差は極端になっており、最低限の人間らしい生活を享受するための基本所得制の必要性が浮上している。

しかし、基本所得制を実施するためにまず懸念されるのは、財政の確保のための財源である。国民全員に平等に支給するためには相当な財政予算が必要だが、それをすべて税金で充当するには、今よりもはるかに高い税金が国民に課せられることになる。また、基本所得制は財産と勤労の有無に関係なく支給することを原則とするため、結局貧富の格差は解消されず、むしろ低所得層の労働意欲が失われ、労働力不足の現象を引き起こす可能性がある。

韓国社会は近い将来、第4次産業革命によって多くの仕事がロボットと人工知能(AI)に置き換えられるだろう。このとき、基本所得制は失業しても再就職に十分な時間と努力を注ぐことができるように、勤労者たちの支えとなる可能性がある。また、基本所得制により生活に余裕が生まれると消費につながり、経済活性化に役立つだろう。したがって、基本所得制は十分な議論を経て確実な計画を立てて実施されるべきである。

解説　下記のように概要を作成し、それぞれの要素を羅列してまとめてから原稿を書き始めます。文をつなぐときは、うまく接続詞を使いましょう。

서론 : 序論 (이유 : 理由) = 1段落目

質問① 기본소득제는 왜 필요한가 ?
　　　基本所得制はなぜ必要なのか ?

부모의 능력에 따른 빈부차 심화, 비혼, 저출산
両親の能力による貧富の差が深刻化、非婚、少子化
➡ 부모의 재산 수준에 따라 자녀의 사회 계급이 결정, 결혼을 부담스럽게 느끼면 비혼이 늘고, 저출산이 더욱 심해져 국가적 존폐 위기까지 우려됨
両親の財産水準によって子どもの社会的階級が決まる、結婚を負担に感じ非婚者が増え、少子化がより深刻になり国家的な存亡の危機が懸念される

저임금, 물가 상승, 인간다운 삶, 기본소득
低賃金、物価上昇、人間らしい生活、基本所得
➡ 임금 차이와 물가 상승으로 인해 살기가 힘들어지므로 인간다운 삶을 위해, 기본소득제 도입의 필요성이 대두
賃金差と物価上昇により暮らすことが苦しくなるので、人間らしい生活のために基本所得制導入の必要性が台頭

본론 : 本論 (문제점 : 問題点) = 2段落目

質問② 기본소득제 실시 후 우려되는 점은 무엇인가？

　　　　基本所得制の実施後に懸念される問題点は何か？

재정 마련 곤란　財源確保の難しさ
➡ 기본소득제 실시에 따라 우려되는 점은 재정 마련을 위한 출처
　 基本所得制実施により懸念される点は財源調達のための出所

세금 확대 우려　増税の懸念
➡ 세금으로 충당하려면 지금보다 훨씬 높은 세금이 필요하고 증세가 될 우려
　 税金で充当しようとするなら、今よりはるかに高い税金が必要で増税になる恐れ

빈부 격차 유지　貧富の格差の維持
➡ 재산 보유 여부와 상관 없이 일괄 지급되므로 결국 빈부 격차는 해소되지 않을 것
　 財産保有の有無にかかわらず一括支給されるため、結局貧富の格差は解消されないこと

노동 의욕 저하　労働意欲の低下
➡ 기본소득은 근로 여부에 관계없이 지급하므로 노동의욕 저하에 따른 노동력 부족 우려
　 基本所得制は勤労の有無にかかわらず支給されるため、労働意欲の低下による労働力不足が懸念

결론 : 結論 (찬성 / 반대 및 해결책 : 賛成 / 反対及び解決策) ＝ ３ 段落目

質問③　기본소득제에 찬성하는가 , 반대하는가 ?

　　　　基本所得制に賛成か反対か ?　（どちらかに決め、その理由まで書く）

〈賛成の例〉

산업 구조 개편으로 AI 가 일자리 빼앗을 우려
産業構造再編に伴い、AI が仕事を奪う
➡ 4차 산업 혁명으로 일자리가 로봇과 인공 지능에 대체되고, 실직의 우려가 생김
　 ４次産業革命で働き口がロボットと人工知能 (AI) に代替され、失業の懸念が生まれる

재취업의 발판　再就職のセーフガードになる
➡ 실직을 하더라도 기본소득제는 재취업을 할 수 있도록 근로자들의 버팀목이 될 것
　 失業しても基本所得制は再就職できるよう勤労者たちの支えになること

경제 활성화에 도움　経済活性化に役立つ
➡ 기본소득제로 인해 생활에 여유가 생기면 소비로 이어져 경제 활성화에 도움이 될 것
　 基本所得制により生活に余裕が生まれ消費につながり、経済活性化の助けになること

충분한 논의와 계획 필요　十分な議論と計画が必要
➡ 기본소득제는 충분한 논의를 거쳐 확실한 계획을 세워 실시되어야 할 것
　 基本所得制は十分な議論を経て確実な計画を立てて実施されなければならないこと

※ [1~2] （　　　　　） に入る言葉で最も適切なものを選びなさい。（各2点）

1.　いいものを（　　　　　）何箇所か見て回る方がいい。

　　① 買うなり　　　　② 買って　　　　**❸ 買うには**　　　　④ 買って

解説　提示文に「-는 게 좋다 ～（する）方がいい」とあり、この表現は助言するときに使うものです。「좋은 물건을 いいものを」に続く「買うためには」にあたる表現がくると自然です。③に「-(으)려면 ～するには」を使った「사려면 買うには」があるので、③が正解です。

- -

2.　言語を学ぶにつれてその国の文化について（　　　　）。

　　❶ 分かるようになった　　　　② 分かるようにした

　　③ 知ってもいい　　　　④ 知っておくべきだ

解説　選択肢は「알다 分かる、知る」の活用です。「언어를 배우면서 言葉を学ぶにつれて」に続くのは「自然に変わること」が来るのが自然なので、変化を表す文末表現の「～になる」にあたる「-게 되다」か「-아/어지다」などが正解になります。選択肢の中に①「알게 되었다 分かるようになった」があるので、正解は①です。

※ [3~4] 下線を引いた部分と意味が最も似ているものを選びなさい。（各2点）

3.　彼はわざと隣の家の人に<u>聞こえるほど</u>大声で話した。

　　① 聞こえて　　　② 聞こえても　　　**❸ 聞こえるくらい**　　　④ 聞こえるまで

解説　「들릴 만큼」は「聞こえるほど」という意味です。「-(으)ㄹ 만큼 ～するほど」は「-(으)ㄹ 정도 ～（する）くらい、～（する）程度」に置き換えられます。選択肢にはこれにあたる③「들릴 정도로 聞こえるくらい」があるので、正解は③です。

- -

4.　この問題が深刻かどうかは<u>考え方次第だ</u>。

　　① 考えるに値する　　　　② 考えやすい

　　③ 考えることもできる　　　　**❹ 考え方にかかっている**

解説　「-기 나름이다」は「～次第だ」の意味です。これと似ている表現を選択肢の中で探すと、④に「-기에 달리다 ～することにかかっている（～次第だ）」の表現があるので、正解は④です。

※ [5~8] 次は何についての文か選びなさい。（各2点）

5.

> 羽毛のように軽く、
> 履くと新しい風が吹く！

　　① 窓　　　② ベッド　　　**❸ 運動靴**　　　④ 扇風機

解説　1行目に「가볍게 軽く」、2行目に「신으면 履くと」があるので履物に関する文であることが分かります。選択肢の中に履物は③「운동화 運動靴」があり、正解は③です。

6.

> 国内最大の作品保有、
> 現代画家特別招待展を見逃さないでください。

① 図書館　　❷ 美術館　　③ 生活館　　④ 郵便局

解説　1行目に「작품 보유 作品保有」とあるので、博物館または美術館のことだと推測できます。2行目には「현대 화가 특별 초대전 現代画家特別招待展」とあるので、画家の展示会であれば美術館の方が自然です。選択肢にあるのも美術館なので、正解は②です。

- -

7.

> 2番目の地球はない。
> うまく(適切に)捨てれば生き返ります。

① ボランティア活動　　② 生活マナー　　③ 健康管理　　❹ 環境保護

解説　1行目の「지구 地球」という言葉は「환경 環境」と関係のある話が多いです。2行目に「잘 버리면 살아요 うまく(適切に)捨てれば生き返ります」とあるので、「環境保護」の話であることが分かり、正解は④です。

- -

8.

> 1. タクシーアプリを設置(インストール)します。
> 2. 出発地と目的地を選択します。
> 3. カード決済するかどうかを選択します。
> 4. 呼び出しボタンを押します。

① 安全規則　　② 申請方法　　③ 利用案内　　❹ 使用方法

解説　提示文を順番に読むと、タクシーアプリの設置（インストール）→発着地点の選択→カード決済の選択→呼び出しボタンを押す、です。つまりアプリの使い方を説明しているので、正解は④です。

※ [9~12] 次の文または図表の内容と同じものを選びなさい。(各2点)

9.

> スキーキャンプ参加案内
> 場所：平昌龍平リゾート
> 対象：制限なし
> 日程：12月24日～2月20日、毎週金、土、日曜日
> 　　　1泊2日選択可能
>
> 〈1日目〉
> 12時～13時：宿の割り当て及び装備貸与
> 14時～17時：ゲレンデ実技、講習1
> 19時～22時：ゲレンデ実技、講習2
>
> 〈2日目〉
> 　9時～12時：ゲレンデ実技3、装備返却
> 13時：退室
> ＊日程により募集人数が変わることがあります。

① スキーキャンプは土日の１泊２日の日程だ。

❷ １日目にはスキー講習が２回ある。

③ ２日目にはスキーをしない。

④ 募集人数は制限がない。

解説　１日目の予定に講習が２コマ入っているので、②「１日目にはスキー講習が２回」が正解です。①は「毎週金、土、日曜日１泊２日選択可能」なので、③は２日目の予定に「ゲレンデ実技３」があるので、④は「日程により募集人数が変わることがある」とあるので、それぞれ誤答です。

- -

10.

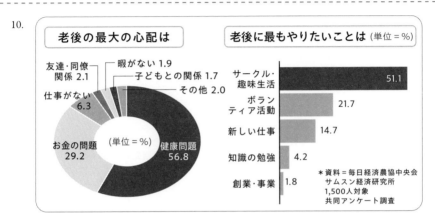

① 老後の最大の心配はお金の問題だ。

② 老後に創業したい割合は、新しい仕事を得たい割合より高い。

❸ 友人、同僚関係より子どもとの関係を心配する割合が低い。

④ ボランティア活動より趣味生活をしたい割合が低い。

解説　円グラフ内の「子どもとの関係」を心配する割合が1.7％で、「友人・同僚関係」の2.1％より低いので③が正解です。①は円グラフを見ると「老後の最大の心配」は「健康問題」なので、②は棒グラフで「老後に創業したい割合」が最も低いので、④は棒グラフで「ボランティア活動」より「趣味生活」をしたい割合が高いのでそれぞれ誤答です。

- -

11.
　　研究チームが人々に、一度はガムを噛みながら歩かせ、一度はガムの成分でできた粉を飲んだ後、歩くようにした。その結果、ガムを噛みながら歩くときの心拍数がガム成分の粉を飲んで歩くときより高かった。ガムを噛むとリズム感が生まれ、心拍数が上がり運動の効果が大きくなるということだ。

❶ 心拍数が上がれば運動効果が大きくなる。

② ガムの粉がリズム感を引き起こし、心拍数を上げる。

③ ガムを噛んで歩くときは心拍数が下がる。

④ ガムの成分が運動効果を高める。

解説　最後の１文に「心拍数が上がって運動効果が大きくなる」とあるので①「心拍数が上がれば運動効果が大きくなる」が正解です。②は心拍数が上がるのはガムの粉ではなくガムを噛みながら歩いたときなので、③はガムを噛みながら歩くと心拍数が上がるので、④は運動効果を高めるのはガムの成分ではなくガムを噛む行為なので、それぞれ誤答です。

12.

　　インジュ市によると子どもプール（5〜13歳）を無料で午前10時から午後6時まで1時間毎に10分間休憩しながら運営し、四季ソリ場は午前10時〜12時、午後1時〜5時までオープンするという。四季ソリ場は満16歳以上5,000ウォン、満15歳以下3,000ウォンの利用料を払わなければならない。7歳未満や65歳以上の場合、利用が制限される。

① 四季ソリ場は誰でも利用可能だ。
② 四季ソリ場は午前10時から5時まで休まず運営される。
③ 子どもプールは13歳未満の子どもなら誰でも入場できる。
❹ 子どもプールは50分間水泳した後、10分休憩する。

解説　子どもプールは「1時間毎に10分間休憩しながら運営する」とあるので④が正解です。①は、四季ソリ場は7歳未満の子どもや65歳以上の高齢者は利用が制限されるとあるので、②の四季ソリ場のオープン時間は午前10時〜12時と午後1時〜5時なので、③の子どもプールは5〜13歳が利用可能で5歳未満は入場できないのでそれぞれ誤答です。

※ [13~15] 次を順番に合うように並べたものを選びなさい。（各2点）

13.

　(가) もしジャンプをしたとしても、脚に深刻な負傷をもたらす恐れがある。
　(나) 脚の骨は下を向いており、ジャンプのためのバネの役割を果たせないからだ。
　(다) 象は、四足が一度に空中に浮くジャンプができないという。
　(라) 一方、カンガルーのようにジャンプする動物は、柔軟な足首とふくらはぎの筋肉を持っている。

❶ (다) – (나) – (가) – (라)　　　　　② (다) – (가) – (라) – (나)
③ (나) – (가) – (다) – (라)　　　　　④ (가) – (다) – (나) – (라)

解説　(다)「象は…ジャンプができないという」で、一般的な象の特徴を取り上げ、次に (나)「脚の骨は…ジャンプのためのバネの役割を果たせないからだ」と、前の文の補足となる理由を述べています。(가)「もしジャンプをしたとしても…」でジャンプをした際に生まれる問題点を述べ、(라)「一方…ジャンプする動物は、柔軟な足首とふくらはぎの筋肉を持っている」と、(가) との対比としてジャンプできる動物を紹介しています。よって、正解は①です。

14.

　(가) そのため、最近は自分が生まれた年度を言う傾向が増えたという。
　(나) それで自己紹介をしたり福祉サービスを申請するときに混乱したりもした。
　(다) 新年に1歳ずつ増える韓国式年齢、出生年度で計算する年年齢、誕生日が基準の満年齢だ。
　(라) 韓国は3つの年齢を使っていた。

① (라) – (가) – (나) – (다)　　　　　❷ (라) – (다) – (나) – (가)
③ (다) – (나) – (가) – (라)　　　　　④ (다) – (나) – (라) – (가)

解説　1文目の候補の (다) と (라) のうち、(다) は年齢の数え方を説明している内容で、(라) は (다) より広い視点での内容なので、(라) から始まり (다) が補足説明だと考えると自然です。選択肢の中で1文目と2文目が (라) – (다) の順になっているのは②しかないので、正解は②です。

15.

(가)	そのため、昼休みに食後20分程度歩くことをおすすめする。
(나)	したがって、じっと座っていたりデザートを食べたりすると太りやすい。
(다)	食べた食べ物はブドウ糖などの栄養素に分解されるが、ブドウ糖は脂肪として蓄えられる。
(라)	しかし、ブドウ糖が脂肪として蓄えられる前に散歩すれば、脂肪の蓄積量を減らすことができる。

❶ (다) – (나) – (라) – (가)　　　② (가) – (다) – (나) – (라)
③ (다) – (라) – (나) – (가)　　　④ (가) – (다) – (라) – (나)

解説　1文目の候補になっている(가)と(다)のうち、(가)は「그러므로 そのため」から始まっているので冒頭に来ることはありません。(다)は「食べ物は…栄養素に分解されるが、ブドウ糖は脂肪として蓄えられる」とあり、①と③のうち(나)は「したがって…すると太りやすい」とあるので、こちらが2文目に来ると自然です。その後は(라)「しかし…散歩すれば、脂肪の蓄積量を減らすことができる」で2文目を打ち消す内容、(가)で「そのため…歩くことをお勧めする」とまとめられます。よって、正解は①です。

※ [16~18] (　　　　) に入る言葉として最も適切なものを選びなさい。(各2点)

16.

なぜ私たちはすべての猫がネズミを食べると思っているのだろうか？　ネズミは猫が登場すると恐怖を感じて (　　　　)、このため人々の目にも見えないので、猫がネズミを食べたと考えるようになったのだ。しかし研究陣によると、猫たちが狩りをするときはネズミより小鳥やトカゲなどを狙うという。その動物たちがいなければ、ようやくネズミを捕まえようとするということだ。

① 速く走るが　　　　❷ 急いで隠れるが
③ 身をすくめるが　　④ じっとしているが

解説　1文目の「なぜすべての猫がネズミを食べると思っているのだろうか？」は、「実は食べないかもしれない」ということを暗示しています。2文目に空欄のある文が来て「ネズミは猫が登場すると恐怖を感じて (　　　　)」とあり、その後に「このため人々の目にも見えないので…」とあるので、空欄の部分は、ネズミの行動として「いなくなる、見えなくなる」のようなものが入ります。よって、正解は②です。

- -

17.

お湯と冷たい水の中でどちらが先に凍るか？　35度の水と5度の水があるとき、水が凍る温度である0度になるためには、35度は35度分の温度が下がらなければならず、5度の水は5度分だけ温度が下がればいいので、当然時間がもっと必要な35度の水がもっと遅く凍り、5度の水がもっと速く凍るのが一般的に考えるには (　　　　)。しかし、結果は驚くべきことに35度の水が5度より速く凍る場合がある。

① 必要かもしれない　　　② 正しいと思うだろう
③ いい場合もある　　　　❹ 理にかなっているだろう

解説　1文目で「お湯と冷たい水の中でどちらが先に凍るか？」と問いかけて、2文目から「35度の水と5度の水があるとき」と具体的な例を挙げながら説明をしています。また、説明の結論として「当然…と一般的に考えるには (　　　　)」の空欄の中には「合理的、妥当」のような表現が続くと推測できるので、正解は④です。

18.

　　会社の仕事をしていると、頭の痛いことが起こるものだ。このとき、ため息をついたり八つ当たりしたりする上司もいる。一緒に働く人は自然に上司の顔色を伺うようになり、報告するタイミングを見計らっていて重要な事案を伝えることができなかったりもする。いい上司は（　　　　　）ない。いつも明るく、抜け目なく任された仕事をするだけだ。

① ほめ言葉を言わ　　　　　　　　② 顔色を伺わ
❸ 不愉快な顔をし　　　　　　　　④ 仕事を伝え

解説　１～２文目では、仕事で頭の痛いことが起こったとき「ため息をついたり八つ当たりしたりする上司」がいるせいで、「重要な事案を伝えることができなかったりもする」と述べています。空欄のある文は、「いい上司は（　　　　　）ない」とあり、その次に「いつも明るく、抜け目なく…」とあるので、これと同様の内容を選ぶと、「不愉快な顔をしない」となるので、正解は③です。

※ [19~20] 次を読んで問いに答えてください。（各2点）

　　リサイクルされたガラス瓶が好まれる理由は、中身と反応せず衛生的だからだ。ガラス瓶はマイクロプラスチックより安全である。（　　　　　）プラスチック容器は中身と反応し、環境ホルモン（人体に影響を及ぼす物質）が出る恐れがあり、製造過程で有害物質を排出する。しかし、ガラス瓶は製造時に多くのエネルギーを使用し、重くてプラスチックより炭素排出量がもっと多い。ガラス瓶だからといって、それだけで環境にやさしいわけではない。ガラス瓶を何度も再利用してこそ環境にやさしいのだ。

19. （　　　　　）に入る適切なものを選びなさい。
① すると　　　　　② さらに　　　　　❸ 反面　　　　　④ このように

解説　空欄の前の文は「ガラス瓶は…安全である」とあり、空欄のある文は「プラスチック容器は中身と反応し…製造過程で有害物質を排出する」とあります。ガラス瓶のいいところとプラスチック容器の悪いところが対比されているので、「反対」を表す接続詞を選ぶと、正解は③です。

20. 上の文の内容と同じものを選びなさい。
❶ プラスチック容器を作る際に有害物質が発生する。
② ガラス瓶は製造過程が環境にやさしい。
③ プラスチック容器は中身の保存がしっかりできて、衛生的だ。
④ ガラス瓶よりプラスチック容器を作るときの炭素排出量が高い。

解説　「製造過程で有害物質を排出する」と空欄がある文に書かれているので、①が正解です。②は「エネルギーを使用し、重くてプラスチックより炭素排出量が多い」とあるので、③は「衛生的」なのはリサイクルされたガラス瓶なので、④はガラス瓶とプラスチック容器の説明が逆なので、それぞれ誤答です。

※ [21~22] 次を読んで質問に答えなさい。（各2点）

　　「せわしない」（という表現）は、注意力と記憶の間の連結が切れることを言う。心を散乱させる心配事に（　　　　　）記憶すべきことに集中できずに発生する。熱くなった車に子どもがいるという事実を両親が忘れて起こる事故がその例である。米国安全委員会の発表によると、1998年以降、毎年車の中で死亡する子どもは40人に達し、そのうち54%は忘却によるものだった。

21. (   ) に入る言葉として最も適切なものを選びなさい。

    ❶ 気を取られて　　　　　　　　② 首を振って

    ③ 耳を傾けて　　　　　　　　　④ 第一歩を踏み出して

解説　１文目では「정신없음 せわしない」という表現について「注意力と記憶の間の連結が切れることを言う」と定義しています。次の空欄のある文は「心を散乱させる心配事に(　　　)記憶すべきことに集中できずに」とあるので、１文目を別の言葉で説明し直していると分かります。流れとしては「気が散る、気を取られる」のような言葉が入るのが自然なので、正解は①です。

22. 上の文の中心となる考えを選びなさい。

    ① 子どもたちは集中力が足りない。

    ❷ 集中できなければ記憶すべきことを忘れる。

    ③ 年を取ると記憶力が悪くなる。

    ④ 自動車事故の大半は忘却のためだ。

解説　②の「注意を集中できなければ記憶すべきことを忘れる」が、提示文で繰り返し説明されていることと一致するので正解です。④の「大半が忘却によって起こる事故」は「車の事故」ではなく「車の中で子どもが死亡する事故」なので誤答です。

※ [23~24] 次を読んで問いに答えなさい。(各２点)

> 　最近、２人の娘を連れて済州島に休暇に行って、話にだけ聞いていた「ノーキッズゾーン」食堂に出会った。スマホで美味しい店を検索して訪ねた食堂だったが、ドアの前に〈13歳以下の子どもは入場できません〉と書かれていた。周辺には気に入った他の食堂がなく、17ヵ月目の次女はだんだんお腹が空いてイライラする兆しを見せた。食堂の主人に、もしかして持ち帰りできるかと尋ね、幸い可能だというので、では外で待っていると伝えた。４月、済州島の夕方はまだ肌寒かった。風も少し避けたかったが「13歳以下の子どもは入場できません」という案内がとてもケチ臭くてどうしても言えなかった。宿に帰る途中、私と夫は後になって後悔した。そのまま出てくればよかったのに、何をまたそれを持ち帰りにしてほしいと言ったのだろうか。

23. 下線を引いた部分に表れた「私」の心情で最も適切なものを選びなさい。

    ❶ 悲しい　　　　② 寂しい　　　　③ 心配だ　　　　④ 誇らしい

解説　「13歳以下の子どもは入場できません」というケチ臭い案内文によって、まだ幼い子どもを連れた自分たちが差別されたことに対して悲しい気持ちになっているので、正解は①です。

24. 上の文の内容と同じものを選びなさい。

    ① 遅い時間だったので開いている食堂がなかった。

    ② 私が訪ねた食堂は持ち帰りが不可能だった。

    ③ 天気が悪くて休暇を台無しにした。

    ❹ 私は食べ物をテイクアウト注文して外で待った。

解説　「食堂に入れない代わりに持ち帰りを頼んだ」「外で待っていると伝えた」とあるので、④が正解です。①は「ノーキッズゾーン」だったものの食堂は開いていたので、②は持ち帰りを頼めているので、③は、休暇を台無しにしたのは天気ではなく「ノーキッズゾーン」食堂のせいなので、それぞれ誤答です。

※ [25~27] 次の新聞記事の見出しを最もよく説明したものを選びなさい。（各2点）

25.
> 「甘い」ものを食べるときはよかったけど、精神は「ぶるぶる」うつ病になる

① 甘い食べ物は気分をよくするが、体の健康によくない。
❷ 甘い食べ物をたくさん食べるとうつ病になることもある。
③ 甘い食べ物をたくさん食べると基礎体温が低くなる。
④ 甘い食べ物はうつ病の予防に効果的だ。

解説　提示文は「'달달'한 거『甘い』もの」を食べると、「우울증 찾아와 うつ病が訪ねてくる」と言っているので、関係を正しく表しているものを選ぶと、②が正解です。「덜덜」は震える様子を表す擬音で、ここではうつ病になることに対する怖さを表現しています。

- -

26.
> 酒を飲むと胸が痛む理由があったんだ…「心臓にも脂肪が溜まる」

① 酒を飲むと昔のことを思い出して泣く人が多い。
② 酒を飲むと胸が痛むのは当然だ。
❸ 酒を飲むと心臓に脂肪がたまって疾患を誘発する。
④ 酒を飲むと脂肪がたまって肥満になりやすい。

解説　通常、精神的な状態を表す「胸が痛い」の理由として「心臓にも脂肪が溜まる」と言っており、心理的な痛みではなく物理的な痛みを表しています。つまり、酒を飲むことで病気になって胸の痛みが出るということなので、③「疾患を誘発する」が合っており、これが正解です。

- -

27.
> 雨が降るが、次第におさまり秋が近づいてくる

❶ 雨が降った後、秋が訪れるだろう。
② 雨が弱くなって秋が終わるだろう。
③ 雨がたくさん降って気温が下がるだろう。
④ 小雨が降って湿度が高くなるだろう。

解説　「찾아들다 次第におさまる」、「성큼 急に近づく」という意味の単語が使われているので、「降る雨がおさまったのち、秋がすぐ訪れる」という内容です。よって、正解は①です。

※ [28~31] （　　　）に入る言葉として最も適切なものを選びなさい。（各2点）

28.
> 　研究者たちは食べ物が酒、タバコ、薬物よりはるかに中毒性が強くなりうると言っている。脳には強迫的行動を誘発する化学物質であるドーパミンがあるが、期待した楽しさよりさらに大きな楽しさを得るときにより多く分泌される。つまり、人間は脳に刺激を与えやすい（　　　　　）もっと渇望する本性を持っているということだ。

① 恐ろしく残酷な話を　　　　　　　❷ 甘くてしょっぱい食べ物を
③ 華やかな美しさを　　　　　　　　④ 不思議で特別な映像を

解説　空欄のある文は「人間は脳に刺激を与えやすい（　　　）もっと渇望する本性を持っているということだ」で、選択肢はすべて「-을 / 를 ～を」で終わっているので、「何を」渇望するのかを考えましょう。1文目に「研究者たちは食べ物が…はるかに中毒性が強い可能性があると言っている」と

あるので、空欄には食べ物に関する内容が必要です。よって、正解は②です。

- -

29.

全知的作家の視点（すべてを知っている三人称の視点）によって話が叙述されるとき、作家が行き過ぎるほど読者の前に出て、すべての事実を説明してくれれば読者が理解することは容易だが、小説の中に吸い込まれ作中の人物と呼吸を共にして一緒に緊張する（　　　　）難しい。ほとんどの古典小説が全知的作家の視点を活用しているが、近代小説では全知的視点が次第に減っている。これは結局、単純な話が次第に本格的な小説に発展していった事実と関係があると言える。

❶ 共感領域を形成することが　　　　② 事件を作り上げることが
③ 主人公の魅力をさらけ出すことが　④ 背景を説明することが

解説 空欄のある文は「全知的作家の視点によって話が叙述されるとき」、「（作家が）すべての事実を説明すれば読者に分かりやすいが」、「（読者が）作中の人物と呼吸を共にして一緒に緊張する（　　　　）難しい」となっています。つまり、説明されすぎて共感することが難しいという意味なので、正解は①「공감대를 형성하기 共感領域を形成することが」です。

- -

30.

骨盤が歪む原因は間違った姿勢だ。脚を組んで座ると、反対側の骨盤の筋肉はひどく引っ張られ、骨盤が歪む。骨盤の痛みはたまに発生するため、（　　　　）場合が多い。しかし、骨盤の歪みは筋骨格系疾患につながる可能性があるだけに、初期に矯正しなければならない。

① あまり痛くない　　　　　　　　❷ 大したことないと思う
③ 深刻に受け止める　　　　　　　④ 直しにくいと思う

解説 空欄のある文は、「骨盤の痛みはたまに発生するため、（　　　　）場合が多い」とあります。発生したり消えたりする一時的な痛みは「大したことはないと思いがち」と考えるのが自然です。よって、正解は②です。

- -

31.

いい子ども症候群を持つ子どもの親たちは、イライラや怒りのような自然な欲求や感情に対して否定的なものと評価し、自分の子どもがこのような行動をしないよう厳しく教育する。その結果、子どもたちは自分の考えを自由に表現するよりは、親が望む善良な子どもになろうと自分を（　　　　）見せることになる。このような子どもたちは大人しく見えるが、自信が欠如している。

① 包み隠し、うそをつく態度を
② 大げさで偉そうな姿を
③ 前面に出して人をコントロールしようとする姿を
❹ 抑圧し萎縮した態度を

解説 「いい子ども症候群」について、1行目に、この病気の子どもの親たちは「自然な欲求や感情」を否定し、子どもを「厳しく教育」するとあります。そのため子どもたちは「親が望む善良な子どもになろうと自分を（　　　　）見せる」ので、空欄には親が定めた基準に合うよう「自分をどうするのか」が入ります。外に出す感情を自ら厳しくコントロールするので、これに合うのは④「抑圧し萎縮した態度」で、正解は④です。①は「包み隠し」は合っていますが、「うそをつく」とまでは本文にはないので、誤答です。

※ [32~34] 次を読んで文の内容と同じものを選びなさい。（各2点）

32.
> 文化財庁は誰でも自由に国家遺産発掘調査現場を仮想現実（VR）で見ることができるサービスを提供する。「現場VR」では様々な機能により、まるで発掘調査現場にいるかのように内部観察が可能だ。また、遺跡の説明や出土遺物の写真など理解に役立つ情報も確認でき、内部見学が容易ではなかった発掘調査現場へのアクセスを高めるきっかけになるものと見られる。

① このサービスは会員登録が必要だ。
② このサービスを通じて誰でも発掘調査ができる。
❸ このサービスでは遺跡の説明や写真などを見ることができる。
④ 発掘調査の現場を訪れるのは簡単だ。

解説　3文目に「遺跡の説明や出土遺物の写真など理解に役立つ情報も確認でき」とあるので③が正解です。①は1文目に「誰でも自由に」とあるので、②は「仮想現実（VR）」のサービスなので、④は「現場VR」を通して「発掘調査現場にいるかのように内部観察が可能」「発掘調査現場はこれまで内部見学が容易ではなかった」とあるので、それぞれ誤答です。

- -

33.
> 座っている時間が長くなるほど、認知症のリスクが大きく高まるという論文結果が出た。特に座っている時間が毎日10時間以上の人は認知症にかかる危険性が急激に増加することが分かった。これは座っている回数や方式より1日に座っている総時間を意味する。座っていても何度か起きて動けば、認知症のリスクを減らすことができることを示唆している。

① 座る姿勢が悪いと認知症の危険性が高くなる。
② 座っている時間が10時間以上であれば、認知症のリスクが大幅に減る。
③ 1日に座っている全体の時間が7時間以上であれば、認知症にかかる危険が急増する。
❹ 座り続けるより何度か立ち上がる方が認知症のリスクを減らす。

解説　文中に「座っている間に何度も起きて体を動かすと、認知症のリスクを減らせる」とあるのでこれを正しく言い換えている④が正解です。②は10時間以上なら認知症のリスクが「大きく高まる」ので、③は「7時間」ではなく「10時間以上」なので誤答です。①の姿勢の話は出てきていません。

- -

34.
> 紙類は濡れていない状態で伸ばして縛って排出（ゴミ出し）すればいいが、領収書は他の材質と混合され、紙類としてゴミ出しすることはできず、従量制袋に入れて捨てなければならない。牛乳パックや紙コップは異物を除去後、乾かして分別してゴミ出しし、缶も水ですすいだ後、異物をなくした後捨てる。プラスチックなど他の材質の蓋があれば、分別してゴミ出しし、ペットボトルは付いているラベルをはがし、中身を空けた後に捨てる。

① 領収書は紙類に混ぜて捨てればいい。
② 水に濡れた紙は縛って捨てなければならない。
❸ 他の材質の蓋は別に捨てなければならない。
④ 中身が残っている容器を捨てることができる。

解説　最後の文に「プラスチックなど他の材質の蓋があれば、分別してゴミ出し」するとあるので③が正解です。①の領収書は「紙類として排出することはできず、従量制袋に入れて」捨てなければならないので、②は、紙類は「濡れていない状態で」捨てなければならないので、④は、ペットボトルは「中身を空けた後」に捨てるとあるので、それぞれ誤答です。

450

35.

> よい第一印象は相手に信頼感を与えることだ。約束の時間に遅れると、相手に信頼感を与えるのが難しい。集まりの性格、場所によって服装や化粧などを考慮しなければならないが、明るい表情ときちんとした服装はその中でも基本だ。会話の際は、相手の目を見て穏やかな笑顔で、共通の話題を交わせば自分の信頼性を高め、相手は自分が尊敬されていると感じ、あなたに親近感を覚えるだろう。

① 会話するとき、相手の目を眺めて笑みを浮かべなければならない。
② 服装と化粧によって人の第一印象が変わることがある。
③ 約束の時間に遅れると相手が嫌がるので、遅れないようにしなければならない。
❹ 穏やかな表情と信頼性のある会話をすれば、よい第一印象を残すことができる。

解説　「文章の主題」を選ぶ問題は、内容と一致する選択肢ではなく全体を総括したときにテーマだと言えるものを選ぶ必要があります。この文の主題は、最初の文の「よい第一印象は相手に信頼感を与える」と、最後の文の「共通の話題を交わせば…あなたに親近感を覚えるだろう」の部分に表れているので、正解は④です。①②③は内容としては合っていますが、具体例の一部なので誤答です。

- -

36.

> 脳が作り出す幻想は、生存と繁殖に関連している。男性は自分を過大評価し、女性は過小評価する傾向は、男性は自分を積極的にアピールしてこそ繁殖の機会が多くなり、女性は養育を回避する男性の子どもを妊娠するミスを最小化する方向に進化し、男女の幻想が異なって表れたということだ。我が子が最高という考えも、養育のための肯定的な幻想だという。

① 人間は異性に積極的にアピールするために自分を過大評価する。
❷ 生存と繁殖のために私たちの脳は幻想を作り出す。
③ 男性は積極的に思考し、女性は非合理的な思考をする。
④ 我が子が最高だと考えるのは脳の肯定的な幻想だ。

解説　1 文目に「脳が作り出す幻想は、生存と繁殖と関連している」とあり、それについての説明が続くので、これが文章の主題だと言えます。よって、正解は②です。①の行動は人間全てではなく「男性に多く見られる傾向」なので内容が合っていません。③④は内容的には合っていますが、「主題」とは言えないので、それぞれ誤答です。

- -

37.

> 車の運転について考えてみよう。初心者のときは集中して運転するが、慣れると自動的に行う。何でも日常的なものに変えるのが人間の本性であり自然だからだ。人間関係も同様に進められる。私たちは満ち足りた情熱を持って始め、献身することもあるが、結局受動的で意味のない関係で終わることも多い。人間関係に再び火をつけ、再び情熱的にする力もまた私たちの内面にあるということを、私たちが知らないからだ。

❶ 人間は初めて試みることには集中するが、慣れれば日常的に処理する。
② 人間関係が失敗する原因は、相手に献身しないからだ。
③ 初めて会ったときの情熱に戻ってこそ、人間関係を回復することができる。
④ 情熱と献身は人間関係を疲れさせ、受動的な関係を築く。

解説　初めは集中して取り組み、慣れることで自動化していくことの例として「車の運転」をまず挙げています。「何でも日常的なものに変えるのが人間の本性であり自然だからだ」と述べた後に、別

の例として「人間関係」の話に移っています。全体を総括すると「繰り返し訪れることに対する人間の性質について」だと言えるので、正解は①です。

- -

38.

> 「囚人のジレンマ」の状況のように全ての参加者が損をすることは、教育のような社会的問題にも適用される。周りの子どもたちがみんな塾に通っているとき、自分の子だけ通わせないわけにはいかず、塾教育をさせ、その結果、過熱現象による弊害がみんなに影響を与えることになる。これを避けるためには、相互の信頼を回復し、それをもとにお互いを裏切らないという約束が守られなければならない。

① 「囚人のジレンマ」の状況を避けるために、塾教育をさせるべきではない。
② 多くの子どもたちが塾に通えば、後に続いて通う生徒ができ、塾教育の過熱現象が起きる。
❸ 全ての人にとって最善の選択になるためには、お互いを裏切らないという約束が守られなければならない。
④ 相手が自分を信頼できなければ、皆が損をするジレンマの状況に陥る。

解説 「囚人のジレンマ」という言葉から入り、それが教育の場で悪影響を及ぼしている例を挙げ、最後に「これを避けるためには、お互いに対する信頼を回復して、相互信頼を土台に裏切らないという約束が守られる場合にのみ可能である」とまとめられています。この部分が文の主題にあたります。よって、正解はこれを言い換えている③です。②と④は「囚人のジレンマ」の具体的な説明として触れられてはいますが、主題とは言えません。

※ [39~41] 与えられた文が入る場所として最も適切なものを選びなさい。(各 2 点)

39.

> 大量の水で器を一度洗うより、少量の水で何度も洗うとよりきれいになるのと同じ理屈だ。

> （　㋐　）カフェインを抽出する際、一定の体積の溶媒を使用して一度に抽出されるカフェインの量は、一定の体積の溶媒を少量に分けて数回抽出し、すべて合わせたカフェインの量より少ない。（　㋑　）デカフェコーヒーの国際基準は、約97%以上カフェインが抽出されたコーヒーである。（　㋒　）そのため、通常、ノンカフェインコーヒー1杯にも10ミリグラム以下のカフェインが含まれている。（　㋓　）

① ㋐　　　❷ ㋑　　　③ ㋒　　　④ ㋓

解説 与えられた文は「大量の水で器を一度洗うより少量の水で何度も洗うとよりきれいになるのと同じ理屈だ」とあり、いきなりこの文から始まることはないので、① ㋐は外します。1文目に「…一定の体積の溶媒を使用して一度に抽出されるカフェインの量は、一定の体積の溶媒を少量に分けて数回抽出し、すべて合わせたカフェインの量より少ない」とあり、これは与えられた文と同じ状況を別の例で言い換えたものと言えます。㋑の後はまた別の話になっているので、1文目の次に入る② ㋑が正解です。

- -

40.

> 心配は子どもだからといって大目に見てくれない。

> （　㋐　）寝床で「心配」は招待されていない客だ。寝ないといけない時間に付きまとい、なかなか消えようとしない、ありがたくない客だ。（　㋑　）心配とは何の

役にも立たないと自らを説得しても簡単には追い払えない。心配は睡眠を削り、寝返りを打つ夜を強要する。（　　ⓒ　　）子どもなら、明日はどんなワクワクすることが起こるんだろう、と眠りにつくのが普通だ。（　　ⓓ　　）そんな子どもが心配で眠れないというのは残念なことだ。その切なさが中部アメリカでは「心配人形」を生んだ。

① ⓐ　　② ⓑ　　❸ ⓒ　　④ ⓓ

解説　与えられた文には、「心配」「子ども」というキーワードがあります。1～4文目までは、「睡眠」と「心配」について述べています。③ⓒの後の5文目には「子どもなら、明日はどんなワクワクすることが起こるんだろう、と眠りにつくのが普通だ」とあります。6文目には「そんな子どもが…」とあるので、5文目と6文目は続きます。よって、③ⓒの位置に提示文を入れると自然です。正解は③ⓒです。

- -

41.　そのような支石墓は、たいてい重要人物の遺体(遺骨)の上に建てられた単純な墓室として知られている。

（　　ⓐ　　）支石墓は通常、巨大な蓋石を支える2つまたはそれ以上の加工されていない塊石などで構成されている。（　　ⓑ　　）土の墓が支石墓を覆っている場合もあったであろうが、風化作用と動物によって消えたものと見られる。（　　ⓒ　　）支石墓は遺骨を家族共同墓地に埋めるために、遺体を収拾する祭壇として使われたのかもしれない。（　　ⓓ　　）支石墓は普通、高い記念物の上にある高地帯の墓地で見つけることができるが、これは支石墓を建てた人たちが低いところにある定着村で支石墓が見られるようにするためだった。

① ⓐ　　❷ ⓑ　　③ ⓒ　　④ ⓓ

解説　1文目は「支石墓は通常、巨大な蓋石を支える2つまたはそれ以上の加工されていない塊石などで構成されている」と「支石墓」について説明しています。与えられた文の「そのような支石墓はたいてい重要人物の遺体(遺骨)の上に建てられた単純な墓室として知られている」は、この支石墓の補足説明をしているので、その次に来るのが自然です。よって、正解は②ⓑです。

※ [42~43] 次を読んで問いに答えなさい。（各2点）

「その花はどこでもらったの？　とてもきれいだね」
と母が言いました。しかし、私は突然言葉に詰まりました。
「これをお母さんにあげようと幼稚園から持ってきたの。」と言うのがなんだかとても恥ずかしい気がしました。それで、ちょっと迷って、「うん、この花！　あのね、舎廊（離れの部屋）のおじさんがお母さんに持っていってあげてくれって。」
と突然言いました。そんな嘘がどこからそんなに飛び出したのか私も分かりません。
　花を持って匂いを嗅いでいた母は、私の言葉が終わるやいなや、何かにとても驚いた人のように慌てていました。そして、すぐに母の顔がその花よりもっと赤くなりました。
(中略)
「オクヒ、そんなものを受け取ってはいけない。」
と話す声はひどく震えていました。
　私は花がそんなに好きな母が、この花をもらってそんなに怒るとは本当に意外でした。しばらくして母は私を部屋の中に連れてきて、
「オクヒ、お前この花の話は、誰にもしないでね、ね。」と言い聞かせました。

> 　私は母がその花をすぐに捨てると思いましたが、捨てずに花瓶に挿してオルガンの上に置いておきました。 花が枯れると、母ははさみで花の軸を切り取ってしまい、花だけは賛美歌の間にしおりとしてきれいに挟んでおきました。

42. 下線を引いた部分に表れた「母」の心情として最も適切なものを選びなさい。
   ❶ 戸惑う　　　　　　　　　　② がっかりする
   ③ 疑わしい　　　　　　　　　　④ イライラする

解説　下線を引いた部分には、「オクヒ、そんなものを受け取ってはいけない。」と話す声はひどく震えていました」とあるので、オクヒが持ってきた花を拒否しています。一方で、その前の文には「すぐに母の顔がその花より赤くなりました」という文があるので、舎廊(離れの部屋)のおじさんにもらった花だと知って、恥ずかしさや驚き、嬉しさが入り混じった状態であったことが伺えます。よって、母親は「戸惑っている」ので正解は①です。

43. 上の文の内容として分かるものを選びなさい。
   ① 母は私の言葉と行動に喜んだ。
   ② 母は花が枯れるとすぐ捨てた。
   ❸ 私は舎廊のおじさんが花を持っていってくれと言ったと嘘をついた。
   ④ 私は花を山で折って母にあげた。

解説　どこから持ってきた花なのかを母に答えたあと、「そんな嘘がどこからそんなに飛び出したのか私も分かりません」と言っているので、③が正解です。①は母親が「花をもらってそんなに怒るとは本当に意外だった」とあるので、②は枯れた花は「しおりとしてきれいに挟んで」いたので、④は「花は幼稚園から持ってきた」と伝えるのを恥ずかしく思ってとっさについた嘘なので、それぞれ誤答です。

※ [44~45] 次を読んで問いに答えなさい。（各2点）

> 　人間の歴史は、ある意味所有史のように感じられる。より多く自分たちの（　　　　　）絶えず戦っている。たった１つでもより多く手に入れようという一心でざわついている。物だけでは気が済まず、人まで所有しようとする。その人が思い通りにいかない場合は、恐ろしい悲劇も辞さずにだ。所有欲は利害と正比例する。それは個人だけでなく国家間の関係も同じだ。昨日の同盟国が今日は対抗するかと思えば、互いに吠えていた国同士が親善使節を交換する事例を、我々はいくらでも見ている。それはもっぱら所有に基づいた利害関係のためだ。もし人間の歴史が所有史から無所有史にその方向を変えたらどうなるだろうか。おそらく戦うことはほとんどないだろう。あげることができずに（与えたいのに与えられないという理由で）けんかするという話は聞いたことがない。

44. （　　　　　）に入る言葉として最も適切なものを選びなさい。
   ① 理念を守るために
   ❷ 取り分を確保するために
   ③ 主張を知らせるために
   ④ 隣人を得るために

解説　空欄のある文の直前にあたる１文目は「人間の歴史は、ある意味所有史のように感じられる」とあり、「所有」の意味を持つ表現が空欄に入るのが自然なので、「몫 取り分」が入っている②「取り分を確保するために」が正解です。

45. 上の文の主題として最も適切なものを選びなさい。
　　① 所有欲は人間が持って生まれた欲求なのでコントロールしにくい。
　　② 国家は互いの所有を守るために親交を結ぶ。
　　❸ 物や人に対する所有欲を捨てれば、戦いは減るだろう。
　　④ 人々は人間への執着が行き過ぎ、戦争をする。

解説　この文は、人間の「所有欲」の話から入り、人間はそのために争いを続けていると論を展開しています。そして、「もし人間の歴史が所有史から無所有史にその方向を変えたらどうなるだろうか」と疑問を提起し、「おそらく戦うことはほとんどないだろう」と結論づけています。よって、正解は③です。内容的には②や④は文中で触れられていますが、①も含め、主題とは言えません。

※ [46~47] 次を読んで問いに答えなさい。（各2点）

> 　ペットを迎え入れるときは、不意の事故や病気で自分より先に死ぬ可能性があることを認識し、あらかじめ別れを準備する姿勢が必要だ。ペットが死んだら、十分に哀悼の時間を持ちながらペットが使っていたものはゆっくり整理しなければならない。ペットの死を経験した人たちと悲しみを共有するのもよい。ペットが死んだ後、すぐに同じ種、同じ性別のペットを迎え入れることは避けなければならない。特に、幼い子どもがいるとき、すぐに新しいペットを迎え入れると、ややもすると子どもが死や生命を大したことではないと思うことがあるからだ。韓国はペット産業が短期間で急成長した反面、飼い主がペットを家族として考える気持ちを支持し尊重する精神はまだ未熟だ。たかが動物が死んだからといってそこまで悲しむ必要があるのかという周りの人の視線は、飼い主にさらに大きな挫折感と喪失感を抱かせる恐れがあるので注意しなければならない。

46. 上の文に表れた筆者の態度として最も適切なものを選びなさい。
　　① ペットを通じて他の人と積極的に交流し、共感することをすすめている。
　　② ペットを飼っていて死んだら急いで他のペットを飼うことを主張している。
　　❸ ペットが死んだ後、家族のように哀悼する飼い主を非難しないよう呼びかけている。
　　④ ペットは自分より先に死ぬかもしれないので、それに備えるべきだと強調している。

解説　文の後半で、「飼い主がペットを家族として考える気持ちを支持し、尊重する精神はまだ未熟だ」と言い、さらに「たかが動物が死んだからといってそこまで悲しむ必要があるのかという周りの人の視線は…注意しなければならない」と、重ねて強調しています。よって、正解は③「ペットが死んだ後、家族のように哀悼する飼い主を非難しないよう呼びかけている」です。④の「ペットは自分より先に死ぬかもしれないので、それに備えるべきだと強調している」は、1文目に「ペットを飼うときは…自分より先に亡くなる可能性があることを認識し、あらかじめ別れを準備する姿勢が必要だ」とありますが、強調してはいないので、「筆者の態度」としては不十分です。

47. 上の文の内容と同じものを選びなさい。
　　❶ ペットが死んだら、哀悼の時間を持ちながらゆっくり整理する必要がある。
　　② 韓国のペット産業発展の歴史は長く安定的だ。
　　③ ペットの死を悲しむ人に共感する視線が多い。
　　④ ペットの死を忘れるために、同じ種のペットを入れた方がよい。

解説　文の前半に「ペットが死んだら、十分に哀悼の時間を持ちながらペットが使っていたものはゆっくり整理しなければならない」とあるので、正解は①です。②は、韓国はペット産業が短期間で急成長したとあるので、③は「共感しない」視線の方が多いので、④は、命の重さを理解するために「すぐに同じ種、同じ性別を飼うことは避けなければならない」とあるので、それぞれ誤答です。

　　自らの失敗を眺めるには2つの方法がある。1つは1人称の視点で当時の感情を蘇らせることであり、もう1つは3人称の観点、すなわち壁についたハエの視点で自分自身を観察することだ。研究によると1人称の視点で再経験した被験者は心拍数が高くなり、過去と同じ不快な感覚を感じる一方、3人称の視点で自らを眺めた被験者たちは、このような生理的変化が伴わず、肯定的なメッセージを引き出すことができたという。この原理はうつ病や躁うつ病の治療にも役立つという。患者に憂鬱な気持ちを込めたビデオを撮らせた後、治療者と一緒に見ながら第三者的視点で討論するようにする。患者たちは、この過程で過度な感情反応を客観的に眺めることができるようになったという。人生の心理的外傷（トラウマ）を克服するためには自らを観察対象とし、（　　　　）能力が必要だ。自分の話を文章に書いたり、サイコドラマ（劇方式の心理療法）を通じて外面化したりすることで、傷を克服する事例を見れば可能だろう。

48. 上の文を書いた目的として最も適切なものを選びなさい。
① 人間が失敗する理由を把握しようと
② 3人称視点の観察理論を紹介しようと
❸ 失敗を眺める観点の変化を誘導しようと
④ 失敗が人間に及ぼす影響を分析しようと

解説　この文の前半では自分の失敗を振り返る方法として「1人称視点」と「3人称視点」の違いについて述べています。そして、3人称視点を導入することで、病気の治療にも役立つことを紹介しています。患者たちは「第三者的視点で討論」するようになり、「自分を客観的に眺める」ことができるようになったと言っています。よって、この文を書いた目的は③「失敗を眺める観点の変化を誘導しようと」が正解です。②の「観察理論を紹介しようと」は、「目的」としては弱いので誤答です。

49. （　　　　）に入る言葉として最も適切なものを選びなさい。
① マクロ的な視点で状況を把握する
② 肯定的な考えで自分を慰める
③ 積極的な姿勢で全てのことに取り組む
❹ 客観的に評価し、共感し、慰めることができる

解説　空欄のある文は「人生の心理的外傷を克服するためには自らを観察対象とし、（　　　　）能力が必要だ」とあります。自分を観察する、つまり自分を客観的に見る姿勢に関する選択肢は④「客観的に評価し、共感し、慰めることができる」です。これを実践した人の特徴として、1つ前の文で「過度な感情反応を客観的に眺めることができるようになった」ともあるので、正解は④です。

50. 上の文の内容と同じものを選びなさい。
❶ 第三者的視点から眺めるようにする治療の可能性を提示している。
② うつ病と躁うつ病の治療にもっと慎重にアプローチしなければならない。
③ 心理的外傷の克服の方法として一人称視点を支持している。
④ うつ病治療の問題点について指摘している。

解説　選択肢は全て病気の治療に関する文なので、特に文の後半と照らし合わせていきます。①は、文中に「治療者と一緒に見ながら第三者的視点で討論する」ことで「過度な感情反応を客観的に眺めることができるようになった」とあるので①が正解です。③は筆者が支持しているのは「3人称の視点」なので、④は治療の選択肢として「3人称の視点」を挙げているだけで問題点までは話されていないので、それぞれ誤答です。

外来語

☐☐	가스레인지	ガスコンロ	☐☐	스튜디오	スタジオ
☐☐	노트북	ノートパソコン	☐☐	팬	ファン
☐☐	댄스	ダンス	☐☐	샐러드	サラダ
☐☐	리듬	リズム	☐☐	싱글맘	シングルマザー
☐☐	마라톤	マラソン	☐☐	다이어트	ダイエット
☐☐	메시지	メッセージ	☐☐	핫	ホット
☐☐	베스트셀러	ベストセラー	☐☐	앱	アプリ
☐☐	서비스	サービス	☐☐	게이트	ゲート
☐☐	앨범	アルバム	☐☐	패밀리	ファミリー
☐☐	오토바이	バイク	☐☐	유저	ユーザー
☐☐	이메일	Eメール	☐☐	유튜브	ユーチューブ
☐☐	재테크	財テク	☐☐	게임	ゲーム
☐☐	쿠폰	クーポン	☐☐	초콜릿	チョコレート
☐☐	터미널	ターミナル	☐☐	디자이너	デザイナー
☐☐	팀	チーム	☐☐	케이크	ケーキ
☐☐	퍼레이드	パレード	☐☐	티켓	チケット
☐☐	필름	フィルム	☐☐	타겟	ターゲット
☐☐	헬멧	ヘルメット	☐☐	디지털	デジタル

四字熟語

☐☐	고진감래 [苦尽甘来]	苦あれば楽あり
☐☐	과유불급 [過猶不及]	過ぎたるは及ばざるが如し
☐☐	금상첨화 [錦上添花]	錦上花を添える、鬼に金棒
☐☐	다다익선 [多多益善]	多ければ多いほどいいということ
☐☐	동문서답 [東問西答]	的外れな答えのこと
☐☐	동상이몽 [同床異夢]	同床異夢
☐☐	두문불출 [杜門不出]	閉じこもって外出しないということ
☐☐	비일비재 [非一非再]	一度や二度ではないということ、たくさんあるということ
☐☐	새옹지마 [塞翁之馬]	塞翁が馬、人生山あり谷あり
☐☐	선견지명 [先見之明]	先見の明
☐☐	설상가상 [雪上加霜]	踏んだり蹴ったりだということ
☐☐	어부지리 [漁夫之利]	漁夫の利
☐☐	어불성설 [語不成説]	理屈に合わないということ、とんでもないということ
☐☐	일석이조 [一石二鳥]	一石二鳥
☐☐	일희일비 [一喜一悲]	一喜一憂
☐☐	전전긍긍 [戦々恐々]	戦々恐々
☐☐	타산지석 [他山之石]	他山の石
☐☐	희로애락 [喜怒哀楽]	喜怒哀楽

擬声語・擬態語

☐☐	깔깔 げらげら	깔깔 웃다 げらげら笑う
☐☐	꾸벅꾸벅 うとうと	꾸벅꾸벅 졸다 うとうと居眠りをする
☐☐	꿀꺽 ごくんと	꿀꺽 삼키다 ごくんと飲み込む
☐☐	끄덕 こくりと	끄덕 고개를 숙이다 こくりとうなずく
☐☐	다닥다닥 ぎっしり	다닥다닥 붙어 있다 ぎっしりくっついている
☐☐	두근두근 ドキドキ	두근두근 가슴이 뛰다 ドキドキ胸が騒ぐ
☐☐	뚝 ぽきっと、ぱたっと	뚝 끊기다 ぱたっと途切れる
☐☐	부글부글 ぐつぐつ	부글부글 끓다 ぐつぐつ煮る
☐☐	부들부들 ぶるぶる	부들부들 떨다 ぶるぶる震える
☐☐	쨍쨍 かんかんに	쨍쨍 내리쬐다 かんかんに照りつける
☐☐	설렁설렁 ゆるゆると	설렁설렁 살다 ゆるゆると生きる
☐☐	슬슬 そろそろ	슬슬 가다 そろそろ行く
☐☐	싹 すっかり	싹 가시다 すっかりなくなる
☐☐	퐁당퐁당 ちゃぽんちゃぽん	퐁당퐁당 물놀이를 하다 ちゃぽんちゃぽん水遊びをする
☐☐	푹 ゆっくり	푹 쉬다 ゆっくり休む
☐☐	허둥지둥 あたふたと	허둥지둥 떠나다 あたふたと出る
☐☐	확 ぱっと	확 타오르다 ぱっと燃え上がる
☐☐	후다닥 がばっと	후다닥 일어나다 がばっと起きる

朝鮮時代·歴史関連

☐☐	왕궁	王宮
☐☐	벼슬	官職
☐☐	신하 [臣下]	臣下、家来
☐☐	서당 [書堂]	寺子屋
☐☐	세자 [世子]	皇太子
☐☐	임금	王様
☐☐	정사	政事
☐☐	부왕 [王父]	王の父
☐☐	납시다	お出ましになる
☐☐	다스리다	治める
☐☐	참형 [斬刑]	打ち首
☐☐	종묘	宗廟（歴代の王と王妃を祀る場所）
☐☐	제례	祭礼
☐☐	어명 [御命]	王の命令
☐☐	수라상 [水剌床]	王の食膳
☐☐	용안 [龍顔]	王の顔
☐☐	곤룡포 [袞龍袍]	王の正服
☐☐	아뢰다	申し上げる
☐☐	사약 [賜薬]	王が与える毒薬
☐☐	상소 [上疏]	王に進言する文
☐☐	경연 [経筵]	王が学問を修めるともに、大臣と国政を議論する席
☐☐	의관 [衣冠]	男性の正装、身なり
☐☐	신주 [神主]	先祖の位牌
☐☐	기생 [妓生]	キーセン、芸者
☐☐	파직 [罷職]	官吏を罷免すること
☐☐	귀양	島流し、流刑
☐☐	수령 [守令]	各地方を治めた地方官
☐☐	엽전 [葉銭]	朝鮮時代の硬貨の1つ
☐☐	청백리 [清白吏]	清吏、清廉な役人
☐☐	노비 [奴婢]	奴隷
☐☐	종	しもべ、下僕
☐☐	서자 [庶子]	妾の子
☐☐	한성 [漢城]	ソウルの古称
☐☐	포도청 [捕盗庁]	朝鮮時代の警察署
☐☐	상투	結婚した男の結い上げた髷
☐☐	조선팔도 [朝鮮八道]	朝鮮時代の8つの行政区域、全国

	감히 あえて	감히 말씀드리자면 문제의 근원은 회사 시스템에 있습니다. あえて申し上げると、問題の根源は会社のシステムにあります。
☐☐	그나마 それさえも、せめて	나이는 먹었지만 그나마 체력이 있으니까 그 일을 할 수 있다. 年はとったけど、せめて(それでも)体力があるからその仕事ができる。
☐☐	그럭저럭 なんとか	아르바이트로도 그럭저럭 생활비는 벌고 있어요. アルバイトでもなんとか生活費は稼いでいます。
☐☐	꼼짝없이 手の打ちようもなく	이대로라면 꼼짝없이 당할 수밖에 없겠어. このままでは手の打ちようもなくやられるしかなさそう。
☐☐	끊임없이 絶え間なく	파도가 끊임없이 밀려 왔다가 사라졌다. 波が絶え間なく押し寄せては消えていった。
☐☐	대체로、おおむね だいたい、おおむね	대답이 대체로 맞기는 하지만 정확하지는 않다. 答えはおおむね合っているが、正確ではない。
☐☐	뜻밖에 意外に	하기 싫은 일을 했으나 뜻밖에 수확도 있었다. やりたくないことをしたが、意外に収穫もあった。
☐☐	마냥 ひたすら	그렇다고 오지 않는 사람을 마냥 기다릴 수는 없지. かといって、来ない人をひたすら待つわけにはいかないな。
☐☐	막상 いざ	외운 단어도 막상 쓰려고 하니 생각이 안 난다. 覚えた単語もいざ使おうとすると思い出せない。
☐☐	미처 まだ、そこまで	계획했을 때는 미처 생각하지 못 했던 문제가 생겼습니다. 計画したときには、そこまで考えが及ばなかった問題が発生しました。
☐☐	서서히 徐々に、次第に	전지구적으로 온도가 서서히 올라가고 있다. 地球規模で気温が徐々に上がっている。
☐☐	심지어 しかも、そのうえ	숙제를 안 해 온 것은 물론이고 , 심지어 교과서도 없다. 宿題をしてこなかったのはもちろん、そのうえ教科書もない。
☐☐	일일이 いちいち	내가 일일이 확인하지 않도록 미리미리 챙겨 둬. 私がいちいち確認しなくてもいいように、あらかじめ用意しておいてよ。
☐☐	제법 結構	아들이 제법 키가 커서 성인 정도는 됐네. 息子は結構身長が伸びて、大人くらいにはなったね。
☐☐	차차 だんだん、少しずつ	그런 건 어른이 되면 차차 알게 될 거야. そういうのは、大人になれば少しずつわかるようになるよ。
☐☐	철저히 徹底的に	이번 사건은 진상 규명을 철저히 하도록 하세요. 今回の事件は、真相究明を徹底的にするようにしてください。
☐☐	틈틈이 暇あるごとに、 ちょこちょこ	이동 시간을 이용해서 틈틈이 공부를 하고 있다. 移動時間を利用して、ちょこちょこ勉強をしている。
☐☐	하여튼 とにかく	하여튼 엄마가 하는 말은 절대로 안 듣는다니까. とにかく、お母さんの言うことは絶対に聞かないんだから。

連語・コロケーション

☐☐	시비를 가리다	是非を問う
☐☐	모습을 감추다	姿を消す
☐☐	첫발을 떼다	第一歩を踏み出す
☐☐	도움을 청하다	助けを求める
☐☐	걱정을 끼치다	心配をかける
☐☐	규모를 늘리다	規模を大きくする
☐☐	변명을 늘어놓다	言い訳を並べる
☐☐	마음이 돌아서다	心変わりする
☐☐	기억을 되찾다	記憶を取り戻す
☐☐	일을 벌이다	仕事にとりかかる
☐☐	학업에 힘쓰다	学業に励む
☐☐	이야기를 주고받다	話を交わす
☐☐	원인을 밝혀내다	原因を突き止める
☐☐	물의를 빚다	物議を醸す
☐☐	마음을 사로잡다	心をつかむ、魅了する
☐☐	문제를 야기하다	問題を引き起こす
☐☐	꿈을 이루다	夢を叶える
☐☐	소식을 접하다	話を耳にする、消息を知る
☐☐	종지부를 찍다	終止符を打つ
☐☐	대가를 치르다	犠牲を払う
☐☐	죄를 짓다	罪を犯す
☐☐	북새통을 이루다	ごった返す
☐☐	바람을 맞다	すっぽかされる
☐☐	값이 나가다	高値が付く
☐☐	말문이 막히다	言葉に詰まる

□□ **가는 말이 고와야 오는 말이 곱다**
売り言葉に買い言葉（行く言葉がきれいでこそ、返ってくる言葉もきれいだ）

□□ **팔은 안으로 굽는다**
他人より身内（腕は内側に曲がる）

□□ **같은 값이면 다홍치마**
どうせなら、よいものがいい（同じ値段なら紅のスカート）

□□ **개구리 올챙이 적 생각 못한다**
初心忘るべからず（カエルはおたまじゃくしだった頃のことを思い出せない）

□□ **공든 탑이 무너지랴**
真心を込めてしたことは無駄に終わらない（骨を折って建てた塔が崩れるものか）

□□ **금강산도 식후경**
花より団子、腹が減っては戦が出来ぬ（金剛山の見物も食事のあと）

□□ **누이 좋고 매부 좋다**
双方にとって得になる（妹も喜ぶし、妹の夫も喜ぶ）

□□ **도토리 키 재기**
どんぐりの背比べ

□□ **마른하늘에 날벼락**
青天の霹靂

□□ **무소식이 희소식**
便りがないのがよい便り

□□ **믿는 도끼에 발등 찍힌다**
飼い犬に手を噛まれる（頼りの斧に足の甲を刺される）

□□ **배보다 배꼽이 더 크다**
本末転倒（お腹よりへその方が大きい）

□□ **보기 좋은 떡이 먹기도 좋다**
見かけのよいものは内容もよい（見た目のよい餅が食べやすくもある）

□□ **비 온 뒤 땅이 굳어진다**
雨降って地固まる

□□ **소 잃고 외양간 고치기**
後の祭り（牛を失ってから牛舎の修繕）

□□ **아니 땐 굴뚝에 연기 나랴**
火のないところに煙は立たぬ（火を起こさない煙突に煙が出るものか）

□□ **제 눈에 안경**
あばたもえくぼ（自分の目に眼鏡）

□□ **말 한 마디에 천냥 빚을 갚는다**
世渡りのための話術は必要だ（言葉一つで千両の借りを返す）

著者

ミリネ韓国語教室

2010年開講、2013年からは新宿にて教室を運営。
日本語母語話者ならではの弱点に合わせたカリキュラムに基づき、受
講生が積極的に発言できるように工夫した授業を特徴としている。個
人、グループ、会話強化、試験対策など、ニーズに合わせた様々なレッ
スンをオンライン／オフラインで受講可能。X（旧Twitter）上では、間
違えやすい韓国語表現のクイズや微妙なニュアンスの解説などのお役
立ち情報を発信し、学習者からの支持を得ている（@mirinaejp）。SNS
総フォロワー数は約8.8万人。
教室名義での著書に「hanaの韓国語単語」シリーズ（HANA）がある。
教室代表は『韓国語リーディング タングニの日本生活記』『韓国語リー
ディング タングニの韓国人生劇場』（白水社）、『ネイティブ表現が身に
つく！ クイズで学ぶ韓国語』（あさ出版）、『１２３！韓国語入門　入門
〜初級』（共著、HANA）の著者でもある金玄謹（キム・ヒョングン）。

本書の内容に関するお問い合わせは、**書名、発行年月日、該当ページを明記**の上、書面、FAX、お
問い合わせフォームにて、当社編集部宛にお送りください。**電話によるお問い合わせはお受けしてお
りません**。また、本書の範囲を超えるご質問等にもお答えできませんので、あらかじめご了承ください。
　FAX：03-3831-0902
　お問い合わせフォーム：https://www.shin-sei.co.jp/np/contact-form3.html

落丁・乱丁のあった場合は、送料当社負担でお取替えいたします。当社営業部宛にお送りください。
本書の複写、複製を希望される場合は、そのつど事前に、出版者著作権管理機構（電話：
03-5244-5088、FAX：03-5244-5089、e-mail：info@jcopy.or.jp）の許諾を得てください。
JCOPY ＜出版者著作権管理機構 委託出版物＞

ゼロから完全攻略！
韓国語能力試験 TOPIK Ⅱ

2024年3月15日　初版発行

著　者	ミリネ韓国語教室	
発行者	富永靖弘	
印刷所	萩原印刷株式会社	

発行所　東京都台東区　株式　新星出版社
　　　　台東2丁目24　会社
　　　　〒110-0016　☎03（3831）0743

Ⓒ MIRINAE KOREAN ACADEMY　　　　Printed in Japan

ISBN978-4-405-01278-3